老云南的趣闻传说

《趣闻圣经》编辑部 ◎ 主编

北京·旅游教育出版社

编委会

主　编：徒步天涯
副主编：尹松鹏　李鹏飞
编　委：（排名不分先后）

孙　沛	祝世超	马　静	杜蒙蒙
罗凤琴	陈雪姣	杨晓东	赵一文
李　然	王军锋	周鸣敏	江　飞
王　欢	谌立军	陈代明	邓　阳
邓益香	谌雨霞	邓幸妮	洪　武
程　倩	邓琴书	王　超	梁　慧
夏鸥云	唐　璐	刘小波	闵颖慧
黄　玉	霍庆冬	罗　垠	潘吉钜
彭赠忠	杨成芳	雒岩卫	张　娟
曹昌虹	秦玉虎	张冬霞	赵东瑾
王雷鸣	宗　静	徐丽丽	李瑶瑶
宫　烁	江鑫淼	杜　慧	

前言

作为全国少数民族数目最多的省份,地处我国西南边陲,山河壮丽,自然风光古朴优美的云南,有着悠久的历史和人文精神,众多的文物古迹、美丽的风景名胜、多彩的民族风情以及神奇的掌故传说……岁月留给它的是挥散不去的古韵幽幽。老云南本身就是一本读不尽、品不够的厚书;本身就是一座丰厚的文化宝库,积淀了丰厚的文化内涵,造就了灿烂辉煌的文明,值得我们去挖掘,去探寻,去解读:

何处"一天日出日落三次"?怒江大峡谷为何被称为世界上最神秘的"东方大峡谷"?云南为何民族众多?为何大理被誉为最适宜居住的城市?"过桥米线"中的"米线"是如何过桥的?"云南十八怪"为哪"十八怪"……

这些有趣的话题,都可以在《老云南的趣闻传说》里一一找到答案。

云南实在是有太多可以说道的话题了。云南文化就像一部卷帙浩繁的史书,凝聚着历史的烟云,刻画着岁月的沧桑,展现出民族的魂魄,给我们今天留下了多少鲜活的记忆。在本书中,我们从历史、地名、山水园林、文物古迹、宗教陵墓、民族、民居、饮食、购物、娱乐、交通、乡俗、名人等多角度对老云南进行了全方位的精彩解读,力求将老云南的故事精彩而有趣味地呈现在您的面前,为您介绍一个充满传奇的文化圣地。

《老云南的趣闻传说》内容浅显易懂,向您介绍的各种掌故传说有着特殊的魅力。我们尽量选取那些最具代表性、最容易引起人们兴趣的老云南的趣闻逸事,选取那些最能体现老云南特色,典故丰富、可读性强的知识点,逐一呈现给渴求精神财富的读者。这些内容不但是您茶余饭后消遣的谈资,更是了解云南、了解云南人的绝佳窗口。另外,书中还精心挑选了数百张精美图片,尤其是大量弥足珍贵的老照片,让您在趣味阅读中充分感受到老云南的底蕴。

  今天,新云南的发展虽然是日新月异,但老云南的滇味余韵仍散发着独特的魅力。云南的趣闻、传说不计其数,限于篇幅和编者能力,我们不可能将其一网打尽,但愿书中所选能增加您的知识,增长您的愉悦。这样,我们的目的也就算达到了。由于时间仓促,书中如有谬误,还望广大读者不吝赐教,以资修正。

《趣闻圣经》编辑部

总目录

老云南的历史 …………………………………… 1
老云南的地名 …………………………………… 29
老云南的山水园林 ……………………………… 45
老云南的文物古迹 ……………………………… 95
老云南的宗教陵墓 ……………………………… 125
老云南的民族 …………………………………… 155
老云南的民居 …………………………………… 175
老云南的饮食 …………………………………… 189
老云南的购物 …………………………………… 207
老云南的娱乐 …………………………………… 225
老云南的交通 …………………………………… 243
老云南的乡俗 …………………………………… 269
老云南的名人 …………………………………… 287

目录

老云南的历史

世界上保存最完好的腊玛古猿头骨
　化石发现于何处 　1
为何说中国历史第一页是从元谋人
　遗址翻开的 　2
庄蹻入滇知多少 　3
古滇国之谜 　4
昆明的建城历史究竟有多长 　6
云南水下城之谜 　8
唐宋时为何大理成为南方的行政中心 　10
天宝战争知多少 　12
忽必烈为何要派赛典赤·赡思丁
　治理云南 　14
为何说明代是丽江木氏土司的兴盛时期 　15
"南明"政权有多少个 　16
吴三桂统治云南多长时间 　18
马嘉理事件发生在哪里 　19
袁世凯的帝王梦是如何破灭的 　21
"片马事件"知多少 　22
为何说抗战时云南既是祖国的大后方，
　又是祖国的前沿 　23
为何说西南联大誉满海外 　24
为何说扎西会议是遵义会议的继续和
　最后完成 　25
"香格里拉"为何名满世界 　26
禄丰为何被称为"恐龙之乡" 　27

老云南的地名

云南一名有何由来，为何又简称"滇"
　"三迤" 　29
昆明一名有何由来，其为何又被称为
　"春城" 　30
曲靖一名有何来历 　31
玉溪一名有何由来 　32
保山之名有何来历 　33
昭通之名有何由来 　34
西双版纳一名有何来历 　35
"景洪"一名有何由来 　36
丽江一名有何由来 　37

德宏一名有何寓意	38
迪庆一名有何由来	39
大理一名有何由来	40
楚雄一名有何来历	41
个旧为何被称为"中国锡都"	43

老云南的山水园林

老昆明城的"三山一湖"指何处	45
梅里雪山有何特色	46
金沙江拐弯形成之谜	48
"三江并流"是何景观	49
大理蝴蝶泉未解之谜	50
云南四大毒泉之谜	52
何处"一天日出日落三次"	54
元阳梯田是如何形成的	55
玉龙雪山因何得名,有何特色景观	57
邦腊掌温泉有何神奇之处	58
罗平为何被誉为"世界最大的花的海洋"	59
腾冲的地热火山奇观知多少	60
虎跳峡有何奇特景观	61
东川的红土地有何迷人之处	63
泸沽湖有何迷人之处	64
滇池为何被誉为"高原明珠"	66
碧塔海有何奇特之处	67
云南路南石林形成之谜	68
惊马槽幽灵惊魂之谜	71
人们为何喜欢攀登"轿子雪山"	73
会泽大海草山为何有云南"新西兰"之美誉	74
珠江的源头位于何处	75
滇金丝猴的家园在何处	76
为何说傣族园有"绿孔雀羽翎"的雅称	78
中国第一棵橡胶母树在哪里	79
怒江大峡谷为何被称为世界上最神秘的"东方大峡谷"	80
独龙江为何被称为"鲜为人知的角落"	81
千湖山因何得名	82
大理的"风花雪月"四景知多少	83
云南点苍山有何特色	84
大理洱海有何特色	86
建水朱家花园为何被称为"滇南大观园"	87
泸西阿庐古洞为何被誉为"云南第一洞"	88
为何将广南的坝美称为"世外桃源"	90
橄榄坝的名称有何由来	91
西双版纳为何有"植物王国"之誉	92
西双版纳原始森林公园为何被称为"热带雨林,孔雀家园"	93

老云南的文物古迹

为何大理古城和建水古城被称为"文献名邦"	95
为何说龙潭山是昆明人的发祥之地	96
金马碧鸡有何来历	97
大、小爨碑有何意义	98
昭通孟孝琚碑和南诏德化碑有何历史意义	100
云南有哪些有名的土司衙署	101
石宝山石窟为何被誉为"西南敦煌"	102
茶马古道上最后一个古集市指哪里	103
为何官渡被誉为"小云南"	104
孟连娜允古城有何特色	105
黑井古镇和石羊古镇各因何得名	106
云南现存规模最大的汉代建筑遗址在哪里	108
胜境关为何被称作"入滇第一关"	109
和顺为何被称为"西南第一侨乡"	110
昭通望海楼有何来历	111
丽江古城为何不建城墙	112
丽江木府有何特色	113

丽江明代壁画有哪三大特点	114
为何说墨江是太阳转身的地方	116
南甸宣抚司署为何有"傣族故宫"之称	117
为何建塘镇又被称为"日月城"	118
南诏铁柱有何价值	119
为何说《张胜温画卷》与《清明上河图》被誉为"南北双绝"	120
建水古井有何特色	121
建水燕子洞有何特色	123
云南陆军讲武堂为何被誉为"革命的熔炉"	124

老云南的宗教陵墓

为何说圆通寺是中国最早的观音寺	125
筇竹寺的五百罗汉彩塑为何有名	127
昆明现存的"过街塔"指哪座	128
曹溪寺有何特色	128
云南现存的藏式喇嘛塔——白塔有何特色	129
云南最大的藏传佛教寺庙是哪座	130
云南第一大文庙在哪里	131
曼华寺因何得名	132
鸡足山为何被誉为"西南第一佛教名山"	133
真庆观有何来历	134
云南最大的道教名山巍宝山知多少	135
中国最大的铜殿位于何处	137
西山龙门风景区有何特色	137
大理国经幢为何被誉为"滇中艺术极品"	139
白水台为何被誉为"东巴教圣地"	140
崇圣寺五大重器各指什么	141
"姐勒金塔"为何被称为"德宏佛塔之冠"	143
广允缅寺有何建筑特色	144
茨中教堂有何特色	145

"树包塔""塔包树"知多少	146
江川李家山古墓群出土有哪些文物	147
僰人悬棺之谜	148
观音塘的名称有何来历	150
何谓"贝叶文化"	151
为何说国殇墓园是中国规模最大、保存最完整的抗战纪念陵园	153

老云南的民族

云南为何民族众多	155
彝族的"十月太阳历"与农历有何不同	156
纳西族之谜	157
纳西族的"东巴文化"知多少	159
东巴文为何被誉为世界上唯一"活着的象形文字"	161
花腰傣有何由来	162
花腰傣妇女的服饰有何特点	163
彝族的"毕摩"所指何人	165
纳西族妇女的"七星披肩"有何寓意	166
白族姑娘的凤凰帽有何美丽传说	167
云南的锦和筒帕有何特色	168
德昂族为何被称为"古老的茶农"	170
为何德昂族的姑娘要佩戴"腰箍"	171
哈尼族有哪些关于服饰的故事	172
独龙族女子独特的身体"毁饰"——"文面"知多少	173

老云南的民居

"走马转角楼"有何建筑特色	175
昆明老街有何特色	176
傣族的"贺新房"知多少	177
何谓"木楞房"建筑	178
白族的民居有何特色	179
白族为何用鹅卵石砌墙	181

为何大理被誉为最适宜居住的城市 181
大理喜洲白族建筑群有何特色 182
何谓"一颗印"式建筑 183
怒族的"千脚落地"民居有何特色 184
何谓"土掌房" 185
团山村传统民居有何特色 186
元阳哈尼人的民居为何有"蘑菇房"之称 187

老云南的饮食

"过桥米线"中的"米线"是如何过桥的 189
汽锅鸡有何来历及特色 191
何谓"牛撒撇" 192
云南"质彬园"的烤鸭与北京烤鸭有何不同 192
"琵琶猪"有何特色 194
哈尼族是如何吃"长街宴"的 194
彝族"早六晚八"的习俗知多少 196
何谓"乳扇" 197
云南饵块有何来历及特色 197
云南鸡枞为何珍贵 198
"菌中皇后"知多少 199
为何云南有"茶的故乡"之美誉 201
云南普洱为何享誉中外 202
白族"三道茶"为哪三道 203
宣威火腿有何特色 204

老云南的购物

云南烟有何由来 207
云南药材为何誉满中外 208
云南红为何这样"红" 210
松茸为何名贵 211
蜡染和扎染有何不同 212
世界竹类的故乡在何处 214
"户撒刀"有何来历及特色 216

云南斑铜为何被称为"南国金属工艺之冠" 217
个旧锡制工艺品有何特点 218
云南大理石有哪些种类,各有何用途 218
文山为何被称为"中国三七之乡" 219
腾冲为何被称为"翡翠城" 220
建水紫陶为何被称为"中国四大名陶"之一 222

老云南的娱乐

云南最具代表性的地方剧种是什么 225
老昆明扬琴有何由来 226
国内第一家电影院——"水月轩"知多少 227
傣族泼水节由来之谜 229
何谓"崴花灯" 231
何谓"调子会" 232
"纳西古乐"知多少 233
"关索戏"有何特色 234
云南洞经音乐有何特色 235
云南各族的"火把节"各有何由来 236
大理白族的"三月街"有何由来 238
景颇族"目脑"之谜 240
沧源佤山为何被誉为"歌舞之乡" 241

老云南的交通

中国最早的国际通道是哪一条 243
茶马古道由来之谜 244
云南马帮的基本建制如何 247
"马锅头""马脚子"为何许人 248
云南历史上最窄的古道是哪一条 249
何谓"茶庵鸟道""鸟道雄关" 250
何谓"元跨革囊""双飞燕" 252
丽江古城的四方街因何得名 253
畹町桥有哪些历史传奇 254

霁虹桥为何被称为"西南第一桥"	255
滇越铁路大桥有何历史见证	256
云南第一条国际铁路——滇越铁路知多少	258
为何说"滇缅公路"与"史迪威公路"为抗日救国之路	260
驼峰航线为抗战付出多重的代价	262
"碧色寨"火车站知多少	263
云南第一个海关在何处	264
澜沧江－湄公河为何被誉为"东方多瑙河"	266
中缅一条街在哪里	266
云南历史上第一个通商口岸指哪里	267

老云南的乡俗

"云南十八怪"为哪"十八怪"	269
"堆沙埋情人"是何风俗	271
独龙族是如何"剽牛祭天"的	272
"澡塘会"是哪个民族的传统节日	273
佤族的"拉木鼓"是哪一种祭祀活动	274
纳西族的祭天仪式有何来源	276
神秘的摩梭人走婚习俗知多少	278
昆明人常用的方言知多少	279
傈僳族刀杆节"上刀山,下火海"知多少	280

献"哈达"有何讲究	281
藏族人为何喜欢喝酥油茶	283
为何说"哭嫁"是彝族最具特色的婚俗形式	284

老云南的名人

郑和下西洋的真实意图知多少	287
"海内第一长联"是谁书写的,有何意义	289
比《本草纲目》还早的《滇南本草》出自谁之手	290
杨升庵为何被誉为"明代三百年间第一人"	292
被誉为"诗书画三绝"的担当知多少	293
钱南园为何被誉为"瘦马御史"	295
林则徐题书江川"钟秀书院"有何典故	296
云南金融业的创始人王炽与慈禧太后有何渊源	297
云南历史上唯一的状元知多少	299
云南白药的创始人曲焕章知多少	300
蔡锷一生有哪些传奇	302
护国元勋唐继尧有何传奇	304
熊庆来对云南教育有何贡献	306
"白子将军"周保中有何传奇	307
聂耳在音乐上有哪些贡献	309

老云南的历史

世界上保存最完好的腊玛古猿头骨化石发现于何处

腊玛古猿,在我国叫禄丰古猿、开远古猿,是印度梵文史诗《腊玛耶那》中的祭神首领,他们生活在距今1 400万年到800万年之间。1934年,美国耶鲁大学研究生刘易斯第一个发现了腊玛古猿化石,地点是在印度和巴基斯坦接壤的西瓦立克山区。此后,这类古猿化石又陆续在肯尼亚的特南堡、希腊的皮尔格斯、匈牙利的鲁达班雅、土耳其的安娜托利亚地区,以及巴基斯坦的博德瓦尔高原和中国的云南省开远和禄丰县被发现。在这些化石中,颌骨和牙齿化石占了多数,而头骨化石很少。那么,世界上保存最完好的腊玛古猿头骨化石是在什么地方被发现的呢?

自1956年起,我国云南境内先后发现了三处腊玛古猿化石,

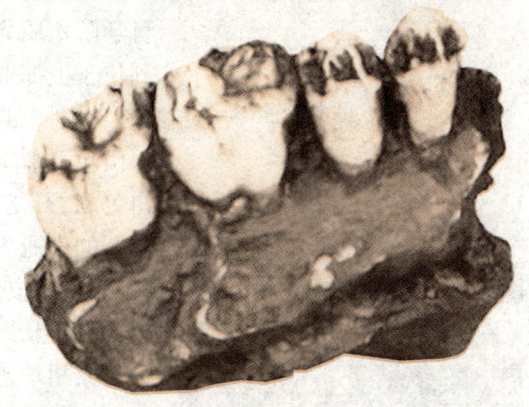

腊玛古猿牙齿化石

他们是开远腊玛古猿化石(在开远县)、禄丰腊玛古猿化石(在禄丰县)、元谋蝴蝶腊玛古猿化石(在元谋县)。从此以后直到 1965 年,一些美国的古人类学家都强调腊玛古猿是人类最早的祖先。但是,由于各地所产的化石只限于上下颌骨和牙齿,并不是完整的头骨,所以上述说法一直受到质疑。

1975 年,我国科学家在云南省禄丰县东北 9 千米处的石灰坝村庙山坡,发现了一处远古人遗址。这个遗址面积达 20 000 平方米,化石层厚约 5 米。从 1975 年到 1982 年,科学家们在这里进行了多次发掘,出土了腊玛古猿和西瓦古猿化石 1 000 余件,有头骨、颌骨、肢骨、牙齿等,其中一件较完整的下颌骨保留有门齿、犬齿、前臼齿共 12 枚。与古猿化石同时发现的还有轭齿象、三趾马、犀牛、爪兽、羚羊等 10 余种动物化石。

1980 年 4 月 9 日,科学家们在禄丰遗址发现了世界上第一具腊玛古猿头骨化石。据测算,这一化石应该出现在距今约 800 多万年前,拥有这一头骨的腊玛古猿具有早期人类的形态特征,属于人科,可以认定是人类最早的祖先。

禄丰古猿化石,是世界上保存最完好的腊玛古猿头骨化石,它的发现填补了距今 1500 万年前的开远古猿到距今 170 万年前的元谋猿人之间的一个重大缺环,对于研究古猿在进化系统中的地位以及人类起源的时间、地点等有重要的意义。

为何说中国历史第一页是从元谋人遗址翻开的

元谋人遗址,位于云南元谋县大那乌村北约 500 米的山腰,距县城 7 千米,著名的元谋人化石就是在这里发现的。那么,为什么说中国历史的第一页是从元谋人遗址翻开的呢?

1965 年 5 月 1 日下午 5 时左右,中国地质科学院地质力学研究所研究人员钱方等人,来到位于上那蚌村西北约 500 米、距大那乌村东 200 米的一处冲沟。在沟中的一座高约 4 米的小山包下部的黏土层中,他们发现了两枚浅灰白色的、石化程度很深的门齿化石。两枚牙齿化石的齿冠为铲状,硕大、较扁平,咬合面呈刀状,而且磨损较大,近齿冠基部肿厚,底结等凸起,齿根粗壮。经过中国地质科学院地质博物馆专家胡承志等人研究后确认,这两枚牙齿是同一成年男性的一左一右上内侧门齿,并且具

元谋人雕塑

有从纤细型南猿向直立人过渡的特点。于是,他们就将这种原始人定名为直立人元谋亚种,简称元谋人。

1973年冬,中国科学院古脊椎动物与古人类研究所、云南省博物馆、元谋县文化馆等单位组成发掘队,对元谋人遗址及元谋盆地进行多学科科学考察和发掘工作。在该地点同层位内,科考人员找到了刮削石器3件、有人工痕迹的石块3件,地表采集到石器10件,石料均为石英岩,并且还发现了大量密集的炭屑。1984年12月中旬,北京自然博物馆、中国科学院古脊椎动物与古人类研究所等单位又在该遗址南偏东300米处的比牙齿化石出土层稍高的地层内,发掘到了元谋人胫骨化石一段、尖状骨器1件、有人工痕迹的骨头2件。

据统计,在元谋组地层内,科考人员共发现了元谋人同时期的哺乳动物群化石共6目29属37种(包括未定种在内),其中绝灭种占定种总数的84%。经对元谋组地层进行古地磁年代测定,以及对哺乳动物群化石和牙齿化石本身等进行综合研究,相关专家确定元谋人是我国生活在更新世早期、距今170万±10万年前的原始人类,他们不仅会使用和制造工具,而且不能排除已会用火的可能性。

这样,元谋人化石的发现与研究将我国人类历史推前了100多万年,元谋人也成为我国迄今发现的早期直立人的代表。也正因如此,元谋人成为了我国人类历史的开篇,中国历史的第一页也就从元谋人遗址翻开了。

庄蹻入滇知多少

庄蹻(蹺)(?—前256年),战国时反楚起事的领袖、楚国将军、楚庄王后裔。他生平做了两件大事,一是反楚起事,二是入滇。那么,庄蹻入滇到底是怎么一回事呢?

楚威王时,庄蹻受王命西进,拓展楚国在西南的势力范围。

庄蹻入滇前,夜郎国及滇国人祖祖辈辈都在云贵高原上生活,他们日出而作、日落而息。特别是夜郎地区的居民,由于喀斯特山地上高山深堑的阻隔,他们很少受到外界惊扰。构成夜郎国及滇国主体民族的夷、濮、越三大族系及稍后进入夜郎境内的苗瑶族系,在封闭式的生活圈子里繁衍了一代又一代,

庄蹻

他们很少有人想到过天外有天,山外有山,更不要说设法获取山外更为丰富的资源了。"夜郎自大"的成语虽是历史的误会,却也反映了夜郎国及滇国人囿于地理环境的影响,信息极为闭塞的事实。夜郎国及滇国人一方面在内部争斗中消耗着有限的资源,另一方面又处于自我满足的状态中。因此,在数百年间,当地经济社会的发展十分缓慢。终于有一天,这一切都被来自楚国的庄蹻的队伍打破了。

庄蹻的军队一路前进,在占领了且兰(今贵州福泉)、夜郎后,继续往西攻下滇国,占领了大片土地。庄蹻在出兵目的达到后,就准备回师楚国,但是当时秦国出兵攻陷了巴(今重庆市及四川省东部一带)及黔中一带,庄蹻回楚的路被切断了,于是被迫留了下来。庄蹻入乡随俗,当上了滇国国王,统治了包括夜郎、且兰在内的西南各个方国。

庄蹻入滇之后,拉开了外来强势文化开发云贵高原的序幕,西南地区的封闭状态被打破,云贵高原各民族同中原地区的社会经济文化联系由此深入。庄蹻对滇的开拓之功不可磨灭,"庄蹻入滇"也被视为一座象征民族团结的丰碑。

古滇国之谜

古滇国,是位于我国西南边疆的一个古老的王国,其疆域主要在今以滇池为中心的云南中部及东部地区,其境内的主要民族是古代越民族的一支,历史学家们通常称他们为滇族。

据《史记·西南夷列传》记载:"始楚威王时,使将军庄蹻将兵循江上,略巴、黔中以西。……方三百里,旁平地,肥饶数千里,以兵威定属楚。"这段文字说的是,在战国楚威王时,楚国欲将势力范围扩展到西南,派楚将庄蹻入滇。大约在前279年时,庄蹻领兵通过黔中郡,经过沅水往南,攻略西南,连克且兰(今贵州省福泉市一带),征服夜郎(今贵州省桐梓县一带),一直攻到滇池(今云南省昆明市一带),征服了黔中、夜郎、滇等地区。庄蹻以兵威平定上述地区,正要归报楚王,而楚国的巫郡、黔中郡在前277年时被秦国攻占,庄蹻回国之路被切断了,于是就留在滇池自立为滇王,号"庄王"。

古滇国考古现场

秦始皇时,曾攻破古滇国,并开通了五尺道通往当地,但秦朝灭亡之后,古滇国通往外部的交通再度中断。西汉元封二年(前109年),汉武帝兵临古滇国,滇王举国投降,并请置吏入朝。于是,汉武帝赐给了滇王王印,让他继续管理这一区域。此后,汉武帝在云南设置了益州郡,滇王的权力被郡守取代了,从此以后便受制于汉王朝的郡县制度。到了东汉时,随着汉朝郡县制的推广、巩固以及大量汉族的迁入,古滇国和滇族被逐渐分解、融合、同化,最终完全消失。据《滇国史》的考证,古滇国在东汉元初二年(115年)才完全灭亡。

古滇国的木祖雕塑

据考证,古滇国是云南古代少数民族建立的奴隶制帝国。它勃兴于滇池之滨,鼎盛于战国至西汉时代。由于偏居西南一隅,远离中原文化视野,古滇国显得神秘而离奇。

在公元前7世纪时,云南就已存在着一种独具风格的青铜文化。当时的古滇国人民很少受中原传统礼教的束缚,无论艺术构思和表现手法,都显得更加开放和富有创造性。以器物及其种类而言,无论生产工具、生活用具、兵器、乐器还是装饰品,基本上都是用青铜制作,而当时中原地区用青铜制作的主要是兵器和礼乐器。古滇国青铜器上的装饰图案,多为大自然中的动物、植物图像和人们日常生活中的典型情节,栩栩如生。古滇国青铜器经常出现的装饰性动物图像就有40余种,大到虎豹,小至蜜蜂、甲虫,都刻画得十分精致逼真。

在滇池一带出土的文物几乎代表了古滇国时代青铜文化的精品,有古滇国重器铜编钟,还有黄金珠、玛瑙、玉、车马饰和造型奇异的铜扣饰等,它们都价值连城,代表着云南古代史上的第一个地方政权——古滇王国的真实存在。

1955年至1960年,考古工作者在滇池之滨的晋宁县石寨山发掘了战国到西汉时期的古墓葬50座,出土文物4000多件,其中绝大多数都是青铜器,这说明墓葬的主人们生活在云南青铜文化的鼎盛时期。1956年,石寨山6号墓出现了令学者们震惊的发现:一枚金质的"滇王之印"被挖了出来,《史记》中有关汉武帝"赐滇王王印"的史实得到了印证,这充分说明古滇王国确实存在,它的都邑就在晋宁一带。

史学家们历来认为汉俞元古城在史书上消失是个谜,在历史上,即使俞元建制变更地名,也应该在史书中有所记载,但在南北朝以后,有关俞元古城的信息就中断了,俞元城到底哪里去了呢?

据《汉书·地理志》记载:"俞元,池在南,桥水所出……""桥水上承俞元之

南池,县治龙池洲,周四十七里"。根据记载,俞元县境应该在现在的澄江、江川、红塔、石林(路南)等县区,这样一个大县、强县,其县治龙池洲应该是一个繁华的、不小的城池,但这个城池肯定不是现在的澄江城。那么,汉代的俞元县城到底在什么地方呢?这个城池是否已经沉入抚仙湖里了呢?

有专家认为,抚仙湖水下古城的内城可能是古滇王的离宫,而滇王离宫可能就是后来的俞元县。俞元古县城正是当地百姓所说的"澄江湖里有一座沉没的城",它是因地震而沉没湖底的,由此看来,它应该就是抚仙湖下残存的古城。

虽然有关古滇国的谜团和争论有很多,但是目前还没有一个确切的答案,要想证实这些猜测,还需要进一步的考古研究,让我们拭目以待。

昆明的建城历史究竟有多长

昆明,是云南省省会,是我国西南部地区重要的中心城市和旅游、商贸城市。这里气候宜人,夏无酷暑,冬无严寒,四季温度始终保持在3~29摄氏度,年温差为全国最小,被人们称作"春城"。昆明具有悠久的历史、灿烂的文化,其建城历史有多长呢?

昆明所在的滇池地区,在约3万年前就已经有人类生活了。战国至东汉初期,滇池周围的"滇人"建立古滇国,创造了独具特色的"滇文化"。公元前109年,西汉设益州郡,将滇池地区纳入中原王朝版图。

公元8世纪30年代,中原地区正是唐玄宗时期,在今巍山一带的洱海地区,六诏之一——南诏在唐朝的扶持下于公元737年统一了洱海地区,建立了南诏国。南诏国统治者不甘心龟缩在洱海边上,立志要建立统治三迤大地的霸业,于是先后以武力征服兼并了滇中、滇东的广大地区,在自以为羽毛丰满之后就和唐朝翻脸了。唐天宝年间,南诏与唐朝兵戎相见,和唐朝发生了三次战争并大败唐军,使唐朝的势力全部退出了云南。

大理崇圣寺南诏大钟楼

公元764年,踌躇满志的南诏王阁罗凤到昆明地区视察,他站在滇池边的一块高地上,指点着昆明坝子说:"这里山河可以作为屏藩,川陆可以养育人民。"于是在第二年,他命长子凤伽异在此筑城,并取名为"拓东城",并让凤伽异以南诏副王的身份坐镇拓东城。于是,南诏国筑拓东城就成了昆明建城之始。

"拓东"是昆明城的第一个名字,其意思十分明确,那就是"开拓东境""向东拓展",这是南诏宏伟扩张政策和战略决策的体现。后来,拓东城的确承担起了南诏向东拓展、向南扩张的使命,成为南诏建立强大军事帝国的重要根据地。此后,昆明的军事战略地位对南诏国来说变得越来越重要,甚至超过了南诏的大本营西京(今大理),先后被南诏大理国称为东都、上京、东京。

南诏国时期,昆明除"拓东""上京""东都"这几个名字之外,还有一个谜一般的名字,那就是"鄯阐"。据史书记载,在南诏王异牟寻时代(公元8世纪80年代末),南诏王与唐重新修好并向唐称臣,唐朝则承认南诏已取得的一切。异牟寻觉得此时已经万事称心了,于是大封南诏境内的五岳四水(五岳为中岳苍山、东岳乌蒙山、南岳无量山、西岳高黎贡山、北岳玉龙雪山,四水为黑惠江、澜沧江、金沙江、怒江),并将拓东城改名为鄯阐城。此后,鄯阐之名一直使用到13世纪50年代,成为昆明历史上几个城名中使用时间最长的一个。

1276年,元朝在今昆明地区设中庆路,同时将省会移至中庆(即昆明),昆明自此成为云南省的省会。在明代以前,昆明城一直是土城,直到明洪武年间,才开始用砖砌城墙。洪武十五年(1382年)正月,明朝改中庆路为云南府,治昆明县。云南镇守国公沐英,在昆明建造云南府城,把圆通山及菜海子(今翠湖)一片纳入城内,建造了"周九里,高二丈九尺二寸,设门六,上皆有楼"的砖城。

明代的昆明府城已经不再是旧城的规模了,而是向盘龙江以西拓展,城内主要是衙署、官邸、寺庙等建筑,一般民居很少,黔宁王府、巡按察院、都察院、布政使司署、提刑按察司、都指挥使司都集中于今正义路、威远街一带。清代昆明城市的规模基本延续了明代以来的状况,由于战乱和自然灾害的影响,清代对昆明城先后修建了23次。至民国初年,昆明旧城破损失修,城墙上下垃圾成堆,沿南城脚布满了贫民窟。

1922年,昆明市政公所成立后,"力谋市政之设施,即着手市街之改建"。1923年,当地将南城丽正门及月城拆除,沿月城旧址筑环形石块马路,建近日公园。1932年,昆明市又提出了改造旧城的计划。1936年,当地拆除了小西门鼓楼两侧城墙,建起了石桥一座,改造旧城工程逐步铺开。从1937年开始,由于昆明在整个战争战略格局中的重要作用和地位的变

昆明街景

化,直接推进了昆明的城市化进程。为了打通昆明城的东西通道,当地拆除了近日楼至护国门的城墙,利用城墙和护城河的广阔地带,开辟了南屏街。由于街道两侧所建的临街建筑绝大部分是银行、钱庄、大商号,所以南屏街成了当时市区内最繁华的街区。1950年初,昆明和平解放。从此以后,昆明城市建设史掀开了崭新的一页。

从公元765年南诏国建设拓东城开始到今天,昆明已经有1248年的历史了。现在的昆明已经成为了一座浓郁地方特色和现代气息兼具的国际化大都市,是我国西南地区的中心城市之一。

云南水下城之谜

神秘的抚仙湖位于云南省玉溪市,是中国最深的大型淡水湖泊之一,曾经因传言有"水怪"而远近闻名。最早发现"水下古城"的,是一个被当地人称为"水鬼"的名叫耿卫的潜水爱好者。1992年5月,当时耿卫在抚仙湖中潜水,偶然发现湖底有大量的人工建筑遗迹,且遗迹的规模相当之大。

据耿卫说:"我第一次潜下去的时候就发现很多垒积的大石料,包括石板、石条,上面有非常厚的青苔。"出于潜水员特有的敏感,这个现象令耿卫非常奇怪:因为他通过多年的潜水观察了解到,抚仙湖底的地貌主要是以淤积的泥沙为主,怎么会突然在这个区域出现了大量的散落石块呢?

接下来,一个让耿卫更加瞠目结舌的景象出现了。耿卫说:"那些建筑都是高台式的,都是由大约一米二乘一米二的石块堆积而成,并且非常规整。"那么,这些石块是浑然天成,还是出自人工所为?在好奇心的驱使下,耿卫决定一探究竟。他经过仔细观察后发现,这些石头具有非常明显的人工痕迹。

为了解开谜团,进一步探明真相,耿卫先后38次潜入抚仙湖进行探测,并拍摄了大量的水下录像。随后,他根据相关的资料撰写了专题报告,向云南省有关部门和相关专家作了汇报。一时之间,人们众说纷纭,有人说水下建筑是码头、水坝,有人认为是祭祀台、庙宇,还有人则断定是古城……凡此种种,不一而足。

人们莫衷一是的猜测,为烟波浩渺的抚仙湖又披上了一层神秘的面纱。那么湖底的"水下古城"到底是什么呢?如果它真的

云南抚仙湖风光

是传说中的古城，又会是历史上的哪一座城市呢？为了驱散"地下古城"的迷雾，中国水下考古队正式进驻抚仙湖，就此拉开了一场声势浩大的水下考古的帷幕……

云南抚仙湖水下古城出土的牛虎铜案

2005年12月，通过对抚仙湖水下世界的进一步探测发现，古城确实存在。据考古结果称，这座古城是由8座建筑组成的古建筑群，其中一座高20多米，相当于10层楼高。此外，还有另一些重大发现：一座类似"金字塔"型的建筑；一个底座宽63米、高21米的类似古罗马"斗兽场"的巨大建筑；一条长300米、宽7米的石板路，上面镌刻着精美的图案。另外，还有一些建筑很可能是当时用来举行祭祀活动的场所。总之，建筑群蔚为壮观，十分引人注目。

根据初步考察研究结果表明，水下古城是一座2000年前的古城，很可能是历史上记载的古滇国的国都。抚仙湖周围曾经出土了大量的青铜器，人们通过研究发现，当时的古滇国青铜文化已经比较发达。这次水下考古对揭开古滇国兴衰之谜会提供另一个重要的依据。

从水下古城的建筑特点和加工程度来看，湖底的各类建筑均为石质，带有明显的当地彝族的建筑风格，建筑群整体与在滇中发现的古长城颇为相似。而从声纳图上看，该建筑群还具有中轴线，有正南、正北方向之分，和普通城市里的"一般居民区"相似。

"高级住宅区"位于"一般居民区"大概40米处，这里的石料明显大而厚，其中有二三十米长的石墙、两三米宽的石板等。石墙修造得十分平整精细，石料三面都有加工的痕迹，有的还凿有圆洞或石槽，而所有散落的石块也都有序地排列着。另外，这里还有数米宽的南北向石板大道，大道两旁则建有大型的建筑物。专家推测，这里可能是古城的"富人区"或者是寺庙、祭坛。

绕过一段长200多米、宽9米的石埂城墙后，便到了"贫民区"遗址，占地面积约2.4平方千米。这个区域的建筑物规模明显小于前两片，石料加工的工艺也较为粗糙，且摆放零散，没有什么规律可循。

据云南的地质资料显示，抚仙湖属于地震断陷湖。与此同时，受板块运动的影响，在青藏高原的东南边界，也形成了一条地震分布带，而且地震、滑坡等地质灾害比较严重，这就是著名的小江断裂带。史料记载，自公元1500年以来，小江断裂带上已发生过38次破坏性地震，最大的一次震级达到8级。那么，抚仙湖底的古城遗址会不会是因为某次大地震而沉入湖底的呢？

专家们的考察和研究结果称，抚仙湖水下遗址是由于地震引起的滑坡所造成的。然而，另一个疑团接踵而至：水下古城毁灭前曾是历史上的哪一座城市？有专家推测，这座水下遗址很有可能是曾经在历史上神秘消失的俞元古城。

在近半个月的探测中，潜入水下的考古队员和"蓝鲸"号都在不停地小心翼翼地搜寻着，最后终于找到了一些附在石块上的螺壳。专家通过对这些螺壳进行碳十四测定之后，得出了这样的结论：贝壳距今有1 750多年，正好是东汉到魏晋时期。但是由于贝壳是附着在建筑体上的，因此说明水下遗址的年代肯定早于这个时期。不管怎么说，水下古城遗址的年代通过对贝壳所做的碳十四测定结果，被初步确定了下来。

这个碳十四测定结果，让部分专家开始对之前有关俞元古城的猜测产生了质疑。因为根据测定结果表明，古城显然是汉代掉下去的，汉代以后它就不在陆地上而在水下了，但是俞元古城在唐朝相关书籍的记载中都还是在陆地上的，所以它根本不是俞元古城。

那么，抚仙湖水下遗址不是俞元古城又会是什么呢？难道是古滇王国的都城吗？据史料记载，公元前276年，楚国将领庄蹻在云南建立了古滇王国，这是一个文明程度非常高的国度。但是到了公元前86年以后，史书上就再也没有任何关于古滇国的记载了，也就是说，古滇王国连同它的都城神秘"消失"了。由此来看，抚仙湖的水下遗址可能就是古滇国的都城。

围绕这座在水底沉寂了近2 000年的古城，关于它是古滇国的都城还是神秘消失的俞元古城，专家们各持己见，看法不一。不过也有专家认为，现在下结论还为时过早，要真正解开抚仙湖水下古城之谜，还有待将来进行更为艰苦细致、更长期的考古发掘和研究。

唐宋时为何大理成为南方的行政中心

大理，东临碧波荡漾的洱海，西倚常年青翠的苍山，自古就有"一水绕苍山，苍山抱古城"的说法。它历史悠久，文化灿烂，是云南最早的文化发祥地之一。公元779年，南诏王异牟寻迁都羊苴咩城（即今大理），从此以后在整个唐宋时期，大理一直作为南方地区的行政中心而存在。那么，大理为什么会成为唐宋时期南方的行政中心呢？

在4 000多年前，白族先民就在大理繁

大理古城五华楼

衍生息。秦汉之际，大理与内地的交往由于蜀身毒道而变得极为密切。博望侯张骞西域归来还写了一份关于这条通道的报告，引发了汉武帝经营西南边疆的雄心。西汉元封二年（前109年），汉朝在大理设置了隶属于益州郡的叶榆、云南、邪龙、比苏、巂唐、不韦等县。

大理古城一角

隋到唐初，居住在洱海区域的原始居民不但从事狩猎、捕鱼，而且还种植水稻和饲养家畜，已经具有了较高的农业生产水平，并在洱海西面修建了太和、羊苴咩、大厘等较大的城邑，在洱海的南岸建有石和、石桥等城。唐初，洱海周围出现了蒙嶲、越析、浪穹、邆赕、施浪和蒙舍等六个"诏"（部落）。六诏中蒙舍诏居南，故称南诏。公元738年，蒙舍诏在唐王朝的支持下，征服了其他五诏，统一了洱海地区，迁都太和城（即今大理）。其后，南诏逐渐扩大势力范围，在强盛时期，其疆域北抵大渡河，南到越北，西接印、缅边境，东达贵州北部和广西西部。南诏从第一世王细奴逻到末代王舜化贞共经历了13个君主的统治。公元897年，权臣郑买嗣灭亡南诏。从建国到灭亡，南诏共历经247年。在南诏国期间，南诏地方行政建置设十赕、六节度和二都督区，其中十赕为统治中心，都在大理白族自治州境内。所以，南诏时期的大理，一直作为南方的行政中心而存在。

公元902年，郑买嗣建立"大长和国"。公元927年，剑南节度使杨干贞又灭"大长和国"，扶持清平官赵善政立"大天兴国"。10个月后，杨又废赵善政，自立"大义宁国"。公元937年，通海节度使段思平把持地方势力，挥戈推翻了大义宁国，建立起大理国政权。1253年，蒙古忽必烈率军从青藏高原南下，渡过金沙江，攻占大理城，大理国最后的国王段兴智被俘，大理国灭亡。从建国到灭亡，大理国共经历了317年、22个国王，其辖境与南诏极盛时大致相当，大理州境内的行政建置也大致沿用南诏时期的模式，大理仍是大理国的统治中心。

大理国灭亡后，元朝于至元十一年（1274年）派赛典赤·赡思丁为云南平章政事（相当于省长），建立云南行省，云南的政治中心由洱海边的大理转移到了昆明。这样，从唐初南诏国建立到元初大理国灭亡期间的大理一直是作为南方地区的行政中心而存在的，因此称大理是唐宋时期南方的行政中心。

老云南的趣闻传说

天宝战争知多少

天宝战争，又称"唐天宝战争"，是发生在唐王朝和南诏国之间的三次战争。由于三次战争都发生在唐天宝年间（742—756年），故而得名。这场战争爆发的根源是什么？其过程怎样？战争的结果又给交战双方造成了怎样的影响呢？下面就让我们一起来回顾这段历史。

唐朝初年，在云南的洱海边有六个"诏"（即部落），南诏就是其中之一。唐王朝扶持南诏政权，想借其力量牵制吐蕃。南诏势力坐大以后，唐王朝又颇为害怕，企图对其加以控制。

天宝七年（748年）皮罗阁死后，其子阁罗凤继位，唐封阁罗凤袭云南王。唐王朝控制了洱海地区之后，便加紧经营滇池区域，筑安宁城，但却受到爨氏各部反抗。爨氏杀了筑城使者竹灵倩，唐王朝随即派南诏前往镇压，阁罗凤乘机拉拢爨氏各部，奏请朝廷以各爨氏谢罪而罢。

阁罗凤还将一女嫁给爨归王之子守偶，另一女嫁给爨崇道之子辅朝。唐认为南诏势力进入滇池地区，对己不利，遂派李宓以反间计挑起爨氏内讧。爨崇道杀爨归王、爨日用。归王的妻子阿姹求救于南诏，南诏出兵杀崇道父子，导致唐与南诏矛盾激化。唐朝廷决意打击南诏，想以皮罗阁另一子于诚节取代阁罗凤，并加倍征取粮税以削弱南诏。

这时，云南太守张虔陀又奏阁罗凤背叛，于是，天宝十年（751年）唐王朝西川节度使杨国忠派鲜于仲通、李晖、王知进率兵八万，分三路进兵征伐南诏。南诏知道后，乘大军未到，即攻下姚州，张虔陀自杀，再克安宁，城守王克昭被杀，这时鲜于仲通已至曲靖。

阁罗凤遣使求和谢罪说："冲突系由张虔陀造成，南诏愿意赔偿一切，复置姚州城府。"使者还对鲜于仲通陈述利害说："如今吐蕃正在浪穹相机而动，并以兵威相加，如果不许讲和，南诏归附了吐蕃，云南就非唐所有了。"但是，鲜于仲通过高地估计了自己的力量，而且又不顾大局。他"唯言杀戮"，又扣留南诏使臣，派大将王天运带兵绕道点苍山后，企图腹背夹击，一举歼灭南诏主力。阁罗凤向吐蕃求援，于是南诏与吐蕃合力反击，使唐军大败，全军覆没，鲜于仲通"仅以身免"。

宰相杨国忠

战争失败之后,宰相杨国忠一面掩盖败状,在长安假庆胜利,奏请任命只身逃回的鲜于仲通为京兆尹,一面又偷偷派兵强筑姚州城,任命将军贾瓘为姚州都督,制造姚州已经被收复的假象。阁罗凤派兵断绝了姚州粮道,再度攻下姚州,唐军再次全军覆没,贾瓘被俘。但是,杨氏集团还不死心,他们"耻云南无功",违背人心天意,于是强征暴敛,酝酿着更大的征南战争。

阁罗凤

天宝十三年(754年),唐朝军队再度大举进攻南诏。唐玄宗任命前云南都督兼侍御史李宓为主帅,广府节度使何履光、中使萨道悬逊为副将,兵分两路,开赴云南,直取南诏腹地。此次征战云南的唐朝军士不是就近从剑南节度征调的,而是从陕西、河南、河北等地征集的。北方人风闻云南为蛮荒之地,"瘴气"袭人,历来去者无还,因此纷纷逃避兵役。杨国忠下令强制征兵,不从者铐送征兵所,闹得人心惶惶,但是最终还是凑足了20万大军。

大军抵达洱海之滨后,从洱海东岸、龙尾关、龙首关三个方向对南诏都城太和城形成包围之势。李宓采用水陆协同作战的方法,一面命令士卒日夜赶造战船,做好从洱海东岸渡海作战的准备,一面指挥军队猛攻龙尾、龙首二关。阁罗凤密令军将王乐宽袭击唐军水师。唐军造船厂被捣毁,船只全部被南诏抢获,尸横遍野,溃不成军。水军受重创,唐军水陆俱进的策略受阻。北面,唐军深入邓川,轮流攻击龙首关。李宓亲自上阵,但是南诏的精锐部队"罗苴子"坚守龙首关,挫败了唐军一次又一次的进攻。这时,吐蕃军队驰援南诏,抄唐军后路,攻占了邓川。南诏与吐蕃军队内外夹击,进攻龙首关的唐军"流血成川,积尸壅水",连主帅李宓也战死。从南面进攻南诏的唐军,在何履光的率领下,经过苦战,突破龙尾关天险,直逼太和城下,但最终还是被南诏军队击溃。

天宝战争之后,阁罗凤北臣吐蕃,吐蕃封阁罗凤为"赞普",南诏改国号为"赞普钟南国大诏",阁罗凤建元"赞普钟"。"赞普"为吐蕃语,意为"兄弟",南诏与吐蕃从此结为兄弟之国。南诏乘势占据了大渡河以南的广大土地,同时与吐蕃一道,协力侵扰唐王朝。南诏、吐蕃结盟的50年时间里,时常挑起战事,成为唐王朝的心腹大患。

天宝战争的失败,沉重打击了唐朝的统治。天宝十四年(755年),时任平卢、范阳、河东三镇节度使的安禄山,以讨伐杨国忠为名,乘机起兵,发动了长达

8年之久的"安史之乱",唐朝日益衰落。

忽必烈为何要派赛典赤·赡思丁治理云南

赛典赤·赡思丁(1211—1279年),一名乌马儿,回族人,元代初期的优秀政治家。元世祖忽必烈建立云南行中书省后,派其为云南行省的首任平章政事。在云南的6年中,他"兴滇之心,事滇之子",兴利除弊,大胆改革,对云南的社会、经济和文化建设都做出了重大贡献,深得人民拥戴。那么,忽必烈为什么要派赛典赤·赡思丁治理云南呢?

赛典赤·赡思丁履历非凡。他在13世纪初时担任蒙古成吉思汗的帐前侍卫,窝阔台汗即位后,他又担任丰、靖、云内(今大同、呼和浩特一带)的都达鲁花赤,后改任太原、平阳二路达鲁花赤。宪宗时,他担任燕京路总管、采访使。忽必烈即位后,升他为燕京路宣抚使。中统二年(1261年),赛典赤·赡思丁被封为中书省平章政事,统理财政,并兼理发行中统交钞,一时间国库充裕,战事粮饷供应充足。至元元年(1264年),他出任陕西、四川行中书省平章政事,并节制两省所有大小官属。在陕西任职的3年间,民户增加3 565户,军户增加12 255户,政绩卓著。

云南行中书省建立后,元世祖忽必烈一直在思考平章政事的人选,后来他想到了赛典赤·赡思丁。考虑到赛典赤·赡思丁曾在中央和地方都工作过,而且都取得了很大的成绩,所以忽必烈决定派他出任云南平章政事一职。至元十一年(1274年),忽必烈对赛典赤说:"云南朕尝亲临,比因委任失宜,使远人不安,欲选谨厚者抚治之,无如卿者。"于是,赛典赤·赡思丁就被派到云南担任行省平章政事一职,时年63岁。

忽必烈

当时,云南的地方政权很多,而且多由当地的豪强掌握。赛典赤到任后,进行了许多重要改革,并"询父老诸生利国便民之要,博采而力行之"。他首先建立各级政权机构,下令原有的千户、万户等武职官员一律不得过问民政;接着分设路、府、州、县等各级政权及各级军事组织;进而又清查户田,整顿赋役,整理货币,改建驿站,赈灾恤苦,屯田垦荒,安抚流亡,设立州、县学堂,提倡儒学。这些措施的实施,有效地促进了云南地区的全面发展。

在农业上,当时云南有不少地方还是刀耕

火种,虽然大理、鄯阐(今昆明)附近先进一些,但作物产量与内地相比仍然很低。为了发展农业生产,赛典赤一方面大力传播北方先进的耕种技术,另一方面积极"经划水利",提出了"为陂池,以备水旱"的主张,决定把开发滇池水利放到重要地位。经过周密的调查规划,赛典赤决定对滇池进行大规模整治。他把整个工程分为两部分进行:一是疏浚海口河,二是整治盘龙江等河道。治理工程历时三年,于至元十五年(1278年)全部完成,滇池水利面貌因此而焕然一新,农业生产和昆明等城镇也随之发展繁荣起来。从此,昆明就成为了云南的政治、经济和文化的中心。

至元十六年(1279年),赛典赤·赡思丁死于任上,送葬群众"号泣震野"。忽必烈闻讯后,"思赛典赤之功,诏云南省臣尽守赛典赤成规"。大德元年(1297年),朝廷追赠赛典赤为"上柱国、咸阳王"。

赛典赤·赡思丁

 为何说明代是丽江木氏土司的兴盛时期

丽江木氏土司,指的是明清云南三大土府之一的纳西族木氏封建领主。木氏土司历经元、明、清三代,直到清雍正年间改土归流后才逐渐没落下去,前后历经22世,共470年。他们是丽江土地上森林河泽的所有者,也是政治上的统治者,他们通过徭役制和实物代役租的形式维系着自己的利益。在云南土司的历史上,木氏土司接受汉文化最早,在三大土司中也最为重要。木氏土司的发展历程跌宕起伏,其最盛时期为明代,这是为什么呢?

木氏一族的祖先可以追溯到唐朝,按照传说,木氏的先祖是个能耐极大、极有智慧的人。木氏先祖本不姓木,木姓是朝廷所赐。据《木氏宦谱》记载:"宋理宗宝祐元年,蒙古宪宗命御弟元世祖忽必烈亲征大理,良迎兵于剌巴江口,锡赉甚厚,宠渥优礼,将授职茶罕章管民官……遂破巨津半空和砦,生擒叛贼阿塔剌,功升茶罕章宣慰司。"当时云南出现了两种局面:一边是巨津州阿塔剌等在石鼓顽强抵抗元军,一边是通安州的麦良在石鼓江口迎候元军,而且主动配合元军攻下石鼓镇。1260年,麦良迎降的忽必烈当了皇帝。在忽必烈执掌皇权四年后,他封麦良为"茶罕章宣慰司"(从二品),后来又因麦良有协助平定大理等功,授予其"副元帅""还镇摩娑诏""提调诸路统军司"等官职。一个边疆少数民族的酋长获得如此高的官衔,在当时实属少见。后来,麦良的子孙接任宣抚

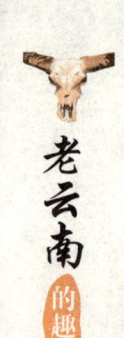

丽江木府议事大殿

司,也屡次受到朝廷的封赏。

所谓"识时务者为俊杰",麦良的生存智慧对后代产生了很大的影响。到了明朝,云南丽江的木氏先祖如法炮制,更加主动地向中央王室靠近。明洪武十五年(1382年),明太祖朱元璋派大将傅友德、蓝玉、沐英远征云南。明军攻克大理之后,当时丽江的纳西族首领阿德率众首先归附明军,朱元璋为了表彰他们,"钦赐其木姓"。明洪武十六年(1383年),朱元璋又颁旨"授尔子孙世袭土官知府,永令防固石门、镇御蕃鞑","封中顺大夫"。从此,这个家族在延续父子联名制的同时,拥有了汉族的姓氏"木"姓,并以"世袭土官知府"的身份统治丽江。由此,木氏一门进入了最为兴盛的时期,直到清雍正年间。

"南明"政权有多少个

1644年,李自成农民军攻破北京,明思宗朱由检在北京煤山自缢,明朝灭亡。清军入主中原后,明朝宗室先后在南方建立了5个抵抗清朝的政权,他们统称为"南明"政权。"南明"政权包括弘光政权、隆武政权、鲁王监国、绍武政权及永历政权,前后共历时18年。下面是几个政权的详细情况:

弘光:崇祯十七年(1644年)五月初三,马士英、史可法等人奉明福王朱由崧监国于南京。五月十五日,朱由崧即皇帝位,年号弘光,是为弘光政权。朱由崧是明神宗的孙子、老福王朱常洵的儿子,最初被封为德昌王,后来进封世子。明弘光元年(1645年)三月,宁南侯左良玉称"奉崇祯太子密诏,入诛奸臣马士英以清君侧",在武昌起兵进逼南京。正月十一日夜,兴平伯高杰被暗降清军的河南总兵许定国诱杀于河南睢州袁可立府第,巡抚越其杰、参政袁枢和巡按陈潜夫则只身返回金陵。

这时的清军迅速南下,破徐州、渡淮河,兵临扬州城下。史可法一昼夜赶回扬州,指挥守城。但是,史可法在扬州虽有督师之名,却无法调动四镇之兵。后来,扬州总兵李栖凤拔营降清,史可法更加孤立了。清兵以大炮轰开城池,他拔剑自刎未死,后来为清兵俘获。多铎对其进行劝降,但史可法抱定"城存与存,城亡与亡"的信念,以身殉难。随后,清军渡长江、克镇江,弘光帝被迫逃往芜湖。五月十五日，大臣赵之龙、王锋、钱谦益等献南京城投降；二十二日朱由崧被抓，解赴北京后处死。至此，弘光政权覆灭。

隆武： 弘光元年(1645年)闰六月初七，明福建巡抚张肯堂、礼部尚书黄道周及南安伯郑芝龙、靖虏伯郑鸿逵等，奉唐王朱聿键在福州称监国，闰六月二十七日称帝，改福州为天兴府，年号隆武。

朱聿键，是朱元璋九世孙。崇祯五年(1632年)嗣立为唐王，崇祯九年(1636年)因率兵勤王擅离南阳而获罪，弘光时获释。顺治二年(1645年)五月避乱经过杭州，郑鸿逵等人将他迎入福建。继位之初，隆武帝想有所作为，他聚集廷臣讨论抗清战守。即位不到半月就下诏亲征，影响很大，同时他还安抚难民，联络抗清义军，改变了原来弘光朝廷联虏灭贼的错误政策方针，使得江浙、安徽、江西各地义军纷起，响应抗清号召。

然而隆武却颇不得势，其军政大权都掌握在地方实力派郑芝龙手里，就连隆武本人也被其挟制。隆武二年(1646年)七月，清军攻下浙东浙南，随即挥师南下。郑芝龙暗中与清军洽降，使清军长驱直入。隆武帝出奔汀州，于八月被清军追及擒杀(一说被射杀)，隆武政权至此灭亡。

鲁王时期： 隆武元年(1645年)闰六月二十八日，在浙江余姚、会稽、鄞县等地抗清义军及故明官吏缙绅的扶持下，明鲁王朱以海在绍兴任监国。朱以海是朱元璋十世孙，鲁王朱寿镛的第五子，他于崇祯十七年(1644年)二月嗣王位。鲁王政权建立后，控制了浙东绍兴、宁波、温州、台州等地，拥有浙中义师及原明总兵方国安、王之仁部，而且凭借钱塘江天险，曾汇兵合攻杭州，但其政权腐败，热衷于与隆武朝争夺皇统，势同水火。顺治三年(1646年)六月，鲁王军队与清军对峙，不战而溃，朱以海出海至舟山。清军迅速平定浙东，鲁王大臣张国维、朱大典、马士英、孙嘉绩、王之仁等先后死于乱中，方国安、阮大铖等降清，鲁王政权灭亡。

绍武： 隆武二年(1646年)十一月初二，大学士苏观生、隆武辅臣何吾驺等在广州拥立朱聿键的弟弟朱聿𨮁为帝，改元绍武。同年十二月十五日，清军李成栋部攻入广州，朱聿𨮁等皆死，绍武政权灭亡。

永历： 隆武二年(1646年)十一月十八日，明两广总督丁魁楚、广西巡抚瞿式耜等拥戴桂王朱由榔在肇庆称帝，年号永历。朱由榔，明神宗之孙，桂恭王朱常瀛之子，最初被封为永明王，后来袭封桂王。随着清军的到来，永

朱由崧称帝后发行的钱币

南明忠义薛尔望先生墓碑

历皇帝逃到了云南,接着又逃到了缅甸。永历十五年(1661年),吴三桂率清军入缅,索求永历帝。十二月,缅甸国王将永历交于清军,次年四月永历帝与其子等被吴三桂处死于昆明。

永历帝被害后,全国较大规模的抗清活动就只有夔东十三家与郑成功部了。1662年,清军开始对其进行绞杀。1664年,夔东十三家军抗清失败,首领李来亨全家自焚,大明王朝在大陆地区的抵抗运动结束。1662年五月,郑成功在台湾病逝,郑经从厦门来到台湾接手经营,继续沿用永历年号,表面上仍旧奉明监国宁靖王朱术桂为正朔,并于次年从福建迎接朱术桂入台。1681年,郑经病殁,遗命郑克臧嗣位,冯锡范毒害郑克臧,拥立其婿郑克塽,独揽大权。1683年,施琅攻克澎湖,郑克塽剃发降清,监国宁靖王朱术桂携五妃自杀殉国,全国最后一支明朝抗清势力覆灭。

吴三桂统治云南多长时间

说到云南,有一个人不得不说,那就是吴三桂。在历史上,吴三桂曾占据、统治云南多年,一度使云南成为大清国的国中之国。那么,吴三桂到底统治了云南多少时间?他在云南期间都做了些什么?

"冲冠一怒为红颜"的吴三桂降清后,充当了清朝的鹰犬,他甘做先锋,一直从山海关杀到了云南。顺治十七年(1661年),吴三桂在云南开藩,并被封为平西王。接着,他镇压了南明永历帝及李定国的抗清斗争,并绞死了永历帝,从此就独据一方,在云南进行了20年的统治。在吴三桂统治云南期间,他给云南人民带来了无比深重的灾难。

一是增兵索饷,图谋不轨。吴三桂旗下常年保持着一支大约七万人的军队,为此每年要向清政府索饷九百万两白银,全省的赋税不足供他的军调,全省的粮食不足供他的军队之需,这使得当时云南的米价每石涨到了20两,云南百姓深受其害。

二是霸占土地、矿冶,垄断商业贸易。他将原来云南土皇帝木氏的庄园全部据为己有,接着又掠夺了很多农民的土地,省会昆明的大部分土地都变成了他养军马的牧场。他增重赋税,通过铸西钱以及后来的洪化钱等控制了整个云南经济，普通百姓则民不聊生。

三是兴建豪华王府和别墅安阜园。昆明的翠湖原来很大，今天的讲武堂、科技宫、省图书馆一带在那时都是翠湖的一部分。吴三桂为了个人享受，强迫人们填湖造地，建成他的平西王府（也就是后来的洪化府）。接着，吴三桂又把五华山上原永历帝的王宫加以改建，使之与翠湖和洪化府连成一片，这样从五华山下便可乘船经翠湖到王府。不仅如此，吴三桂还在北门外莲花池畔大兴土木，兴建了别墅安阜园。

吴三桂在大兴土木之余，还命人到江南购买了40个会唱昆曲的美貌女子以及戏装、珍宝30箱，每天与手下听曲、赋诗、弹琴，徜徉其间。

吴三桂

1673年吴三桂叛清，于1678年死在了湖南衡阳。1681年，清军攻下昆明之后，抄了吴三桂的家，其府第、宅院、财物、歌姬等被悉数充公。至此，吴三桂统治云南的历史终结了。

马嘉理事件发生在哪里

在距云南省德宏傣族景颇族自治州盈江县西南约14千米处，有一个不知名的小地方，这就是芒允乡。100多年前，这里曾发生过一件震惊中外的事件——马嘉理事件。

19世纪下半叶，英帝国主义为了打开从缅甸北部入侵我国云南的通道，不断蚕食云南边地。清同治十三年（1874年），英国驻印度总督派英军上校柏郎率领全副武装的"勘测队"，以来云南勘测绘制地图为名，妄图入侵云南。按照事前约定，这支队伍将由马嘉里前往缅甸接应。马嘉理是当时英帝国主义殖民者驻华使馆的翻译、间谍，他沿途从北京到云南一路刺探军政要情，绘制山川险要地图，标示驻军情况，并把掌握的情报向柏郎进行了汇报。

在得知英军即将入侵的消息后，边境各族军民纷纷组织起来，严阵以待。当时驻守边防的腾越镇左营都司李珍国到芒允召开大会，动员组织各族人民进行抗英战斗准备，给予侵略者迎头痛击。

就在马嘉理带领英军向中国边境进发的途中，他们听说了前面有数百名中国武装人员要进行阻截的消息。多疑的柏郎下令部队停止前进，打算探明情况

"马嘉理事件"纪念碑

再做打算。马嘉理自告奋勇前往探路,柏郎则带队随后跟进。当英军行至雪例时已近傍晚,狡猾的柏郎不敢留宿,命令部队返回班西山下宿营。伏击的军民探知柏郎大队人马在后面,就故意让过了马嘉理一行。马嘉理一行于14日晚来到芒允,宿于佛寺,认为平安无事,于16日依原路返回接应柏郎。当他行至芒允街户宋河边时,受到了守候已久的腊都、儿通瓦等20多名景颇族义军的劝阻和痛斥,但骄横的马嘉理不但不听忠告,反而开枪打死1人。群情激奋的腊都、儿通瓦等忍无可忍,将马嘉理及其随从4人杀死,讨回了血债。

次日早,就在柏郎得意扬扬地率领侵略军如入无人之境时,被埋伏在班西山前阻击侵略者的军民们拦住。柏郎气焰嚣张不可一世,首先开枪向我爱国军民射击。我方爱国勇士被迫进行反击,一时间班西山下枪声大作,双方进行了激烈的战斗。柏郎看我方准备充分,更知若中了有毒的弩箭,那就连上帝也没办法相救了,顿时慌了阵脚。当他得知马嘉理等5人已为他做出了"榜样",大批中国援军即将赶到时,大惊失色,威风顿挫,赶忙仓皇逃窜出境。

"马嘉理事件"发生后,虽然中国军民取得了反侵略斗争的胜利,理应由英殖民者向我国赔礼道歉,并抚恤被马嘉理无端屠杀的中国人。但依仗自己有洋枪洋炮,英帝国主义颠倒黑白,要求清政府"赔罪",并提出许多无理苛刻的要求。早被洋人吓破胆的晚清政府屈服于压力,为了讨好洋人,以"盗匪劫杀"为名,将腊都、儿通瓦等23位少数民族抗英勇士斩首,把积极主张抗英御侮的腾越镇总兵蒋宗汉、同知吴启亮革职,将左营都司李珍国革职下狱。

1876年,清朝廷派李鸿章在山东烟台与英国大使威妥玛签订屈辱的《中英烟台条约》。条约除了要求清政府"抚恤""赔款""惩凶""道歉"外,还允许英帝国主义者开

处理"马嘉理事件"的李鸿章

辟印藏交通,使之可以通往西藏、云南、青海、甘肃等省区;开辟宜昌、芜湖、温州、北海等地为通商口岸;扩大领事裁判权等。最终,"马嘉理事件"中反侵略斗争的壮举以一个难言的结局载入了中国近代史。

袁世凯的帝王梦是如何破灭的

1912年,中华民国建立。当民主共和成为全国人民的愿望、共和的趋势已经不可逆转之时,却还有人在做着皇帝梦,这个人就是袁世凯。为了登上帝位,袁世凯无所不用其极,可是从1916年元旦洪宪改元算起到当年的3月23日为止,袁世凯仅做了83天皇帝就被迫退位了。已经登上帝位的袁世凯为什么会在这么短的时间内就宣布退位?他的皇帝梦究竟是怎么一步步走向破灭的呢?

当上中华民国大总统的袁世凯为了推行帝制,不惜以出卖国家主权来换取外国的支持。1915年1月,日本为加紧对中国的侵略,向中国提出了21项条件,以实现其独占中国的目的,这就是著名的"二十一条"。他们向袁世凯暗示,只要他承认二十一条,日本政府就帮他再"高升一步"。1915年5月9日,袁世凯宣布接受日本提出的二十一条。这个消息一出便引起了全国人民的愤怒,全国各地的声讨声浪此起彼伏,袁世凯为了平息众怒,将全部接受改为了部分接受,取得了日本对其称帝的支持。

袁世凯虽不敢明目张胆的当皇帝,但暗地里却在加紧制造复辟帝制的舆论,他要为帝制涂上一层民意的色彩,于是乎一些政治投机分子和袁世凯的爪牙就组织了全国请愿联合会,为袁世凯当皇帝摇旗呐喊。1915年8月14日,杨度串联孙毓筠、李燮和、胡瑛、刘师培及严复成立筹安会,声称共和不适用于中国,于是愈来愈多的所谓请愿团上书要求变更国体。在这样的形势之下,袁世凯宣布成立"国民大会",并于1915年10月召开了所谓的国民代表会议,由全国选出的"代表"决定国体问题。在会上,各省"代表"都推戴袁世凯当中华帝国的皇帝,袁世凯最初还故作姿态地婉拒,后来就欣然地接受了。

1915年12月12日,参政院拥袁世凯为皇帝,同时宣布将1916年改为洪宪元年,中华民国改为中华帝国,北洋政府总统府改为新华宫(今

袁世凯

蔡锷

中南海),并在天坛祭天准备登基。可惜好梦不长,经过辛亥革命洗礼的中国人民绝不允许帝制复辟,反袁反日的爱国运动迅猛兴起。孙中山领导的中华革命党公开号召人们把反袁斗争进行到底,之前一向拥护袁世凯的进步党也走上了反袁道路,就连北洋军阀内部也出现了明显分化。

在云南,还没等袁世凯黄袍加身,蔡锷就发起了护国运动,组织护国军分三路讨伐袁世凯。一时间,袁世凯众叛亲离、内外交困,只得于1916年3月22日宣布取消帝制。但是,全国各地的武装起义已经发展起来,他们挂起护国军的旗帜,要求惩办袁世凯。在这样的局面下,袁世凯恼羞成病,最终于1916年6月6日在全国人民的唾骂声中死去。至此,袁世凯的帝王梦破灭了。

"片马事件"知多少

片马事件,指的是1911年侵缅英军悍然出兵占领云南片马(今云南省怒江傈僳族自治州泸水县片马镇)的事件。

1900年1月,侵缅英军入侵云南片马附近的茨竹、派赖等寨;1910年12月,他们又占领了片马;此后到1927年,英军又先后占领古浪和岗房。英军入侵期间,中国边防军民在守备左孝臣、千总杨体荣的率领下奋起反抗,沉重地打击了入侵英军,守备左孝臣在抗英斗争中牺牲。片马管事勒墨杜扒也率领景颇、傈僳、独龙、怒、汉、白等各族人民会同泸水土司,与英军进行了多次搏斗,给侵略军以沉重打击。经过各族人民的抗争,英国于1926年承认片马是中国的领土,但英军拒不撤兵,仍然强占片马。

片马事件说明,中国各族人民反对外来侵略和维护祖国领土完整的决心是坚定的。片马事件以后,虽然英国在片马地区设立兵营,实行

片马人民抗英胜利纪念碑

武装占领,并设官治理,但是由于云南各族边民的反抗和全国人民的抗议,再加上清政府和民国政府都不承认英军对片马的占领,为中国后来最终收回这一地区打下了基础。根据 1960 年 10 月《中华人民共和国和缅甸联邦边界条约》,1961 年 6 月 4 日,缅甸政府把片马、古浪、岗房等地归还中国政府。

为了纪念片马事件,1987—1989 年,当地修建了"片马人民抗英纪念碑"及片马抗英纪念馆。纪念碑高 20 米,碑体由 3 把剑和 3 面盾组成,象征汉、傈僳、怒族团结抗英的事迹,原中共中央总书记胡耀邦为纪念碑题词:"片马人民抗英胜利纪念碑"。在纪念馆中,则陈列了片马事件的相关历史资料。

为何说抗战时云南既是祖国的大后方,又是祖国的前沿

中国抗日战争的胜利,是中华民族团结奋战的结果。云南地处祖国的西南边疆,与东南亚国家毗邻,国境线长达 4 000 多千米,是我国西部内陆连接国外的必经之地。在抗日战争中,云南既是我国大西南的门户和抗战的大后方,又是战争的前沿,其作用十分重要。那么,为什么说云南既是"大后方"又是"最前沿"呢?

抗战全面爆发后,日寇不断南下,大部分国土沦陷。此后,国民党政府迁都重庆,西南成为我国抗战的后方,云南更是成为大后方最重要的战略基地,大量的厂矿、企业、军政机关和学校搬迁至此,沦陷区的大批民众也纷纷逃难来到云南。云南举全省之力,从各个方面支援着我国的抗战,为抗战的胜利贡献了巨大的力量,朱德总司令曾称赞云南为"抗战中一个重要根据地"。

除了作为大后方,云南还处于日军侵略东南亚的前沿。由于当时的英国军队兵无斗志,望风逃跑现象十分严重,所以在东南亚战场上频频失败,为了避免日军切断滇缅公路这条运输大动脉,中国政府从云南派出了远征军出征缅甸。但是,由于远征军高层领导指挥不统一,导致了 10 万远征军兵败缅甸。远征军第一次出征失败后,日军就沿着滇缅公路一路攻到了惠通桥,按照他们最初的计划,下一步将要攻占怒江以东,继而占领大理、保山,最后直指昆明。如果这项计划得逞,中国抗战的历史恐怕就要改写了。所幸的是,云南人民和军队奋力反抗,阻挡了日军的疯狂进攻。这样一来,本是大后

昆明抗战胜利堂

方的云南,因为日寇从缅甸的进攻而变成了最前线。

在整个抗战期间,云南不仅充分发挥了作为抗战大后方的重要战略作用,而且一跃成为了抗战的最前线,成为了中国人民抗击日寇的一面光辉旗帜,它为中华民族的独立与解放事业做出了不朽的贡献。

为何说西南联大誉满海外

1937年"七七事变"后,抗日战争全面爆发。在这样的形势下,北京大学、清华大学、南开大学先迁至湖南长沙组成了长沙临时大学,后又于1938年4月西迁昆明,改称为国立西南联合大学,直到1946年西南联大解散。虽然西南联大历史短暂,但是西南联大的名字在海外可是响当当的。那么,究竟是什么原因使得西南联大誉满海外呢?

师资阵容强大

西南联大虽然是一个在战争年代临时组建的大学,但它却拥有绝无仅有的教授阵容。1939年时,联大拥有177位教授(含少数副教授),其数量占全校教职工总数的22.3%,而1940年时的麻省理工学院的这一比例仅为22%。在民国时期,中国共有81名院士,其中在联大的就有27名。根据《国立西南联合大学校史》以及《国立西南联合大学史料》记载,联大在云南的8年时间里,先后共有300多位教授来校任教,这些教授都是当时著名的科学家、文坛泰斗,可谓是"人人握灵蛇之珠,个个抱荆山之玉",这其中有提出"中国人口已经相对过剩"的吴泽霖、懂得世界文字最多的陈寅恪、中国开创比较文学的第一人吴宓以及中国政治学的奠基人钱端生等。

学生素质极高

西南联大在8年的办学时间里,共培养了8 000余名学生,其中拥有联大学籍的本科毕业生近2 500名,专科生约200名,是当时全国毕业生最多的高校之一。这8 000余名联大校友中,涌现出了一大批国家级英才,创造了教育史上的神话。当年,执掌西南联大的清华大学校长梅贻琦先生曾经说过:"我们做教师做学生的,最好最切实的救国方法,就是致力学术,造就有用人才,将来为国家服务。"正是这种注重学术、兼容并包的教学方法,使得西南联大桃李

昆明西南联大纪念碑

遍天下。在我国23位"两弹一星功勋奖章"获得者中,有8位来自西南联大;从2000年起开始设立的"国家最高科学技术奖"的获得者中,有2位是联大毕业生;新中国成立后的两院院士名单上,联大学生占据了90个席位;联大学生杨振宁、李政道则是最早获得诺贝尔奖的中国人。可以说,西南联大为中国培养了大批人才,今天的中国仍深受其益。

此外,西南联大在昆明办学的8年间,虽然受到了日本的严密封锁,但一直没有中断过与外界的联系,这使得西南联大的学术水平和成果能够紧跟世界,这也是西南联大创造了一个又一个奇迹的原因之一。

当前,我国正在积极建设世界一流大学,重温西南联大写就的华彩篇章,领会它给我国教育事业带来的启示,必将会促进我们的教育事业获得长足发展,使当代的中国大学也成为誉满海外的高等学府。

为何说扎西会议是遵义会议的继续和最后完成

扎西会议,是中共中央政治局于1935年2月5日至9日,在云南省扎西县境内召开的会议。这次会议由张闻天主持,参加会议的有毛泽东、张闻天、周恩来、朱德、陈云、博古、王稼祥、刘少奇、邓发、凯丰等,会议主要讨论了红军的战略方针,并作出了一系列重要的决定。很多人认为扎西会议是遵义会议的继续和最后完成,这是为什么呢?

红军第五次"反围剿"失败后,我党进行了长征,并在途中的遵义会议上批判了博古等人错误的军事路线并揭示了其危害性,但是当时没有形成一个正式的决议,常委也没有进行重新分工,错误路线的代表博古仍在中央有负总责的名义。遵义会议上没来得及完成的这两件大事,通过扎西会议解决了。

扎西会议讨论通过了以下重要决定:由张闻天接替博古为中共中央总的负责人;通过了遵义会议决议,即《中共中央关于反对敌人五次"围剿"的总结决议》;确定了中央红军新的战略行动方针,先是暂缓渡江,在川、滇、黔边境地区机动作战,创造新的根据地,后又作出回师黔北、重占遵义的决策;中革军委根据会议的决定下发《关于各军团缩编的命令》,中央红军缩编为16个团;对中区、湘鄂川黔、红二、红六军团

扎西会议纪念馆纪念碑

和红四方面军的战略和组织领导问题重新进行了研究和部署,恢复了自长征后一度失去的对全国其他苏区和红军的领导;重新确定了新的党中央领导下的组织形式和斗争方针;作出了成立中共川南特委和组建中国工农红军川南游击纵队的决定。

扎西会议后,中央红军的作战行动由被动变为主动,在新的战略方针和战术原则的指导下,终于打破了敌军的围追堵截。留在中央苏区的红军和游击队根据中央指示改变了组织形式和斗争方式,迅速突围,分散上山,开展游击战争,进入了坚持南方革命战略支点的斗争时期。红二、红六军团在反"围剿"斗争中加强了领导,调整了战略方针,很快掌握了战争的主动权。红四方面军配合中央红军新的战略方针,取得嘉陵江战役的胜利,打乱了川陕敌军的"会剿"计划。

扎西会议在我们党和军队贯彻遵义会议精神、转变党和红军的军事战略方面起了重要作用,它不仅是中国工农红军长征史上的光辉篇章,而且是中国共产党在以遵义会议为标志的历史转折过程中的一次很重要的会议,因此说扎西会议是遵义会议的继续和完成。

"香格里拉"为何名满世界

香格里拉,位于云南省西北部的迪庆藏族自治州,这里地处青藏高原南缘、横断山脉腹地,是滇、川、藏三省区交会处。在迪庆,"香格里拉"意为"吉祥如意的地方",是世人寻觅已久的世外桃源。多年来,香格里拉吸引了无数的中外游客前来游玩。那么,究竟是什么原因让香格里拉名满世界呢?

美丽的自然风光

香格里拉县位于云南省西北部的滇、川、藏大三角区域,地处迪庆腹心地带。这里是亚洲几条大河流经的地方,这些河流数经过千万年的雕刻,造就了一大片在全世界几乎是仅有的雄奇的自然景观。当地民谚说:山高十丈,大不一样;一山有四季,十里不同天。

在第二次世界大战期间,一位美国飞行员因飞机失事而"飘落"到香格里拉虎跳峡北面的一个小山谷中,这里奇异而美妙的自然景色使他完全忘记了刚从死

香格里拉机场

神手中挣脱的惊恐,脱口说出"这真是世界上独一无二的地方"。在第二次世界大战之后,"香格里拉"一词便不胫而走。

今天,谁也难以确切地说出那片梦幻般的仙境到底在什么地方,但是香格里拉却因此成为世界知名的旅游胜地,那里的"一桥、一台、两湖、一山"(即天生桥、白水台、纳帕海、碧塔海和哈巴雪山)成为人们追寻仙境的热点。

独具魅力的民族特色

神奇灵秀的山川和古老的民族文化积淀共同孕育出了香格里拉各民族人民善良、旷达的性格,也使得这一地区的民族节日独具魅力。每年农历的五月初五是当地的赛马会,这是全县最隆重的节日,期间好手云集、名马长嘶,吸

香格里拉少女画像

引了很多游客前来观看;"丹巴市""格冬节"是当地两个宗教色彩浓郁的节日,庆祝形式奇特而神秘,内蕴丰厚而耐人寻味;纳西族的"二月八"、彝族的"火把节"等节日则是各民族人民宣泄自己情感的一种方式。除了固定的节日,香格里拉的人民还创作出了自己的优美歌舞,如纳西族的阿卡巴拉舞、彝族的葫芦笙舞、傈僳族的对脚舞等,节奏明快,极富感召力,最能唤起观众的参与热情。

迷人的藏族风情

在香格里拉,流传着这样一句话:"不必到西藏就可领略藏族风情。"香格里拉有25个民族世代杂居,他们各信其教,相融共处,藏文化尤为盛行。在这里,藏式木碗、藏毯、铜器、银饰等手工艺品随处可见,藏医、藏药、东巴象形文字和原始宗教图腾等魅力无穷。在这片宁静的土地上,静谧的湖水、神圣的寺院、淳朴的康巴人,使人感觉仿佛置身于西藏。

现在,香格里拉已经成为很多人心中的一个情结,它正以其独特的人文风情和自然风光吸引着千千万万的人们来此游玩,越来越多的人都去那里寻找自己的"梦"、自己的"天堂"。

禄丰为何被称为"恐龙之乡"

很早以前,生活在云南禄丰地区的老百姓在日常的生活劳作中,常常可以捡到形状奇异的"龙骨",他们认为这就是传说中"龙"的骨头。1938年10月,

老云南的趣闻传说

云南禄丰恐龙谷恐龙雕塑

中国古脊椎动物学家杨钟健和他的助手从北平来到禄丰作地质调查,他们惊奇地发现,禄丰当地的老百姓在使用一种奇特的"油灯"——用恐龙脊椎骨化石凹陷做灯台的油灯。此后,他们又在禄丰沙湾、大荒田、大洼村等地采集到了大量恐龙化石,由此揭开了我国恐龙研究史上最辉煌的序幕。

从1938年至今,在禄丰境内发现并发掘出土的恐龙化石多达120余具,种属达25属34种,已经记述命名的恐龙就有10个属12个种,含侏罗纪早、中、晚三个时代的恐龙化石。可以说,禄丰是迄今为止世界上出土恐龙化石最丰富、最完整、最古老、最原始的地区之一,是中国恐龙的故乡。

"禄丰恐龙跨距年代长、个体数量多、种属丰富、保存完整、埋藏区域集中,举世罕见,学术界关于恐龙灭绝的几大设想都在禄丰找到了渊源,禄丰恐龙化石资源具有多项唯一性和独特性,是享誉海内外的世界顶级资源。"谈及禄丰恐龙,禄丰人都引以为傲。也正是因为在恐龙研究方面有这么多的资源和优势,所以禄丰成为了名扬天下的"恐龙之乡"。

老云南的地名

云南一名有何由来，为何又简称"滇""三迤"

云南，简称"滇"或"云"，位于中国西南边陲，总面积约39万平方千米。与云南相邻的省区有四川、贵州、广西和西藏4个，邻国有缅甸、老挝和越南3个。北回归线在该省南部穿过。云南是人类重要的发祥地之一，在距今170万年前，云南元谋人就已在这里生息繁衍，被认为是迄今为止发现的我国和亚洲地区最早的人类。

云南：关于它的得名由来，有两种说法。

第一，据《云南通志》记载："汉武帝元狩间（前122—前117年），彩云现于南中，遣史迹之，云南之名始此。"另据《祥云县志》记载："汉元狩元年（前122年），彩云现于白崖，遂置

滇池日出风光

云南县。"("白崖",即现在的弥渡县红岩;"云南县",即现在的祥云县。)

第二,新编纂的《辞海》对"云南"一词这样解释:"旧以在云岭之南得名。"云岭,也称大雪山,位于云南省兰坪县境内,是横断山脉的南段在云南面积最大的一列山地,为澜沧江、金沙江的分水岭。

对比这两种说法,一是按照史书记载,一是从地理空间范围来说明。但是"云南"二字始见于史,是在元代时期,元朝置云南行中书省,明朝置云南布政使司,清朝称云南省。

滇:滇是云南的简称,最早是指我国古代时西南夷地区滇池畔的一个部族名称。战国末期,楚将庄蹻率众来到滇池、抚仙湖附近,并在这里建立了古滇国。滇部族和古滇国都因滇池而得名。那么,滇池是怎么得名的呢?人们主要有三种观点:

第一,"高山之巅有池,而名巅池";第二,"源广末狭,有似倒流,谓之颠池";第三,云南古夷语称山间平地为甸,甸中有池,曰滇池。这里,"巅""颠""甸"都是"滇"的谐音字,这样一来,因滇池而称滇部族、滇国,进而演变为云南的简称。但是,真正以"滇"来概称云南全省,则是从明代开始的。

三迤:清雍正年间(1723—1736年)、乾隆年间(1736—1796年),朝廷先后在云南设置了3个道,即迤东道、迤西道、迤南道,分别驻在甸城、永昌城、普洱城。道以下,分管若干府。自此,人们常把云南称为"三迤"。

昆明一名有何由来,其为何又被称为"春城"

昆明作为云南省会,是云南的政治、经济、文化、科技、交通中心,也是云南唯一的特大城市和西南地区第三大城市(仅次于成都、重庆),还是首批"中国历史文化名城"和国家级风景名胜区。

昆明:关于"昆明"一词的起源,人们众说纷纭,莫衷一是。大多数学者认为,昆明最初是指我国古代西南地区一个民族的族称;在中国古代文献中,"昆明"写作"昆""昆弥"或"昆淋"。所以,它并非是指城市名称,而是居住在今云南西部、四川西南部的一个古代民族。

"昆明"见诸于文字记载,最早可追溯到汉武帝时期(前140—前86年)。据史学家司马迁在《史记·西南夷列传》中的记载:"西自同师(今保

昆明城市雕塑

山)以东,北至叶榆,名为嶲、昆明,皆编发,随畜迁徙,毋常处,毋君长,地方可数千里。"由此可见,"昆明"是古代云南地区一个少数民族的族称。

"昆明"真正作为地名出现,则是在唐代。据载,唐高祖"武德二年(619年),于镇置昆明县,盖南接昆明之地,因此为名。"这句话说,因为此地接近昆明,故而以此命名。由此来看,这里的"昆明"指的仍是昆明族。在汉唐以前,昆明族大都定居于云南西部地区。到了南诏、大理国时期,他们居住的地方,被新兴起的乌蛮、白蛮占据,所以才被迫东迁至滇池周围,聚居生活。

南宋宝祐二年(1254年),元灭大理后在鄯阐设"昆明千户所"。元世祖至元十三年(1276年),云南行中书省正式建立,置昆明县,并把治所从大理迁到了昆明,"昆明"正式命名即始于此时。此后,昆明一直是全省的政治、经济、文化中心。

春城:昆明之所以被称为"春城",与它的自然环境有关。昆明位于北半球亚热带,四季温度始终保持在 3～29 摄氏度,是全国年温差最小的地方。这里的气候特点是:春季温暖,干燥少雨,月平均气温多在 20 摄氏度以下;夏无酷暑,平均气温 22 摄氏度,雨量集中,降雨量占全年雨量的 60% 以上;秋季温凉,天高气爽,雨水减少,霜期开始;冬无严寒,日照充足,天晴少雨。综上,昆明夏无酷暑,冬无严寒,四季如春,气候十分宜人,因而被称为"春城"。

曲靖一名有何来历

曲靖位于云南省东北部,总面积 32 565 平方千米,总人口 603 万(2012 年末),是云南第二大城市,素有"滇黔锁钥""入滇门户""云南咽喉"之称。作为珠江的发源地,它也被称为"珠江源头第一城";曲靖名雕众多,也享有"雕塑之都"的美誉。这里还是古代爨文化的发祥地,有彝、壮、苗、瑶等多个少数民族。本地著名风景名胜有:珠江源、爨宝子碑、爨龙颜碑、段氏与三十七部会盟碑、千佛塔及罗平多依河、九龙瀑布群、鲁布革风景区等。

"曲靖"一名,最早出现于元代。元至元十三年(1276 年),朝廷将这里的中路总管府改为曲靖路总管府,"曲靖"之名始见于史,并沿用至今。其实,历史上曲靖一直是云南的政治、经济、文化中心之一。早在三四千年前,曲靖先民就已在这块土地上生息繁衍。

曲靖翠峰山翠和宫

公元前280年,庄蹻入滇,建立滇国,曲靖即成为古滇国的腹心地带,称"靡莫之属"。公元前225年,秦始皇在云南曲靖修"五尺道",促进了云南边疆地区的开发。公元前109年,汉武帝派兵征服了曲靖的"劳浸""靡莫"部族,滇国归顺汉朝,此后在今三岔一带建味县,属益州郡。

公元225年,诸葛亮率军南征,西南少数民族首领孟获被擒,后归附蜀汉政权。当时,诸葛亮废益州郡,置建宁郡,并将郡治从滇池迁至味县。西晋泰始六年(270年)八月,改设宁州,并直属于中央,治所仍在味县。宁州是当时全国的19个州之一。

北周时期(557—581年),宁州改称南宁州。隋朝时期(581—618年),置南宁州总管府。唐贞观八年(634年),南宁州改为郎州,设郎州都督府。开元五年(717年),复名南宁州都督府,辖南宁、西宗、南云等16州。韦仁寿是首任南宁州都督,曾率军民在今曲靖老城以北20里(1里=500米)处筑成了闻名后世的石城。

天宝十三年(755年),南宁州全境归南诏。元朝时期,设曲靖路总管府,"曲靖"一词正式出现。明洪武二十七年(1394年),曲靖府升为曲靖军民府,府治仍在南宁(今曲靖老城)。清乾隆三十年(1765年),曲靖军民府改称曲靖府,府治仍在南宁县。民国二年(1913年),南宁县改为曲靖县。至此,"南宁"一名退出了曲靖的历史,成为广西的专有地名。

1950年设曲靖专区,辖曲靖、沾益等7县。1954年辖13县,1957年辖11县、2自治县,1958年辖10县、2自治县,1960年辖7县,1962年辖10县,1964年辖11县、1自治县,1965年辖12县、1自治县。1970年,曲靖专区改为曲靖地区,驻曲靖县,辖12县、1自治县。1979年辖11县、2自治县。1983年,撤销曲靖县、沾益县,合并设立曲靖市。1997年,设地级曲靖市。

玉溪一名有何由来

玉溪市位于云南省中部,总面积15 285平方千米,是云南第三大城市,有"滇中粮仓"之称,还有"花灯之乡""云烟之乡""聂耳故乡"的"三乡"美誉。这里是一个多民族聚居区,生活着汉、彝、回、苗、哈尼族等20多个民族,其中少数民族人口约占总人口的30%。1916年,因这里有玉溪大河(当地人称为州大河)横穿而过,故被命名为"玉溪",并沿用至今。

玉溪市历史悠久,文化源远流长。公元前109年,西汉汉武帝在云南置益州郡,辖24县,俞元县即其中之一,也就是现在的曲靖澄江县。蜀汉时置俞元县,属益州建宁郡。晋、南北朝时期属宁州建宁郡。隋时置西爨地,属宁州总管

玉溪城市风光

府。唐时置求州,属南宁州都督府。南诏国置温富州,属河阳郡。

宋时,大理国改温富州为温富州休制部,属河阳郡。元时置温富千户所,属云南中路罗伽万户府;后设新兴州,属云南行中书省澄江路。明时,分属昆阳州、澄江府、临安府、宁州、元江府。清时分属云南府、澄江府、临安州、新兴州、元江直隶州等。

民国元年(1912年),置新兴县,属云南省;民国二年(1913年)置休纳县;民国五年(1916年)置玉溪县。1950年3月,成立玉溪县人民政府。1958年,玉溪、江川2县合并,称玉溪县,1961年又分开。1983年,玉溪县撤县,建立县级玉溪市。1997年,撤玉溪地区,建地级玉溪市,县级玉溪市改为红塔区。

2009年,在第二届中国和谐城市可持续发展高层论坛上,玉溪市被授予"中国十佳休闲宜居生态城市"称号,并且位列全国第二,仅次于湖南长沙市。2010年,又被正式命名为"国家园林城市"。2011年被正式命名为"国家卫生城市"。2012年被公布为"中国特色魅力城市200强"之一。

保山之名有何来历

保山市,古称永昌,位于云南省西南部,总面积19 637平方千米,享有"兰城"之称。这里有13个世居少数民族,还有众多的华侨、侨眷、归侨,华侨分布在29个国家和地区,是云南主要的侨乡。"保山"一名的起源,没有准确、详细的史料可考,但这一名称跟保山城西的太保山有着必然联系。民间说法是这样的:

明成化年间(1465—1488年),永昌(祖籍湖北武陵)人文澍考中进士,后担任过"七寻太保"、四川重庆府知府、贵州思南知府等。文澍"朴而理,忤时贵",因得罪朝廷而退居祖籍之地武陵。两年后,他专程回永昌修葺祖坟,后又回了武陵。

嘉靖元年(1522年),永昌当地人有感于文澍"虽为高官,却不忘祖

保山机场

先"的孝德，便将此地的松山更名为"太保山"，因为文澍曾担任过"七寻太保"之职。从此，太保山之名就在民间传开了。嘉靖三年（1524年），永昌改设县治，因其名与安徽永昌县重复，于是借太保山中的"保山"二字为县名。"保山"作为地名始见于史，并沿用至今。

历史上，永昌是滇西最早的原始居民——"蒲缥人"的栖息地。战国中期，是古哀牢国的统治中心。公元前109年，汉王朝在此设县置吏。公元69年，置永昌郡。据文献资料记载，当时的永昌郡地域十分宽广，大致相当于今滇西、滇南和缅北的广大地区，是东汉的第二大郡。

三国两晋南北朝时期，永昌郡制有存有废。唐宋时期，先属南诏；继归大理，后改为永昌府。元初，设永昌三千户，后改为永昌府。明代先后置金齿军民指挥使司、永昌军民府。嘉靖三年设保山县。清代设永昌府。

1913年，中华民国废永昌府置永昌县，后因名称与甘肃永昌县重复，更名为保山县。1930年辖12县、10行政区。1942年设第六区行政督察专员公署，治所移至保山。1948年改设第十二行政督察专员公署，治所再移腾冲。1949年，设保山地区，辖7县、7设治局。2000年，成立地级保山市，辖隆阳区、施甸县、腾冲县、龙陵县、昌宁县1区4县。

昭通之名有何由来

昭通市位于云南省东北部，总面积23 021平方千米，有苗、彝、回等23个少数民族，是云南文化的"三大发源地"（大理、昭通、昆明）之一，素有"锁钥南滇，咽喉西蜀""小昆明"之称。

昭通历史悠久，文化源远流长。大约距今1万年，这里的先民就已开始广泛使用磨制石器，采用制陶、纺织、农业和放牧等技术，并开始了邑居和定居生活。公元前221年，秦始皇派筑路，史称"五尺道"，而昭通地处"五尺道"枢纽，是云南最早接受中原文化的地区。

西汉武帝建元六年（前135年），汉武帝重开"南夷道"，在今昭通市设朱提县（郡）。这一时期，汉文化在昭通的影响逐渐扩大，并蔚然成风，使这里的社会经济文化进入了快速发展期。此后，至唐天宝年间（742—756

昭通大山包风光

年),昭通均称作"朱提",前后达800余年。

汉、晋两代,朱提地区社会经济文化高度繁荣。其中,汉孟孝琚碑是这一时期文化的实物见证,被誉为"寰宇稀世之奇珍""海内第一石",是迄今为止云南所发现的唯一一块汉碑。而霍承嗣壁画中的"夷汉部曲"画像,是晋代现存唯一的壁画,有极其重要的文物、研究价值。

唐天宝时期,开路置驿。宋时封乌蒙,元时置乌蒙路,明时置乌蒙府。清雍正五年(1727年),清廷实行"改土归流"政策。当时,云贵总督鄂尔泰借机将乌蒙曲解为"乌暗蒙敝",并在奏章中说"举前之乌暗者!易而昭明,前之蒙蔽者,易而宣通",并请示雍正帝改乌蒙府为昭通府。"昭通"一名自此始见于史,并沿用至今。这就是"昭通"一名的由来。

近现代史上,昭通出了许多名人,如军事家罗炳辉,抗日爱国将领龙云、卢汉,著名共产党员刘平楷,国学大师姜亮夫,著名学者肖瑞麟、邓子琴、张希鲁、谢饮涧,及时代英雄徐洪刚等。

2010年,昭通市评选出了"昭通十大名片",分别是:罗炳辉、龙云、大山包国家公园、中国西部千里大峡谷、溪洛渡电站、黄连河风景区、豆沙关·五尺道、扎西会议会址、昭通苹果、昭通天麻。2013年又新增了千年古镇——牛街这一名片。牛街历史悠久,商业繁荣,素有"小香港"之美名。

西双版纳一名有何来历

西双版纳傣族自治州,位于云南省南部,面积近2万平方千米,国内与普洱市、江城县、澜沧县相连,国外与老挝、缅甸相邻。西双版纳有傣、哈尼、拉祜、布朗、基诺等13个少数民族,辖景洪市、勐海县、勐腊县和10个国有农场。这里既是中国面向东南亚、南亚的重要通道和基地,也是云南对外开放的窗口。此外,这里是国内的热点旅游城市之一,以热带雨林自然景观和少数民族风情而著称,享有"植物王国""动物王国""绿色王国""南药王国"之称。每年4月13~15日,此地还会举办泼水节,吸引了众多国内外的游客。

西双版纳,原名勐泐,在古傣语中为"勐巴拉娜西",即"泐人区域",意思是"理想而神奇的乐土"。南宋高宗绍兴三十年(1160年),即傣历522年,傣族军事首领帕雅真受命率部进入勐泐,后统一北方各部,并于

西双版纳万人泼水广场

傣历542年建立了勐泐国。

明隆庆四年（1570年），当地的宣慰司（地方最高行政长官）把西双版纳的辖区分成了12个"版纳"，即版纳景洪、版纳勐养、版纳勐龙、版纳勐旺、版纳勐海、版纳勐混、版纳勐阿、版纳勐遮、版纳西定、版纳勐腊、版纳勐捧、版纳易武、版纳勐乌。傣语中，"西双"是"十二"的意思；"版纳"是"一千亩"的意思。自此，"西双版纳"这一傣语名称作为专有地名沿用至今。

1951年至1952年，西双版纳傣族自治区建立。1955年更名为西双版纳傣族自治州。1993年12月22日，设景洪市，自治州开始辖景洪、勐海、勐腊1市2县，以及10个县级国有农场和6个中央、省属科研单位。

西双版纳有澜沧江纵贯全境，出境后称湄公河，被誉为"东方多瑙河"。本区热量丰富，终年温暖，四季常青。一年分为雨季、旱季两季，雨季长5个月（5月下旬至10月下旬），雨季降水量占全年降水量的80%以上；旱季长达7个月（10月下旬至次年5月下旬）。

西双版纳历史悠久，文化源远流长，尤以傣历、傣文和民族民间文学艺术而闻名于世。早在1 000多年前，傣族先民就已在贝叶、绵纸上写下了许多神话传说、寓言故事、小说、诗歌等，仅长诗就有550余部。其中，《召树屯与楠木诺娜》《葫芦信》等最为著名，已被改编成了电影、戏剧等。

傣族舞艺术水平高，民族特色鲜明，广泛流行的有"孔雀舞""象脚鼓舞"等。傣族音乐、雕刻、绘画也具有很鲜明的特点。傣族民间工艺丰富多彩，主要有傣族通巴、花包、民族服装、木版画、木雕、根雕、黑陶、银饰品、蝴蝶装饰制品等，其中，传统银饰品主要有钗、耳环、项圈、手镯、臂环、胸饰、脚镯、戒指、腰带等，蝴蝶装饰制品是20世纪90年代开发的新型工艺品。

"景洪"一名有何由来

景洪市是西双版纳傣族自治州政府驻地，总面积7 003.1平方千米，属北热带和南亚热带湿润季风气候。景洪古称"勐泐""景陇"，旧称"彻里""车里"，在傣语中意为"黎明之城"。它从古至今一直是西双版纳的政治、经济、文化中心，现辖13个乡镇，享有"绿色宝库""物种基因库"之称。

西汉时，景洪属哀牢地，东汉

西双版纳景洪市风光

时属永昌郡。唐代南诏国时,称茫乃道,属银生节度地。宋代大理国时,称勐泐;后帕雅真统一西双版纳,并建立了景陇王国。元代属彻里军民总管府。后来,缅甸多次入侵这里,曾附属于东吁王朝。

明时,景洪改属车里宣慰司。1570年,宣慰使召温勐始建西双版纳,当时共置4个版纳。1913年属普思沿边行政总局。1929年9月,始设县治,分为车里县、普文县和六顺县。1950年2月,新中国成立后沿称车里县。1953年1月23日,西双版纳傣族自治州成立,再设版纳建制。1958年6月建立景洪县。1993年12月,撤县设县级市,即景洪市。

景洪市拥有极其丰富的动植物、地热、矿产、水资源,并建有亚洲最大的灵长类动物研究中心、出口生产基地和中国最大的蝴蝶养殖场。这里还是云南有名的商品粮、生猪、甲鱼生产基地,而橡胶、砂仁、依兰香的总产量、亩产量均居中国各县(市)前列。此外,作为风光旖旎、名扬中外的旅游胜地,它还是"国家园林城市",并被列为首批"中国优秀旅游城市"。

丽江一名有何由来

丽江市位于云南省西北部,地处云贵高原、青藏高原的连接处,总面积20 600平方千米,下辖1区2县2自治县,即古城区、永胜县、华坪县、玉龙纳西族自治县、宁蒗彝族自治县。这里旅游资源十分丰富,全区旅游资源覆盖面积为1 033平方千米,其中最主要的景区是"两山一江一城一湖",即老君山、玉龙山、长江第一湾、丽江古城、泸沽湖。1997年,联合国教科文组织将其列入了"世界文化遗产"城市。

战国时,丽江属秦国蜀郡。汉时属越郡,三国时属云南郡。南朝时为遂段县,大约此时纳西族先民迁入于此。唐时,先属姚州都督府地;后属吐蕃;后为南诏地,称桑川,属剑川节度地。宋时,属大理善巨郡地,此时开始建城。元至元十三年(1276年),改为丽江路,因其紧依丽江(即现在的金沙江)湾而得名。"丽江"作为地名始于此时,并沿用至今。

明末,城市已具规模,并日渐繁荣发达。著名旅行家徐霞客在其游记中称,此地"宫室之丽,拟

丽江古城古建筑

丽江古城一角

于王者",而丽江府更是"富冠诸土郡"。据《明史云南土司传》记载:"云南诸土官知诗书,好礼守义,以丽江木氏为首。"可见,这时的文化、礼仪程度也较高。此外,府城"大研"之名这时也已出现。因为它位于丽江坝子中心,四周有青山环绕,形状就像一块巨砚,故名大研(砚)厢。

清时,为丽江府。雍正元年(1723年),这里实行"改土归流",自元代以来的木氏土司世袭制度宣告结束。乾隆三十五年(1770年),置丽江县。1949年,丽江县解放,属滇西北人民专员公署,后又成立丽江人民行政专员公署。1950年4月,改称丽江专员公署,驻丽江县,辖丽江、永胜等8县及宁蒗、碧江等5设治局。

1952年,丽江专区辖9县、4自治区。1953年辖9县、1自治区。1956年辖6县、1自治县。1961年辖2县、2自治县,而丽江县改设为丽江纳西族自治县,驻大研镇。1970年,丽江专区改称丽江地区,驻丽江纳西族自治县,辖2自治县、2县。1990年辖4县。1996年辖2自治县、2县。2002年12月26日,撤销丽江地区,设地级丽江市,驻于新设的古城区。截至2006年,丽江市辖1区、2县、2自治县。

自1723年清朝"改土归流"后,丽江便成为一个融合纳西文化、汉族文化的综合体。这里不仅风景优美,而且文化灿烂,既有丽江古城、玉龙雪山、虎跳峡等,也有至今保留着母系氏族特征的摩梭人,被称为"中国古典音乐活化石"的纳西古乐,以及世界上唯一"活着的象形文字"东巴文等。现在,丽江成为中国乃至世界的热点旅游地区。

德宏一名有何寓意

德宏傣族景颇族自治州位于云南省西部,面积1.15万平方千米,辖芒市、瑞丽市、陇川县、盈江县、梁河县2市3县。"德宏"是傣语的音译,"德"意为"下面","宏"意为"怒江",所以德宏的意思是"怒江下游的地方"。德宏东与保山市相邻,西、北、南三面被缅甸包围,故它下辖的5个县级单位被当地人俗称为"外五县"。

早在战国时期，傣族先民就已在今丽江地区建立了勐果占壁王国。这时，"西德宏傣族景颇族自治州南丝路"开通，成为中国历史上最早的一条国际陆路交通线，中印贸易自此开始。汉武帝

德宏勐巴娜西公园

元封二年（前109年），汉武帝开西南夷，德宏为益州郡哀牢地。东汉时属永昌郡哀牢县（今盈江县）。魏晋南北朝时属西城县（今盈江县）。

唐南诏时，属永昌节度和丽水节度。宋大理国时，属永昌、腾越金齿部地。元时属金齿宣抚司六路军民总管府。明时属永昌府腾越州。清袭明制。乾隆年间（1736—1796年））增设腊撒、户撒长官司，光绪二十五年（1899年）增设勐板土千总。民国时置道，后设政区，属腾越道。1927年废腾越道，属云南省第一殖边督办。1932年改为设治局。1949年设潞西县。1950年属保山专区。

1953年7月，德宏傣族景颇族自治区成立。1956年5月改为德宏傣族景颇族自治州，辖保山、腾冲等10县及畹町镇。1963年辖潞西、梁河等5县及畹町镇。1969年德宏州并入保山专区。1971年恢复德宏州，辖潞西、梁河5县及畹町镇。1985年辖2个县级市、3个县。

 ## 迪庆一名有何由来

迪庆藏族自治州，位于云南省西北部，地处滇、藏、川三省区交界，总面积23 870平方千米，辖香格里拉县、德钦县和维西傈僳族自治县3县。在迪庆藏语中，"迪庆"意为"吉祥如意的地方"。境内生活着汉族和藏、傈僳、纳西、白、回、彝、苗、普米族等24个少数民族。1933年，詹姆斯·希尔顿在小说《消失的地平线》中首次描绘了"香格里拉"，自此香格里拉名扬中外，并成为迪庆的一张名片。

西汉时，迪庆属西南夷。东汉时为牦牛羌地。三国蜀汉时，属云南郡地。隋时属南宁州。唐永隆元年（680年），吐蕃在今迪庆境内设"神川都督"。南诏国时先后属铁桥节度、剑川节度。大理国时为善巨郡辖地。元至元六年（1269年），在境内设驿站，属吐蕃诸路宣尉使司都元帅府管辖，后属云南行省丽江路。

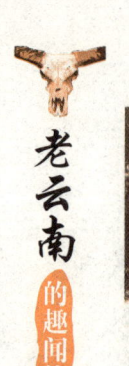

迪庆龟山公园

至元三十年(1293年)改属宣政院辖地吐蕃等路宣慰司。至元十四年(1277年)属丽江路军民宣抚司巨津州。

明时,迪庆地区分属丽江府、永昌府、云南都司。永乐四年(1406年),在今维西县设剌和庄长官司,属云南都指挥使司。嘉靖、隆庆年间(1522—1573年),属丽江土司木氏统治。清雍正四年(1726年),设中甸厅,归云南省;雍正五年(1727年)设维西厅。清末,川滇边界藏区推行"改土归流",为川、滇边务大臣衙门节制。

民国元年(1912年),中甸、维西厅均改为县,属云南省腾越道。民国二十一年(1932年),阿墩子改为德钦设治局。1949年7月,维西县人民政府成立。1950年5月,中甸县人民政府成立。1951年4月,县级德钦藏族自治区建立,1952年改称德钦县。1950年,中甸、维西、德钦3县属丽江专区。

1957年9月13日,设迪庆藏族自治州,驻中甸县,原属丽江专区的3县归入该自治州。自此,"迪庆"作为自治州专名正式使用,暂由丽江专区代管。1973年8月,直属于省管辖。2001年12月17日,中甸县更名为香格里拉县。截至2006年,共辖2县、1自治县。

大理一名有何由来

大理白族自治州位于云南省中部,总面积29 459平方千米,辖大理市和祥云、弥渡等8县及漾濞、巍山、南涧3自治县。这里以秀丽的山水和少数民族风情名扬海内外,境内著名景点有蝴蝶泉、洱海、崇圣寺三塔等。

大理历史悠久,据文献记载,4世纪时白族祖先就已在这里繁衍生息,史称"昆明之属"。前221年,秦朝在西南地区建行政机构,大理自此受中央王朝管辖。西汉时,汉武帝在此置叶榆县,使其成为"南方丝路"的重要中转站。

三国时期,云、贵、川称"南"中,属蜀汉管辖。后来,诸葛亮平定孟获叛乱,在此建云南郡。隋开皇十七年(597年),昆明发生叛乱,史万岁平之。贞观年间(627—649年),设置戎州都督府,大理地区归其管辖。

公元7世纪,洱海周围出现了6个"诏"(部落),即蒙嶲、越析、浪穹、邆赕、施浪和蒙舍。其中,蒙舍诏因在诸诏之南,故称"南诏"。公元8世纪,在唐朝廷的支持下,南诏政权建立。后来,南诏与唐朝矛盾日趋激烈。749年和754年,双方发生了大规模战争,史称"天宝战争"。794年,双方举行"苍山会盟",重归于好。

南诏后期,宫廷内乱,最终于902年分崩离析,就此消亡。937年,通海节度使段思平(893—944年)联合滇东37部落进军大理,建立了大理国,疆界基本承自南诏。至此,"大理"始见于史,并作为专有地名沿用至今。大理国统治云南达300多年,期间曾受宋王朝的"云南八国都王"等封号。

1253年,元世祖忽必烈率军南下攻占大理,大理国王段兴智被俘,大理灭亡。至元十一年(1274年),云南行省建立;至元十三年(1276年)改大理府为大理路,云南正式成为省级区划。明洪武十五年(1382年),明军破大理城,复改大理路为大理府,并设大理、鹤庆、蒙化3府。清朝基本沿袭明制。

大理古城南城门

1911年,昆明爆发"重九起义",后成立了云南省军政府。此时,大理地区属滇西道,后属腾越道。1950年2月1日,大理专员公署建立,辖下关、大理等15县市。1956年11月22日,大理白族自治州建立,首府驻于下关。截至2000年,自治州共辖1市8县3自治县,即大理市、祥云县、宾川县、弥渡县、永平县、云龙县、洱源县、剑川县、鹤庆县、漾濞彝族自治县、南涧彝族自治县、巍山彝族回族自治县。

楚雄一名有何来历

楚雄彝族自治州位于云南省中部,总面积29 258平方千米,辖1市9县,首府驻于楚雄市。楚雄历史悠久,文化灿烂,是人类的发祥地之一。早在170万年前,这里的龙川江两岸就生活着元谋人,并已进入旧石器时代。距今4 000年以前,境内各地已先后进入新石器时代,主要以元谋大墩子和永仁菜园子为代表。

先秦时期,楚雄州境主要分布着3大族群,即氐羌、百越和百濮。公元前4世纪,属滇地。汉时分属益州郡和越嶲郡,民族间经济文化交流得到加强。蜀汉时分属建宁郡、越嶲郡和云南郡。西晋时分属晋宁郡和云南郡2郡。

老云南的趣闻传说

楚雄元谋土林

东晋咸康八年（342年），一个叫威楚的彝族酋长在这儿筑了一道土城，于是人们用他的名字"威楚"来称呼这个地方，叫"威楚城"。这就是"楚雄"一词中"楚"的来历。南北朝时，这里分属晋宁郡、兴宁郡和建宁郡。唐初属戎州都督府。南诏时属拓东节度和弄栋节度。大理国时期属姚府、威楚府。

元初，分属威楚万户府、罗婺万户府和大理万户府，后改设路、府、州、县，分属中庆路、威楚开南路、武定路和大理路。明洪武十六年（1386年），威楚更名为"楚雄"。这里，"楚"取自"威楚"；"雄"取自明初功臣南雄侯。也就是，"楚雄"其实就是两个人名的组合。

明时分属云南府、楚雄府、姚安军民府和武定府。清时分属云南府、武定直隶州、楚雄府。民国时分设楚雄、镇南等县。1949年新中国成立后，设楚雄专区和武定两专。1953年，两专区合并为楚雄专区，辖楚雄、镇南等17县。1954年，镇南县改为南华县。

1958年，正式成立楚雄彝族自治州。1959—1961年间，先后恢复永仁、姚安、南华、双柏、牟定、元谋6县。1983年9月，楚雄县改为楚雄市，共辖1市9县，即楚雄市和双柏、牟定、南华、姚安、大姚、永仁、元谋、武定、禄县。

这里文化遗存丰富且年代久远。20世纪60年代中期至80年代初期，在此发现了在800万年前的禄丰腊玛古猿化石，在元谋县发现了300万年前的元谋竹棚人猿超科化石。1965年，在元谋县发现的元谋人化石距今有170万年，其中的打制石器和用火痕迹表明，元谋人不但完成了从猿到人的进化过程，还掌握了

楚雄彝人古镇西大门

用火的技能。1975年，在楚雄万家坝出土了5件铜鼓，被认为是目前世界上最早的铜鼓，距今已有2500余年。

个旧为何被称为"中国锡都"

个旧市是一个县级市,属红河哈尼族彝族自治州管辖,总面积1 587平方千米。这里以产锡而著称于世,是世界上最早的产锡基地,已有约2 000年的锡矿开采历史。因为它是中国最大的产锡基地和最大的现代化锡工业基地,故享有"中国锡都"的美誉。

个旧地下的矿产资源蕴藏量十分丰富,仅矿藏资源种类就多达28种,不仅以出产锡为主,还出产铅、锌、铜等多种有色金属,已探明的锡、铜、锌、钨等有色金属储量达650万吨,其中锡的保有储量90多万吨,占全国锡储量的1/3。此外,还有铍、铋、镓、锗、镉、银、金等稀贵金属,其中霞石储量约30亿吨,为全国霞石储量之最。

"个旧"是彝语"果作"的音译,意为"种荞子、吃荞饭"的地方。西汉时,个旧属贲古县(即临安府,今建水县)。后来,锡、银、铅采冶业兴起,至东汉时已出现较大规模的分工协作。元时属蒙自县,称"个旧里"。明时,银、铜业兴盛,而锡产品已成国内名品。

清康熙后,个旧的锡业颇为兴盛。光绪十一年(1885年),设个旧厅,专管矿务,并开始大批量出口锡。光绪二十三年(1897年),个旧设立了云南省第一个邮政代办所。1933年,云南无线电台设立个旧分台,个旧的锡业、锡业生产便与纽约、伦敦等地的国际锡市场有了联系。光绪三十一年(1905年),个旧厂官商公司成立,并使用进口机器设备和工艺进行生产,聘用外国专家开展生产作业,这开创了云南冶金工业近代生产的先河。

宣统元年(1909年),滇越铁路碧(色寨)河(口)段通车。这样,交通更加便利了,加上先进的通信,使得锡的出口量迅猛增长。宣统二年(1910年),个旧厂官商有限公司改组为个旧锡务股份有限公司,并向德国购买了一些更先进的机械设备,聘请德国工程师指导生产,开创了云南冶金工业机械化生产的先河。

民国二年(1913年),个旧被列为云南省一等大县,成为全滇的工业重镇。

个旧风光

老云南的趣闻传说

个旧文学林

20世纪30年代末,个旧锡业达到新中国成立前的鼎盛期。当时,私营厂户多达4 400家,锡出口量最高时达到1.1万吨,占全国锡出口总量的90%以上,居云南省出口商品的首位。1951年1月,个旧建市。1988年,个旧成为云南省计划单列市,同年10月成为开放城市。截至2000年,共辖1个街道、8个镇、4个乡。

此外,这里还是少数民族聚居区,有彝族、白族、傣族、怒族、壮族、水族、满族、苗族、回族、佤族、瑶族、藏族、景颇族、布朗族、纳西族、傈僳族、拉祜族、布依族、阿昌族、哈尼族、锡伯族、普米族、蒙古族、基诺族、德昂族、独龙族等多个少数民族。

老云南的山水园林

 老昆明城的"三山一湖"指何处

老昆明城内有著名的"三山一湖"景观,"三山"是指圆通山、五华山和祖遍山,"一湖"是指圆通山下的翠湖。

圆通山:位于昆明市区北部,1953年建成圆通山公园,总面积约0.26平方千米,东西长、南北窄,形状像一片柳叶。它是"昆明八景"之一,因为有险峻的山势、耸立的危石和翠绿的浓荫,所以享有"螺峰叠翠"的美称。

圆通山是一个以动物展出为主的综合性公园,山上建有昆明圆通山动物园,现有140多种、共计1 000多只动物。云南被誉为"动物王国",圆通山动物园就是这一美誉的缩影见证。这里饲养的动物有西双版纳野牛、勐腊虎、孔雀、大熊猫、东北虎、叶猴、熊猫、犀鸟、狮、象、金钱豹、斑马、野

昆明圆通山动物园

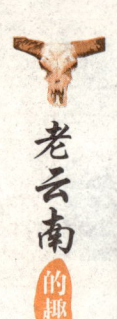

昆明翠湖公园观鱼楼

象、丹顶鹤等,既有云南当地的动物如西双版纳野牛、勐腊虎、孔雀等,也有我国的珍稀动物如大熊猫、东北虎等,还有来自世界其他地方的动物如澳洲袋鼠、食火鸡、非洲斑马等。其中,以孔雀园最为引人注目。此外,圆通山上还建有水族宫,里面陈列着供人们观赏的各种鱼类。

五华山:位于昆明市区北部,是昆明主山蛇山的余脉,也是昆明市区最高峰,海拔1 926米,占地1.73平方千米。据《云南通志》记载:"(五华山)由螺峰叠。甫而下,端丽庄严,领袖诸山。其下则烟火万家,山川一顾可尽,诚胜地也。"它的北面是螺峰山,东面是祖遍山,西面是翠湖,故称为"三山一湖"。

元至正十四年(1354年),云南王忽哥赤、平章政事赛典赤在山上建了一座五华大殿,并命名为"悯忠寺"。至正二十三年(1363年),该寺曾毁于战火。5年后重建,更名为"五华寺"。此后,山因寺而得名,称作五华山。还有说法认为,因为寺内塑了释迦牟尼等5尊佛像,故称"五华寺"。

祖遍山:位于昆明市区东北部,山上古柏森森,景致幽奇,若登临其上,城内景色可一览无余。其中,大德寺双塔是此山最著名的景点。双塔位于山的东侧,高21米,建于明成化十三年(1477年),形制仿照的是西安小雁塔。1983年被列为市级重点文物保护单位。

翠湖:位于昆明市区圆通山下、五华山西麓,原称"菜海子",又名"九龙池"。民国初年被辟为公园,因为这里水翠、竹翠、柳翠,始称"翠湖"。据方国瑜《元史·赛典赤传概说》中载:"元初以前,滇池湖岸西阻山麓,其北、东、南三面,自碧鸡关下高峣村,经上普坪村,眠犬山下夏家窑团山南麓、梁家河村、菱角塘、潘家湾、土桥、官渡、海燕村、石寨山下金沙村、昆阳城边旧校场,以至海口。"

过去,翠湖被誉为"城中碧玉",还有一副对联形容它的美景:"十亩荷花鱼世界,半城杨柳抚楼台。"园内景点有碧漪亭(俗称海心亭)、观鱼堂、水月轩、莲华禅院(现为游艺宫)、放生池、来爽楼、葫芦岛、知春亭等。

 梅里雪山有何特色

梅里雪山,位于迪庆藏族自治州州德钦县东北约10千米处的"三江并流"

地区，占德钦县面积的34.5%。它是一座南北走向的雪山群，也是云南最壮观的雪山群，北段、中段、南段分别称梅里雪山、太子雪山、碧罗雪山。

梅里雪山中有13座山峰的平均海拔超过6 000米，被称为"太子十三峰"。其中，主峰是卡瓦格博峰，海拔6 740米，为云南第一高峰。在藏文经卷中，"太子十三峰"被认为是"修行于太子宫殿的神仙"；而卡瓦格博峰为藏传佛教宁玛派分支伽居巴的保护神，被尊为"藏地八大神山之首"。

梅里雪山风光

20世纪30年代，美国学者约瑟夫·洛克甚至称赞卡瓦格博峰是"世界最美的山"。英国小说家詹姆斯·希尔顿在小说《消失的地平线》中，更是将卡瓦格博峰描绘成"美妙绝伦的金字塔"，并作为"香格里拉"的主体雪山即卡拉卡尔。

梅里雪山属横断山脉，是怒山的中段，峰型有如雄壮、高耸、神秘的金字塔。"梅里雪山"这个称呼，是1908年法国人马杰尔·戴维斯在《云南》一书中首次使用的。然而，梅里雪山实际上并不是指"太子十三峰"，而是梅里雪山群的北段，其主峰为说拉曾归面布，海拔5 229米。

梅里雪山因巍峨壮丽、神秘莫测而著称于世，美国《国家地理》杂志曾其将列为世界上5片"最后的净土"之一。在有限区域内，山上呈现出了多个植物分布带。如海拔2 000～4 000米，主要是云杉林，夏天有杜鹃、格桑花等野花盛开。再如高山草甸带上，盛产珍贵药材如虫草、贝母等。这里还是野生动物的天堂，主要生活着金钱豹、云豹、羚牛等国家一级保护动物，黑熊、小熊猫、猞猁、黑麝、大灵猫、小灵猫等国家二级保护动物，以及雉鹑、凤头鹰、红隼、血雉等113种鸟类。

在藏民心中，梅里雪山是一座圣山，藏区称"绒赞卡瓦格博"，意思是"神圣的白雪山峰"。主峰卡瓦格博峰的北边、南边是布穷松吉吾学、扎堆吾学、帕巴乃丁吉著、巴乌八蒙、吉娃仁安（五佛冠峰）、缅茨姆等山峰。

梅里雪山藏区拥有多种宗教和教派，如藏传佛教、天主教、基督教和伊斯兰教，其中以藏传佛教为主。山下有取登贡寺、衮玛顶寺，是藏民朝拜的庙宇。除了滇、藏、川的藏民，青海、甘肃的藏民每年也都会来这里朝拜，现已成为旅游胜地。

金沙江拐弯形成之谜

金沙江大拐弯也叫月亮湾,位于云南德钦县奔子栏镇和四川得荣县子庚乡交界处,是举世闻名的一处大自然景观。金沙江是长江的上游,它和怒江、澜沧江等大河在青藏高原的东北部发源。然后,三条河流几乎平行地向南流淌。于是,青藏高原的东侧被切割成数列深邃的平行河谷。在河谷与河谷之间,一座座大致平行的高山耸立,这就是横断山脉。在这三条河流中,金沙江最靠东边。流经云南省境内的石鼓村北时,金沙江忽然折转向东。此后又折转向北,形成了"Ω"形的大拐弯。那么,这种大拐弯是如何形成的呢?

数千年来,长江奔流不息,长江第一湾也使到此的游客流连忘返。很多人对此湾形成的原因迷惑不解,很多世世代代居住在江边的村民也弄不清楚到底是怎么回事。其实,世界上所有的大江大河都是弯曲的,其弯曲的原因主要是因为河水对两岸的冲击侵蚀强度不同造成的。因此,河流总是在地球大地上画出一条条十分有趣的曲线。但金沙江大拐弯的产生十分突然,一些学者通过对金沙江大拐弯深入的调查研究,提出了一些推断。

一种比较流行的看法是,许多年前,古金沙江和怒江、澜沧江一起向南流淌。于此同时,古金沙江东面不远处的地方有一条河流由西向东流淌,我们暂且称之为"古长江"。急湍的古长江水冲击侵蚀着岩石,并不断向西扩展。时间久了,古长江终于和古金沙江相遇了。它们相遇的地点就是在石鼓村附近。两条大河相遇,会发生什么事情呢?

俗话说:"人往高处走,水向低处流。"古长江的地势比古金沙江要低很多。滔滔不绝的古金沙江水就涌向古长江谷地,从而掉头向东流去。这样,古金沙江就成为了长江的一部分。这种现象在地理上叫作"河流袭夺"。

河流袭夺说还有一个有力的证据,那就是在今天的金沙江石鼓大拐弯的南方,即人们认为当年金沙江流经的地方,还有一条小小的河流,叫作漾濞江。漾濞江的源头与石鼓的距离很近,并且还有一条宽阔的低地。那里虽然没有河流,可是仍然是一种河谷的形态。河流袭夺说的支持者认为,古金沙江被古长江袭夺之后,其河谷还存在,并且还留下一条小河——漾

金沙江第一湾

漾江。

当然也有人不支持这种观点。他们认为根本就没有所谓的古长江袭夺古金沙江。金沙江之所以会形成今天这样的大拐弯，与当地的地壳运动有关。他们发现，虎跳峡是沿着一条很大的断层发育起来的。金沙江在流淌过程中，碰巧遇到这条断层，于是河流不得不来一个大拐弯。

长江第一湾观赏处

不管是河流袭夺，还是地壳断层，都是发生在很久很久以前的事情，没有人见证过，即使留下一些蛛丝马迹，也被无情的风雨侵蚀得面目全非。所以，这两种观点争论了很多年，至今也没有确定的结果。也许，只有等到发现一些更有力的证据的时候，才能揭开金沙江大拐弯神秘的面纱。

"三江并流"是何景观

"三江并流"自然景观位于横断山脉地区，地处迪庆藏族自治州、怒江傈僳族自治州境内，是指怒江、澜沧江、金沙江自北向南穿越崇山峻岭、并行奔流170多千米而不交汇的奇特自然景观。其中的最短直线距离，澜沧江和怒江之间不到19千米，澜沧江和金沙江之间为66千米。

整个"三江并流"区域占地4.1万平方千米，还包括流域内的担当力卡山、高黎贡山、怒山和云岭等山脉，是世界上高山地貌及其演化的代表地区，也是世界上生物物种最丰富的地区之一。

在中国境内的世界遗产地中，这里是面积最大的一片，同时也是世界上"地质地貌博物馆"中"藏品"最为丰富的一个。因为生物物种丰富，它被誉为"世界生物基因库""天然高山花园"。这里拥有全国25%的动物种类和全国20%以上的高等植物种类，如国家级保护动物滇金丝猴、羚羊、雪豹、黑颈鹤、孟加拉虎等，国家级保护植物秃杉、桫椤、红豆杉等。

"三江并流"景区有怒江、澜沧江、金沙江、独龙江等8个中心景区，60多个景点，跨越丽江、迪庆、怒江三个州，总面积达3 500余平方千米。景区内横亘着高山雪峰，海拔呈垂直变化分布：最低处为怒江干热河谷，海拔760米；最高处为卡瓦格博峰，海拔6 740米。景区的自然风貌造型迥异，包括雪山、原始森林、冰蚀湖泊、冰川等。

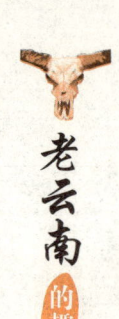

澜沧江大转弯

在云南省中,"三江并流"是面积最大、景观最丰富、民族风情最为多姿多彩的一个景区。但遗憾的是,目前尚未开发。1988年,经国务院批准将其定为"国家第二批重点风景名胜区"之一。2003 年 7 月,联合国教科文组织又将其列入《世界遗产名录》。

早在 4 000 万年前,欧亚大陆板块和印度次大陆板块发生了大碰撞,而后引发了横断山脉的地质运动,最终形成"三江并流"的自然奇观。由于特殊的地质构造,使该地区成为欧亚大陆中唯一的、独特的世界奇观,包括美丽神奇的自然景致、最集中的生物多样性和丰富的人文资源,如"三江并流"、高山雪峰、峡谷险滩、林海雪原、冰蚀湖泊、雪山花甸、珍稀动植物、白水台、民族风情等,他们共同构成了"雄、险、秀、奇、幽"等鲜明的特色。

最早发现"三江并流"这一世界地理奇观的人是英国植物学家、地理学家金敦·沃德。从 1911 年到 1950 年的 40 年里,沃德曾 8 次来到藏东南、滇西北、川西南考察。其中,1913 年 4 月至 1914 年 3 月,沃德在怒江、澜沧江、金沙江三江流域考察。当时,他对金沙江、澜沧江、怒江的年径流量进行了比例估算,大致结果为 5∶3∶2。

 大理蝴蝶泉未解之谜

蝴蝶泉位于云南省大理白族自治州的苍山第一峰云弄峰下,人们说它有"三绝":泉、蝶、树。蝴蝶泉是方形泉潭,四周用透亮的大理石砌成护栏,面积有 50 多平方米。远远看去,它就像是一颗透明的镶嵌在绿荫之中的宝石。走近观看,泉水清澈见底,一串串银色水泡自沙石中徐徐涌出,冒出水面后还泛起片片水花。该泉涌水量在 18.77 升/秒上下,泉水的矿化度小于 0.5 克/升,属重碳酸钙、镁型水,无臭、无味。也就是说,蝴蝶泉泉水不仅水量稳定,水质也十分优良。1961 年,郭沫若游览此地时曾手书"蝴蝶泉"三个大字,后被刻于泉边的坊石之上。

自古至今,有不少文人墨客、专家学者曾到此游览或考察,并留下了许多美丽的诗文。如明代地理学家徐霞客(1587—1641 年)在《滇游日记》中写道:"泉上大树,当四月初即发花如蛱蝶,须翅栩然,与生蝶无异。还有真蝶万千,连须

大理蝴蝶泉

钩足,自树巅倒悬而下及泉面,缤纷络绎,五色焕然。游人俱以此月群而观之,过五月乃已。"再如,清代诗人沙琛(1789—1822年)在《上关蝴蝶泉》一诗中这样描述蝴蝶泉:"迷离蝶树千蝴蝶,衔尾如缨拂翠㵎。不到蝶泉谁肯信,幢影幡盖蝶庄严。"

蝴蝶泉以其特有的奇观,每年都能吸引众多的游客来此旅游观光。那么,它有怎样的形成之谜呢?每年为什么会有大量的蝴蝶聚集于此呢?

其实,蝴蝶泉的形成得益于这一带特殊的环境条件。巍峨挺拔的苍山耸立如屏,山顶终年有积雪,夏天也不会消融。再加上植物茂盛,降水丰富,使这里成了一片生机勃勃的绿色地带。此外,总面积约 240 平方千米的洱海风光绮丽,四季如春,也是很著名的湿地。

因为蝴蝶泉所在之处西靠苍山,东临洱海,故而成为了"宝地"。该泉处于洱海大断裂的北东盘,在地下水溶蚀作用下,该盘形成了众多的落水洞、溶洞,由于受大气降水和地表水补给,故而形成了岩溶含水层。含水层中的地下水,沿着溶蚀管道流动,在与冲、洪积物接触的部位由于受细粒松散物阻截,从而溢出地表,最终形成了蝴蝶泉。

蝴蝶泉边有一高大古树横卧泉上,即著名的"蝴蝶树"。每年春、夏之交,特别是 4 月 15 日,大批蝴蝶聚于泉边,漫天飞舞。最令人称奇的是,万千彩蝶交尾相随,倒挂于蝴蝶树上,形成无数蝴蝶串,且会垂及水面,蔚为壮观。

苍山、洱海不仅为人类提供了观赏美景——"银苍玉洱",而且也为蝴蝶等昆虫大量繁殖与生长提供了良好的自然环境。此外,好泉美水加上泉边的那棵合欢树,自然得到了蝴蝶的青睐,它们十分乐意光临此地。由此看来,这里蝴蝶成群也是因为受到特殊环境条件的影响。

不过令人惋惜的是,近十年以来,人们已经很难看到美丽的"蝴蝶盛会",有时也有蝴蝶聚集,但数量

大理蝴蝶泉蝴蝶

已很少，不如从前了。

据当地人说，蝴蝶泉边原有一棵不知名的树，枝叶茂密，开白花，清香怡人，由于花枝缠在横斜泉面的树干上，蝴蝶迷于花香，故而沿着这些下垂的花枝连成串。如今树已经不见了，加上田野大量使用农药，导致周围自然环境受到破坏，所以误伤了不少蝴蝶。如今，蝴蝶连须钩足悬于泉面的奇观久已不见。因此，人们要认真研究蝴蝶生长的规律，加强自然环境的保护，保持生态平衡，这样可能会使迷人的"蝴蝶盛会"恢复如初。

云南四大毒泉之谜

"云南四大毒泉"，是指哑泉、灭泉、黑泉和柔泉。

哑泉：科学考察结果称，味道颇甜的哑泉应该是一种稀有的矿化泉。由于泉水中所含铜盐较多，呈弱酸性，所以初饮时会感觉有点甜。但是，饮入过多则会导致中毒，首当其冲的是声带，毒泉会使人的声音嘶哑，甚至"失声"成为哑巴。

云、贵、川一带自古以来就盛产铜矿物，所以深山泉水中含有铜的化合物（铜盐）较多，故而形成了"哑泉"。

目前，云南已发现了三处"哑泉"：一处在昭通地区的巧家县，一处在保山市的瓦窑镇，一处在临沧地区凤庆县境内的澜沧江边。

哑泉有着特殊的科研价值和旅游价值，但就是不能饮用，一旦喝了，就可能导致中毒事件。1947年，美国科学家在用硫酸铜溶液做试验时，发现了溶液中居然有好几种微生物，即氧化硫杆菌、氧化铁杆菌、氧化铁硫杆菌。这些微生物能够氧化、分解矿石，使其转化成为溶于水的硫酸铜。这一发现，证实了哑泉中存在铜盐的原因，同时也揭开了"哑泉"之谜。

灭泉：其实是一种高温沸泉，即温泉。泉水水温在34摄氏度以上才称为温泉，如北京的小汤山温泉，西安的骊山温泉，广东的从化温泉，广西的陆川温泉，重庆的南、北温泉，以及台湾的北投温泉、阳明山温泉等。其中，云南共有700多处温泉，为我国之最。

温泉的温度可高达100摄氏度甚至以上，这时就会成为"沸泉"，由于能够"杀死"生物，被称

云南腾冲热海大滚锅

为"灭泉"。在云南省红河边上,有一眼温泉的温度高达103摄氏度,是温度最高的沸泉。滇西也有一个著名的沸泉,名叫"大滚锅",泉水可以煮熟鸡蛋。此外,云南省腾冲的"热海"也是高温沸泉的典型代表,被誉为"天然地热博物馆"。该泉每年都会吸引大批游客前来旅游观光。

众所周知,水的沸点是100摄氏度,但沸泉为什么会超过100摄氏度呢?一般在标准大气压下,纯净水在100摄氏度时就会沸腾,并发生汽化。但如果在高压条件下,沸点也会升高,人们经常使用的"高压锅",利用的就是这个原理。

相对于从地层深处喷发出来的"高压高温泉水"——沸泉而言,"热源"就是地球内部能量的释放。由于地球内部温度分布不均匀,大约深度每增加100米,温度就会增高2.5摄氏度。据勘测,地层深处的水温可以达到150摄氏度的高温。

黑泉:人们一说到黑泉,就会心惊胆战,因为"人若溅之在身,则手足皆黑而死"。一般认为,这是由于剧毒动植物沤烂在泉中导致泉水带毒、颜色变黑的。在云、贵等地,已发现多处"黑泉",如滇西腾冲县东南就有一处"扯雀塘",意思是从上空飞过的雀鸟会被它"扯"下来中毒而死。此泉中不断冒出酸臭气体,刺鼻、刺眼,会使人头晕、恶心、发软,甚至呼吸急促致死。在毒泉四周,经常会发现死掉的鼠、猫、蛇和各种鸟类等。

据科学家解释,"扯雀塘"是火山活动的产物,是火山活动后期的一种"低温放气现象",也就是说,塘口的气体中含有大量的硫化氢和其他有毒气体。也有科学家认为,黑泉中含有多种溴、碘等元素,溴溶于泉水中并不稳定,遇热溴蒸气就会逸出,对人体有很大刺激性,可引起流泪、鼻出血、头晕,直至窒息而亡。比如军警经常使用的催泪弹,就是根据溴的这种特性制造出来的。碘与金属氰化物遇热会反应生成剧毒——碘化氰,从而使泉水颜色变深,毒性更加厉害。这就是黑泉之谜。

柔泉:是水温极低的一种冷泉。当然,古人所说的冷泉,与现在的有所不同。今人把水温低于当地平均气温的泉水称为"冷泉"。

冷泉的成因比较复杂,大多数专家认为与二氧化碳有关。地下水在地层中漫长运移时,会溶解大量二氧化碳,当泉水流出地面时因为压力骤减,二氧化碳会从水中逸出,从而带走大量的热量,最终导致泉水寒冷如冰。

另一种观点认为,有的冷泉中含有一种叫作"芒硝"的天然硫酸盐,这是一种味辛、咸苦的泻药。史书记载,诸葛亮的部下在酷暑期行军时,由于口渴,在遇到冷泉后不择而饮,最后导致兵士们体内水火相攻,难以调节,连连下泻,"身躯软弱如绵而死"。柔泉的"柔"字,就体现了这种现象。

其实,大部分泉水都属于冷泉,是一种极其宝贵的自然资源。历史上有许多闻名天下的泉水就是冷泉,如北京玉泉,江苏镇江中冷泉、金山泉,山东济南趵突泉,江西庐山谷帘泉,浙江杭州虎跑泉等。其中,济南的冷泉最多,有72处,故而享有"泉城"的美誉。

此外,我国还发现了多处"汽水泉",这也是一种天然冷泉。这些泉水因含过量的二氧化碳,被誉为"天然汽水",并含有多种对人体有益的矿物质,因此成为畅销世界的保健饮料。例如辽宁新金县的汽水泉,每小时喷水量达 625 千克,水中二氧化碳含量达 3.6 克/升。再如,山东的崂山矿泉,水中二氧化碳含量为 2.3 克/升,目前已是远销世界各地的著名品牌。

济南趵突泉匾额

何处"一天日出日落三次"

黎明景区位于云南丽江县黎明乡,距县城 120 多千米,属丽江旅游西线,是丽江老君山景区的主要组成部分。这里每年冬至日前后的两个月时间中,一天日出、日落三次,十分奇妙。此外,这里有丹霞地貌近 300 多平方千米,是我国西南最大的丹霞地貌群,也是全国最大的丹霞地貌之一。

太阳一天 3 次升起、3 次落下的景观,让黎明村远近闻名。在每年农历冬至日前后的约 2 个月时间中,8 点 30 分左右,在此地都可看到 3 次日出、日落。其时,站在黎明村的红石街上,或村子旁边的山坡上,向东望就可以欣赏到这种奇观。

为什么这里一天中会日出、日落 3 次呢?主要因素当然不在太阳,而是此地有三座并列的山峰。当太阳从第一座山峰南面升起,不多久就在第二座山峰背后落下,然后又从第二座山峰的南面升起,到第三座山峰的背后落下,最后从第三座山峰之上升起。这样一来,就好像是太阳升起了

丽江黎明景色

3次、降落了3次。

在国内的丹霞地貌中,黎明这一块据说是面积最大、发育最好的。这里的岩石、险峰、悬崖、峭壁等,都呈现着鲜艳的红色,非常奇丽、美妙。特别是当地的千龟山,有着奇异的山形,被看作是"老君山奇山之冠"。一眼望去,它就像是成千上万有序排列着的乌龟正在向东方缓缓而行。

这里还有大大小小的溶洞无数个,它们有的像厅堂,有的像宫殿,而奇形怪状的钟乳石则组成了各种美妙的图画。每到春季,杜鹃花漫山遍野地开放,如同仙境一般。据传说,太上老君曾在离此不远的老君山上炼过丹,而那些没有灭的火焰一直蔓延于此,最后形成了这片红色砂岩。

当然,这只是个传说而已。实际上,这里的岩层之所以呈红色,是因为其中含有大量的氧化铁。再加上这里的岩层为砂岩,容易受风雨、流水等的侵蚀,所以才形成了形态各异的山峰。此外,黎明的建筑十分独特,很多房子都是以砂岩坐墙、以圆木为柱建起来的。

 元阳梯田是如何形成的

元阳梯田位于红河州元阳县的哀牢山南部,是哈尼族人开垦出来的农田,该县境内有梯田17万亩。这里的梯田因地制宜,随山势地形而变化,大田有数亩,小田仅有簸箕大,一坡往往有成千上万亩田地。

元阳梯田有"四绝":一是面积大。梯田形状各异,且连绵成片,每片面积达上千亩。二是地势陡。坡度从15~75度不等,最陡的梯田就像峭壁一样。三是级数多。梯级最多的一面坡上,有3 000多级。四是海拔高。梯田可从河谷延伸到海拔2 000多米的山上,这已经是水稻生长的最高极限了。

因规模宏大、气势磅礴,2013年元阳梯田被列入《世界遗产名录》,成为我国第45处世界遗产,也使中国成为仅次于意大利的第二大世界遗产国。

生态特色:在元阳梯田这片区域,森林很茂密,为生活在当地的哈尼族人提供了水源、木材、薪炭;村寨下方是千百级梯田,为哈尼提供了粮食;中间的村寨由"蘑菇房"组成,为人们提供了居所。这一结构,被文化生态学家称为是"江河—森林—村寨—梯田"四度同构的生态系统。

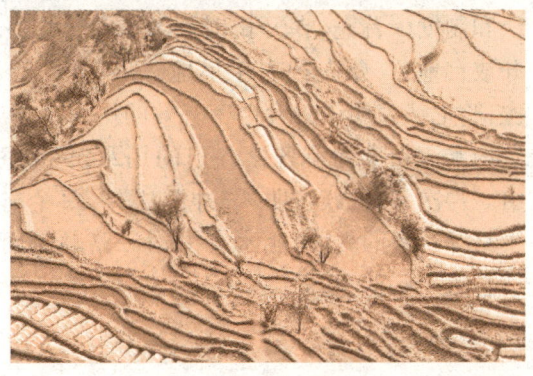

元阳哈尼老虎嘴

元阳哈尼爱春梯田

自然因素：元阳梯田十分壮丽、独特，主要得益于这里的自然环境。首先，它是大自然特殊的地理结构所造成的。云南全省降雨量最大的地方，就是红河州南岸的哈尼族聚居区，其年降雨量达1 397.6毫米。这样，稻作农耕变得越来越密集，梯田稻作文化越来越发达，并最终形成全省乃至全国最集中、最发达的梯田稻作区。

其次，哀牢山特定的地形、气候等自然条件决定了这里必然形成梯田。元阳山地连绵，层峦叠嶂，山高谷深，沟壑纵横，地形呈"V"字形发育。境内海拔落差大，最低海拔为144米，最高海拔为2 939.6米。气候本是亚热带季风类型，但因地形迥异，导致立体气候凸出，年均温差大。所以，从河坝到下半山、上半山再到高山区，分别出现了热带、温带、寒带。

人文因素：元阳县一共居住着7个民族，大致是按海拔分层而居的，如河坝区多为傣族，峡谷区多为壮族，下半山区多为彝族，上半山区多为哈尼族，高山区多为苗族、瑶族。此外，汉族多分布于城镇和公路沿线。

早在隋唐之际，哈尼族先民就已进入此地，并开始垦田、种稻。在这1 200多年间，哈尼人花费了数十代人的心力，终于垦殖出了成千上万亩梯田。同时，哈尼族等民族还在山上挖筑了成百上千条的水沟干渠，其中骨干沟渠有4 653条，可灌溉面积达50亩（0.15亩＝100平方米）以上的有662条。条条沟渠解决了梯田稻作的水利问题。

耕作方法：在元阳梯田的形成过程中，哈尼族创造了一整套科学合理的方法和制度。首先，在开田时要找向阳、平缓、保水、无病虫害等的肥沃坡地。开成台地后，要先种3年旱地，等到土熟后，再垒埂放水将其变成梯田。其次，哈尼族发明了一套严密有效的用水制度。例如，用"水木刻"管理水源，随着沟水流动来调节各家各户的用水，保证每块梯田都能得到充足的水量供给。再次，哈尼族发明了"冲肥法"。每个村寨都有公用积肥塘，里面储存着牛马等牲畜的粪便，肥水会沿沟一路顺流而下，最后悉数入田。这种方法也节省了运肥劳力。

玉龙雪山因何得名,有何特色景观

玉龙雪山,又称"黑白雪山",因山顶终年积雪不化,宛如一条玉龙横卧其上,故名"玉龙雪山"。纳西族人称其为"波石欧鲁"。它位于丽江市玉龙纳西族自治县境内,南北长35千米,东西宽13千米,是中国最南的雪山,也是北半球最南的大雪山。共有13座山峰,主峰扇子陡海拔5 596米。整个雪山集亚热带、温带和寒带的自然景观于一身,风景多在高山雪域上,平均海拔超过4 000米,以"险、奇、美、秀"而闻名。

早在唐朝南诏国异牟寻时期(779—808年),南诏第三代国主异牟寻封赠玉龙雪山为"北岳"。元初,元世祖忽必烈封玉龙雪山为"大圣雪石北岳安邦景帝"。元中期,宣尉使李京称赞说:"玉龙雪山天下绝。"清时,纳西族学者木正源(1795—1880年)曾归纳出了"玉龙十二景",即三春烟笼、六月云带、晓前曙色、暝后夕阳、晴霞五色、夜月双辉、绿雪奇峰、银灯炫焰、玉湖倒影、龙早生云、金水壁流、白泉玉液。

现在,这里是国家级重点风景名胜区,被誉为"天然高山动植物园""现代冰川博物馆"。目前,它还是人类尚未征服的一座处女峰,半个多世纪以来,国内外虽有不少登山队来此攀登,但均未登上过主峰。

玉龙雪山的特色景观大致可分为高山雪域风景、森林风景、草甸风景、泉潭水域风景等,主要景点有玉柱擎天、甘海子、雪山索道、云杉坪、冰塔林、黑水河、白水河、蓝月谷、宝山石头城等。

玉柱擎天: 该景区位于玉龙雪山主峰南麓,海拔2 800米左右。峭壁上竖刻着"玉柱擎天"四字,为清雍正二年(1724年)丽江第一任流官知府杨馝题写;其左下横刻着"玉壁金川"四字,为雍正三年(1725年)丽江郡丞聂瑞题写。登上玉柱擎天,玉龙雪山的田园风光可尽收眼底。山下有巫鲁肯(白沙玉湖村),被称为"玉龙山下第一村"。

这里的主要景点有:巨石壁字、太子洞、观音岩、雪松庵、千年古树、上下深潭瀑布、高山蚂蟥坝、仙迹崖、杜鹃山、木天王牧场、万花园、岩碰岩、三思水、风光旖秀甲一方、洛克旧居(洛克是美籍奥地利学者,曾在此居住、生活了27年之久)。

玉龙雪山

玉龙雪山经幡

甘海子：位于玉龙雪山东面，长4千米左右，宽1.5千米，海拔约2 900米，是一个开阔、空旷的大草甸。甘海子同时也是一个天然大牧场，每年春天时，住在附近的藏、彝、纳西族牧民们都会来此处放牧牦牛、羊群、黄牛等牲畜。在这里，游人可尽情观赏玉龙雪山、扇子陡等，风景美不胜收。

云杉坪：又名"殉情第三国"，位于玉龙雪山东面，海拔3 240米，面积0.5平方千米。云杉坪周围树木参天，遍生青苔，像一个天然乐园。它是纳西人心中的圣地，据当地传说，年轻男女如在这里殉情的话，灵魂可进入"玉龙第三国"，永生可得幸福。

白水河：位于甘海子、云杉坪之间，因山谷中流淌的泉水清澈呈白色，故名"白水河"。白水河河水来源于冰川雪原融水，具有清冽、无污染的特色，是天然的冰镇饮料。

蓝月谷：即白水河所在的山谷，因晴天时白水河呈蓝色，且山谷呈月牙形，远看就像一轮蓝色的月亮，故名"蓝月谷"。

冰塔林：是现代海洋性冰川、雪海，类型齐全，共计19条，总面积达11.61平方千米。其中，"白水一号"现代冰川是目前最具游览条件的冰川。

此外，玉龙雪山动植物资源十分丰富。这里有动物60多种，如滇金丝猴、云豹、金猫、雪豹等；有藻类植物196种、地衣植物20多种、苔藓植物375种、种子植物3 200余种。

邦腊掌温泉有何神奇之处

邦腊掌温泉位于保山市龙陵县城西北12千米处，占地面积1.942平方千米，出露面积达0.2平方千米，出露泉眼达600余孔，是龙陵县著名的旅游疗养度假胜地，被誉为"全国第一流的温泉""滇西第一奇汤""奇汤神水"。

邦腊掌温泉不仅气候宜人、景色优美，还具有"神奇"之处：

第一，邦腊掌温泉的神奇表现在一个"变"字上。它的许多泉池虽同出一源，但各有千秋，水色、水温、水热都各不相同。其中，著名的"三仙池"就集中体现了这些奇妙差异。

第二，邦腊掌温泉的神奇表现在它的显著疗效上。化验结果表明，该温泉含有钠、钾、钙、镁、锶等23种化学元素，泉水中的矿化度为0.7克/升，对人体十分有益，不但能使人消除疲劳、振奋精神，还对多种疾病具有神奇的疗效，如皮肤不适、风湿性关节炎、肌肉神经痛等。

对于邦腊掌温泉的药疗效果，其实古人早已发现并加以利用。当时，每年冬末春初，许多男女老少都会来温泉疗养，有不少

保山邦腊掌温泉

患病者在此经水疗得以康复。清人龙文在《龙城竹枝词·温泉》中这样写道："一沐能教厥疾瘳，温泉水滑趁春游。儿家羞涩随娘后，夜半宽衣浴上流。"由此可见温泉的疗效。再如，民国时的龙陵名士李若曲这样描述道："温泉水滑涤沉疴，从古人传香柏河。有女轻盈烟水里，侍儿扶起欲凌波。"

1930年，英国一位地理学家曾光临邦腊掌温泉，并写下了当时看到的情景："泉有数处，水能疗疾，附近人多来浴疗。山谷中布满庐舍，为治病者居所，泉周围以屏障，供人私浴。有一大池则完全公开，水深约三尺，来自数源，冷热兼备。唯水温甚高，余等不能久耐，而浴客竟能坐浴一小时多，待出泉，皮肤如龙虾。"

1991年末，当代著名作家魏巍以72岁高龄到邦腊掌泡温泉，后来还写下了自己的切身感受："热海之源，温泉之乡，天赐奇水，惠及八方。"

近年来，邦腊掌温泉附近已建起了旅馆、饭庄、疗养院及大批室内浴池等配套服务设施，这个现代化的旅游度假新村正在吸引着越来越多的八方游客。

罗平为何被誉为"世界最大的花的海洋"

罗平县位于云南省东部的曲靖市，地处滇、桂、黔三省结合部，总面积3 025平方千米，因"鸡鸣三省"而著称。境内旅游资源丰富，如油菜花海、九龙瀑布群、多依河景区、鲁布革水电站、腊山玉带、金鸡独立、太液湖公园等，其中以万亩油菜花最为著名，而一年一度的"罗平油菜花旅游节"能吸引万千游客前来观光旅游。

罗平气候独特，南部八大河一带属南亚热带气候，其余均为高原季风气候。这种气候使得罗平的生态农业也很独特，尤其造就了20万亩连片的油菜花。

罗平油菜花

每年2~3月,是油菜花竞相怒放、流光溢彩的季节,绵延数十里的花海让罗平顷刻成了"金玉满堂之乡"。花海中有324国道、南昆铁路横贯而过,而聚在花海中放蜂的养蜂人,被称为"中国吉普赛人"。油菜花海里,喀斯特锥形山此起彼伏,有如人间仙境;玉带湖、腊山湖、湾子湖3个湖泊点缀其中,如同三面银光闪闪的镜子衬托着白腊山的青翠;其中更有星星点点的村落、寨子分布着;以及牛街石岩溶洼地、"千丘田"田园风光等。此时,也是海内外游客到罗平观花海、尝鲜蜜的最佳时节。

2002年,罗平万亩油菜花海被上海大世界吉尼斯总部授予"世界最大的自然天成花园(油菜种植园)"称号;2004年4月,被国家旅游局评为"首批全国农业旅游示范点";2006年,在第三届中国会展(节事)产业年度评选活动中,"云南罗平油菜花文化旅游节"被评为"2005中国节庆50强"。

一般来说,到罗平观花海,有几个点是必须要去的:一是金鸡峰。登上金鸡峰,一望无际的油菜花海可尽收眼底。二是金鸡峰下的牛街乡。这里全是梯田,油菜、小麦、蔬菜等相互交织,色彩斑斓。三是从大水井去多依河的途中。因为这里地形起伏大,所以花田富于变化美。四是九龙瀑布群。油菜花散落其中,与瀑布辉映成趣。

油菜花盛开的时节,还可品尝到当地特色美食,如凉拌嫩油菜芽、清炒鲜油菜花、花米饭、酸笋鱼、棕粑、马脚杆等。此外,还可购买油菜花蜜、烤烟、生姜、鸡㙡、竹笋、杜仲茶、菜油、老厂酒等土特产品。

腾冲的地热火山奇观知多少

腾冲古称滇越,民国二年(1913年)改称"腾冲"并沿用至今。它位于云南保山市的高黎贡山山麓,是我国著名的"地热之乡",这里的火山地热奇观可谓全国之首。热海、热田、热泉不仅面积大,而且景致奇特、类型多样,其中热泉还对多种疾病有疗效作用。

腾冲地热火山,位于腾冲地热火山风景名胜区内的高黎贡山,总面积129.9平方千米。此处的火山群规模大、形态各异、保存完好,以浮石、火山蛋、火山溶洞最为典型,并享有"天然的地质自然博物馆"的美誉。

腾冲境内分布着90多座火山锥,以及80多处气泉、热泉、温泉等,是我国第二大热气田。这里的著名地热火山奇观有:大滚锅、硫黄塘、黄瓜箐、澡塘河、鼓鸣泉、珍珠泉、眼镜泉、美女池等。

腾冲温泉谷

大滚锅: 距腾冲县城西南24千米,是一眼圆形沸泉,直径约6米、深1.5米,周围围有8块半圆形石板。该泉终年热浪喷涌,水温高达96.6摄氏度,因此俗称"大滚锅"。

硫黄塘: 位于腾冲县城西南16千米处,在一个山坳平台的中央。泉池为圆形,直径3米左右、深1米多,整个水池白浪翻滚,水温达96摄氏度。

黄瓜箐: 位于硫黄塘以南2千米处的热气沟。热气沟呈南北走向,沟底有条小溪,没有温泉,但地面上到处都冒热气,温度达95摄氏度左右。

澡塘河: 位于硫黄塘和黄瓜箐热气沟之间,河谷高温沸泉水温达95摄氏度。因为有火山喷发后的熔岩沿着澡塘河河谷奔泻而下,蜿蜒起伏如同一条黑色大蟒蛇,故俗称为"火山蛇"。河谷中有蛤蟆口喷泉、狮子头热泉,河床上有大量热气、热泉,当一团团浪花从河谷升起时,白雾缭绕,景致十分美妙。尤其是冬、春两季时,河水流量小,水温一般在40摄氏度左右,特别适合洗澡。

这里还有多种动植物,是我国杜鹃花、山茶和木兰科植物的分布中心,被赞为"植物王国的大花园""横断山中百花园"。其中,尤以"杜鹃王"更为珍贵,树围2.6米、树高25米,树龄达280多年。此外,这里的人文景观有侨民居、李根源故居、艾思奇故居等。

虎跳峡有何奇特景观

虎跳峡位于玉龙纳西族自治县龙蟠乡东北,距县城60千米,相传有猛虎下山后从江上腾空越过,故名"虎跳峡"。它全长16千米,分为上虎跳、中虎跳、下虎跳3段,中间江流宽30~60米,峡内礁石林立,共21处险滩、10条瀑布。

虎跳峡以"奇、险、雄、壮"著称于世,是中国最深的峡谷之一,也是世界上最深的大峡谷之一。峡谷南岸为玉龙雪山,主峰海拔5 596米;北岸为中甸雪山,海拔5 396米。上峡口海拔1 800米,下峡口海拔1 630米。这里谷坡陡峭,海

老云南的趣闻传说

拔高差3 900多米,江流在峡内连续下跌7个陡坎,水势汹涌,蔚为壮观。

虎跳峡不仅深,而且窄,有双峰(玉龙雪山、中甸雪山)欲合、"一线天""一条龙"(河水)等美景。此外,水险也是虎跳峡的一大特色。从上虎跳到下峡口,落差达210米,江流十分湍急,险滩密布、飞瀑荟萃、雪浪翻飞,构成世所罕见的山水奇观。

上虎跳:距虎跳峡镇9千米,是大峡谷中最窄的一段,峡宽仅30余米。江心有一块虎跳石,高13米。巨石屹然独尊,横卧中流,与江流相互搏击,造成了山轰谷鸣的非凡气势。这里呈两山夹峙之势,状若两扇铁门,而虎跳石就像一位把门的将军。金沙江从上虎跳的两侧越过

虎跳峡

断崖,凌空而下,甚为壮观。断崖之下则是汹涌澎湃的波涛,回旋翻滚如千军万马奔腾驰骋而去。图景壮丽,气势磅礴,清代云南诗人孙髯翁在《金沙江》一诗中写道:"劈开善城斧无痕,流出犁牛向丽奔。一线中分天作堑,两山夹斗石为门。"

中虎跳:距上虎跳5千米,江面落差甚大,有"满天星""一线天"景点。在这百米峡谷中,礁石林立,水流湍急,声震山谷,景色十分雄浑壮观。其中,"满天星"礁石区是最险的地方。这里的山崖气势很雄伟,或直刺青天,或斜扑江口。这里还有飞泉流瀑从头顶上掠过,置身其中,犹入水帘洞。

下虎跳:位于中虎跳的险境"滑石板"之下,是一条巨大深壑,纵深1千米。这里接近虎跳峡出口,是观赏大峡谷美景的最佳地。

2005年10月23日,《中国国家地理》杂志评选出了2005年"中国最美的地方排行榜",其中,"中国最美的十大峡谷"分别是雅鲁藏布大峡谷、金沙江虎跳峡、长江三峡、怒江大峡谷、澜沧江梅里大峡谷、太鲁阁大峡谷、黄河晋陕大峡谷、大渡河金口大峡谷、太行山大峡谷、天山库车大峡谷,虎跳峡高居第二位。

此外,虎跳峡这里还有一个名叫"核桃园"

虎跳峡风光

的小村子。村子位于陡峭的山坡上,居民多以石板盖屋。到虎跳峡旅游观光的行人,常在这个小山村借宿。出核桃园村不远,就是耸入云霄的哈巴雪峰。爬上山头再往前行,就可看到"阿昌本地米"景观,像一个纳西族妇女的侧影。

东川的红土地有何迷人之处

东川红土地地处云南乌蒙山区,位于昆明市东川区新田乡,距东川区西南40多千米,主要景点在新田乡花石头村,海拔1 800~2 600米之间。东川红土地是在高温多雨的气候下发育而成的土壤类型,也是云南红土高原上最集中、最典型、最具特色的红土地,主要景观有七彩坡、锦绣园、落霞沟、螺丝湾、乐普凹、水平子、打马坎、锅底塘、千年龙树、瓦梁房子、红土地大观等。

这里的土壤富含铁、铝等化学元素,其特点是有机质少、酸性强、土质黏重,因土壤里的铁质经过氧化慢慢沉积而形成红土地类型。专家认为,东川红土地是全世界最有气势的红土地之一,仅次于巴西红土地,但其景象要比巴西红土地更为壮美。

东川红土地落霞沟

每年9~12月,当一部分红土地已种上青稞、小麦或其他农作物,而另一部分红土地翻根待种时,远远看去,这里就像是上天涂抹在大地上的色块,斑斓多彩,像一幅幅五彩缤纷的水彩画,景色十分美丽。如果再衬以蓝天、白云,简直就是"人间仙境",怎一个"美"字了得!

当代诗人肖草(郑福友)曾写《东川红土地》诗两首,描绘这里的壮丽景象。其一:"古杉雷随迎晚霞,新土雨后胜红花。峦山悬梯临天底,晓风舒云尽诗画。"其二:"闭月燃明烛,清樽绝暗壶。红土蕴文化,梯田展乐谱。"

七彩坡:其实,它和锦绣园是同一片土地,但从不同角度去观赏,会带来不同的视觉效果。这是一片绚烂的土地,如同赤、橙、黄、绿、青、蓝、紫七色彩虹坠

东川红土地风光

落人间,仿佛是被天火燃烧过的一样,极其艳丽、壮美。大大小小的山头、山坡上,油菜花、苦荞花、洋芋花等盛开着,麦浪在山风下波澜起伏,黄、绿、白、红等各色相间,大气恢宏、鲜艳夺目,如同浓墨重彩的山水画。

千年龙树:在东川红土地景区,还生长着一棵据说已有上千年树龄的沙松树,为松科冷杉属,当地村民称其为"老龙树"。该树曾枯死3年又吐新芽,被认为是神树,保佑着这一方乡民。据说这里还会出现十年一遇的吉象,那就是当人们前往老龙树时突然惊雷交加、阵雨潇潇,但瞬间又会云舒日出。

落霞沟:也叫陷塘地,应是这里最美的景致。它处在崇山环抱之中,宛如一片霞光落在人间,色彩斑斓,很是美艳。

打马坎:是一个村子,也是观日出、朝霞的最佳地点。日出前后,在高坡上俯瞰打马坎村,只见村里炊烟缭绕,在朝霞中泛着柔和的光辉,一派宁静动人的田园风光。

瓦梁房子:是观赏日落、晚霞的最佳地点。因为这里地势高,还可将乐普凹一带的风景尽收眼底。

水平子:原名月亮田,是一个层层叠叠的梯田,看起来仿佛一面玉琵琶,非常之神奇。

如果来东川红土地旅游的话,最佳摄影时间是5~6月、9~12月。不同的季节,景色当然不同,夏季可观赏油菜花、洋芋花,秋天可观赏青稞、小麦……据当地人说,红土地最美的时候是雨后第3天,因为这时的土地已被雨水浇透,所以在阳光下色泽会更为丰润。

泸沽湖有何迷人之处

泸沽湖,古称鲁窟海子,又名左所海,俗称亮海,当地人称"谢纳咪",意为"大海""母湖",素有"高原明珠"之称。它位于云南宁蒗彝族自治县与四川盐源县之间,面积50多平方千米,为川、滇两省共有。

泸沽湖湖面海拔约2 690米,平均水深45米,最深处达93米,湖水透明度高达11米,最大能见度为12米,是云南海拔最高的湖泊,也是云南第二深、第四大天然淡水湖。2009年11月,泸沽湖景区被评为国家AAAA级风景名胜区。

这里的自然景色十分优美,湖中有形态各异的小岛,包括全岛5个、半岛3个和海堤连岛1个。小岛上面生长着葱郁的林木,远看像一只只绿色的船飘在湖面上,如诗如画。其中,黑瓦吾岛、里无比岛和里格岛,被誉为"泸沽三岛",是湖中最具观赏、游览价值的3个景点。黑瓦吾岛位于湖心,距湖岸落水村2 500米,曾是永宁土司阿云山总管的水上行宫,美国学者洛克也曾旅居于此。

泸沽湖

湖的周围有山峦环绕,或隐或现,显得很是神秘。湖岸则曲折婀娜,并伸展出了无数个大大小小的冲积扇沙滩,可供游人休息游玩。

泸沽湖不仅具有优美的自然风光,也具有浓郁的人文风情。这里将自然、人文景观融为一体,以摩梭人独特的文化、民族风俗最为迷人,如成丁礼、阿夏婚、母系家庭、丧葬。住在泸沽湖湖边的居民主要是摩梭人,还有一部分纳西族、普米族人。至今,摩梭人仍保留着母系氏族婚姻制度,湖西北的格姆山,被摩梭人视为"格姆女神"。

在摩梭人家庭中,是女性当家,祖辈只有外祖母及其兄弟姐妹,母辈只有母亲、舅舅和姨母。结交"阿夏婚"的男女,并不组成家庭,也无经济联系,双方称走婚父亲为"阿波"或"阿达"。

从饮食上看,无论主食还是副食,摩梭人都以山间的泉水、芳草、果仁、五谷杂粮作原料。他们采用人工自酿、自腌、自烤、自煮等方法对食物进行加工,然后将其置于坛里,等到数日、数月甚至数年后再食用,比如酸鱼、猪膘肉、烤鱼干、牛头饭、苏里玛酒、猪肠血米等。摩梭人的服饰也很独特,带着典型的民族特色。著名的"湖上三绝"是:摩梭少女的风姿、典雅的独木轻舟、此起彼伏的渔歌。

这里还有许多自然、人文景观,如草海、小草海、走婚桥、洛洼堡、博凹湾、博凹岛、情人树、情人滩、情人堡、祭神台、泸源崖、后龙山、鸭子

摩梭人

老云南的山水园林

垭口、转山古道、鸟觉湖湾、洼垮湖湾、达祖湖湾、安娜俄岛、黑喇嘛寺、扎窝洛码头、格姆女神山、摩梭母系部落、泸沽湖小落水村等。

滇池为何被誉为"高原明珠"

滇池,古称滇南泽,也称昆明湖、昆明池,位于昆明市西南,是云南省最大的淡水湖,也是我国第六大淡水湖,因而有"高原明珠"之称。湖面海拔1 886米;平均水深5米,最深处达8米;南北长39千米,东西最宽为13千米,面积330平方千米;流域面积2 855平方千米。湖岸线长163.2千米,容水量为15.7亿立方米,素有"五百里滇池"之美誉。

滇池是地震断层陷落构造而成的湖泊,形状像一弯新月,有多条河流注入,如盘龙江、金汁河、宝象河、海源河、马料河、落龙河、捞鱼河等。湖水在西南流出,出水口为螳螂江,注入普渡河后成为金沙江的支流。湖内产鲤鱼、鲫鱼、金钱鱼等淡水鱼类。

滇池是云南开发较早的地区之一,战国时期楚将庄蹻率部入滇,后建立滇国。西汉武帝时设益州郡,郡治在滇池县(今晋宁)。元至元十三年(1276年),云南行省建立,滇池池畔的鸭赤城改称昆明,成为省会所在地。

关于滇池的名称由来,有3种不同的说法:其一,从地理形态上看。据晋人常璩《华阳国志·南中志》记载:"滇池县,郡治,故滇国也;有泽,水周围二百里,所出深广,下流浅狭,如倒流,故曰滇池。"其二,寻音考义。这种说法认为,"滇颠也,言最高之顶。"其三,从民族称谓来考察。据《史记·西南夷列传》载,在古代,"滇"是这一地区最大的部落名称。所以,先有滇部落,后有"滇池"之名。

过去,滇池环湖地区常有洪涝水患,人们也采取了一些防患措施。早在南宋景定三年(1262年),就在水源之一的盘龙江上建了松华坝;咸淳四年(1268年)又开凿了海口河,加大了滇池的出流量。1955年以来,在湖的上游各个河流上先后修建了10余座大中型水库,以及几十座电力排灌站,这不但解除了洪涝灾害,还确保了农田灌溉和城市工业、生活用水。

滇池是昆明风景名胜的中心,风光秀丽,碧波万顷,早在

滇池日落风光

1988年就被国务院批准列入"第二批国家级风景名胜区"名单。湖岸四周也有众多的风景区，如龙门村、太华寺、筇竹寺、三清阁、观音山、白鱼口、大观楼、郑和公园、西园别墅、西山华亭寺、晋宁盘龙寺、云南民族村、海埂湖滨公园、云南民族博物馆等。

此外，滇池东、西、南、北各有一座山，分别为金马山、碧鸡山、鹤山、蛇山，它们连绵起伏，构成了湖水的天然屏障。湖滨地区土壤肥沃，水源充足，气候温和，因此盛产稻米、小麦、蚕豆、玉米、油料等农作物，是云南著名的"鱼米之乡"。

碧塔海有何奇特之处

碧塔海，藏语称为"碧塔德错"，位于迪庆藏族自治州香格里拉县东部的普达措国家公园附近，距县城25千米。碧塔海长约3千米，宽约1千米，湖面海拔3 538米，是云南省海拔最高的湖泊，享有"高原明珠"之称。

碧塔海最奇特之处就是"杜鹃醉鱼"现象。每逢5月，湖畔的杜鹃花盛开，当花瓣纷纷飘落于水中时，会引来游鱼吞食花瓣，由于杜鹃花里含有微量的神经毒素，鱼吃多了就会中毒，轻飘飘地浮在水面上。这种景象就是"杜鹃醉鱼"，最早由著名作家冯牧描写，其后名扬于世。据说，林中的老熊有时也会趁月色来捞食"醉鱼"，更为碧塔海增添了一丝奇特韵味。

关于碧塔海的来源，还有一些传说：

其一，相传天女梳妆时，不小心将手中的镜子摔到人间，破碎后就形成了许多高原湖泊。在这众多湖泊中，碧塔海是一块镶有绿宝石的最美的镜片。其二，相传这里是《格萨尔王传》中提到的"毒湖"。据《格萨尔王传》载，姜岭大战至碧塔海，岭国骑士们误入湖中被淹死，姜国转败为胜，所以他们认为这是受到了碧塔山神的护佑，于是在山上建了庙宇。

以碧塔海为中心，形成了碧塔海自然保护区，总面积840平方千米。保护区拥有十分丰富的自然资源，如动植物资源、湿地资源等。

动物资源：国家一级保护动物有云豹、黑颈鹤等，二级保护动物有猕猴、猞猁、鬣羚、血雉、藏马鸡等，三级保护动物有血雉羚等，以及一部分经济、观赏性动物，主要是黑熊、棕熊、竹鼠、鼯鼠、鹦鹉、画眉、麻鸭、高原兔、红腹松

碧塔海

碧塔海游船

鼠、绿头潜鸭等。此外,湖中有中甸重唇鱼,这是一种该湖特有的细鳞鱼。

植物资源: 植被类型分为针叶林、阔叶林、灌丛和草甸4种。亚高山针叶林有长苞冷杉林、油麦吊云杉林、大果红杉林、高山松林,均是滇北、川西、藏东南一带的特有树种。作为金沙江水土保持、水源涵养林的组成部分,保护区植被对维护三江中上游地区的生态平衡发挥着重要作用。

景区内植被以长苞冷杉为主,按照海拔、阴阳坡的不同,还分布有红杉、云杉、山杨、红桦、白桦、高山松、高山栎、短刺栎、杜鹃、箭竹、苔藓、忍冬等。草甸主要有蒿草草甸,水生植物主要有香满群落、狐尾群落、梅花藻群落、光叶眼子菜群落等。

长苞冷杉林海拔在3 500～3 800米,蓄积量达450～600立方米/公顷,林下灌木有杜鹃、箭竹及藓类植物。油麦吊云杉林海拔3 200～3 700米,蓄积量750～900立方米/公顷,林下灌木有箭竹、忍冬等。大果红杉林是云杉林的次生林,蓄积量100～320立方米/公顷。高山松林也属次生林,耐旱、喜光、适应性极强,蓄积量64立方米/公顷。

湿地资源: 碧塔海南、西、北三面有3个沼泽化草甸,在涵养水源、丰富生物多样性、调节局部气候、净化空气等方面,有着不可替代的作用。

云南路南石林形成之谜

路南石林位于云南省昆明市石林彝族自治县境内,海拔1 500～1 900米,年平均温度约16摄氏度,属亚热带季风气候,"冬无严寒、夏无酷暑、四季如春"。它是世界上唯一位于亚热带高原地区的喀斯特地貌风景区,享有"天下第一奇观""石林博物馆"的美名,与北京故宫、西安兵马俑、桂林山水并称为"中国四大旅游胜地"。

在中国地势三级阶梯划分中,云南石林处于第二级阶梯上。它地处云贵高原喀斯特南部,这里高原起伏和缓,切割轻微。境内地势呈东北高西南低、东高西低规律分布。大石林区海拔约在1 750米,乃古石林区海拔在1 820米左右。其中,个别山脉和山峰海拔超过2 200米,路南县境山脉有圭山山脉、九蟠山、打

羊山脉和大佛山

九蟠山（又称东山）和大佛山（又称西山）之间的喀斯特区，是石林地区的主体所在。九蟠山是区内重要的地理分界线，因地势蜿蜒似龙、九起九伏而得名。此山北起北大村天生关，沿巴江盆地东缘向南延伸至弥勒县西北部，大致呈北北东—南南西方向延伸，长60多千米。九蟠山的东

路南石林之一

北方向是牛首山，对石林地区的地质演化起过重要作用。石林地区东南部为圭山山脉，其主峰老圭山海拔2 601米，是路南境内最高点。石林地区西部为大佛山山脉，呈北北东—南南西方向，长达60千米。

石林地区境内的地貌类型，主要有高原丘陵、低山、洼地、盆地、石丘、石林、石芽原野、峰丛和溶洞、湖泊、河谷、丘陵和坝区（盆地和洼地）等。其中，山地、丘陵、坝区和河谷为主要部分，分别占69%、15.2%、14.7%和1.1%。石林和石芽一般出露在盆地、洼地、河谷附近和高原面上。

一说到石林，就不得不说"喀斯特"一词，因为石林属于喀斯特地貌。中国是世界上最早对喀斯特地貌现象进行记述和研究的国家，可以上溯到晋代（265—420年），特别是明代徐霞客（1586—1641年）所著的《徐霞客游记》一书中的记述最为详尽。

喀斯特，本是德语 karst 一词的音译，最早是前南斯拉夫西北部的石灰岩高原地区的名称。19世纪末，南斯拉夫学者 J·斯威奇曾对那里奇形怪状的石灰岩地形进行了研究，并在《喀斯特现象》一文中将该地貌命名为"喀斯特"。此后，喀斯特一词逐渐成为世界各国通用的地理学术语。在我国，喀斯特是"岩溶"的意思。所以，石林也被称为岩溶地貌。

石灰岩是形成石林的主要岩石，属于碳酸盐岩。因为碳酸盐岩属于沉积岩，所以这里的石灰岩是在水体中沉积形成的。容易被水溶解是石灰岩最大的特点，尤其是当水中富含二氧化碳时，更易被溶解。因此，石灰岩又被称为可溶性岩石。

我国碳酸盐岩的分布面积约为130万平方千米，其中的60%（也就是约80万平方千米）分布在贵州、广西、四川西部和云南东部，并形成了世界上最大的一块岩溶区。由于面积巨大，跨越不同的纬度和海拔，涵盖不同的地理环境，所以这块区域被称为"世界上研究喀斯特的理想之地"。由此看来，这块区域内能

够发育成丰富多彩的喀斯特地貌，包括石林、桂林山水这样的景观，也就不足为奇了。

当然，有了石灰岩并非就能形成石林，那样石林也就成了随处可见的一般景观了。实际上，在这片中国最大的喀斯特区域，石林的面积只占喀斯特面积中极小极小的部分，连万分之一都不到。由此可见，石林景观之所以独特和珍贵，是因为它的形成可以说是一部真正的地质传奇。

石林是由地质、气候、水文等许多因素巧妙结合而成的，甚至可以说是巧合的结果，缺少了其中任何一方面，都不可能形成石林景观。

从地质方面讲，区域大地构造条件是首要因素。发育石林的石灰岩最初形成于海底，这其中经历了地壳间歇性的持续抬升过程。因为，只有不断地抬升，水才会具有较大的向下侵蚀的动能，才能发育出像石林这样的垂向立体景观。相反地，一个地区如果长期处于稳定状态，久而久之，在自然风化下，由于削高填低，地形就会越来越平缓，最终演化成平原。此外，地壳在抬升过程中，岩层还要大致保持水平，不能发生明显的倾斜。即使有倾斜，但随后又要能恢复水平。也就是说，如果那些竹节状高大的石柱站立不稳的话，就会顺"节"（层理面）滑塌，故而不能形成石林。这是石林发育和保存下来的另一个至关重要的因素。

石林高大的石灰岩溶柱，一般呈树林状分布。那么，这些石柱是怎样从最初完整的石灰岩中分离出来的呢？这是因为岩石受到力的作用后，在垂直方向上产生了两组石柱。换句话说，如果岩石中只发育了一组裂隙，那么溶蚀后形成的就不再是石林，而是一道道石墙了。此外，两组裂隙间的密度也要适宜，既不能太密集也不能太稀疏。因为太密集会导致岩石容易被全部溶蚀，而太稀疏则只会形成一些石丘。

石林地貌的形成，另外还需要盖层条件的配合，也就是要有一层其他的岩石来覆盖在石灰岩的顶部。这里的盖层，有两个重要的存在意义：其一，盖层可以改变地表水和地下水的运动方式，从而造成局部水的集中，对盖层下面石林的发育十分有利；其二，盖层可以保护早期形成的石林。在地质历史上，石林地区就曾被厚厚的玄武岩覆盖过，但在历经了上亿年的剥蚀后，如今玄武岩

路南石林之二

已大部分消失,只剩下零星碎片。也就是说,如果不存在这层玄武岩的话,恐怕连发育石林的石灰岩都已不复存在了,更不要说能将古老的石林完整保存下来。

惊马槽幽灵惊魂之谜

惊马槽位于云南省陆良县一个幽深的山谷中。自从20世纪80年代开始,生活在这个山谷附近的村民,经常会听到战马嘶鸣、兵器相碰的声音从山谷中传出,这种奇怪的现象被当地人们称为"阴兵过路"。"阴兵"就是死去的士兵,之所以这么说,是因为这里曾是古战场。

相传三国时期,为平定南方少数民族叛乱,诸葛亮率军南下,来到了陆良。某天,蜀军与南蛮王孟获在战马坡交战。孟获特意请精通法术的八纳洞洞主木鹿大王前来助阵。木鹿大王来到战马坡后,就命令手下官兵挖了两条坑道,也就是如今的惊马槽,长不到40米、宽不足1米。南蛮军使用诱敌深入的办法,将蜀军引到此处。当号角响鸣后,只见虎豹豺狼、飞禽走兽乘风而出,吓得蜀军魂飞魄散,无抵挡之力,随即退入山谷。可是就在此时,蜀军突然马惊人坠,不由自主地倒了一地。南蛮军乘机追杀,蜀军死伤惨重。隐蔽在密林中的这条山谷,就是当年木鹿大王派人挖的坑道,后来人们叫它"惊马槽"。现在,它也是村民们上山、下山的唯一通道。

在人们发现惊马槽的奇异现象后,这条普通的山谷变得越来越神秘了:本来只是在傍晚或深夜时才能听到的怪声,后来在白天也能听到了。于是,人们纷纷传言:惊马槽里闹鬼了!

惊马槽的神奇现象很快从当地传了出来,也引起了地质专家们的广泛兴趣和关注。人们开始进行考察验证,并提出了各自的看法,代表性的观点主要有以下两种:

其一,惊马槽有录音功能。他们认为,惊马槽的地层以石英岩为主,而石英岩的主要化学成分是二氧化硅。因为二氧化硅具有很好的传导性,所以它常被人们制造成各种电子元件,安装在录音机中。由于这里岩石中的二氧化硅具有录音作用,因此,惊马槽相当于一个录音机,仍然保留着古战场的声音。

为了证明这一说法,研究人员曾对惊马槽的岩石样品进行了矿物鉴定和化学分析。

诸葛亮

老云南的趣闻传说

孟获

出乎所有人的意料的是,惊马槽的岩石中只有极少量的磁铁矿,大量的是石英矿物质。那么,没有足够的磁铁矿石,惊马槽又是怎么发挥录音功能的呢?其实,这种奇怪的自然现象除了与岩石有关外,也与天气有着特殊的关系,特别是打雷、闪电的时候。当地村民说,在电闪雷鸣的天气里,惊马槽的怪声会更加刺耳。

录音机录音时应该具备的条件似乎在惊马槽都有所体现:一是声源,惊马槽有古战场上的声音;二就是电流,闪电时产生的静电;三是磁场,地球本身就是个大磁场;四是用来录音的磁带,也就是磁铁矿。虽然惊马槽这里只有少量的磁铁矿岩石,但它同样可以相当于带有磁粉的胶带。由此看来,惊马槽有录音功能,似乎是合理的。

但是,长期从事地质研究的云南省工程师金德山并不认同这种观点。相应地,他提出了自己的假说:惊马槽既然可以录音,那就也可以抹音,如此,古战场的声音说不定早就被别的声音取代了,但为什么能长期保留下来而没有消失呢?也许,"录音"一说是无稽之谈。

其二,"阴兵过路"是风吹造成的物理现象。持这种观点的人,主要有中科院声学研究所的李晓东主任及其他专家。李晓东认为,惊马槽天然状态的磁铁(岩石)导磁性比较乱,而且是无规则的。而我们通常所说的磁带,它的导磁性是经过处理的,有非常良好的性能。既然没有声音进入岩石的可能性,加上它本身缺少录音机磁带的必备条件,所以村民们在惊马槽听到的怪声,并非是古战场留下的声音。

从形状上看,惊马槽好像是啤酒瓶的瓶身,两边直上直下,入口小。我们平时如果吹一下啤酒瓶,就可以听到刺耳的声音。其实,这只是一个简单的物理现象,力学上叫作"共振",声学上叫作"共鸣"。因为啤酒瓶口收拢之后,瓶身就变成一个腔体,所以当声音通过风的传播作用到瓶身内壁上时,这个作用力会在瓶壁表面产生振动。如果瓶壁表面振动的快慢与声音传播速度一样的话,快慢相同的两个东西碰到一起,就会叠加起来,于是原来很微弱的声音就会被放大。因此,风吹进惊马槽后产生的怪声现象,与吹啤酒瓶发出刺耳声音的情况是完全一样的。也就是说,风声是被放大的。然而,惊马槽的风声为什么是马叫的声音呢?对此,李晓东是这样解释的:

战场上的厮杀声是非常复杂的,惊马槽的却声音比较简单,有时强有时弱,并没有复杂的结构。可能在某些频率上,这种声音跟马声或者其他什么声音比较接近,再加上人的想象,人们便认为这是战场上战马嘶鸣的声音。

由此看来,这是一种声学现象,就是风声发生了共鸣、回音现象。这个结果虽然让人有些意外,却在情理之中。例如漆黑的夜晚,狂风暴雨、电闪雷鸣时,如

陆良惊马槽

果风吹进一间空荡荡的房屋,能发出让人毛骨悚然的声音。同样,所谓的"阴兵过路"也是这个原因。现在,惊马槽旁边修了一条公路,人们很难再听到怪声了。因此,人们曾传说的岩石录音其实只是声学现象,而这种物理现象的发生与惊马槽所处的地形以及天气状况存在密切关系。

人们为何喜欢攀登"轿子雪山"

轿子雪山,古称绛云露山,唐南诏国王曾封此山为"乐尼白",是滇中典型的山岳形冰川地貌景观。它位于昆明市禄劝县乌蒙乡,属乌蒙山系拱王山的余脉,海拔4 223米,因山峰形态似花轿而得名,享有"滇中第一山"的美誉,现为云南省省级自然保护区。

轿子雪山景区由轿子山、棋王山、东英山、观音山等山峰组成,总面积253平方千米。景区内群峰巍峨,悬崖峭立,还有保存完好的原始森林、冰蚀湖泊、高山草甸,以及丰富的珍稀动植物等。

轿子雪山地质构造特殊,地形地貌复杂,气象瞬息万变,以云海、日出、佛光、高山草甸、高山湖泊、冰雪世界、箭竹丛林、杜鹃花海而著称,其中,高山草甸、箭竹丛林、杜鹃花海被誉为轿子雪山风光的"三绝"。

这里还有国家二类保护植物急尖长苞冷杉(乌蒙冷杉)近4万亩,是滇中唯一的原始冷杉林,被赞为"绿色明珠""天然氧吧";

轿子雪山

有保护性鸟类、昆虫和奇花异草、高山药材等，享有"滇中动物植物基因库"之美誉；有低纬度地区罕见的南国冰雪及瀑（冰）布群落；有科研价值较高的冰川遗迹、岩溶景观、云山雾海……

景区范围广、容量大、无污染，不但有壮丽迷人的自然景色、四季变化的景观及丰富的动植物群落等，还有深厚的历史文化积淀、浓郁绚丽的民族民俗风情，因而成为登山爱好者首选的理想之地。此外，这里还适合不同层次的旅游、探险、猎奇、科普、科考、教学、冬训等。1989年，轿子山被列为昆明市自然保护区；1993年7月，被列为省级风景名胜区。

会泽大海草山为何有云南"新西兰"之美誉

大海草山位于曲靖市会泽县大海乡，海拔在3 570～4 017米，属亚高山草甸，是云南最高的高山草甸。草山风貌十分独特，草场面积达18万亩（0.15亩＝100平方米），生长着牛毛草、黑麦草、红三叶、白三叶等20余种天然牧草，因而享有"云南的新西兰"之美誉。2009年，它被《国家人文地理》杂志评为"全国108个绝美地标"之一。

大海草山集草、花、云、雾、水、光、雪、峰、洞于一体，草甸、野花、蓝天、白云、溪水、羊群等，构成了一幅幅风光旖旎、美不胜收的图画。这里一年四季都有美丽的景色，春天山花烂漫，芳香四溢；夏天绿草茵茵，溪水潺潺，牛羊成群，雨燕云集；秋天天高云淡，气象万千；冬天白雪皑皑，银装素裹。于是，人们说它是"云层上的仙境""童话般的人间""摄影家的天堂"。

大海草山的最高峰为牯牛寨峰，海拔4 017米。据《东川府志》记载："又叫福在山……重峦叠嶂，高三十余里，危峰矗矗，常有云气覆之，每当晴日朗，苍翠欲滴，滇中四五百里皆见之。"牯牛寨峰下有万亩杜鹃，以品种繁多、面积广阔而著称。大海草山的又一绝景是佛光，每当晴天朝阳将出之时就会显现。据传，有一佛藏于牯牛寨中，每遇有缘人，他便会发出璀璨的佛光。

会泽大海草山

牯牛寨还见证了第二次世界大战中的一段历史:

1942年初,日本法西斯占领缅甸,并切断了滇缅公路,使得中国通向外部的海陆通道全部中断。为了保证战争物资的正常运输,美国陈纳德将军的"飞虎队"相继开辟了"驼峰航线"和"昆明—会泽—重庆"这条国内唯一的主航线。这样,中国急需的大批军用物资才被成功送到了抗战的重庆大后方。直至1970年以前,"昆明—会泽—重庆"航线还是我国航空线中滇东北的主航线之一。

"驼峰航线"经过的地方高峰如林,海拔高度已接近当时的飞机所能爬升的最高限度,并且沿线山峰经常出现大雾,导致飞行相当危险,很多飞行员在此牺牲。1944年3月24日,编号为C—46—4717的大型运输机坠毁于牯牛寨,据考证它就是"飞虎队"在滇东北尚未找到确切坠机地点的20架飞机中的一架。

珠江的源头位于何处

珠江源,位于曲靖市沾益县的马雄山东麓,是我国第三大江——珠江的发源地,现为云南省省级风景名胜区。"一水滴三江,一脉隔双盘"是景区内的奇异景观,并有一些领导、专家等的题词、题诗。

马雄山是云贵高原上的一个平缓的山丘,海拔2 158米,面积12平方千米。风景区内森林覆盖率达90%以上,并且植物资源十分丰富,有73科、190种植物,其中,滇朴、滇玉兰、滇润楠、梁玉茶、云南樟、云南含笑等为当地特有品种。这里还有野兔、野鸡、松鼠、麂子等多种野生动物。

山茶、玉兰、百合、报春、兰花、杜鹃花、绿绒蒿、龙胆系并称为"云南八大名花",而珠江源就有7种,其中最为著名的是杜鹃花。这里有8种杜鹃花,花色、形态均各不相同,树高也从几厘米到十几米不等。每到春夏时节,漫山遍野都是如火如荼盛开着的杜鹃花,十分美丽。

马雄山主峰东北第三个小包的分水岭上,有一条近一尺深的流水沟,流至海拔2 260米处时,分为东、西两条,东者连接了大冲沟,西者流进了北盘江。从大冲沟下行2~3千米,就是高山沟。大冲沟和高山沟交汇后继续下行,但由于前面不远处隆起的一个小山包阻挡,迫使汇流后的沟水进入伏流口。水流继续下行约1~2千米,又遇一堵断壁,导致它分成上下

珠江源源头

珠江源源头出水口

两个出水口。这里就是1942年和1952年两次勘察认定的珠江源。

早在明崇祯年间（1628—1644年），我国古代著名的旅行家、地理学家徐霞客就已考察过珠江的发源地，并在《盘江考》中指出了它源于沾益炎方附近。

1985年，水利部门的专家学者在多次考察论证的基础上，正式确定珠江正源为马雄山东麓出水洞处，并由原水利电力部副部长、珠江水利委员会主任刘兆伦题写了"珠江源"3个正楷大字，由原广东省省长叶选平题写了"饮水思源"四字。同年8月17日，在马雄山下举行了珠江源立碑仪式，并于伏流口断壁上刻了《珠江源碑记》，现将全文分列3段如下：

黄帝画野，始分都邑；大禹治水，初莫山川。珠流南国，得天独厚。沃水千里，源出马雄。古隶牂牁，今属曲靖。地当黔蜀之冲，山接乌蒙之险。三冬无冰雪，四季尽葱茏。滴水分三江，一脉隔双盘。

主峰巍峨，老高峙立。溪流泉涌，若暗若明。汇涓蛰流，出洞成河。水流汩汩，终年不绝，是乃珠江正源。海拔二千一百余米。穿牛界、过花山，南盘九曲，清流激湍。红水千嶂，夹岸崇深。飞泻黔浔，直下西江。汇北盘于蔗香，合融柳于石龙，迎邕郁于桂平，接漓江于梧州，乃越三溶，出羚羊，更会北东二江，锦织三角河网，八口分流，竟入南洋。四十五万三千七百平方公里流域，二千二百一十四公里流长。

年均水量三千四百亿立方米，蕴藏水能三千三百万千瓦。聚九州之英华，集五岭之灵秀。气候温和，风光奇美，河水充盈，物产丰饶，土工昌盛，旅贸繁荣，江水恒流，世民泽被。仰前朝之伟绩，秦渠宋堤；慕当代之风流，大化新丰。今政通人和，华夏中兴。乃重勘珠江，复探珠源。拓三江之水利，展四化之宏图。乙丑孟秋，立碑永志。

滇金丝猴的家园在何处

滇金丝猴，别名黑金丝猴、黑仰鼻猴、大青猴、雪猴、花猴、白猴、飞猴等，藏、白、傈僳、纳西族语中分别称为"知解""摆药""杰米""姆瓦拉"，有"雪域精灵"之称。体长0.74~0.83米，尾长0.51~0.72米；其手、足、背面、侧面、四肢外侧及尾部均为灰黑色;颈侧、腹面、臀部及四肢内侧均为白色;背面还有一些稀疏的灰白色长毛。此外,它是地球上最大的猴子,体重可达 30 多千克;它还是国内除人类外唯一拥有红唇的动物,国外也仅有越南金丝猴拥有红唇。

滇金丝猴被正式命名和科学记载已有 100 余年历史。1871 年,在云南德钦阿墩子采集到了

滇金丝猴一

它的标本,现收藏于法国国家自然历史博物馆。1890 年,法国传教士彼尔特最早对它进行了科学记录,当时他在云南西北部的白马雪山捕猎到了这种动物,并对其进行了解剖。1897 年,法国动物学家米勒·爱德华对这一物种作了完整的科学描述,并按照林奈(1707—1778 年)创立的"双名命名法",将其定名为 Rhinopithecusbieti。此后,滇金丝猴成为地球生物大家庭的正式一员。

滇金丝猴属灵长目、猴科、金丝猴属,现存 3 000 多只。据调查,它仅分布于澜沧江、金沙江之间云岭主峰两侧的高山深谷地带,包括云南德钦、维西、剑川、云龙、丽江、兰坪等县,及西藏芒康县等地。它生活在高山暗针叶林带,海拔在 3 300~4 100 米,是现在已发现的灵长类动物中居住海拔最高的一类。

滇金丝猴的猴群一般不大,多为 20~60 只,目前尚未发现超过 150 只以上的大猴群。它们有社群等级行为,是多雄多雌的混合群体,但无季节性垂直迁

滇金丝猴二

移这种明显现象。它们的活动范围与群体的大小有关,多为 20~133.4 平方千米,平均为 1.12~2.5 只/平方千米。

滇金丝猴的主食一般为针叶树的嫩叶、越冬的花苞和叶芽苞,此外也吃松萝、桦树的嫩枝芽或幼叶,5~7 个月大时还吃箭竹的竹笋和嫩竹叶。产仔估计大多在 7~8 月份,因为它们的栖息地海拔较高,故产仔期要比川金丝猴迟 2~3 个月。

现生灵长类动物中的绝大多数,都生活在热带雨林之中,因为那里生存栖息环境优越,有温暖的气候和丰富的食物。然而,滇金丝猴却生活在滇藏交界处的雪山之中,确实是中国特

有的世界珍奇之一。据调查,因为人们为取其毛皮的滥猎用,金丝猴的数量有所减少;再加上采伐森林、毁林开荒及放牧等,也使得它们的栖息环境遭到严重破坏,所以一些小的社群已经灭绝。

在系统发育上,滇金丝猴处于旧大陆猴与猿之间,分类地位比较特殊。所以,它具有极高的学术研究价值,对于人们认识、了解人类自身的进化历程有重要意义。目前,金丝猴属中的4个物种,即川金丝猴、黔金丝猴、滇金丝猴和越南金丝猴,都已被列入世界濒危动物名单之中。其中,当今世界最濒危的25种灵长类物种之中,就包括滇金丝猴。因此,保护好它们使其免于绝灭是目前我国动物保护的重要任务之一。

为何说傣族园有"绿孔雀羽翎"的雅称

傣族园,全称西双版纳傣族园,位于西双版纳州景洪市勐罕镇的橄榄坝,距景洪市27千米。景区占地面积3.36平方千米,有5个我国保存最完好的傣族自然村寨,已于1999年对外开放。

傣族园景色旖旎、民风淳朴,加上古色古香的佛塔、佛寺等,使其形成了独具佛教文化内涵的新奇美妙的园林景观。人们说,西双版纳是一只美丽的绿孔雀,而孔雀的尾巴就是橄榄坝上的傣族园,所以它素有"绿孔雀羽翎"的雅称。

这里竹林环绕、果木成林,寨子里一年四季葱葱郁郁,幢幢竹楼掩映在绿荫之中,俨然一片充满诗情画意的乐土。目前,这里已建成旅游景区大门楼、迎宾广场、泼水广场、露天剧场、江边活动区、旅游购物区、烧烤场等,是民俗旅游度假的好去处。主要景点有以下几处:

迎宾广场:对进入傣族园的游客,施以傣族的欢迎礼仪。

泼水广场:是大型露天广场,也是景区内的主要活动区,每天举行100人以上的泼水活动。游客可直接参与其中,体验、感受傣家泼水节的乐趣和热烈场面。

露天剧场:每天有100余名演员进行表演,主要以歌舞形式反映傣族的传统文化精粹。比如再现傣王招亲的历史渊源,以及傣家的生活习俗等。表演规模宏大,场面十分壮观。

曼松满古佛寺:是西双版纳最古老的佛寺之一,距今已有

西双版纳傣族园四面佛

1 400多年的历史。这里展示的主要是佛教文化及活动,如赕佛、拜佛、诵经等活动。

傣家村寨:主要展示傣家民居、庭院风光。游客在这里可体验到傣家的生活习俗,感受傣家的生活乐趣。

江边活动区:是村民用来举办大规模节庆活动的地方,比如放高升、点孔明灯、斗鸡等民俗活动。

旅游购物区:这里主要售卖傣家织锦、傣包、木雕等民间工艺品等,还可品尝到烧烤、版纳名茶及其他傣家特色风味等。

植物学家说,傣族园是"植物王国的基因库";园林学家说,傣族园是庭院园林的典范;历史学家说,傣族园是一座"活着的民族历史博物馆";文学家说,傣族园是"人间仙境""世外桃源"……走进傣族园,登上竹楼,细细地饮酒、品茗,是感受傣家风光、神韵的绝妙方式。

中国第一棵橡胶母树在哪里

中国橡胶母树,位于德宏州盈江县的凤凰山上,高 20 余米,主干围 2 米,主干根部直径 0.9 米,枝叶茂盛、长势良好,是 1904 年由傣族民主革命先驱刀安仁(1872—1913 年)从马来西亚引种的。当时,刀安仁引进了 800 株橡胶树,但仅存活了一棵,就是现在的这株橡胶母树。

据考证,德宏州的橡胶母树比台湾引种的早 2 年,比海南引种的早 1 年,是我国引种最早、树龄最长、树冠最高、树干最大的橡胶树。现在,它已被列为国家重点保护树种,附近还有刀安仁墓、大佛寺、报国寺等景点。

橡胶是一种重要的工业原料,我国的橡胶主产区在海南、台湾、广西、云南等省区。云南的橡胶主产区在西双版纳州,约有 86 667 平方米;德宏州不是主产区,仅有 6 667 平方米,但在我国橡胶种植史上却有重要地位。

刀安仁是盈江县干崖宣抚司第 24 代土司,1904 年他从日本留学回国途经马来西亚时购回了 800 株橡胶种苗,最后种在了盈江的凤凰山上。这是我国引种的第一批橡胶树,但因受技术、管理、战乱等多种因素影

盈江中国橡胶母树

响,到新中国成立前只剩下了3株。后来又死去了2株,现仅存1株,被称为"中国橡胶母树",具有较高的科普、科考、科研价值。

怒江大峡谷为何被称为世界上最神秘的"东方大峡谷"

怒江大峡谷,位于怒江傈僳族自治州境内,地处"三江并流"区域,是世界上最长、最神秘、最美丽险奇和最原始古朴的峡谷,被誉为"东方大峡谷"。它与科罗拉多大峡谷、雅鲁藏布江大峡谷并称为"世界三大峡谷"。

峡谷水流发源于青藏高原的唐古拉山南麓,在云南段长600千米,比美国著名的科罗拉多大峡谷(长440千米)还要长;平均深度为2 000米,最深处达3 500米,比科罗拉多大峡谷(最深处1 830米)也要深。

在怒江州的三大峡谷,即怒江大峡谷、澜沧江大峡谷和独龙江大峡谷中,怒江大峡谷最为壮观。高山、深谷、飞瀑、大江,是它的典型特征。峡谷中石壁陡峭,江边怪石嶙峋,两岸最窄处距离只有10米,不得不让人佩服大自然的鬼斧神工。

怒江大峡谷位处亚欧板块、印度洋板块这两大板块的结合部,板块运动造成了横断山大纵谷地带,而巍峨高耸的诸多大山和奔腾的三江相互作用形成了深切割裂的大峡谷。

2005年,"中国最美十大峡谷"排行榜公布,它们分别是:雅鲁藏布江大峡谷、金沙江虎跳峡、长江三峡、怒江大峡谷、澜沧江梅里大峡谷、太鲁阁大峡谷、黄河晋陕大峡谷、大渡河金口大峡谷、太行山大峡谷、天山库车大峡谷,怒江大峡谷居第四位。

大峡谷周围居住着12个民族,有怒、傈僳、独龙、普米族等。这些民族创造了独特的生产生活方式和民族特色文化,成为吸引外地游客来此旅游、考察的一个重要因素。这里的景点除大峡谷外,主要还有以下几处:

怒江第一湾:位于丙中洛坝子南部,距县城40千米。这里江面海拔1 710米,高出怒江50多米,地势开阔,风光旖旎,有"世外桃源"之称。

桃花岛:位于扎拉桶村,在丙中洛坝子东面。因怒江在这里环绕成半岛状,岛上种有桃树而得名。至

贡山怒江第一湾

今,该村还保留着古老的"桃花节"。

双拉怒寨:位于丙中洛双拉村,距县城 39 千米。它分为茶腊村、小茶腊村 2 村,各坐落于怒江两岸,中间有吊桥相连。该寨至今还保留着怒族古老的习俗,现为云南省"怒族文化一级保护区"。

怒江大峡谷吊桥

嘎瓦嘎普峰:也称楚鹿腊卡峰,位于丙中洛坝子西南,海拔 5 128 米,是高黎贡山的最高峰。该山终年积雪,并且有一条长约 3 千米的现代悬冰川。山峰两边居住着独龙族和怒族居民,他们都将此山视作自己始祖的发祥地,而藏族更是将其列为"丙中洛十大神山"之首。

贡当神山:位于丙中洛坝子南面,是"丙中洛十大神山"之一。"贡当",意为"白色的狮子"。因这里的岩石全是乳白色的大理石,而山形像一头狮子,所以得名为"贡当神山"。山上风景优美,有仙女峰、仙人洞等景观,还可欣赏到丙中洛坝子、怒江第一湾。

普化寺:位于丙中洛坝子中部,始建于清乾隆三十一年(1766 年),为西藏松娄喇嘛所建,初名飞来寺。乾隆四十八年(1783 年)进行扩建,并更名为普化寺。

石门关:位于丙中洛坝子北面,也称纳依强,意即"神仙也难通过的关口"。两岸峭壁高耸,地势险要,是怒江通往西藏的北大门。

那恰洛峡谷:位于丙中洛乡的秋那桶村,全长 65 千米,地形独特、风光秀丽,是怒江大峡谷中最大、最美的一段。由此北上可抵西藏。

重丁教堂:位于重丁村(也译甲生村),在丙中洛坝子东面,是一座天主教堂,始建于清光绪三十一年(1905 年)。

独龙江为何被称为"鲜为人知的角落"

独龙江位于怒江傈僳族自治州贡山县,地处北纬 27.5~28 度、东经 98~98.5 度之间,全长 250 千米,流域面积 1 947 平方千米,因独龙族世居于此而得名。这里也因雪山连绵、峡谷陡峻,加上东岸的高黎贡山屏蔽了通往外界的通道,所以被称为"鲜为人知的角落"。

独龙江

独龙江发源于滇、藏交界处,藏语中叫"美尔东曲"。源头称"嘎达曲",流入怒江州贡山县境后改称独龙江;向西流入缅甸后称恩梅开江。流域内不但降水量丰富,而且河流落差非常大,造成水流湍急的壮观景致。

每年10月至次年5月,这里大雪封山,便真的与世隔绝了。独龙江是"三江并流"的核心区之一,也是"三江并流"中处于最西部的江河,有"第四江"之称。据专家研究考证,它是我国原始生态保存得最完整的区域之一。

这条河流异常汹涌,岸边高山陡峭,东面是5 000多米高的高黎贡山,西面是4 000多米高的担当力卡山。它在我国境内长90多千米,整个看起来就像是一条青色的长龙在群山之间奔腾咆哮。

这里是独龙族主要的聚居地,也是我国唯一的独龙族自治乡。长江水系、珠江水系、元江(红河)水系、澜沧江(湄公河)水系、怒江(萨尔温江)水系、伊洛瓦底江水系构成了"云南六大水系",其中,伊洛瓦底江之源和上游就是独龙江。此外,这里还有著名的独龙江大峡谷。

千湖山因何得名

千湖山位于迪庆藏族自治州香格里拉县小中甸乡的团结村,距县城50千米。在藏语中,它被称作"拉姆冬措",意为"神女千湖"或"仙女千湖"。相传很久以前,曾有一仙女在此梳妆,由于她不小心摔碎了镜子,破碎的镜片散在群山之后就成了许多湖泊。山因湖而得名。

千湖山上有近300个大大小小的湖泊,面积在1 000平方米以下者数以千计,它们均分布在海拔3 900~4 000米之间。其中,以三碧海、大黑海为中心,辐射至方圆150平方千米范围内,是云南高山湖泊最集中的地方。

这里的湖泊千姿百态,丰富多彩,有的像圆圆的明镜,有的像长长的游鱼,有的像成串的珠玉;有的开阔平坦,有的幽深宁静;有的孤悬于草甸中间,有的半环在山洼深处,有的掩映在杜鹃丛中;有的怪石出露像探头的鳄鱼,有的水色深沉像无底的深渊……

湖畔则长满了杜鹃林,有黄杜鹃、红杜鹃和白杜鹃,姿态妩媚,色泽艳丽。

美丽的杜鹃花与湖泊相映成趣，加上湖面不时飞过的黄鸭，构成了一幅幅优美的山水画。

每年春、夏、秋3个季节，这里各色鲜花漫山遍野，林间溪水潺潺，高山牧场上牛羊成群，简直就是世外桃源。秋深后，牧民们会搬迁下山。这时的千湖山，五角枫、大果红杉等五彩斑斓，成群的黄鸭在湖间飞来飞去，果树结满了累累果实……总之，也是别有一番情趣。而当冬天来临，千湖山就开始静了下来，积雪使这里银装素裹，格外迷人。此外，千湖山湖周围还分布有原始森林，树种多为冷杉、云杉。

迪庆千湖山

据说，在千湖山不能大声喧哗，因为湖面上空形成的气压等天然生态可能会因此而遭到破坏，即使是大晴天也会下起雨或冰雹。而在藏民的眼里，这里的湖水是圣洁而不可亵渎的圣泉，所以人们不会将手脚伸进水里甚至连触摸一下也不敢，当然更不会大喊大叫。

千湖山的另一处绝妙所在就是神柱，它完全属于大自然鬼斧神工的杰作。爬上神柱的小平台上，可将这里的美景尽收眼底，如求雨湖、神女湖、月牙湖、剑影湖等。

大理的"风花雪月"四景知多少

云南有一个家家有花、户户有草的地方，叫作大理。这里一年四季风景如画，有着迷人的风、花、雪、月四景和其优美的传说。

大理洱海风光

"风"：大理的下关有"风城"之称，一年四季都刮大风。有时，人走在街上，会被吹得睁不开眼睛，甚至难以站立。关于下关的风，还有一个美丽的传说。很久以前，在苍山斜阳峰下住着一只白狐。它爱上了下关的一位白族书生，便化成人形与书生相爱。可是洱海罗荃寺的法师罗荃发现

了他们的事情。他不容许人妖相恋,便把书生打入洱海。白狐为救书生,到南海向观音菩萨求救,并从那里得到了装着风的六个瓶子。只要用瓶中的风将洱海的水吹干,书生就得救了。当白狐拿着瓶子来到下关天生桥时,受到罗荃暗算,打碎了五瓶风,从瓶中流窜出的风就聚集在天生桥下。从此,下关的风就特别大了。

"花":下关有风,上关有花。在苍山云弄峰山麓,屹立着山关城。在关外的花树村生长着一棵名为"十里树"的花树,相传为吕洞宾所种。花色黄白相间,美丽诱人,平年开12瓣,闰年开13瓣。清末,由于不少达官贵人争相到此观花,当地的白族人不胜其烦,便砍掉了这棵花树。

"雪":大理的苍山是一座神奇的山,山顶积雪千年不化。据说,古时大理坝子来了一批瘟神,许多白族人因为他们丢掉了性命。一对白族兄妹为拯救族人,便去向观音学法。学成后,将瘟神赶到了苍山顶上。为了永远地冻住瘟神,妹妹便化成了雪神。于是,苍山就有了千年不化的皑皑白雪。

"月":每年中秋佳节,幸运的洱海白族人家可以观赏到天光、云彩、月亮和海水相映而成的"洱海金月"。相传,有一位天宫的仙女羡慕人间的幸福生活,便下凡来到洱海边,与一位渔民结为夫妻。为了使渔民们过上好日子,仙女便把自己的宝镜沉入洱海底。这样,渔民们下海捕鱼时就能一清二楚了。后来,那面宝镜就化成了金月亮,照耀着洱海的渔村和渔民们。

"上关花,下关风,下关风吹上关花;苍山雪,洱海月,洱海月照苍山雪。"这是著名作家曹靖华游大理后对风花雪月四景的由衷感叹。也许,只有您亲身游历后,才能真正领悟其魅力所在。

云南点苍山有何特色

点苍山位于大理白族自治州境内,它是云岭山脉南端的主峰,北起洱源邓川,南至下关天生桥,共由19座山峰组成,俗称"苍山十九峰",自北而南依次为:云弄、沧浪、五台、莲花、白云、鹤云、三阳、兰峰、雪人、应乐、观音、中和、龙泉、玉局、马龙、圣应、佛顶、马耳、斜阳。它们海拔一般都超过3 500米,其中7座海拔达4 000米以上。马龙峰为最高峰,海拔4 122米。

大理苍山洗马潭

古往今来，许多文人墨客为点苍山留下了诗文佳作。元人黄华在诗碑中写道："桂镜台挂玉龙，半山飞雪天风。"明人杨慎说："（点苍山）巅积雪，山腰白云，天巧神工，各显其技。"明朝翰林学士张来仪这样描绘道："阴岩犹覆太古雪，白石一化三千秋。"点苍山最大的特色就是景色十分优美，且景点众多，最著名的有以下几处：

大理苍山云景

十八溪：在苍山十九峰的每两峰之间，都有一条溪水流出，形成了著名的"十八溪"，它们分别为：霞移、万花、阳溪、茫涌、锦溪、灵泉、白石、双鸳、隐仙、梅溪、桃溪、中溪、绿玉、龙溪、清碧、莫残、葶溟、阳南。十八溪最后汇入洱海。

风花雪月：点苍山由于海拔较高，峰顶终年积雪皑皑，经夏不消，景色蔚为壮观，被人们称为"苍山雪"。苍山雪中，最负盛名的就是"风花雪月"。据传说，某一年苍山脚下突然瘟疫流行，生活在附近的居民境遇很危险。后来有两兄妹用法术将瘟神赶到了点苍山山顶上，并把它埋在雪里直到冻死。为使瘟神不会死而复生，妹妹最后化身变为雪人峰的"雪神"，以此来永镇苍山。

望夫云：在大理，云是一种偏女性的物质，而"望夫云"就是南诏公主与苍山猎人爱情的象征。当望夫云出现在玉局峰顶时，山下的洱海就会狂风大作，并掀起惊涛骇浪，导致渔民的渔船不能出海。因此，望夫云又称"无渡云"。关于望夫云的来历，还得从一个故事说起：

相传，南诏公主与苍山猎人相爱后，遭到南诏王的反对，随后她就与猎人私奔到了苍山中。南诏王一气之下，就请罗荃法师来解决问题。法师是位神僧，法术十分高明，他只作了一下法，点苍山上就开始连降暴雪……

法师心狠手辣，对于两位私奔的恋人，他绝不留情，就像降妖伏魔一样想把他们活活冻死在山上。为了抵御酷寒，猎人偷偷潜入了法师住的罗荃寺，想盗取他的八宝袈裟。可是袈裟尚未到手，他就被法师打入了海底并变为一匹石骡子。公主最后也冻死在了苍山上，但她的精气化成了一团云彩，并时常出现在玉局峰峰顶，也就是人们俗称的"望夫云"。

玉带云：很早以前，玉带云已被列入"叶榆十观"之一。据《大理府志》记载："点苍盛夏之日，常有云彩束山腰，横亘十九峰，约百余里，截然如带，昔人诗云：'天将玉带封山公'。"

玉带云像一位身材窈窕、性格文静的白族少女,一般出现在盛夏之际。特别是在雨过天晴时,它就像一条雪白无瑕的云带飘在苍山顶上。有时,玉带云会从苍山第一峰一直延伸到最后一峰,约50千米长,威严而壮丽。

大理洱海有何特色

洱海,古称叶榆水,也称洱河、弥河、西洱河、叶榆河、叶榆泽、昆弥川、昆明池等,位于大理白族自治州大理市市区的西北部,是云南省第二大淡水湖、中国第七大淡水湖。它是由西洱河塌陷后形成的高原湖泊,自古有"群山间的无瑕美玉"之称,因外形像一只耳朵,故称"洱海"。

洱海发源于洱源县的茈碧湖,西有"苍山十八溪"注入,在下关镇附近有唯一的出水口,经西洱河后流出。它长约42.58千米,东西最宽处为9千米,湖面面积256.5平方千米;平均湖深10米,最深处达20米;蓄水量30亿立方米,总径流面积2 565平方千米。

洱海湖内共有"三岛""四洲""五湖""九曲"。"三岛"是:金梭岛、赤文岛、天儿岛;"四洲"是:青莎鼻、大贯础、鸳鸯、马帘;"五湖"是:南塘湖、北塘湖、联株湖、龙湖、波洲湖;"九曲"是:莲花曲、大激曲、蟠肌曲、凤翼曲、萝肘曲、牛角曲、波垠曲、高岩曲。其中,海中"三岛"风光绮丽,最为知名。此外,它还有许多美丽的海湾,较大的有海东湾、挖色湾、康榔湾、双榔湾等。

洱海还是大理"风花雪月"四景之一的"洱海月"之所在,白族人民视其为"母亲湖",并称作"金月亮"。作为"大理四大名景"之一,洱海月是洱海最著名的奇观。明代诗人冯时可在《滇西记略》中写道:"(洱海之奇在于)日月与星,比别处倍大而更明。"每逢农历十五月圆之夜,就是欣赏洱海月的最佳时机。泛舟湖上,月亮、湖水、天空、苍山雪影交相辉映、融为一体,仿佛天月掉海,又仿佛海月升天,如诗如画、美不胜收。这就是"银苍玉洱"奇观。

洱海最南端的团山,还有一处洱海公园,也是观赏苍山洱海景色的绝佳地。该园建于1975年,现在已具相当规模。公园东北部是一片花苑苗圃,里面植有云南山茶、杜鹃、报春、雪莲等名贵花木。这里也集中着大理地区的各种佳木奇卉,如观音塘的观音柳、鸡足山的鸡山竹、感通寺的

大理洱海风光

感通茶等。公园有海滨浴场，由沙底浅海围成。登上后面的花岗石石级，就是飞檐出角的望海楼。该楼坐落于团山顶部，站在上面极目眺望的话，周围林木葱葱，整个苍山洱海的秀丽风光可尽收眼底。

洱海水产资源十分丰富，盛产10余种淡水鱼类，如鲤鱼、弓鱼、鳔鱼、鲫鱼、草鱼、鲢鱼、青鱼、细鳞鱼，以及虾、蟹等水产品。弓鱼最为知名，是洱海的特产，当地称作"鱼土锅"，身形瘦长、鳞细肉鲜，有"鱼魁"之美誉。

此外，洱海中的水生植物有茭笋、慈菇、荸荠、海菜花等；珍稀水禽有34种，如灰鹤、灰鹬、彩鹬、黑水鸭、红嘴鸥、棕头鸥、普通秧鸡、红胸田鸡、凤头麦鸡、翘鼻麦鸭、银鸥、灰背鸥等，其中具有药用价值的水禽有黑水鸡、鸬鹚秋沙鸭等15种。

建水朱家花园为何被称为"滇南大观园"

建水朱家花园，位于红河州建水县的建水古城，占地面积2万多平方米，建筑面积5 000多平方米，是清末当地乡绅朱朝瑛建造的私家园林（宅院和宗祠）。主体建筑采用了"纵四横三"布局，属于当地的传统民居形式的变通式组合体。院落层出迭进，房舍井然有序，共有房屋214间，大小天井42个，规模宏大、富丽堂皇，被称为"西南边陲大观园"。

朱家花园坐南朝北，垂花大门是花园入口。左侧沿街有10间吊脚楼，紧连在后面的是跑马转角楼，它们是当年的账房和铺面等，也是朱家做进出口贸易的"朱恒泰"总商号。右侧前面是家族祠堂，后面是内院。祠堂前建有水池，水上设有戏台、亭阁、庭荫花木等。整组建筑的正前面是3个大开间的花厅，花厅前是花园，自然地将花园分隔成了东园和西园。花园正前有荷池、树丛、苗圃、花圃等，十分典雅而又富于地方特色。

朱家花园不但拥有规整的形制、灵活的布局、清幽的环境，而且内雅外秀、层次渐进、结构统一，包容了深刻的文化内涵，因而具有较高的建筑艺术价值。比如，垂花大门的檐枋设计特别讲究，第一重雕了几尾游鱼和两条金龙，寓意"鱼跃龙门"；第二重刻了朝阳和四只喜鹊，寓意"四喜临门""蒸蒸日上"；第三重镌着佛手、桃梨、香炉、宝瓶等物，寓意"福禄寿"。

建水朱家花园大门

建水朱家花园水上戏台

而旁边的雕斗上还有镂空的金马、碧鸡,寓意"金碧辉煌"。

进入家宅,是并列连排的3套3进院落。中门正面是一道透空花墙,正上方刻有"循规蹈矩"4字,背面刻着"谨言慎行"4字。前厅、中厅和后堂,依次分布在院子的中轴线上。前厅左面为花厅,花厅是3开间卷棚顶。内悬"中将第"匾额,为园主人朱朝瑛当年获中将衔时所制。在楹柱上,还挂有云南都督蔡锷当时写的题赠:"做事须凭肝胆,为人莫负须眉。"

1911年10月30日,蔡锷、唐继尧等在昆明发动了"重九起义"。为积极响应武昌起义、重九起义等,临安当天也爆发了"临安起义",朱朝瑛参与了活动。次日,南防军政府成立,朱朝瑛被公推为都统,并光复了滇南各府、州、县。云南都督蔡锷得知后,赐予在滇南起义中立功的朱朝瑛中将军衔,并任命他为临安澄江总兵。朱家花园花厅中悬挂的"中将第"匾额即由此而来。

花厅两旁是朱家小姐的绣楼,当年她们还用诗文记录了当时的社会图景,如以下这3首:"千方百计终难安,坐困愁城泪沾襟。仲春九月天气寒,何处惊现枪炮声。""何地茫茫起黑烟,继而红光火冲天。兵匪相争施回碌,良民保命恐后先。""牧童去来有归路,手足逃难无歧途。每日观音座下拜,骨肉早早还故乡。"

朱氏宗祠位于东面,也是一套3进院落。宗祠墙壁上,刻有500多字的"朱子家训",如:"黎明即起,洒扫庭院,要内外整洁。既昏便息,关锁门户,必亲自检点。""一粥一饭,当思来之不易;半丝半缕,恒念物力维艰。""子孙虽愚,经书不可不读。""勿贪意外之财,勿饮过量之酒。与肩挑贸易,勿占便宜。见穷苦亲邻,须加温恤。"

宗祠前是"小鹅湖"水池,池前水榭是朱家的戏台。池上石栏两面,还刻着浮雕及诗词书画24幅,其中一首诗这样描绘朱家当年的风光:"园林如画傍祠堂,桂子兰孙吐异香。得地恰当临北极,凿池翻喜在中央。红莲映日恩光远,碧沼无波世泽长。最好夜深人傍槛,石栏杆外水风凉。"

泸西阿庐古洞为何被誉为"云南第一洞"

泸西阿庐古洞,又名阿庐古洞、泸源洞,位于红河州泸西县境内,西距泸西县城 2.5 千米。它是一组典型的岩溶地貌地下溶洞群，也是亚洲最壮观的天然溶洞穴之一，被誉为"云南第一洞"。

阿庐古洞属于喀斯特地貌景观，因附近有 9 峰、18 洞，故俗称"九峰十八洞"。早在宋元时期，这里是云南"三十七蛮部"之一的"阿庐部"的穴居点，其名也因

泸西阿庐古洞

此而来。明时，旅行家徐霞客曾两次入洞考察，并在游记中这样写道："泸源之水涌于下穴，泸源之洞群于悬岩。"

阿庐古洞景区范围占地 1.5 平方千米，主洞体全长 3 000 余米，由"三洞一河"组成，即泸源洞、玉柱洞、碧玉洞、玉笋河。洞景以"古、奇、绝"著称，其特点表现为洞外有泉、洞中有天、洞中有洞、洞下有河，具体形态像钟乳、石笋、石柱、石镰、石瀑、石花等，可谓是千姿百态、应有尽有。

泸源洞：在阿庐古洞这里的山麓东南，因为有一股泉水自该洞穴中溢出，因而得名"泸源洞"。洞额上题有"奇观""天然石室"字样，分别为明代广西知府张继孟、清代巡抚谬英所写。洞体为厅堂式，全长 700 余米，是由大小和形态均不相同的 10 余个厅堂组成的。厅堂中间由狭道相连，洞穴则呈网状发展、延伸。

玉柱洞：在距泸源洞 5 米处。洞体为宫殿式，全长 800 余米，由规模、形态各异的 10 余个厅堂组成。其中，最大的厅堂规模宏大而壮观，长、宽分别为 70、30 余米。洞口有垂挂如帘的石钟乳，精美而别致。

碧玉洞：西距玉柱洞 350 米，洞口位于祭龙山山腰处，因洞内钟乳石的颜色有如碧玉，故名"碧玉洞"。洞体为峡谷式，全长 720 米，由于延伸得较为严直，所以很少有大厅。洞内有阿庐古洞珍品，如石盾、卷曲石、阿庐玉、石编钟，其中石盾面积 20 余平方米。

玉笋河：在泸源洞、玉柱洞垂深 15 米之下，是一条地下暗河，整个河穹似椭圆形拱顶。河水流向自北向南，流速为 0.02 米/秒，清澈见底，常年不涸。河长 800 多米，宽 8～12 米，深 0.8～3 米，中心顶高为 5 米。里面有堪称阿庐古洞"一绝"的水中石笋，以及珍稀鱼类透明鱼。透明鱼非常罕见，从鱼身表面即可清晰地看到它的骨骼和五脏六腑，具有一丝神秘色彩。

为何将广南的坝美称为"世外桃源"

坝美村位于文山州广南县东北部,距离县城43千米,里面生活着百余户壮族人家,是坝子里唯一的村子。坝子东高西低,为狭长形,四面环山,地形十分奇特。从古到今,这里与外界的联系,全靠坝子东西两端的两个山洞,村民们要撑竹筏、划独木舟、坐小船才能进出水洞。在21世纪的中国大地上,坝美村确实可以被称作"世外桃源"。

村子古老而美丽,树木葱郁,环境清幽。据说两三百年前,为躲避战乱,从湖广府一带来的黄姓、黎姓汉族先祖,辗转到了坝美村这里定居。一般认为他们中的大多数人属土著居民沙支系。现在,村里有119户、600余人,全都登记为壮族。

坝美村既有江南水乡的神韵,又有桂林山水的形态。青山、碧水、古树、翠竹、村落相映成趣,稻田成片,水车旋转,牛羊成群,鸭鹅结对,飞燕阵阵……简直就是"人间仙境"!每年早春二月,是村里最美的时节。其时,被大山紧紧怀抱的整个坝子上山风徐徐,坝美河两岸桃花红、梨花白、菜花黄,十分美丽。

坝美河是坝美村最具风采的景致,它在流经坝美村时分成了两条河。两河水流潺潺,不久又汇合到了一起,因而被人们称为"鸳鸯河",左、右分别为女人河、男人河。由坝美河进入寨子,随处可见壮族妇女,她们穿戴着帕角、黑蓝色裙、绣花鞋,有的在人工石磨前推磨,有的在木制纺织机前纺线、织布,有的在土布上绣花……男人们则去山里背柴火,小孩和老人用竹水桶去泉眼里挑水。这是一幅多么惬意的"世外桃源"图景!

坝美村的民俗文化中,房屋独具特色。这里的房屋,以落地、半楼居这两种干栏式风格为主。主屋用木板架成,四周围拢着树枝,外面敷有用泥巴、牛粪合成的黏土,这样做既通风又保暖。屋上盖瓦顶、抱厢,前面设凉吧或围栏。楼上用来住人,楼下用来养牲畜、堆放杂物等。这种民居被当地人称作麻栏楼或吊脚楼。麻栏楼等建筑,历史悠久,风格独特,是当地壮族传统建筑的活化石。

坝美村村民所用的食物、衣物和生产、生活用具等,至今基本上都是自给自足。在寨子中,随处可见他们使用的古老用具,如水车、水磨、

世外桃源广南坝美一

木碓、石缸、石磙、木梯、木菜板、木犁、木灯架、独木舟、人工石磨、水纺织机、木榨油机、竹木水桶、葫芦酒壶、木储物器、独木风箱、木背柴架、木三角独轮推柴车等。这些工具古朴粗拙,是一种远古文化的象征。

至今,坝美村还保留着具有壮族传统文化特色的风俗。每年村里都会按时节举行祭龙、祭祖、围鱼、斗鸡、对歌、龙垭歪、泼仙波、耍狮子、踢毽子、踢叶子球、花糯米饭节、领夜种神田等活动。在婚丧嫁娶上,也有严格规定,至今保存着坐家、吹树叶谈情说爱、春粑粑定亲、走着出嫁及送葬要献白、用筒钱杆等方式。此外,还依时过传统节日,如过小年、三月三等节日。

世外桃源广南坝美二

在坝美村,不仅能品尝到当地的"农家菜",还能体验到唱坝美村民歌(分为创世歌、历史歌、情歌、劳作歌等)、跳坝美村舞蹈(如沙戏、古兵器舞等)、听坝美村神话传说等民族风情娱乐活动。

橄榄坝的名称有何由来

橄榄坝,傣语中称为"勐罕",位于西双版纳州景洪市东南,距景洪城40千米。坝子其实就是小盆地,海拔530米,占地四五十平方千米,中心有澜沧江穿过。这里是西双版纳海拔最低的地方,也是气候最炎热的地方。

橄榄坝的得名,与一个传说有关:

相传远古时代的一天,一位叫"叭啊拉武"的傣族首领带领当地百姓外出打猎。当时,天神变作金鹿来招引他,打算将他引入建勐坝子。这坝子虽有肥沃的土地,但还无人居住。当天,叭啊拉武开始时一无所获,而当看见一只金鹿从眼前掠过时,心中大喜,只一箭就射中了金鹿的腿。

金鹿受伤后,带着羽箭跑跑停停,而叭啊拉武率众穷追不舍。

西双版纳橄榄坝风光

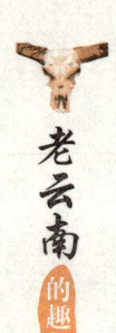

但是,无论叭啊拉武怎么追赶,始终都没有追上金鹿。就这样,经过了很多高山、河流,一些跑不动的民众就在沿途休息了。叭啊拉武始终如一地追逐着金鹿,等到了景洪境内的勐罕时,金鹿突然消失了。

就在金鹿消失的地方,一片森林茂盛、河川纵横的沃土出现了。在傣语中,它叫作"勐巴拉纳西",意为"神奇、美好和理想的地方"。叭啊拉武到这里后,却迷失了方向,找不到回去的路,于是干脆和众人在这里建寨居住。后来,人们把这里称作"赶路(鹿)坝",再后来,外地的人错将它听成"橄榄坝",于是就保留下了这个名字。

橄榄坝物产丰富,原来是一个农场,以种植橡胶、水稻为主。这里盛产椰子、槟榔、香蕉、杧果、荔枝、杨桃、菠萝蜜、西番莲等鲜果,还出产大量的果脯。1988年,州政府以当地的5个傣族村寨为基础,兴建了傣族园,并于1999正式开园,现已成为国家级旅游景区。

西双版纳为何有"植物王国"之誉

西双版纳是我国"第一批国家重点风景名胜区"(共44处)之一,占地300多万亩(0.15亩=100平方米),其中有原始森林70万亩,占全州森林总面积的近60%。这里因距海洋较近,受印度洋西南季风和太平洋东南季风的影响,终年温暖,四季常青,可谓是"常夏无冬,一雨成秋"。湿润多雨的气候,为植物的生长提供了有利条件,因此这里森林茂盛,植被丰富。

西双版纳境内共有2万多种植物,其中食用植物10 000多种,热带植物5 000多种,野生水果50多种,速生珍贵用材树40多种。这里有许多植物还是珍贵的药材,或具有其他特殊用途。例如,美登木、嘉兰是抗癌药物;罗芙木能治高血压;槟榔可健胃驱虫;风吹楠的种子油是特需润滑油料,可用于高寒地区的坦克、汽车发动机和石油钻探增黏降凝双效添加剂;桐子油可替代柴油;依兰香被誉为"花中之王",可制成高级香料……此外,这里还有1 700多年前的古茶树,天然"水壶""雨伞"和能够闻乐起舞、吃蚊虫的小草,见血封喉的箭毒木等。

我国除海南省之外,西双版纳是第二块原始热带雨林保存得

西双版纳棕榈树

最完整的地方。因为植物密集、高低错落，所以形成了自然植物群，并且多达七八个层次。此外，这里还有盛产橡胶的橡树，单产居全国首位，是我国第二大胶区。

由上来看，西双版纳到处郁郁葱葱，不仅植物数量多，而且种类丰富，是名副其实的"植物王国""绿色王国""南药王国"。

 西双版纳原始森林公园为何被称为"热带雨林，孔雀家园"

西双版纳原始森林公园位于西双版纳州境内，地处景洪以东、澜沧江以北，距州府8千米。它由浙江金洲集团投资兴建，总占地面积25 000亩（0.15亩＝100平方米），是一个融美丽的原始森林自然风光和独特的民族民俗风情于一体的公园。

园内突出体现了"原始森林、野生动物、民俗风情"3大主题，有10大景区、50多个景点，如热带沟谷雨林、孔雀繁殖基地、猴子驯养基地、大型民族风情演艺场、九龙飞瀑、曼双龙白塔、百米花岗岩浮雕、金湖传说、民族风味烧烤场等。其中，大面积的热带沟谷雨林是我国北回归线以南保存得最好的热带雨林景观，而孔雀园里饲养着400多只绿孔雀，是一个大型孔雀繁殖基地，所以这里被称为"热带雨林，孔雀家园"。

西双版纳原始森林公园风光

目前，该园已开辟了6个西双版纳旅游景区，分别是：公园接待区、野外游憩区、西双版纳观光游览区、森林保护区、花果林木区、中心游憩区。其中，公园接待区在园门附近，建有两个月亮湖，湖畔辟有停车场和别墅楼；野外游憩区建有游客植树留念场、野营野炊基地等。

老云南的文物古迹

为何大理古城和建水古城被称为"文献名邦"

我国古城众多,在这些古城中,有两处不得不提,那就是位于云南的大理古城和建水古城。两座古城名气并不是很大,但却都有着"文献名邦"的称号,这是为什么呢?

大理是滇地远古文明的中心,考古发掘证明,新石器时代时这里就已经是先民活动的区域了。历史上,大理是茶马古道上的重镇,而且还是云南设治最早的地区。南诏国时期,大理与中原地区来往密切,其政治、经济、文化、生产技术等都有了长足的发展,建筑、雕刻、绘画也都相当出色,响誉海内外的崇圣寺三塔、石宝山石窟、剑川木雕以及著名的《南诏中兴国史画卷》等,都是当时的产物。

大理古城洱海门

大理国建立后，与中原王朝的关系更加密切，贸易十分频繁。当时，大理的白族文化已经达到了汉族文化的水平，全国通行汉文，官、商各界竞相买汉书、读汉文、写汉字；雕刻、绘画等也进入了一个新的阶段，现存大理地区佛寺中的优秀壁画，大多是大理国时代的作品；1180年，描工张胜温画的《大理画卷》（又称《张胜温画卷》），被誉为"南天瑰宝"。

从南诏国到大理国的500多年时间里，大理一直是云南的政治、经济、文化中心，之后又经过漫长的发展、继承和发扬，成为了我国历史悠久、文化发达、民族优秀、经济富足的一块宝地。

清康熙十九年（1680年），旗人偏图随云南总督赵良栋征讨吴三桂，因屡建战功而被提升为云南随军总兵。康熙三十年（1691年），云南平定，偏图又被提升为云南提督，提督衙门就设在大理古城。偏图在大理为官15年，深感大理的人文兴盛，所以向朝廷申请了"文献名邦"匾额。这一块匾额，现在还高悬在大理文献楼上。

建水古城位于昆明南220千米，东邻弥勒县、开远市和个旧市，南隔红河与元阳县相望，西靠石屏县，北同通海县、华宁县毗连。建水古城之所以会被称为"文献名邦"，主要原因就是因为古城内的庙。

建水在元代就开始建设庙学，最著名的莫过于建水孔庙。这座孔庙建筑精致、规模宏大，仅次于山东曲阜的孔庙。除了孔庙之外，建水古城还有燕子洞、双龙桥、指林寺、纳楼长官司署、朱家花园、小桂湖等重要名胜古迹，文化气息十分浓厚，所以有"文献名邦""滇南邹鲁"的美誉。

为何说龙潭山是昆明人的发祥之地

龙潭山位于昆明市呈贡县大渔乡，北距昆明20多千米，西距滇池约4千米。龙潭山有什么特点？为什么说它是昆明人的发祥之地？

呈贡龙潭山

龙潭山处于地质断裂带上，沿山体褶皱轴线潜水十分活跃，地下有暗流通过，因此岩溶发育明显，山上洞穴很多。在漫长的地质年代中，这座山的不同高度上形成了很多层洞穴、裂隙系统，有的洞穴很适于古代人类居住、栖息。

由于长期的自然风化和人工

采石，龙潭山多数洞穴的顶棚或洞口被破坏，洞内的堆积物暴露于地表，其中富含古人类、旧石器及哺乳动物的化石。1973 年后，考古工作者在这里进行了大规模的考察和发掘，并于 1975 年出土了一批旧石器、烧骨等文化遗物。1976 年，考古人员又在这里出土了一个完整的人颅骨化石。1977 年，在一号洞又出土了晚期智人的两颗牙齿化石。1978 年，上述考古发现的古人类被命名为"昆明人"。后来，考古人员又在第二、第三号洞发掘出了丰富的古人类化石、旧石器。由此，龙潭山成为了滇池地区重要的原始社会遗址。由于昆明人是在这里发现的，所以龙潭山被认为是昆明人的发祥之地。

"昆明人"属于晚期智人，他们能使用简单的石器，猎食相对温顺的野牛、鹿、猪等动物，而且已经能够用火烤熟食物并保存火种。

 ## 金马碧鸡有何来历

金马碧鸡坊，位于昆明市中轴线的三市街与金碧路交叉口，高 12 米，宽 18 米，具有典型的昆明民俗特色，雕梁画栋，精美绝伦。东坊因临金马山而名为金马坊，西坊因靠碧鸡山而名为碧鸡坊。两坊都始建于明朝宣德年间，至今已有近 400 年的历史，被认为是昆明的象征。那么，"金马碧鸡"有什么来历呢？

关于"金马碧鸡"的由来，还有两个故事，下面先说一说流传最广的。据说很久以前，昆明大旱，人们已经快活不下去了。有一天，天边突然飞来一只巨大的碧鸡，它展开巨大的羽翅，遮住了烈日，于是昆明得救了，但是碧鸡却遭受着烈日的烘烤。正在这时候，金马出现了，它拼死搭救碧鸡，却被一阵雷电击到。最后金马、碧鸡双双死去，昆明人流着眼泪将它们安葬。后来，安葬金马和碧鸡的地方涌出了泉水，解除了昆明地区的干旱，使昆明摆脱了困境。

除了上述故事之外，还有一个传说。相传古代昆明有个土王，他生了两个儿子。土王年纪逐渐大了，想在两个儿子当中选一个作为继承人，但是两个儿子都不愿意继承王位。于是土王想出了一个主意：他在山上埋下两个东西——金子做的云南马和孔雀，然后叫两个儿子去找，谁先找到谁就继承王位。但是几个月后，两个王子都没有出山。于是土王就派人上山找，人们在金马和碧鸡旁边

昆明金马坊

昆明碧鸡坊

分别找到了两个王子的尸体。土王为了纪念自己的两个儿子,就建了两个牌坊,这就是金马坊和碧鸡坊。

当然,上述两个说法都只是传说而已,关于金马碧鸡坊的来历还要从2 000多年前的西汉说起。西汉时期,民间传说滇池畔有碧鸡神,羽毛青翠,能冲破石头凌空翱翔,所到之处立即光芒四射;另有传说"滇池有神马,与凡马交配后生骏驹,可日行500里"(1里=500米)。这些说法使汉宣帝心驰神往,于是他派持节使王褒从长安千里迢迢到益州(今云南)拜祭。没想到由于路途劳顿,王褒还没有到益州就病倒在半路上了。为了完成宣帝交给他的任务,王褒在今天的西昌写了一篇《移金马碧鸡颂》,遥祭金马碧鸡二神。由此可见,在汉代的时候,金马碧鸡就已经被认为是天下的瑞兽了。到了唐代,昆明人为了祈求吉祥,便把昆明东面的一座山叫作金马山,西面的一座山叫作碧鸡山。明朝宣德年间(1426—1435年),昆明人更是在昆明城外修建了金马碧鸡坊,希望这两只瑞兽可以保一方平安。这才有了今天的金马碧鸡坊。

金马碧鸡坊有一个独特之处,就是在某个特定的时候会出现"金碧交辉"的奇景。据说,历史上曾有这样一天,当太阳将要落山时,金色的余晖从西边照射到碧鸡坊,它的倒影投到东面街上。同时,月亮刚刚从东方升起,银色的光芒投射到了金马坊上,将它的倒影投到西边的街面上。这样,金马坊和碧鸡坊的影子最后交接在了一起。据说,由于地球、月亮、太阳运转的角度关系,这样的奇景60年才能出现一次。

两坊建成之后,曾在1657年和1857年两次毁于战火,后来又两次重建。遗憾的是,1966年"文化大革命"中,两坊再次被毁。由于金马碧鸡坊承载着昆明人太多的情感,并且见证了近代云南几乎所有的历史事件,所以1999年,昆明市政府又在原址上重建了金马碧鸡坊。

大、小爨碑有何意义

大、小爨碑,又称二爨碑,大爨碑即爨龙颜碑,小爨碑即爨宝子碑。爨宝子碑立于东晋义熙元年(公元405年),爨龙颜碑立于南北朝刘宋大明二年(公元458年)。之所以分大小,是因为两碑在形制上存在差别,爨龙颜碑高3.38米,

爨龙颜碑拓本

宽 1.46 米,有字 927 个,墓主龙颜享年 61 岁;爨宝子碑仅高 1.85 米,宽 0.71 米,有字 403 个,墓主宝子享年仅 23 岁。但是要从书法角度来衡量的话,两碑并誉书坛,俱为神品,没有大小前后之分。

小爨碑全称"晋故振威将军建宁太守爨府君之墓",其文辞古雅,意韵铿锵,文体别致,事迹少而铭文多,颇有六朝文体的气韵。从书法艺术的角度看,小爨碑在用笔、结体、章法上都有神来之笔。它的点画特征以笔力扛鼎、节奏鲜明、方笔中锋为主,兼用圆笔侧锋,同一点画,因字而异,奇正互变,各具精彩。其结体突破隶字方扁大小相近的格局,部分以方形结体,大多奇巧异常,不能用后来楷书的法规进行度量。其章法和布局也很不同凡响,方圆正侧,大小欹正,纵横挥洒,横竖竖列,相映成趣,观之令人赏心悦目、拍案叫绝。正是因为小爨碑有如此多的妙处,所以它享誉海内,临摹学习的人很多。

小爨碑现在保存在云南省曲靖市麒麟区曲靖一中校园内,1937 年时当地建了一座"爨碑亭"来保护它。

大爨碑全名"宋故龙骧将军护镇蛮校尉宁州刺史邛都县侯爨使君之碑"。除了正文之外,碑阴还有很多题名,是研究云南地方史,尤其是研究爨氏家族史的重要文物。原碑在云南省曲靖市陆良县东南 20 里(1 里 = 500 米)的贞元堡。清代道光年间,时任云贵总督的阮元在荒芜中发现了它,后由知州邱均恩建亭保护,现在仍然保存在贞元堡小学内。

大爨碑自出土以来,备受书法界推崇,很多人都曾对其大加称赞,但是最赞赏此碑的莫过于康有为,他称大爨碑"当为隶楷极则""古今楷法第一",列为中国书法"神品第一",几乎将大爨碑夸赞到了至高无上的境地,由此足见碑刻的精妙。

大爨碑体制与小爨碑相类似,都是隶楷兼工的书体,但又别有一番气象。其书雄伟强劲,笔力千钧,气势宏阔,意境博大深远,笔致参差,如刀砍斧凿,方笔圆笔兼用,刚猛柔韧相济,是碑体的极致。

二爨碑名重千古,远播内外,历代书家对其崇拜

爨宝子碑拓本

有加,产生了许多趣闻逸事。清末时,有位诗人前来拜读二碑,写诗感怀道:"法书二爨足珍奇,朴茂萧疏世几知,邂逅偏适嘉客至,挑灯逆旅对读碑。"抗战期间,有位专习二爨碑长达 30 年的书法家卢蔚乾,专程到曲靖观赏小爨碑以了夙愿,可是小爨碑亭内驻有军人,只能隔窗窥看。第二天,他又赶到陆良访"大爨",幸而得见原碑,欣喜若狂,题诗道:"攀车冒雨访龙颜,路人贞元黝室间,感尔殷勤伴摩抚,夕阳西下泛舟还。"从这些小故事中可以看出,二爨碑对于我国书法艺术所具有的重要意义。

昭通孟孝琚碑和南诏德化碑有何历史意义

孟孝琚碑,发现于云南昭通南约 5 千米处的一个名为"白泥井"的小村庄,现存于昭通县城凤池书院(今昭通第三中学)。石碑高 1.33 米,宽 0.96 米,共有 15 行刻字,现每行残存有 21 个字,据推测每行缺 7 个字。这块碑一经出土,就引起了学术界的震动,被誉为"滇南瑰宝""稀世之珍""古汉碑第一"。那么,这通碑有什么历史意义呢?

从石碑上的字体来看,这块碑应该是汉碑,但是石碑的上半截只刻有"丙申"二字而没有年号。从汉高祖二年到汉献帝建安二十七年(公元前 205 年到公元 216 年)之间,共有 8 个"丙申"年,石碑上的"丙申"究竟是哪一个呢?经过多方考证之后,这块碑被确定为东汉桓帝永寿二年(156 年)所立。东汉之际,"南中大姓"不仅在经济上深受中原生产技术的影响,而且仰慕中原文化并深受其熏陶,孟孝琚碑上刻的"孔子大圣,抱道不施,尚困于世"一句就表现了当时当地人对孔子的尊崇和对其行事的感悟。如此看来,孟孝琚碑为当代人研究汉代云南与中原文化渊源关系提供了非常重要的史料,所以具有很重要的历史研究价值。

不仅如此,孟孝琚碑在书法史上具有很高的地位,它为我国研究汉代书法的发展情况提供了十分重要的实物资料。1915 年,金石大家罗振玉将碑文用双钩摹出,全文刊载在《汉晋石刻墨影》上,称它是"海内有数之瑰宝"。此后,碑帖广为流传,名扬海内外。

在云南大理,无论是本地人还是海内外的旅游者,都把大理崇圣寺三塔视为大理历史文化的标志和象征。但是很少有人知道,在崇圣寺还有

孟孝琚碑

一件文物,其历史文化价值和三塔相比毫不逊色,这就是雄踞西南的千年古碑——南诏德化碑。南诏德化碑现存于大理市七里桥乡太和村的太和城遗址内,碑由青石刻制而成,高 3.97 米,宽 2.46 米,厚 0.6 米。那么,这块碑有什么历史价值呢?

唐天宝年间,唐王朝为了制约南诏的扩张,先后两次发兵远征南诏,都被南诏打败。南诏虽然在天宝战争中获胜,但是具有战略眼光的南诏王阁罗凤却明白,内附中原才是南诏发展的唯一前途。于是,他于赞普钟十五年,即唐大历元年(766 年),在被迫叛唐投吐蕃以后立了这块碑,以说明自己是不得已而叛唐。德化碑立后的第 28 年,南诏重归于唐,这是我国西南地区历史发展过程中极其关键的转折点。

南诏德化碑

碑阳面原刻有正文 40 行,共 3 800 字;石碑阴面刻有 39 行,共 1 000 多个字。经过 1 000 多年的风雨侵蚀,德化碑阳面正文仅存 220 个字,阴面仅存 556 个字。值得庆幸的是,由于德化碑的重要价值,早在明代时,著名的文学家、白族人李元阳在修纂《云南通志》等相关历史文献时,就已经将碑文的全文抄录了下来。

德化碑的阳面碑文首先歌颂了南诏王阁罗凤的德化武功,着重叙述了南诏和唐朝由原来的密切联系到双方交恶的经过,并讲述了双方兵戎相见、南诏投靠吐蕃的过程,最后表达了南诏愿世代依附唐王朝的心愿。阴面碑文主要刻有南诏重要职官的题名。由于碑文内容广泛,所以这块石碑在研究南诏的形成、社会制度、云南各民族的关系、南诏与唐王朝及吐蕃关系等方面,都具有极其宝贵的历史价值,而且为研究南诏初期统治阶层的结构、职官制度等内容提供了极其重要的文献资料。

据考证,德化碑由清平官(即宰相)郑回撰文,由杜光庭手书。碑文语言流畅,文辞优美,书法秀美挺拔,艺术价值也很高,被赞为唐代滇文化的杰作,再加上碑体高大,因而被誉为"云南第一大碑"。

云南有哪些有名的土司衙署

元、明、清各朝在少数民族地区实行的是土司制度,朝廷授予少数民族首领世袭官职以统治该族人民,而土司就是被授予官职的地方首领。在古代云南,

侬氏土司衙署

土司很多,土司衙署保存至今的也有很多,下面就列举几个。

阿用土司衙署:位于广南县杨柳井乡阿用街西侧,约建于明代。衙署原设大、中、小三个衙门,现仅存小衙门。衙署为二进两院式建筑群体,其正堂楼房三间,为壮族干栏式建筑,硬山顶板瓦屋面,通面阔13.17米,进深9.7米,高6米。楼上是土官议事室,楼下低矮,相互贯通,用来放置各种物品;檐下为走廊,檐下额枋、桁、板都雕刻着龙、凤、西番莲、卷草等图案,工艺精美,仿汉族风格。

侬氏土司衙署:位于广南县城北街(今城一小内)的侬氏土司衙署,占地面积11 000平方米。建于元初,曾设有大小衙门,衙署沿四道台阶而上,分设大门、中门、三门。大门上竖有"世袭清军府"的直匾;门前筑有一座青砖照壁,宽约6米,高5米;大堂口有石狮一对,左侧有鼓棚,旁边设有监狱两间。衙署的前院内,设有代办房、签押房、东、西厢房为书房、议事厅,主殿为七开间歇山顶抬梁式木构架建筑,高9米,通面阔14.3米,进深21米,木柱42根,用材粗大,屋宇宏伟。衙署后院有五凤楼、绣花楼等建筑。整座衙署衙深院重,规模庞大。

自元朝至民国的近700年间,侬氏土司世袭了27代,掌管广南政治、军事、民刑、钱粮等大权,被视为是中国壮族土司中建筑规模最大、权力较为集中、管辖范围最宽、世袭时间最长的土司府。

叶枝土司衙署:叶枝土司衙署,是历代纳西族世袭土司王氏的官邸,自清乾隆年间始建,经历代王氏土司不断完善,至清光绪年间形成今天的规模。土司衙署的建筑由两套二进大院组成,总占地面积5 000平方米,有大小近百间房舍。整个建筑坐东向西,建筑主次分明。在衙署东楼的6级青石台阶两侧各立有一尊石狮,楼下梁头、柱头、格扇窗均有各种雕刻,工艺精细。王氏土司府除少数房屋倒塌与重建外,其建筑规模布局保存比较完整,较集中地反映了纳西土司的习俗与建筑风格。

以上几个土司衙署是云南众多土司衙署的代表,它们规模庞大、建筑精美,都是我国建筑艺术的重要体现。

石宝山石窟为何被誉为"西南敦煌"

剑川石宝山,位于剑川县城西南25千米处,因山上的红砂石成龟背状裂纹,如狮似象又像钟,而得石宝之名。石宝山林木茂盛,石趣无限,庙宇别致,景色独特,尤以石窟和摩崖造像而声名远播。山中开凿于唐宋年间的石窟,享有"西南敦煌"的美誉。石宝山石窟究竟有什么魅力可以得到"西南敦煌"的美誉呢?

剑川石宝山石窟

石宝山石窟雕凿于南诏至大理国时期,共存有 17 窟,造像 200 多尊。石窟造像共分为四类:一是佛、菩萨、观音、天王、明王、力士等,这些形象大都雕刻精细,形象生动,各有个性;二是南诏王者及其侍从像,如细奴逻、阁罗凤、异牟寻三代南诏国主的造像及其侍从们;三是古代外国人像;四是女性生殖器石雕,古往今来,很多善男信女都在神佛边虔诚地跪拜"阿央白",祈求子孙。

石宝山石窟造型生动、雕艺精湛的石雕像群,使人仿佛置身于南诏大理国的历史风雨之中,那王者的风仪、菩萨的慈祥、威严而豪华的宫廷生活场面、政教合一的"庙香古国"的外交形象,都与石宝山秀美的自然风光交相辉映,使游客叹服,使学者拍案,使文人陶醉。这些石窟既是南诏的艺术珍品,也是宝贵的民族史料,为后人研究南诏的政治、军事、文化以至服饰、风尚等都提供了宝贵的资料。如此价值,可以与甘肃的敦煌石窟相媲美,因此石宝山石窟被誉为"西南敦煌"。

茶马古道上最后一个古集市指哪里

茶马古道,是世界上历史最悠久、海拔最高、地势最险、路程最长的古商贸通道之一,学术界称之为"世界上地势最高的文明文化传播古道之一",具有十分宝贵的历史文化价值。在历史上,茶马古道沿途有很多的集市、城镇,它们都因为茶马古道而兴,但是随着茶马古道的衰落,这些集市也逐渐衰落了下去。但在这些集市中,尚有一个保留至今,那就是剑川县沙溪镇寺登街区域。

沙溪位于剑川西南部,地处金沙江、澜沧江、怒江三江并流自然保护区的东南部。这里山清水秀,气候宜人,物产丰饶,人杰地灵,澜沧江水系的黑惠江由北至南纵贯全坝。这里是一个以白族为主,汉、彝、傈僳族共居的少数民族居住地。在古代,滇藏之间便以云南茶叶、倭盐与西藏的马匹、药材、毛皮交易,形成

沙溪镇寺登街

了滇藏贸易通道"茶马古道"。这条古道形成后,成了大理至丽江、中甸、西藏拉萨再到印度的唯一陆路国际通道,与南方丝绸之路具有同样的历史地位和价值。沙溪镇寺登街就是这条通道上的一个重要的交通枢纽,每天有成千上万的马帮从这里穿过,给这里的区域经济和文化带来空前的繁荣。直到今天,每逢星期五街子天(即赶集日)的时候,外边来做生意的小贩与沙溪四方八寨赶集的人流都会汇集于此,使人们重见寺登街经济繁荣、文化灿烂的痕迹。

寺登街建于元末明初,集市的中心是四方街,街全由条石铺就,两边的房子都是前店后院建筑,街面上有两棵古槐树,街东面是三重檐楼阁建筑的古戏台,街西面是一座一进三院的寺庙,它就是国内仅存的明代白族阿吒力佛教寺院——兴教寺。兴教寺建于明代永乐十三年(1415年),寺院壁画存有20多幅,出自白族画师张宝之手,与著名的《张胜温画卷》一脉相承;寺院建筑很有特色,经历600年风雨却依然不倒,这在建筑史上可以称得上是奇迹了。兴教寺对面也有一座古戏台,建于清代,前台后阁,结构十分独特。

凭着"茶马古道上唯一幸存的集市,因有完整无缺的戏台、马店、寺庙、寨门,使这个连接西藏和南亚的集市相当完备",中国云南沙溪(寺登)区域入选2002年101个世界濒危建筑保护名录。

为何官渡被誉为"小云南"

官渡镇,位于昆明东南郊,其历史十分悠久,距今已有1 000多年的历史,形成了"一镇五朝"(唐、宋、元、明、清)"一镇三教"(佛教、道教、释家)的独特魅力。这里具有厚重的古文化积淀,是滇文化的发祥地之一,也是云南著名的历史文化古镇之一。官渡除了本名之外,还有一个很有意思的名字——"小云南",为什么会有这个名字呢?

在官渡镇不到1.5平方千米的土地上集中了唐、宋、元、明、清时期的五山、六寺、七阁、八庙等多处景观,其中包括金刚塔、妙湛寺东塔、土主庙、法定寺、文明阁等10多处景观及上百间保存完好的"四合院一颗印式"民居,从而形成了一个繁华的集镇。可以说，古镇文化古迹众多，人文景观丰富，经济水平发达，面积虽小却包含了云南的很多特色，因此才有了"小云南"的别称。

在官渡镇，有一处景点是不得不提的，那就是金刚塔。金刚塔建于明天顺元年（1457年），距今已有546年的历史了，是我国现存建造最早、保存最完好的金刚宝座式石塔。这座塔很特别，因为它建在一堆螺蛳壳上。技术人员发现，当时没有水泥，为了建造这座塔，古人采用螺蛳壳拌黑胶泥夯实后，打下了数百根沙松桩进行固定，接着又用糯米饭和糯米汤拌红土作垫层，一块一块砌上塔石，这样才建成了宝塔。据说，当时为了建塔，官渡古镇千家万户的糯米都用尽了。

昆明官渡古镇

千年风雨，使这座古镇历经沧桑；万般奇迹，让这些国宝重现辉煌。古时官渡人，用糯米饭拌泥在螺蛳壳堆上建起重达1 350吨的"金刚塔"；现代官渡人，用科技手段抢救国宝古迹，恢复勾勒了"古渡渔灯、螺峰叠翠、月映月台、杏圃牧羊"的古典人文风韵。今天的游客们站在昆明官渡古老的街头，环顾四周的庙宇阁楼，闻其悦耳的风铃，仰视欲飞的金鸡，抚摸着双塔的身影，不难感受到这座古镇丰富的历史文化内涵。

孟连娜允古城有何特色

"娜允"，傣语意为"城子"，娜允古城位于孟连傣族拉祜族佤族自治县的县城内。古城始建于1289年，由三城（上城、中城、下城）、两寨（芒方岗、芒方冒）组成，是元、明、清、民国四个时期孟连的政治、经济、文化、宗教中心，也是孟连傣族统治集团的所在地，至今已经有700多年的历史了。作为古城，孟连娜允有哪些特色呢？

首先，娜允古城的格局与建筑是依坡就势而建的，整个古城被分为了上、中、下三个部分。总览整个娜允古城，孟连坐南朝北，依山傍水，背靠古树葱郁的金山，俯瞰群山环抱的坝子，清澈的南垒河从金山、银山间蜿蜒南流，充分体现了傣族"寨前渔，寨后猎，依山傍水把寨建"的古老的建筑理念和审美观念。娜允古城区主要由娜允镇娜允村的7个村民小组组成，涉及农户307户，共807人，有典型的傣族干栏式建筑22幢、傣式砖木结构建筑349幢、傣汉结合钢混结构建筑83幢，都很具当地特色。

娜允古城孟连宣抚司署

其次，它有一定的神圣色彩。说起娜允古城，也许其他地方的人会感到陌生，但它在傣族人民的心目中却是一个神圣的地方，因为历代傣族土司衙门——孟连宣抚司署就设在这里。古城内的孟连宣抚司署原是傣族刀氏土司衙门，作为旧中国边地政治文化的核心，它始建于1406年，毁于1762年，重建于1878年，作为统治中心的时间有660年之久，有28任世袭土司在这里相继为官，所以其影响力很大。现存的孟连宣抚司署占地面积6 738平方米，是云南边疆少数民族地区18座土司衙门中保存较为完整的唯一一座傣汉合璧建筑群。整个建筑群为木结构，由门堂、议事厅、正厅、厢房、厨房、粮仓等组成，斗拱、飞檐是汉式建筑，厅堂是傣族干栏式建筑。署内还珍藏有清代朝廷赏赐给土司的官服以及各种土司文物1 000余件，现已成为研究边疆少数民族地区历史和土司制度的珍贵实物资料。

最后，它体现着民族交流的成果。娜允古镇迄今已有700多年的历史，这里的房屋一般为傣汉合璧，这说明很早以前这里就与内地进行交流了。随着当地土司制度的建立和巩固，孟连土司也形成了一套比较完整的统治机构，土司统治的延续使娜允古城逐步完善和扩大，逐渐成为了宣抚司统治区（孟连、澜沧、西盟等）方圆数百里的政治、经济、文化、宗教中心，各民族在这里共存共生，一起创造了孟连精彩纷呈的文化形态。

黑井古镇和石羊古镇各因何得名

黑井古镇，位于云南省楚雄彝族自治州的"恐龙之乡"——禄丰县，这里自古以来就是个产贡盐的地方。古镇依山傍江，久封于龙川江河谷中，是云南四大古镇之一。很多来这里的游客都很好奇一个问题，"黑井"这个名字究竟是怎么来的？难道是因为这里的井是黑色的吗？下面我们就一起去探寻一下黑井得名的奥秘。

黑井兴于盐，自西汉以来就是云南出产井盐的重镇。据说，古时候有一个名叫李阿召的彝族女性，有一次放牧时，她发现一头老黑牛总是喜欢独自舔食一处山崖壁。出于好奇，她也去舔那岩壁，一尝竟然是咸的。于是，人们就在这

禄丰黑井古镇

个地方开凿出了盐井。为了纪念黑牛的"历史功绩",当地人便称此处为"黑牛井"。时间久了,人们就把"黑牛井"称为"黑井"了。黑井所产的盐名为"黑盐",但是其颜色并不黑,而是"洁白味美"。

由于盐在古代经济生活中所处的重要地位,盐业的发展和兴盛给黑井的发展提供了深厚的物质基础,让偏居一隅、交通闭塞的黑井成为闻名遐迩、富甲一方的小镇。小镇内车来马往、商铺林立,盐商灶户家家兴屋建房,男女老少披金戴银,镇内兴资办学,镇外产业兴旺,甚至昆明的祥云街、拓东路两大主要街区,都成了黑井人的房产。极盛时期的黑井,每天都有成千上万驮盐的马帮、盐商往来于此,各种思想和文化在这座多石少土的山城融汇、渗透,最终形成了具有独特魅力的盐文化。到了近代,随着海盐的大举"入侵"以及薪乏柴贵等因素,黑井煎盐的成本不断提高,富甲一方的千年盐都很快走向了衰落。

现在的千年盐都黑井,虽然早已失去了昔日的辉煌,但却留下了古色古香的具有唐宋风貌的街巷、颇具明清风格的民居,以及大量木雕石刻、古塔石牌坊、古寺庙、古盐井、古驿道等遗迹。得益于偏居一隅、交通不便,黑井古镇至今仍保留着原有的传统古建筑,格局也没有发生多大的变化,风貌依旧,让来到这里的人意识到了历史的延伸。正因如此,凄凄的小镇上迎来了满揣怀古情思、探访建筑艺术、追觅历史文化、不惜远道而来的痴痴游客,小镇又开始繁荣了起来。

石羊,古称白井,位于云南省楚雄州大姚县西北部,是一个历史悠久、文化底蕴深厚的小镇。历史上,中原文化和彝族文化曾在这里碰撞交融,儒家文化、盐文化、佛教、道教、伊斯兰教等文化在此相互激荡,留下了灿烂的历史文化和独特的风土人情。很多外地人都很好奇石羊古镇名字的来历,他们认为可能是古镇跟羊有什么关系,那么事实如何呢?

禄丰黑井古镇标志雕塑

关于"石羊"一名的得来，相传是因为系蒙氏时有一只公羊舔土，当地人就在羊舔土的地方进行挖掘，得到了一块羊形的石头，因此就将这里定名为"石羊"了。石羊自西汉凿井采盐以来，就是云南井盐的盛产地，明末清初是石羊制盐的鼎盛时期，当时的手工作坊年产盐就已经达到了九百多万石。不论是当时的南疆数省还是边陲邻国，都以能吃到洁白如雪的白井盐为荣。

商贾云集和历代王朝官吏"直属提举司"的轮换，使石羊成为众生仰慕向往的黄金宝地，同时也给地处僻壤深山的石羊带来了多元文化的冲击。"立学校以振民风，设关律以便行旅，造塔坊以培文风。"石羊方圆不过十里，明清时曾设有灵源、张公、绿萝、龙泉、龙吟五大书院及多所义学、塾馆，各种文化相互激荡、交融，孕育出了具有石羊特色的石羊文化。尽管经历了历史沧桑和自然灾害的破坏，但石羊仍保留下来了许多悠久的历史遗存。

云南现存规模最大的汉代建筑遗址在哪里

在云南省保山市隆阳区城南5千米处永昌路东侧，有一个村子名叫诸葛营，当地人又把它叫作汉营，村里有居民1 200多户，共4 800多人，大姓有杨、张、葛等。在这里，祖祖辈辈都传说着他们遥远的历史。一些传说已被考古发现证实，其中非常重要的一个考古发现就是云南省现存的规模最大的汉代建筑遗址。

该城址呈长方形，东西宽320米，南北长375米，面积14万平方米，四围城墙用红、白黏土掺沙石夯筑而成，除西北角因昔日修路被挖断外，其余部分保存较好。东、西两墙中段尚存由砖石堵塞的城门痕迹。城墙底宽14.5米，上宽8.9米，残高2～4米，各墙断面均有明显的夯土层次，红白两色相间，层厚多在8～12厘米之间，最多的地方夯筑有40余层，工程相当浩大。

这处遗址是在1981年文物普查时发现。早年间，村民耕作取土时常在城墙内挖出铺设齐整的石子路、夯筑平实的房屋台基及成罐的铜钱等遗迹遗物。后来又出土了大量的形体宽大厚重、东汉风格的古砖古瓦。其中，板瓦为三分瓦，最完整的一件长46厘米，宽37厘米，青灰色，凸面饰细绳纹，凹面为粗布纹；筒瓦为二分瓦，完整者长40厘米，直径15厘米，颜色、

永仁诸葛营一

纹饰与板瓦同；砖多长方形，大小不等，最大件为 47×25×10.5（立方厘米），最小件为 35×22×7（立方厘米）。另有一种楔形砖，砖的一侧均有模印装饰图案，多为棱形、卷草、圆饼、五铢钱、摇钱树等，其中一件除纹饰外还在一端印有隶书"太康四年造作"铭文。由此可见，这些砖应该属于晋代，诸葛营的这处遗址也应该是晋或以前的一座城市的遗址。

永仁诸葛营二

诸葛营的汉文化久远丰厚，除了实物证据之外，诸葛营村名也是证据之一。据村里武侯祠中明宣德年间孔初撰写的《诸葛忠武侯祠记》载："民相谓曰，若等诸葛公遗民也，相率安营屯兵，以生以长，遂名之曰诸葛营。复于营中构诸葛祠。"明万历年间的《云南通志·卷二》也说，诸葛营"相传诸葛孔明南征屯兵之所。孔明既凯旋，汉人有遗于此者，聚庐世居，至今犹称为旧汉人"。这说明，诸葛营的汉族居民至少在明代以前就在此定居，而不像云南其他许多地方的汉族居民多是明代大规模迁移而来的。

在诸葛营的传说和地方历史文献中可以看出，这里应该是诸葛亮军队的"安营屯兵"之地，当地的居民是诸葛亮军队南征平定永昌郡后的"遗民"，所以这个村子叫作"诸葛营"。不仅如此，诸葛营原来不叫"诸葛营"，而是叫"凤凰村"，这说明此地在蜀汉以前就有汉民居住了，而"汉营"一名也许是取"蜀汉军队安营屯兵"之意，故而称作"汉营"。

胜境关为何被称作"入滇第一关"

胜境关，位于富源县城东南 7.5 千米处的滇黔交界的山脊上，又称界关。老黑山南北纵贯 100 余千米，山势陡险，只有胜境关山势较低，而且有一条驿道通向贵州，所以这里是古代由黔入滇的重要关隘。在胜境关关口立有 1 座界坊，坊匾上书有"滇南胜境"4 个大字，故名"胜境关"。那么，胜境关为什么被称作"入滇第一关"呢？

古代入滇有三条路：灵关道（川西入滇）、五尺道（昭通入滇）和胜境关。其中，胜境关线路被称为通京大道、官道。在元、明、清时期，位于滇东的"胜境关"古驿道至黔中北盘江古驿道，是古代云南、贵州通往京都的必经之路，也是从中

胜境关收费站

原内地进入云南的最重要的通道，因此又被称作"入滇第一关"。明朝初年朝廷大兵进军云南、1936年红军二方面军长征入滇、新中国成立之初解放大军援助云南和平起义等都是首先从这里通过的；明代旅行家、地理学家徐霞客考察盘江源流时曾云游至此；旷世奇才杨升庵和清代民族英雄林则徐都曾在此登临挥毫。

胜境关同时也是自然气候的分界线。由于东部从太平洋吹来的冷空气经过贵州高原时已经势疲力弱，西向从印度洋吹来的暖空气经过云南高原也如强弩之末，于是就形成了气象学上的"昆明准静止锋"，而胜境关正当锋面，所以东面多阴雨，西面多晴天，故而这里有"山界滇域，岭划黔疆，风雨判云贵"的说法。但是胜境关的分界线作用还远不止这些，在这雄奇界关上，不仅有以天为界的牌坊，以气候为界的石狮子，而且还有以地为界的小溪，以色为界的泥土，这些都让人惊叹不已。

由于历史上不断有人在胜境关修建建筑物，而且有许多历史名人填诗作赋、撰联勒碑，于是在胜境关就出现了滇南胜境坊、石虬亭、胜境驿、关隘城楼、石龙古寺、古驿道、古炮台、胜境公馆等著名景点，这些景点一起组成了一处独特的旅游胜地。

和顺为何被称为"西南第一侨乡"

和顺古镇，古名阳温暾，位于云南省腾冲县城西南3千米处，因境内有一条小河绕村而过，所以更名为"河顺"，后来取"士和民顺"之意，雅化为和顺乡。其实，和顺还有另一个名字，那就是"西南第一侨乡"，这是为什么呢？

腾冲是古代川、滇、缅、印南方陆上"丝绸之路"的必经之地，而和顺就在"官马大道"旁边。远在400多年前，这里的村民就开始"走夷方"。由于和顺离缅甸才70千米，所以以前的时候当地很多人都到缅甸做玉石生意，有的还远走印度（此地距印度400千米）、美国、加拿大等地。也正因如此，和顺以华侨出国历史长、侨属多而成为著名的侨乡，全乡侨居国外的人口为国内人口的100.2%，如果再加上侨眷的话则是167.6%。现在，和顺分布在缅甸、印度、泰国、印尼、新加坡、日本、加拿大、美国等国家的华侨有一万多人，形成了"海外的和顺"。

因此，和顺就成了西南最大的侨乡。

从和顺走出去的华侨有很多都成为了巨富大贾，他们衣锦还乡之后就在家乡修建宅院、宗祠等建筑。由于受外来文化的浸染，和顺的建筑样式多为中西合璧，风格很独特，而且在宅院里还有不少西洋的工艺品和现代化用品。由于明代朱元璋时期实行屯边制度，和顺有许多从中原迁来

腾冲和顺古镇牌坊

的移民，其中安徽、南京的居多，所以这里的民居还有徽派的建筑风格。这样，中西方各种建筑风格在和顺这个清秀的西南边陲相互影响，和谐并存。

和顺人以自己超常的智慧使古建筑和文物在历尽沧桑后奇迹般地保存了下来。改革开放后，和顺以文化为灵魂，以保护为基础，以其独特的建筑风格、丰厚的文化底蕴、优美的田园风光开展文化旅游，一跃成为云南著名的旅游胜地，走出了一条可持续发展的路子，是云南省最为重要的文化生态村示范点。2003年，和顺被《中国国家地理》《时尚旅游》等联合推荐为"人一生要去的50个地方"之一。

昭通望海楼有何来历

望海楼，位于云南省昭通市南郊凤凰山西麓，距城约2千米。这座楼是清乾隆二十五年（1760年）时，恩安县知县沈生遴主持建造的。那么，当时为什么要建这座楼呢？它有什么来历呢？

在清代任职昭通的府县官员中，沈生遴是一位让人怀念的县太爷。据《昭通志稿》记载："乾隆二十一年知恩安县事。兴修闸坝，讲求水利，又亲定蓄放条规，民遵行。昭通田亩之获水利，公之力为最多也。"文中之词虽然是歌功颂德的，但却并不是没有根据的溢美之词，因为直到200多年后的今天，昭鲁坝子的芸芸众生仍或多或少地享受着沈知县的余荫。

自乾隆十九年（1754年）起，昭通连续几年大旱，农桑不兴，民生艰难。沈生遴上山下乡，走访老农老圃，现场踏勘寻求缓解旱情、改善农业灌溉的办法。第二年，一项工程付诸实施并顺利竣工了，那就是在横贯昭通坝子的"利济河"上修了18座闸坝。水闸建好后，可以合理分配水源，调节丰歉，完善渠系，提高

昭通望海楼

了灌溉效率。在18道闸坝中,有一道叫"留余闸",其渠道网络5 000余米,埂长467米,"为附郭众流所归,一郡之关锁"。因其地位至关重要,所以设有专人管理,培修堤埂,植树保护。为了"障蔽南方火星",根据堪舆风水家的建议,当地又在闸埂上建了一座楼。楼不高,只有三层,气势也并不十分巍峨,但四周有山、有水、有长堤柳烟、有万亩田畴,相映生辉,便也有了卓然大观的胜景,这就是望海楼。

据《昭通志稿》记载:"平畴万顷,映日疏风,水光潋滟",故名"望海楼"。后来,云南总督爱星阿到了昭通,也去看了留余闸、望海楼,这位大人一心要巴结皇上,便把望海楼改成"恩波楼"。改是改了,匾额也换了,也写到了书上,可老百姓不接受,200多年来只认一个望海楼。

咸丰年间,望海楼毁于兵火。光绪二十九年(1903年),邑绅杨履乾以望海楼是昭通风物胜景、前贤遗韵,正可重兴后世,教化风欲,倡议重建。知府张赓、邑商李耀庭、翰林谢履庄等大力支持,于是望海楼得以筹资重建,并在楼前增设屋宇,添置回廊,护以围墙,楼前东西两桥上修盖亭子,四围培植花木。一时间,望海楼又成为了山色清幽、花木成荫、小桥流水、蔚然深秀的好去处。

今天的望海楼不但是昭通的风物胜景,也是中共昭通地下党早期革命活动的纪念地。1929年初,受中共云南省工委的委派,省工委委员到昭通传达省工委《加强农村工作的指示》,传达会议就在望海楼内举行。此后,中共昭通地下党的同志常以郊游为名,到望海楼进行工作联系。

一楼阅百年风雨,古郡写千秋华章。现在,望海楼已经得到了重修,并被辟为了公园,成为昭通旅游的一个好去处。

丽江古城为何不建城墙

位于玉龙雪山脚下的丽江古城,海拔2 400米,面积约14平方千米,整个城市的建筑规划设计和具有浓郁民族特色的建筑让人叹为观止,被世人誉为"东方的瑞士""山国小苏州""人间花园"等。但是,古城最使人称奇的是它不建城墙。那么,丽江古城为什么不建城墙呢?

关于丽江古城不建城墙的原因,史学家们有几种猜测。有人认为古城位置本来就险关环绕,有天然屏障,所以无须做过多的军事防御;也有人认为土司背靠朝廷,在丽江可以安心称雄一方,再加上与邻近的吐蕃、大理等国能和睦相处,因此没有设城墙;还有人认为丽江是茶马古道的重要枢纽地,马帮们随时都要进出古城,为了马帮运输的方便,古城就不设城墙了。

除了以上说法外,民间还有一个传说,说是丽江的统治者自古姓木,如果在城外面修围墙,就成了"困",统治者为了吉利就下令不让修围墙。这个说法虽是传说,但是却是最流行的一种。没有城墙的阻碍,使得丽江居民更加和睦相处,所以在丽江古城,无论是官家府第还是平民宅院,至今到处都充满着开放祥和的气氛。

1986年,丽江古城被列为国家历史文化名城。1997年12月4日,在意大利那不勒斯召开的联合国教科文组织世界遗产委员会第22次会议上,丽江古城以其"保存浓郁的地方民族特色与自然美妙结合的典型,具有特殊价值;历经1996年二·三大地震,基本格局不变,核心建筑仍存,恢复重建如旧,保存了历史的真实性"的总体评价被列入"世界文化遗产"。

丽江古城官门口

丽江木府有何特色

木府,是丽江木氏土司衙门的俗称,位于丽江古城狮子山下,是丽江古城文化的"大观园"。木府占地46亩(0.15亩=100平方米),中轴线长369米,整个建筑群坐西向东,是一座辉煌的建筑艺术之苑。木府的建筑充分反映了明代中原建筑的风采,同时又保留了唐宋中原建筑中古朴粗犷的流风余韵,府内玉沟纵横、活水长流的布局又体现了白族和纳西族的民族特色,这些都体现了木府建筑的独特风格。

木氏土司的宫廷式建筑在明代时就已经蔚为壮观了,再加上当时1 000余户的古城民居,使整个古城的建筑颇具规模。徐霞客曾描述当时的丽江古城民房群落为"瓦屋栉比",

丽江木府护法殿

可见当地民居繁盛之景象。"北有故宫，南有木府"，此话看来不假。木府的特色还体现在它的位置。木氏土司的府第虽有王者气度，但却一反中原王城居中为尊的传统，将府第建于城南一隅，而作为全城中心的则是商贾云集的四方街。纵横交错的街道从四方街这一商贸中心向四面八方辐射，从中可以看出古城最初形成于乡村集市，最终也因商业贸易而繁荣的发展历程，这与古城千百年来作为茶马古道重镇的历史密切相关。

如果说在丽江古城我们看到的是丽江世俗生活的一面的话，那么在木府我们将翻阅到一部在西南地区曾经辉煌一时的大土司家族的兴衰史。有学者指出："不到木府，等于不到丽江。"留于世间的明、清木府古建筑，其建筑之宏伟、宫殿之辉煌、雕刻之精致、构件之玲珑、绘画之璀璨，真可谓美轮美奂，无与伦比，在世界建筑史上留下了浓墨重彩的一笔。

丽江明代壁画有哪三大特点

在中国绘画史上，明代画风迭变、画派繁兴，传统的人物画、山水画、花鸟画盛行。不仅如此，在明代有一种绘画方式可谓独树一帜，那就是壁画。明代壁画是滇西北少数民族艺术的奇葩，它以其独特的艺术风姿，成为艺术领域一道亮丽的风景。这其中比较有代表性的就是丽江壁画。那么，丽江明代壁画有什么特别之处呢？

特点一：对各种宗教文化和艺术流派兼收并蓄，独树一帜

虽然在我国历来就有释、道、儒诸教兼容并蓄的传统，但我国的殿堂壁画一般只涉及一种宗教，而丽江壁画在一个殿堂里甚至是在一幅壁画里，常有佛教、道教、喇嘛教三种神像并存。这种多宗教糅合的壁画的出现，与丽江所处的特殊地理位置是分不开的。丽江位于滇藏要冲，同时受汉、藏文化的深刻影响，而且这里民族杂居，群众宗教信仰较为复杂，其中尤以佛、道、喇嘛三教为盛。面对这一现实，统治者只好"兼容并包"，企图通过涂抹佛、道、喇嘛三教的威严，宣扬三教"法力无边"，来安抚、麻痹群众，使其安于受奴役、受剥削的地位，以巩固统治。

在丽江壁画保存最完好、规模最大的大宝积宫的北墙壁上，有一幅《观音普门品图》，其正

丽江白沙壁画

中画有手执法器、坐在莲座上的观音,西侧画有遇水、火、盗、虎等场面的人,东侧下部画有一群正向着正中观音顶礼膜拜的百姓。这幅画虽然是宗教宣传画,但从图中人物身上,人们可以看到明代边疆社会生活的一些情况。在画的上部,还有小观音八尊,各具神态。整幅画的不同场面都以山石云烟隔开,但又有机地组织在了一个大画面里,布局匀称,错落有致。

在西壁上有《莲花生祖师图》,正中画的是藏传佛教的祖师莲花生。他头戴七宝冠,身着黑衣,头微微前倾,合掌坐于莲座上。座下立有两个小天女,神态优美,四周还画着百工之神,神态动作各异,构成了一幅内容丰富的边疆社会生活画卷。

特点二:构图、布局、线条、色彩运用水平较高

在大宝积宫中有一幅《如来会佛图》,图中如来佛朱衣金身端坐在正中,上有十八尊者,两侧画道教神像,下部则画有喇嘛教三护法神,外侧画着四大天王,整幅画上共有约100多个神像。这些神像把佛、道、喇嘛三教的人物都糅合在了一起,层次分明,动静相谐,色彩鲜明,人物生动,是一幅精彩的宗教画。在离大宝积宫东北不远的大定阁,正殿东壁上画的喇嘛教欢喜佛抱裸体女神,画面世俗气味很浓。正殿南北二壁的"水月观音",画着文殊、普贤、观音、大势至等佛像,以水月云石相衬,类似一幅山水人物画。画面精巧严谨,富于装饰情趣。

特点三:风格不一,体现各民族共同智慧

这些壁画是在明初至清初300多年的时间里陆续绘制的,由于形成时间漫长,工作量浩大,壁画的作者可能是好几批多民族的工匠,所以壁画的前后风格不太一样。相传,白沙壁画的大部分是由汉族画家马啸仙绘制的。据《丽江府志略·方伎》记载:"马啸仙,江南人,工图画,山水臻神品,花卉人物靡不精妙,识者称为马仙画。西域闻其名,延去数载,后复归丽。"由此可见,马啸仙在丽江壁画的绘制中,发挥了很大的作用。据漾西万德宫(木家院)石碑记载:"铸匠云南石凤翼,画工古宗古昌。"古宗即藏族,古昌是一位藏族画工的名字。又据当地人传言,白沙原有一处"画匠田",世代由当地东巴和姓人家耕种。由此推知,丽江壁画是由汉、藏、纳西等民族的数批画家共同

丽江大宝积宫壁画

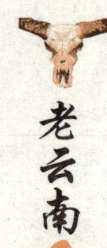

协作完成的,它是滇西北人民的共同创造,是各民族传统友谊的结晶,是一份值得珍视的文化遗产。

丽江壁画特点鲜明,以其别具特色的绘画艺术风格和珍贵的历史文化内涵,深深吸引着国内外游客,它使人们在欣赏绘画艺术的同时,能深刻地体会到民族文化的博大精深。

为何说墨江是太阳转身的地方

墨江县,位于云南省普洱市东部,北与镇源、新平两县相连,东与元江、红河、绿春三县接壤,南临江城县,西与宁洱县隔把边江相望。这里距省会昆明320千米,距市政府驻地思茅区190千米,素有"思(茅)普(洱)门户"之称。除了这个称号之外,墨江还被称为"回归之城""太阳转身的地方"。之所以被称为"回归之城",是因为它地处回归线附近。那么,"太阳转身的地方"是什么意思?有什么来历呢?

北回归线穿过墨江县城,把墨江县城和县境一分为二,一半留在热带,一半留在北温带。每年的阳历6月21日或22日(夏至日),太阳的直射点会移至北回归线,与墨江进行亲密约会,这时如果站在北回归线上的话,就会看到立竿不见影的奇观。在过了这一天之后,太阳直射点就会从北回归线向南移动了,因此人们就把墨江称为"太阳转身的地方"。

在世界地图上,如果沿着北回归线观看,就会发现一个现象:北回归线经过的地方绝大多数是沙漠和海洋,而在墨江却形成了一片森林葱茂、物种多样的绿洲。这是为什么呢?这是因为北回归线是热带和温带的交界线,温度常年较高,而云南的地理条件十分特殊,从而造就了这里生物的多样性和独特性。

当游客们在县城驻地联珠镇沿着墨江北回归线标志园——这个目前世界上规模最大,集天文、地理、旅游、休闲、科普为一体的北回归线标志性建筑的台阶一步一步向上走的时候,可以听到当地人讲述台阶上那些标注的故事。在这些故事中,你会感受到墨江人民对自然、生命以及阳光的热爱、理解和尊重。

除了上述的称号之外,美丽

墨江北回归线

的墨江还有其他雅称。由于这里的双胞胎和植物、果实双胞孪生的现象突出，因此这里也被称为"双胞胎之乡"。

南甸宣抚司署为何有"傣族故宫"之称

南甸宣抚司署，是按汉式衙署模式布置的一处五进四院建筑群。作为我国历史最久、规模最大、保存最完整的土司建筑群，南甸宣抚司署是研究云南少数民族史、地方史、土司制度及建筑艺术等的重要实物资料，是研究我国土司制度的活化石。除了南甸宣抚司署这个官方名称之外，这个建筑群还有一个独特的名称，叫作"傣族故宫"。为什么会有这样一个名称呢？

南甸宣抚司署，其最早是元代时期设立的南甸军民总管府。那么，南甸之名是怎么得来的呢？元、明、清时代的云南梁河县隶属于腾越州（今腾冲县）节制。"南"是指其位于腾冲南部，"甸"是指郊外坝子，所以人们就称这个地方为"南甸"。宣抚使是封建时代中央政权在边疆设置的统治政权机构，分宣慰司、宣抚司、安抚司三等。宣抚司是武职，具有生杀大权，相当于地方的土皇帝。南甸宣抚司为七品，也就是和县官平级，但在特殊情况下，可以随官而升，如接待上司或与邻邦交往时，可以随对方官衔的高低来进行调整，最高可达四品官，也就是当地老百姓说的"见官大一级"。在南甸宣抚司署的公堂后面，有一道麒麟屏风，这就是四品官的象征。所谓司署，就是衙门，署内除了办公之外，还兼有住宿的功能，所以除了公堂之外，还有许多生活需要的附属建筑物。

南甸宣抚司署始建于清咸丰元年，占地1 000平方米左右，按汉式衙署式格局布置，共由47幢、149间房屋组成，分为公堂、会客厅、议事厅、正堂、后花园等，而且依地势逐级升高。由于整个建筑群非常庞大，在西南这种偏僻的地方非常少见，所以当地人认为它可以和皇宫媲美。再加上土司具有非常大的权力，就像当

梁河县南甸宣抚司署

地的土皇帝一样，所以他住的地方自然也就是"土皇宫"了。由于这一地区的民族以傣族为主，所以人们就将这处署衙称为"傣族故宫"。

在1996年11月27日，南甸宣抚司署被公布为全国重点文物保护单位，之后又建成了"中国土司制度陈列专馆"，成为人们了解土司制度的好去处。

为何建塘镇又被称为"日月城"

《步辇图》中唐太宗接见松赞干布的情景

建塘镇,是云南省香格里拉县治地,海拔3 300米,四周群山环绕,中间地势平坦,是茶马古道和滇藏公路的必经重镇。古镇分为古城独克宗(中心镇)和新城两部分,而独克宗就是古代的"日月城"。那么,这个名字是如何得来的呢?

唐贞观七年(633年),吐蕃具有雄才大略的赞普松赞干布命太子贡日贡尊留守本土,自己则率大军经略东方。贞观八年(634年),松赞干布攻破党项及白兰诸羌,之后不久就以青海玉树的贝嘉德十二部为主力组成了中勇部,占领了青藏高原东南缘的迪庆地区。唐永隆元年(680年),吐蕃在迪庆境内的原羁縻州神州之地设置了神川都督府,并在现在的大龟山建立了官寨,垒石为城,取名为"独克宗",这就是历史上著名的"铁桥东城"。传说当时有活佛在古城对面的山头遥望古城,发现大龟山犹如莲花生大师坐在莲花上一般,所以古城建设布局形似八瓣莲花,从而形成了因自然而变化的空间。

在古城的兴建过程中,建筑材料大多都是就地取材。工匠们发现当地出产的一种白色黏土可用作房屋外墙的涂料,于是古城民居外墙都涂成了白色,这种风格一直到今天还在沿用。每当月夜时,银色的月光使白色的古城分外妖娆,于是当地人就把古城称作"独克宗",藏语意为白色石头城,也就是月光城。

明代,中甸(今香格里拉)两次被丽江木氏土司占领。木氏土司在大龟山建立了"香各瓦"寨,藏语的意思是石山寨,这个寨子的位置就是原来大龟山"独克宗"的位置。后来,木氏土司又在奶子河畔建了"大年玉瓦"寨,藏语名为"尼旺宗",意思是日光城。这样,两个寨子遥相呼应,构成了中甸历史上著名的"香各尼洼",即藏区有名的"日月城"。由此,建塘古镇就被称为"日月城"了。

建塘古镇的外形不方不圆,大致轮

建塘镇建筑

廊与藏传佛教中香巴拉坛城相似。城内街市环山而建,建筑均为迪庆藏地特有的土墙和木板样式,道路铺以粗拙耐用的条石,城内分金龙、仓房、北门三街,共有33个巷子,中心有四方街供集市交易,有23个少数民族相融而居。从20世纪50年代开始,当地在城北吉拉山脚与古城之间,沿着香德公路两侧建筑了新城,使城区北移。到了90年代时,新城已经达到相当规模。

在建设新城的过程中,当地为了保持"独克宗"古镇鲜明的文化特色,也做了大量的工作。当地在保存原居住文化的基础上,还为古城注入了新的活力、融入新的文化元素,达到人、自然、城市的和谐,从而为古城的开发奠定了基础。今天,在独克宗古城游走,会发现它多了许多时尚的色彩和活力,有很多富有激情、紧跟时尚、各具特色、个性突出的酒吧、客栈已悄然进入古城,它们为古城提供的时尚生活方式和生活氛围,使古城被越来越多的人所钟爱。

南诏铁柱有何价值

南诏铁柱,也叫天尊柱,古称崖川铁柱,位于云南弥渡县城北约3千米的太花乡蔡庄铁柱庙内。此柱高3.3米,周长1.05米,重约2 069千克,分五节铸成,上有直书阳文正楷题款一行:"维建极十三年岁次壬辰四月庚子朔十四日,癸丑建立。""建极"是南诏王世隆的年号,"十三年"为唐懿宗咸通十三年,即公元872年,所以这根铁柱距今已有1 100多年的历史了,是名副其实的"唐柱"。南诏铁柱自建成以来,曾经历过数十次大地震,但却没有出现过倒塌、倾斜,而且还没有锈蚀现象,这引起了地质学、民俗学、图腾崇拜学、冶金学等方面专家的注意。那么,南诏铁柱在上述方面有什么价值呢?

南诏铁柱

一是历史价值。南诏铁柱在全国不可移动文物中十分独特,它有明确的纪年,具有独特的文明特征,文化类型珍稀;自建成以来,铁柱一直保持着原貌,铁柱庙也保持了清乾隆四十九年(1784年)重修时的格局,具有文物的原真性和完整性;铁柱历史悠久,它与距其不远的金殿窝白崖城古遗址一起,可以验证许多地方史籍的记载,起到证史、补史的作用。

二是艺术价值。铁柱庙占地面积7 056平方米,建筑面积1 670平方米,由前、中、后三个院落组成。铁柱庙的大殿、中院山门、戏台和照壁等建筑具有较高的建筑艺术价值,在当地具有代表性。铁柱庙一年一度的正月十五踏歌会,反映了当地"芦笙赛祖,毡帽踏歌,当年柱号天尊,金缕翔环遗旧垒;盟石掩埋,诏碑苔蚀,几字文留唐物,彩云深处有荒祠"的彝族传统踏歌艺术,是民族民间传统文化的典型代表。

三是科学研究价值。 南诏铁柱是从我国唐代保存至今的唯一一件大型铁质铸件,它对研究古代科技史、冶金史具有重要价值。南诏铁柱庙是一座"巫道相容"的宗教建筑,融铁柱崇拜、土主崇拜、道教信仰为一体,对研究云南古代民族宗教史有重要意义。

四是社会文化旅游价值。 南诏铁柱的民俗活动反映了当地各族人民团结互助、和睦共处的历史传统,具有鲜明的民族凝聚力和影响力,有着很高的社会知名度,而且铁柱自身不仅是重要的物质文化遗产,而且蕴含着丰富的非物质文化遗产的内涵,具有很高的文化旅游价值,在发展弥渡的旅游事业中能起到引领作用。

如今,南诏铁柱作为全国绝无仅有的国宝级珍贵文物,已经蜚声海内外,甚至成为大理旅游文化的一张名片,引得无数对此感兴趣的游客前来参观、游览。

为何说《张胜温画卷》与《清明上河图》被誉为"南北双绝"

《张胜温画卷》,又称《大理国梵像卷》,是云南大理国时期的描工张胜温绘制的一幅以佛教故事为主的名画。整幅画形象生动,线条流畅,生活气息浓郁,曾使很多人为之倾心,清乾隆帝对它就十分喜爱,还曾收藏过。有专家曾将这幅画与同时代的《清明上河图》誉为"南北双绝",这是为什么呢?

《张胜温画卷》为纸本,全长1 635.5厘米、宽30.4厘米,款式为大型卷轴画,共绘有单体及组合像134幅,有人物774人。此外,画上还绘有山水、树木、舟楫、庭院、池台等景物和狮、象、鹿、马、龙、凤、犬等动物。画卷的题材以反映佛教故事为主,兼有反映大理国外事活动的画面;时限从利贞王后礼佛图开始,至西土十六国王告终;内容大致由蛮王礼佛图、四金刚护法、八大明王、十六观世音菩萨、五佛会图等组成。整幅画的绘画技术

《张胜温画卷》

精湛娴熟,用色讲究,画面金碧辉煌,有唐代绘画遗风,书法庄重秀丽。

《张胜温图卷》于清朝乾隆年间收入清宫廷,乾隆帝在御览后题跋:"大理国画,世不经见,历代画谱亦罕有称者……顾卷中诸像,相好庄严。傅色涂金,并极精彩,楮质复淳古坚致。与金粟笺相埒,旧画流传若此,信可宝贵,不得以蛮徼描工所为而忽之。"之后,他又让宫廷画师丁观鹏以图卷为蓝本加以临写。摹本分为两个部分:一为佛教人物造像,名为《法界源流图》;一为《蛮王礼佛图》,将原图卷首尾合二为一,为供养人造像。在摹写时,藏传佛教活佛、大国师章嘉呼图克图亲临指导,他对图卷历经时代变迁、装潢方式几经改变造成的图秩错乱问题给予了指正。乾隆还命宫廷纂修将此卷录入《秘殿珠林石渠宝笈续编》之中。

《张胜温图卷》原本在辛亥革命之后收归国立北平故宫博物院,属院藏珍品,后来转移到了南京。抗战期间,又转运到了长沙、桂林、安顺等地,藏于石窟以避战火。抗战胜利后,又转藏到南京朝天宫保存。1949年,该画被国民党政府运往台湾地区,现藏于台北故宫博物院。

《张胜温画卷》是云南历史上绘画艺术步至巅峰期的巨型精粹杰作,在中国美术史中也占有重要的地位。因其画作大小、卷本形式等与《清明上河图》类似,所以原台湾故宫博物院副院长、著名学者李霖灿先生曾将两幅画誉为"南北双绝"。但是,从艺术造诣上来说,《张胜温画卷》比《清明上河图》还要略高一筹,只是它经历坎坷,很少为世人所知,所以名气不如后者。由于这幅画反映了佛教在南诏、大理国时期十分兴盛的历史情况,所以它也是研究当时大理国崇奉密宗的历史和文化艺术的珍贵资料。

建水古井有何特色

建水古城,古称步头,也称巴甸,位于云南省建水县,素有"文献名邦""滇南邹鲁"之称。建水还是一座活的古井博物馆,这里的古井不但数目众多,而且造型独特,五花八门。人们常说井是建水的魂魄所在,当地甚至有着"先圈大板井,后建建水城"之说。既然建水的古井这么有名,那它究竟有什么特别之处呢?

特色一:文化气息重,多数古井有据可查

建水的很多古井都有文字记

建水十七孔桥

建水水井

载,最具代表性的就是城中最古老的水井,位于东城门外的醴泉。醴泉井栏高约60厘米,圆形,口径90厘米,用两块巨石凿成半圆弧形井圈,合拢成圆筒状,接口处凿出槽,熔生铁灌入锁定,十分牢固,由此也能看出建水人爱井有方。井旁的一块石碑上记载有"旧有醴泉,素称东井,考其由来,自元迄今,载在志书"的文字,另一块碑文则称:"东井创自建城之初,载在郡志,名曰醴泉,俗名水井殿。重修于嘉靖十四年,复修于康熙年间。"由此可见,这口井已有700多年历史了。

介绍完最古老的井,咱们再来说一说最有名的古井——大板井。大板井也称溥博泉,井在建水的西南城墙外,《云南图经志书》说:"其泉清洁无卤而甘,日汲不竭,以之酿酒,味胜他泉。"在建水,这是城区口径最大的水井。井口圆形,直径有3米多,井栏由6块石板和6根石柱接成,井边有供着水神的庙宇。大板井井水清澈,水质柔软,据说用来沏茶有甘甜味,用来做豆腐细嫩可口。

特色二:古井与人们生活息息相关

因为有众多的水井相伴,建水人保持了古老而传统的"市井"生活。在中国传统社会中,茶与酒是生活中的重要内容,饮茶和酿酒都离不开好水,而在各种水之中,井水往往以其甘美清洌和易于取用而成为泡茶、酿酒的佳水。建水人喝茶,一定要用西门井水,而且要用铜壶煮,否则就不认为是好茶,这种生活习性一直保存至今。每天清晨和傍晚,人们都忙着到井边取水,车拉肩挑手提,络绎不绝,一如前人记载的"其泉清洌,较各处之水为美,城中人汲取甚众"。

建水的小吃以豆腐为主料,这里的烧豆腐很出名,根本原因就是这里做豆腐的井水好。在西门小街古旧的房檐下,敞开着一扇扇木板门,飘散出烧豆腐的味道。在云南其他地方作为日常小吃的米线、饵丝在这里只是烧豆腐的陪衬品,是小餐馆的兼营。从四面八方来到这里的游客们,在回去之前都要吃一顿豆腐,很是享受。

如今,建水的古井已成为建水的一张名片,吸引了无数中外游客前去感受古城古井的文化。

建水燕子洞有何特色

建水燕子洞，位于云南建水县以东 20 千米的泸江河谷中，它由旱洞、水洞等几大部分构成。由于洞内光线阴暗，所以有很多燕子在这里栖息，故名燕子洞。很多人到过燕子洞后，都说它很有特色，那么它到底有哪些特色呢？

燕子洞分两层，上洞巨大，开口的地方是一处已经崩塌的落水洞，内部为厅状溶洞，洞内簇立石笋、石柱、钟乳石等。洞内原有一座三层楼阁，楼内有一棵树穿堂而过，当地人称之为"一箭穿三楼"，现在楼已经被破坏了。下洞高十余丈，洞顶密集分布着钟乳石，泸江流入洞内的暗河段长七八千米。

燕子洞最具特色的当属洞内燕阵飞舞盘旋了，这一景象每年都会吸引无数的游客前来观赏。燕子洞口高约 50 米，宽约 30 米，四周石墁低垂、石帘相依，密密麻麻地分布着形态各异的钟乳石，数千只白腰雨燕在洞口来回飞行穿梭，好不热闹。白腰雨燕是建水特有的燕种，它们几乎一生中都在飞行，除了回窝以外，落脚次数相当的少，由于长期进化，白腰雨燕的脚已经退化了。白天燕子几乎都飞出去觅食了，只有晚上六七点钟返巢的时候才能看见万燕回巢的壮观场面。这些燕子如万箭齐发回到洞中，燕声与洞底暗河的流水声交织在一起，演奏出了一首独特的溶洞交响曲。

在燕子洞，最精华的部分是水洞，洞中长廊一直向里延深，看不到尽头。沿着长廊向深处走去，温度不断降低，只见洞中峭崖嵯峨，钟乳垂悬，犹如鬼斧神工之作。洞内形形色色的钟乳群被划分为"龙泉探幽""天街撷美""梦幻世界"三大景区，每一个景区都有自己的代表性景物，很有特色。

在"龙泉探幽"中，"龙女梳妆""龙女初嫁""瑶台仙池""桃源仙境"等乳石形态逼真，让人遐想万篇。其中，高约 30 米的"一柱擎天"特别引人注目，它就像一根支撑"海底龙宫"的定海神针一样直插洞顶，十分壮观。顺着台阶一直向上来到"天街撷美"，这里的乳石多洁白如玉，晶莹剔透，所以也有"水晶宫"的美称。其中，石笋、石柱、石花、石屏等比比皆是、形态各异，令人目不暇接。

来到"梦幻世界"，这里四处悬垂的乳石千姿百态，美不胜收。其中，"龟蛇相斗""犀牛望月""鲲鹏展翅""天鹅戏水"等逐个

建水燕子洞景观

展现在游客面前,其栩栩如生的形态让人啧啧称奇。进入"梦幻世界"的大厅,就仿佛置身于一个巨大的舞台之上,如果有兴致的话,游人可随五彩的灯光和优美动听的旋律翩翩起舞。

以上就是燕子洞的几个主要特色,虽然不能代表燕子洞的全部,但是也能使人从中窥出燕子洞精美绝伦的一斑。如果游客对这里感兴趣的话,那就亲自来体验一下吧。

云南陆军讲武堂为何被誉为"革命的熔炉"

在昆明市翠湖公园西畔,有一座古老而又其貌不扬的走马转角式二层砖木结构的四合院建筑,这就是闻名遐迩、曾经培养出过众多爱国志士的云南陆军讲武堂。作为我国近代史上的一所著名的军事院校,讲武堂原是清朝为编练新式陆军、加强边防而设的一所军事学校,建立时与天津讲武堂和奉天讲武堂并称为"三大讲武堂",后来又与黄埔军校、保定陆军军官学校齐名。老一辈革命者将云南陆军讲武堂誉为"革命的熔炉",这是为什么呢?

在近代云南的历史上,有一文一武两所学校非常著名,"文"指的是西南联合大学,"武"指的就是云南陆军讲武堂。前者培养了一大批杰出的科学家、教育家;后者则培养出了一大批杰出的军事家、革命家。从云南讲武堂曾先后走出了数百名将军,其中中将以上的高级将领就有数十人,他们在中国近现代史上占有重要位置,其中较著名的有朱德、叶剑英、李根源、顾品珍、唐继尧、李烈钧等。不仅如此,这里还曾培养出了三个总司令和一个国防部长,如担任了韩国首任总理兼国防部长的李范奭,担任过越南临时政府主席的武海秋等。正是因为云南陆军讲武堂在我国近代有着光辉的历史,曾经是云南陆军讲武堂的学员、后来又成为共和国元帅的朱德,将云南陆军讲武堂称为是"革命熔炉"。

今天,已经走过100多年风雨的云南陆军讲武堂,虽然已不再是军事院校,但是其遗址仍屹立在翠湖西岸的承华圃。这座二层建筑占地面积1 390平方米,由东、西、南、北四座楼房组成,各楼对称衔接,并设有通廊,楼端各设拱券门一道。目前,在主楼西南尚存有大课堂(礼堂)和兵器库一幢;南楼中部设有阅操楼,高约15米、宽13米;楼前即当年宽大的操场,不亚于两个足球场面积,不过现在已经建起了云南省科技馆等高大的建筑。

云南陆军讲武堂门楼

老云南的宗教陵墓

 为何说圆通寺是中国最早的观音寺

圆通寺,坐落在云南昆明的圆通山南麓,前临圆通街,与昆明动物园毗连。整座寺庙布局严谨对称,主体突出,坊表壮丽,林木苍翠,如同一座漂亮的江南水乡园林,被誉为"螺峰拥翠""螺峰叠翠",一直是昆明的八景之一,同时也是昆明最古老的佛教寺院之一。那么,为什么说圆通寺是中国最早的观音寺呢?

唐永泰元年(765年),南诏在滇池北岸筑拓东城,同时还建起了一批佛教寺院。在这些寺院中,建于拓东城东北郊螺峰山山崖下的补陀罗寺尤为著名,而补陀罗寺就是圆通寺的前身。"补陀罗"是梵文译音,有时也被译作"布达拉"或"普陀",意思是"开着小白花的光明山",是观音大士的道场。

佛教称观世音为大慈大悲的菩萨,她有多种化身,苦难众生只

昆明圆通寺大殿

昆明圆通寺俯瞰

要诵念其名号,观世音"观其音声"就能前往拯救,所以很受信众的欢迎。观音随着西藏佛教密宗传入云南之后,最早在洱海边落脚,成为云南佛教密宗的主要偶像之一。南诏王公把拓东城视为"东都",建城伊始便建造观音寺补陀罗寺,这也是在情理之中的事情。补陀罗寺建成至今,已经有1200多年的历史了,比四大佛教名山中的浙江普陀山还要早100多年,因此就成为了我国最早的一座观音寺。

补陀罗寺建成后,驻寺的佛教流派虽然有所演变,但是一直作为观音的道场而存在。元朝初年,补陀罗寺在存在了400多年后,毁于战火,整座寺院成为了一座废墟。元大德五年(1301年)至延祐六年(1319年),元人用了18年的时间,在补陀罗寺废墟上重建了一座规模较大的寺院,并更名为圆通寺。圆通寺建成后,改由汉传佛教禅宗的名僧主持,此后就成为了本地禅宗最早的丛林之一。到了明代,圆通寺被划入了城内,并得到了当时云南的最高统治者黔国公沐氏家族的特别关爱。沐氏家族曾多次捐资募资修葺扩建寺院,从而使圆通寺进入了全盛时期,成为昆明城内最大的佛寺。清代康熙八年(1669年),吴三桂统治云南时作过一次较大的修葺,山门南移至今圆通街面,并建造了"圆通胜境"牌坊和八角亭,奠定了今天圆通寺的基本格局。

同治十年(1871年),昆明发大水,寺庙被淹,佛像遭到了损坏。光绪年间重修佛像时,将大殿供奉的主尊改成了释迦牟尼"三身佛",但是大殿并没有按常规改为"大雄宝殿",仍然保留了"圆通宝殿"的名称,因此就出现了观音殿供奉如来佛的奇观。后来人们认为圆通寺本为观音道场,观音寺不能没有观音,于是在大殿前建了一座八角亭,将观音供奉于其中。

圆通寺以圆通宝殿为中心,前有一池,两侧设抄手回廊绕池接通对厅,形成水榭式神殿和池塘院落的独特风格。殿内供奉有清光绪年间精塑的三世佛坐像,大殿正中两根高达10余米的立柱上各塑有一条彩龙,四壁还塑有五百罗汉像,均堪称是中国佛寺中的上乘之作。现在,圆通寺是昆明市内最大的佛教寺庙,也是云南省和昆明市佛教协会的所在地。

筇竹寺的五百罗汉彩塑为何有名

筇竹寺，是云南昆明的一处名胜，坐落在昆明西北郊玉案山上，距城区 12 公里。这座寺庙历史悠久，在古代就非常出名。但是，现在寺庙之所以出名是因为寺内保存着被认为是五彩泥塑艺术珍品的五百罗汉彩塑。那么，筇竹寺的五百罗汉彩塑为什么有名呢？

元朝至大三年（1310 年），筇竹寺主持玄坚赴京朝圣，元武宗赐他《大藏经》，他运回昆明后，分藏在筇竹寺和圆通寺。元延祐三年（1316 年），元仁宗又颁赐圣旨给玄坚，对筇竹寺的殿堂、土地、财产予以保护，令地方官府豁免徭役，不征赋税。玄坚以蒙、汉文字将它刻于石碑，名为《圣旨碑》。因为有了圣旨的庇佑，筇

昆明筇竹寺

竹寺兴盛一时。但是很不幸，明永乐十七年（1419 年），筇竹寺毁于火灾。永乐二十年（1422 年），云南的沐氏家族主持重修筇竹寺，并于宣德三年（1428 年）竣工，前后历时 6 年，从而形成了一处比元代规模更大的寺庙建筑群。这样，筇竹寺就成了西南大寺。到了清朝后期，由于年久失修，筇竹寺已经很破败了。清光绪九年（1883 年）至光绪十六年（1890 年），筇竹寺住持梦佛大和尚对寺庙进行了修缮。他请来四川鲁班会"隆昌帮""蜀东帮"古建筑维修工匠，重修了山门、天王殿、大雄殿、华严阁等，还从四川合川县聘请了著名的泥塑艺术大师黎广修在大雄宝殿塑造了五百罗汉。

其实，我国的佛教寺院很多都有罗汉塑像，但数量达到 500 的只有四川新都宝光寺、湖北汉阳归元寺、浙江天台方广寺、江苏苏州戒幢律寺、北京碧云寺和昆明筇竹寺几处，而筇竹寺五百罗汉泥塑之所以著名，是因为它摆脱佛教传统泥塑"千佛一面"的呆板模式，采用了以现实生活各个阶层丰富的人物形象与佛教传奇故事相结合入像的创作手法，这就使得罗汉形象如同社会众生，不同的性格、喜怒哀乐的神态也都被刻画得惟妙惟肖。不仅如此，这里的泥塑采用了我国传统的石黛、石蓝、石绿、靛青等矿物、植物颜料，色泽淡雅而不褪色。

筇竹寺的罗汉塑像因其大小犹如真人、艺术质量最高而被公认为是我国罗汉塑像中最好的，并被誉为"东方雕塑宝库中的明珠"。

昆明现存的"过街塔"指哪座

昆明现存的唯一一座"过街塔"是位于官渡古镇的金刚宝座塔,它也是我国唯一一座全部用砂石砌成的宝塔。据典籍志书记载,金刚塔始建于明朝天顺元年(1457年),于次年落成,至今已经历了500多年的风雨沧桑,虽然塔身现在已经风蚀斑驳,但风骨依旧,傲然耸立。

昆明官渡古镇金刚宝座塔

金刚塔的基台为方形,为须弥座式,高4.8米,边长10.4米,底部开有券洞门。基台上有五座佛塔,中心的主塔为金刚宝座塔,其须弥座高2.7米,边长5.5米,总高16米。主塔的四边是形制一致的群塔,基台四角雕有力士像4尊,形象生动,刻工精湛。放眼望去,金刚塔主塔状似喇嘛塔,塔的下部是7圈莲瓣,承载着覆钵形的塔身,四面各开一个佛龛,并塑有佛像。塔刹上则有十三天相轮、铜宝伞盖、摩尼珠和宝瓶。主塔四周的4座小塔,通高8.84米,五座塔参差不齐,错落有致,相映成趣。

官渡金刚塔别具特色,风格与众不同。北京真觉寺、碧云寺和内蒙古呼和浩特的金刚塔都在基座的四壁刻满佛像,有的塔不刻佛像,仅刻佛的法器以暗示佛的存在。但是官渡金刚塔不同,其在基座上既不雕佛像也不示法器,而是书写神秘咒语,以示神的存在,这种建筑取意密教,称为"法曼陀罗",高于其他种类的曼陀罗。所以金刚塔在我国不多见,即使有也多建于明代以后。

曹溪寺有何特色

曹溪寺,位于昆明市安宁市温泉镇龙溪路。它始建于宋代(大理国时期),建筑总体布局为常见的四合院式。主殿宝华阁是全国罕见的木质殿宇,殿内供奉有观音、文殊、普贤三圣像,这是国内少见的宋代造像。曹溪寺作为一座历史悠久的古寺,有很多特色景观,下面就让我们一起来了解一下。

昙花一现: 曹溪寺中有元代种植的昙树和梅树,每到夏秋之际,寺中古树繁花,景色优美。昙花一般在夏季的晚间开放,但是开放的时间很短,仅1个小时左右就凋谢了,所以不容易看到。明代道成禅师重修寺院后,鉴于昙花花期极短、开放时异香扑鼻的特点,就在树的旁边建起了宝华阁,以方便人们赏花。

安宁曹溪寺

月照佛胸: 曹溪寺大殿的重檐间,凿有一个直径42厘米的圆孔。民间相传,农历每年春分、秋分节令期间,月出时月光会由圆孔透入,能正照在阿弥陀佛的胸前。清初所修的《安宁州志》中就有"每二、八望夕(二月、八月十五日前后,多为春分、秋分时节),月照佛胸,其圆如镜"的记载。根据这一记载,后人就杜撰出了"月照佛胸"的说法,说这种景观每60年始能出现一次,而且与昆明"金碧交辉"同时出现。由于地球在太空中的位置变化并不以60年为一个周期,所以上述说法并没有科学根据。

此外,曹溪寺还是昆明当地高僧们聚集的佛教中心。这里几乎每天都会举行传统的供奉佛祖的仪式,每年农历的四月初八是佛教最大的庆祝日——佛诞日,届时这里会举行盛大的佛祖诞辰典礼。除了佛礼之外,也常有人在这里举行婚礼和葬礼,都很有当地特色。

云南现存的藏式喇嘛塔——白塔有何特色

白塔,位于云南省大姚县西城门外的宝顶山顶,故而又被叫作"大姚白塔"。这座塔是云南绝无仅有的一座藏式喇嘛塔,在云南古塔史上占有重要的地位。那么,这座塔有什么特色呢?

白塔高耸于大姚县城西的文笔峰上,塔身敷粉,在阳光的照射下,晶莹如雪,所以才叫作白塔。又因为塔的形状与寺庙中和尚念经用的磬锤相似,所以又名"磬锤塔"。白塔高18米,内部空心,由砖砌成,底部有八角形须弥座。塔的中段是塔柱,由12层密檐砌成,托起上大下小的塔身。塔身呈锤形,顶端浑圆。全塔基座宽阔沉稳,收腰秀丽明净,顶部雄浑重拙,整体气势宏伟,实属罕见。

白塔的历史非常久远,相传是唐天宝年间进入滇中地区的吐蕃人营造的,所以塔形的构制特殊,与藏传佛教的原义有着内在的同构关系。据说,原塔顶有塔刹高耸,为白塔带来了某种神秘色彩,可惜如今塔刹已经毁坏了。

大姚白塔

1975年，当地在修理白塔时，发现塔顶有一个方洞，边长40厘米，这可能是原来安置塔刹的柱洞。塔柱的壁上有镂空的佛龛各一个，里面供有佛像，后因加固塔身而被填塞了。如此看来，这座塔在古代是有刹顶的，塔身有佛龛，说明通风也比较好。当时修塔时，还从塔顶部发现了带有梵文、汉字的印砖，其中汉文有"大佛顶""光垢净光咒""十方请佛灵塔咒"等字样。

白塔在历史上曾经历了无数次地震和战火的摧残，但仍安然屹立，不为来自自然和人间的破坏力所动。明弘治十七年（1504年）和崇祯九年（1636年），大姚境内发生了两次大地震，使塔顶略受影响，被震裂开了3尺有余，此后历代乡贤和一些地方官员都积极地修缮白塔。清同治十一年（1872年），大姚县知县曾对白塔进行了较大的修葺，在基部加砌了外表新砖。现在，当地已经建成了白塔公园，供游人到此游玩观赏。

云南最大的藏传佛教寺庙是哪座

噶丹·松赞林寺，又称归化寺，是云南规模最大的藏传佛教寺院，也是康区有名的大寺院之一，还是川滇一带的黄教中心，在整个藏区都有着举足轻重的地位，被誉为"小布达拉宫"。该寺依山而建，外形犹如一座古堡，集藏族造型艺术之大成，因此又有"藏族艺术博物馆"之称。

松赞林寺，始建于1679年，1681年竣工，五世达赖喇嘛亲赐寺名"噶丹·松赞林"。"噶丹"表示传承黄教祖师宗喀巴首创的噶丹寺；"松赞"即指天界三神帝释、猛利和娄宿游所；"林"就是"寺"。这个寺名可理解为"一切显密非一次修成，为使无垢之法源尖不断地惠及众生，使之圆满，特建此寺"。寺庙建成后，一直作为本地区政教合一制度的最高机构而存在，成为滇、藏、川藏区佛、法、僧"三宝"的殊胜道场，各地到这里朝圣的信徒也是终年

松赞林寺金顶

络绎不绝,香火极盛。

1936年夏,贺龙率领红二方面军长征经过香格里拉,他与萧克等亲临归化寺,拜访活佛、喇嘛,并题赠"兴盛番族"锦幛一幅(现存中国军事博物馆)。归化寺则为红军筹粮一万多千克,还派出僧侣为红军当向导,支持红军北上抗日。

松赞林寺扎仓大殿庆典

松赞林寺的外围筑有椭圆形城垣,主殿威严而华美,殿内壁画色彩鲜艳,笔法细腻,以描述史迹典故、弘扬佛教教义为主。扎仓、吉康两大主寺为五层藏式雕楼建筑,建在寺院的最高点上,居于全寺的中央,八大康参、僧舍等建筑簇拥拱卫,高矮错落,层层递进,立体轮廓分明,充分衬托出了主体建筑的高大雄伟。

主建筑扎仓,藏语意为僧院,是僧众学习经典、修研教义的地方。屋顶覆盖有镀金铜瓦,屋角上则有兽吻飞檐,既有藏族寺院的风格,又有汉式寺庙的特点。大殿由108根柱榩作支撑,可容纳1 600人。左右墙壁上是藏经的"万卷橱",正殿前座供奉有五世达赖铜像,其后排列着著名高僧的遗体灵塔。后殿供有宗喀巴、弥勒佛、七世达赖铜佛,高三丈有余,直通上层。中层有拉康八间,分别是诸神殿、护法殿、堪布室、静室、膳室等,前楼客厅是供贵宾宴会及观赏"羌姆"(面具)舞时使用的。在佛堂的正南面有高耸的钟鼓楼,清晨、正午、黄昏时击鼓报时。

松赞林寺荟萃了藏族宗教文化的精华,建筑金碧辉煌,造型丰富多彩,同时又融合了许多汉族寺院建筑的元素,可以说是汉藏结合的典范,至今仍是藏传佛教寺院的典型代表。

云南第一大文庙在哪里

云南的文庙有许多,最大的是哪一座?它位于哪里呢?云南最大的文庙当属建水文庙,它位于云南省红河哈尼族彝族自治州西北部的建水县城内。这座文庙始建于元朝至元二十二年(1285年),至今已有700多年的历史。经历了50多次的扩建增修,其占地面积达到了7.6万平方米,其现存规模、建筑水平和保存完好程度都仅次于山东曲阜孔庙和北京孔庙,因此它是云南的第一大文庙。

老云南的趣闻传说

建水文庙

建水文庙是云南省继中庆（今昆明）、大理之后创建的第三座文庙。明清两代，文庙不断扩建，逐渐形成了今天的规模。文庙的总体布局采用中轴对称的宫殿式，仿照曲阜孔庙的格局建造，有1殿、2庑、2堂、2阁、5祠、8坊，是一组规模宏大的建筑群。步入大门，首先看到的就是肃穆的"太和元气"坊，迎面为20余亩的"学海"（即泮池），塘内碧波荡漾，四周柳丝轻拂，池中建有思乐亭、礼门和义路。步入棂星门之后则有大成门、东西庑、大成殿、崇圣祠、明伦堂、尊经阁等建筑。

文庙最吸引人的去处无疑是大成殿，它是文庙的主体建筑。大殿建于明弘治年间，有28根柱子支撑全殿。其中，前檐的12根为石柱，柱高5米，重达5 000千克，用整块大青石雕成。大门左右2根檐柱雕巨龙盘绕，称为"石龙抱柱"。正面有22扇格子门，每扇门上都雕有飞禽走兽，屋顶则覆有形态各异的玻璃瓦，光彩夺目，因此大成殿有"金碧壮丽甲全滇"的美誉。

在大成殿正堂内有龙宝座，上面供奉着孔子塑像。除此之外，殿内还有很多的字匾和塑像，字大多是历代皇帝所题，像都是对弘扬儒家文化作出贡献的名人的塑像。大殿檐下悬挂着"先师庙"三个鎏金大字匾，笔力雄浑遒劲，匾沿镶嵌着玲珑剔透的木雕龙凤。东西厢房是祀奉先儒的场所，其中有先贤79人、先儒75人，都依次供奉其中。

昙华寺因何得名

昙华寺，又名昙华庵，位于昆明市东郊2千米处的金马山山麓，占地面积8公顷。明代光禄大夫、著名学者施巨桥曾在这里建草堂别墅读书治学，名气很大。那么，昙华寺之名是怎么得来的呢？

明崇祯年间，施巨桥的曾孙施泰将祖业别墅捐赠建寺，无穷禅师就在原别墅的基础上召集工匠兴建了这座寺庙。在原草堂内有株优昙树（即云南山玉兰），而优昙又被誉为"佛花"，于是就树创寺，昙华寺因此而得名。

清道光十三年（1833年），昆明地震，寺庙的大部分建筑倒塌。住持心容、心正两位大和尚耗费了17年心力，募化修葺，使寺庙恢复了原貌。清咸丰七年

(1857年),寺庙又毁于兵火,仅正殿留存了下来。光绪年间,喻芝、广法、续亮和尚先后倡建庵殿。辛亥革命前后,方丈映空法师苦心经营,才使得昙华寺"名花罗列,落英飚空",成为昆明的一处著名寺院。20世纪50年代,昙华寺以花木繁茂、环境清幽吸引了众多游客至此赏花、品茗。1966年,文化大革命"破四旧"运动波及昙华寺,寺内佛像被毁,寺院殿宇失修。

昆明昙华寺

1981年,昙华寺被扩建成一座仿江南古典园林的公园,分为前园、中园、后园三部分。前园基本以原寺庙的三进院宇为主,园中亭台楼阁,假山水榭,花木竹林,回廊曲桥,错落有致。中园比前园稍大,建有一鉴轩、牡丹园、杜鹃园、山茶园、海棠樱花园和儿童娱乐园等景点。1996年4月,当地在后院的瑞应山上新建成了一座高48米、七层八角的"瑞应塔",供游人登楼远眺。登临塔楼,可观赏到昆明市区林立的高楼大厦以及四周的湖光山色。在塔四周的山地上,遍布有火把果、杜鹃花、雪松等花木,还有新建的长廊、小亭和垂钓池等供游人游玩。

鸡足山为何被誉为"西南第一佛教名山"

鸡足山,位于云南大理白族自治州东部的宾川县西北隅,西与大理、洱源毗邻,北与鹤庆相连,因其山势顶耸西北,尾迤东南,前列三支,后伸一岭,形似鸡足而得名。那么,鸡足山为何被誉为"西南第一佛教名山"呢?

宾川鸡足山金顶

鸡足山自古以来就是一处佛寺云集的佛家胜地。唐朝时,这里梵刹林立,静室遍布。元明时期,山上建成了以寂光寺为主的8寺71丛林。清代光绪年间,鸡足山更发展成以祝圣寺为中心的36寺、72庵共108座寺院的宏大建筑规模,僧尼达2000多人。由此,作为我国汉传藏传佛教交汇

地和世界佛教禅宗发源地的鸡足山成为了东南亚著名的佛教圣地,拥有了"鸡足奇秀甲天下""灵山佛都、旅游胜地""天开佛国""华夏第一佛山"等美誉,并以"四观八景"的奇风异彩名冠于世,被誉为"西南第一佛教名山"。

鸡足山佛教在清朝后期曾一度出现衰落,寺庙仅余10多座,而且都已破败不堪。到了20世纪初时,鸡足山佛教才开始复兴。鸡足山的复兴离不开一个人,那就是虚云法师。虚云法师,俗姓肖,初名古岩,字德清,别号幻游,原籍湖南湘乡,生于福建泉州。法师于清光绪八年(1882年)在福州鼓山涌泉寺剃度出家,后来就云游天下参学访道,他的足迹远至东南亚的缅甸、锡兰、泰国、槟榔屿等地。每到一地,他都同当地高僧大德研习经典、切磋学问,影响渐大。

宾川鸡足山金顶寺

虽然去过很多地方,但是虚云法师对鸡足山情有独钟,曾经数次登临。1903年,他再上鸡足山时,决定重兴迎祥寺。1904年,他将在泰国募得的佛教文物及捐款带回鸡足山。1906年,他争取到清政府的支持,慈禧太后拨巨款在迎祥寺旧址上重建新寺,光绪皇帝赐新寺名为"护国祝圣禅寺",封虚云为"佛慈洪法大师"称号,并赐予紫衣、玉印、金钵等物,颁赐《龙藏》一部。从此,鸡足山以祝圣寺为中心,形成了庞大的寺庙群,佛教在此再度兴盛起来。

除了佛教寺院外,鸡足山的自然风光也十分秀丽。鸡足山气势磅礴,方圆百里,最高峰为天柱峰,海拔3 240米,在这里可东观日出,南瞰浮云,西望苍山、洱海,北眺玉龙雪山,人称"绝顶四观"。由于山势高大,鸡足山气候立体多样,植被多为亚热带、温带常绿针叶林、阔叶林和灌丛林。春夏季登山旅游,植物生长茂盛,繁花似锦。每当一场山雨过后,空气格外清新。山中云雾缭绕、气象万千,不是仙境胜似仙境。秋冬旅游红叶满山,苍松挺拔,另有一番景致。

真庆观有何来历

真庆观,位于昆明市中心拓东路与白塔路交叉口东北角,它是昆明市区现存占地面积最大、保存明清两代建筑较多、较完整的古建筑群,对云南的建筑史、艺术史、宗教史及云南与中原文化交流史的研究具有重要价值。那么,真庆观有什么来历呢?

真庆观始建于元代,原名"真武祠",明代著名道士长春真人刘渊然被贬到云南时曾住在这里,"奉迎朝廷使节"。洪熙初年,刘渊然被召回京城。在回京之前,他请求朝廷将他在昆明时住过的龙泉道院改名龙泉观,真武祠改名为真庆观。刘渊然回京供职以后,他的弟子蒋日和做了真庆观的住持,并主持了真庆观的重修及扩建,在明宣德六年(1431年)重建时,"真庆观"正式更名。明正统九年(1444年),观中又增建了前殿及东西回廊,清乾隆五十四年(1789年)时还进行了重修。

昆明真庆观

现在的真庆观古建筑群主要由真庆观、盐隆祠、都雷府三组古建筑组成。其中,真庆观由前殿、紫微殿、老君殿等建筑物组成,三殿均坐北朝南,由南至北建在同一条轴线上,在中轴线的两侧则是连接前殿与紫微殿的东西回廊。紫微殿为面阔三间的土木结构建筑,单檐歇山顶,占地面积320平方米,整个建筑都保留了明代建筑的风格,殿中供奉有紫微大帝。紫微殿后面是老君殿,其两侧建有相对称的东、西厢房,现在仍保留着元代的建筑风格,殿中供奉有太上老君像。

云南最大的道教名山巍宝山知多少

巍宝山位于云南大理巍山县城东南约10千米处,总面积19.4平方千米,山顶海拔2 509米,山势雄伟,气势磅礴。此山开辟于汉代,唐代时是南诏国的发祥地,现为我国13座道教名山之一。

传说,道教祖师太上老君曾云游到巍宝山,他在山上点化了南诏始祖细奴罗。随后,细奴罗以原建宁国为基础,建立了大蒙国,自称奇嘉王。后来,他的子孙统一了五诏,建立了中国西南显赫一时的政权——南诏。因此,巍宝山就成了南诏国的发祥地。明末清初时,很多道士进入巍宝山隐居修炼,收徒传教,并创建了青霞观、玉皇阁、依仙阁、三官殿、三师殿等20多座规模宏大的道教建筑,当时住山的道士多达数百人。清代,巍宝山道教发展到鼎盛时期,山中宫观林立,香火旺盛,十方道士往来不绝。

老云南的趣闻传说

太上老君

巍宝山道教有自己的特征,其最显著的特征就是以道教为主,兼容佛教。唐初,源于四川鹤鸣山的"五斗米教"传入巍宝山,成为当地土著民族的宗教信仰之一。唐代中期,南诏国极力倡导佛教,虽然巍宝山仍是大理地区的主要道场,但佛教成分也渗透到巍宝山,并有观音殿、甘露亭等佛教寺院,形成了佛道两种教派相互吸收、相互融合的局面。明清之际,道教在巍宝山进入鼎盛时期,四川鹤鸣山、青城山和湖北武当山的道士长年云游巍宝山,广建宫观,设置道场,但此时山上的佛寺仍然香火传延。

此外,巍宝山道教还兼收了土著民族的原始宗教成分,巡山殿便是这一特征的代表。相传南诏始祖细奴逻受老君点化后成为南诏王,死后被封为巡山土主神,成为云南道教中特有的一尊神。不仅如此,他还被当地彝族尊为祖先崇拜之神。这就说明,道教在巍宝山传播发展的过程中,根植于当地民族宗教,是其长盛不衰的重要原因之一。

除了浓郁的宗教风格造就了"巍宝仙踪"之外,巍宝山的自然植被保存完好,山中有许多异井奇泉、山峰云景,最著名的当属"拱城远眺、天门锁胜、美女瞻云、龙池秋月、山茶流红、鹤楼古梅、朝阳育鹤和古洞长春"这八大胜景。不仅如此,巍宝山从山腰到山顶还覆盖着枝叶繁茂的苍松翠柏和各种阔叶林木,其中不乏古树名木,如粗可数人合抱的高山栲,名贵树种云头柏、野香樟等,尤其珍贵的是长在主君阁(灵宫殿)前的古山茶。这棵茶树是明末清初时期的古物,高15米,粗28厘米,已生长了300多年,现在仍亭亭玉立,姿态优美。每当早春二月,开花达数百朵,花大如碗,红似胭脂,十分漂亮。

除了自然风物之外,巍宝山还是一处彝族聚居的地方。住在周围的彝族同胞,每年都会在山上举行两次祭把盛会:一次是农历九月十四日,相传这一天是细奴逻的生日;另一次是正月十五,这一天主要是祭祖,同时还会将

大理巍宝山道观

自己已故的亲属的灵牌焚毁,让亡魂回归祖庙。祭祀当天除了隆重的祭奠外,还会举行盛大的踏歌活动,当地人都载歌载舞,场面十分热闹。

中国最大的铜殿位于何处

中国最大的铜殿是昆明的金殿。在昆明城东北郊的鸣凤山上,有一座铜铸大殿,名为太和宫金殿,又名铜瓦寺。这座大殿是用黄铜铸成的,因此在阳光照耀下会光芒四射,映照得翠谷幽林金光灿烂,所以被叫作金殿。

金殿初建于明万历三十年(1602年),由当时的云南巡抚陈用宾仿照湖北武当山天柱峰的太和宫及金殿样式建造,里面供奉有北极真武大帝。崇祯十年(1637年),时任巡抚张凤翙将铜殿拆运至宾川鸡足山。现在的这座金殿,是清康熙十年(1671年)时,平西王吴三桂重建的。

游人登山,从山脚开始步行,过迎仙桥,进"鸣凤胜景"坊,途径"第一天门""二天门"和"三天门",就可以看见古朴庄重的"太和宫"大门。进入寺门,再过棂星门,巍然屹立的砖城就出现在眼前了,其外形略似皇家紫禁城。沿阶进"城",迎面高高的台阶上,便是太和宫的中心建筑——金殿。

昆明太和宫金殿

这座名声显赫的金殿总重量达250吨,为重檐飞阁仿木结构方形建筑,殿高6.7米,宽、深各6.2米,它的梁柱斗拱、瓦楞顶檐、神像罗幔、桌案瓶器、匾楹旌旗乃至旗杆、仿木构件等都是用铜铸成的。整个建筑雕刻细腻,比例匀称,造型美观。殿基边沿环绕有大理石雕凭栏,台阶、御路、地坪都是用大理石砌成的,殿前还有明代时种下的紫薇二株、茶花一棵。

金殿建成至今已有380多年的历史了,它比北京颐和园万寿山的金殿保存得完整,比湖北武当山金殿规模大,所以被认为是我国现存最大的纯铜铸殿。

西山龙门风景区有何特色

西山龙门风景区位于昆明城西约10千米处的滇池岸边,北起碧鸡关,中间经华亭、太华、罗汉诸峰,直达南面的观音山,磅礴蜿蜒数十里。那么,这个风景区有什么特色呢?

西山龙门石门

西山是风景区的主体部分,峰峦连绵40多千米,海拔1 900米至2 350米,山上森林茂密,花草繁盛,清幽秀美,景致极佳,在古代就有"滇中第一佳境"之誉。相传古时候,山上曾经有一只凤凰停歇,但是看见它的人都不认识,就叫它碧鸡,所以唐代的时候,西山被称为碧鸡山。元明时期,人们又称其为太华山。后来,因为山位于城西,所以人们惯称之为西山。从昆明城里眺望西山,只见它犹如一位美女卧在滇池两岸,其脸、胸、腹、腿以至下垂入水中的头发,都清晰分明,显得风姿绰约,妩媚动人,所以人们又把西山叫作"睡美人"。

西山东临滇池的一面,有一条长约数公里的大断层。在这个断层的南侧,修筑有一条石刻通道,石道都是用人力从悬崖峭壁上一锤一钻打出来的。石道途中有隧道,呈螺旋状,有一人多高。隧道开有许多石窗,下临万丈深渊,十分险峻。站在窗前向东望去,五百里滇池尽收眼底。

在西山风景区的终端,北起三清阁,南至达天阁,有一处云南最大、最精美的道教石窟——龙门石窟。这处石窟最精华的地方就在龙门,它因"达天阁"石坊上题有的"龙门"二字而得名。龙门以"奇、绝、险、幽"为特色,雄踞昆明西山众多名胜之首,在国内外享有很高的知名度,到昆明的游客都要去游览,因而又有"不要西山等于不到昆明,不到龙门只是白跑一趟西山"的说法。据说,龙门是杨汝兰、杨际泰父子组织70多户石工,花了22年才完成的,是整个龙门石窟精粹之所在。

龙门的入门处有一座石栏转护的半圆形小月台,站在月台上眺望,上迎天风、下临绝壁,500里(1里=500米)滇池烟波浩渺、云蒸霞蔚,湖面白帆点点、鸥飞燕舞,远处青山如黛、白云悠悠,绿树白房、平畴沃野如诗如画,令人飘飘欲仙。转身回顾石室,正门顶端刻有"达天阁"三字,两边侧门顶刻有"名山""石室""天临海镜"的字样,中柱题有对联:"举步维艰,

西山龙门天台

要把脚跟站稳；置身霄汉，更宜心境放平。"

在石室门口雕有香炉，正中雕有魁星，他是道教中主宰文章之神，又叫文曲星；北侧雕有文昌帝君，是主宰功名和禄位之神；南侧雕有关圣帝君（即关羽），是主宰伏魔降妖的武功之神。两壁下刻有神骏奔驰图，天棚上刻着祥云缭绕、仙鹤双飞景象。

龙门的整个工程都是在一块天然岩石上精雕细刻而成的，构思奇巧，工艺精湛，令人叹为观止。但是，只要仔细观察就会发现，魁星手上的笔尖是另外安上去的。相传，有一位参加雕凿石室工程的师傅与伙伴们辛苦了10余年，在最后刻魁星手中的朱笔时，不慎将笔尖凿断，使本来很完美的一件艺术品留下了缺憾。他伤心至极，纵身跳下龙门。这位师傅献身艺术的动人故事，与石窟一道流芳千古，为后代所传颂。为了纪念他，后人又重刻了一个笔尖装了上去。

1984年，昆明市开凿了龙门迂回栈道，把游路修上了小石林，并在山上修建了迎曦亭等建筑供人小憩赏景，这不仅解决了交通拥挤的问题，又为游人开辟了一个清新优美、景色迷人的好去处。

大理国经幢为何被誉为"滇中艺术极品"

在昆明市拓东路南侧的昆明市博物馆（原古幢公园）内，有一座宽敞明亮的大厅，大厅的正中就屹立着我国古代雕刻艺术珍品——宋代大理国经幢。大理国经幢又名"地藏寺石幢"或"梵文经幢"，俗称"古幢"，它是大理国（937—1253年）布燮（官名）袁豆光为超度鄯阐侯高观音之子高明生而建造的，距今已有700多年的历史了。古幢造好后被安放在了昆明地藏寺中，后来寺院倒塌，古幢就被长期埋没在了地下，直到1919年时才从地藏寺废墟中出土。那么，人们为什么把大理国经幢誉为"滇中艺术极品"呢？这还要从经幢自身的特色说起。

大理国经幢是方锥状石雕，幢体七级八面，由五段砂石组成，通高6.3米。其基座是一个八方形的须弥座，边上刻有莲花。上面是雕有云纹和天龙八部的鼓形幢基，两条龙为一组，龙头相向，共戏一珠，呈"二龙抢宝"状。古幢的第一层界石上，刻有用汉字楷书直行镌刻的慈济大师段进全撰写的《敬造佛顶尊胜宝幢记》（即《造幢记》），文中记载了建幢的目的和经过。

大理国经幢

古幢的第一层雕有身披甲胄，手持斧钺的四大天王像，像高1米有余，庄重威严。三尊天神足踏鬼奴，其中一鬼奴面目狰狞、筋肉突起，右手挽着毒蛇，另两名鬼奴都戴着镣铐；另一尊天神足下有三人，居中者用双手各托天王一足；四大天王之间还镌刻有古梵文佛经。古幢第二层的四角上分别雕刻有表情各异、衣饰自然的四神坐像及释迦坐像，第三层雕有佛像、菩萨和胁侍。南龛雕有地藏菩萨；北龛雕有三十六手观音一尊，观音宝冠华服，神态慈祥，造型优美，三十六手各持不同法器环于身后，整座雕像仅刻在手掌大的石块上，令人惊叹不已。第四层雕有大小不一的八尊坐佛，第五层雕灵鹫。第六层雕有仿木结构的庑殿四座，每殿内供三世佛及佛弟子共五尊，雕刻极其精细，连庑殿檐下的古式斗拱都明晰地雕刻出来。第七层幢身为圆柱形，上面雕有小佛像。幢顶为莲瓣承托的圆球，可惜周围莲瓣有很多已经损坏了。

整座古幢，共雕刻有佛母、佛、菩萨及天龙八部像300尊，大的1米有余，小者仅3厘米；布局严密，神像造型确当，体态端庄；刻工精细娴熟，采用圆雕技法，线条明快流畅，极富立体感。总的来说，这座古幢可谓是匠技精绝，海内罕见，所以它一出土就以其绝世的精美震惊中外，引起"中外人士奔走摩挲"，被誉为"东方绝世稀有之美术"。因为古幢是在云南建造和出土的一件古代建筑、石刻艺术中的稀世之宝，所以人们称之为"滇中艺术极品"。

白水台为何被誉为"东巴教圣地"

白水台风光

白水台，位于云南香格里拉县城东南的哈巴雪山麓，距香格里拉县城103千米，海拔2 380米。它是由于碳酸钙溶解于泉水中而形成的自然奇观：当含碳酸氢钙的泉水慢慢流下，碳酸盐逐渐沉淀，长年累月就形成了台幔，好像层层梯田一样，所以被称为"仙人遗田"。整个白水台的面积约3平方千米，是我国最大的华泉台地。它不仅是一个风景秀丽的地方，还是纳西族东巴教的发源地中心，是当地人举行宗教活动和民族节目的地方，因此被誉为"东巴教圣地"。

香格里拉县是藏族聚居区，但靠近丽江打鼓一带的地方却以纳西族为多，而且是纳西族"东巴文化"的发源地，白水台就位于这里。东巴教是纳西族古老的宗教，"东巴"可译为"山乡诵经者",他们多是本民族中的"智者"。相传,在11世纪中叶,就有东巴什罗(东巴,藏语,意为祖师;什罗,是人名)在白水台附近传播东巴教。他与门徒第一次用象形文字撰写东巴经,开辟了东巴教发展的新局面,被后世奉为东巴教的祖师。至今,东巴经内还有关于他的身世和传说的记载。现在,东巴经经过千百年的丰富和发展,已经成了纳西族古代文化的宝库。传说中东巴什罗曾经修行传教的白水台岩洞被奉为"灵洞",他主要生活的地方也被视为"圣地"。每年农历的二月初八,当地的藏、纳西、彝、白、傈僳等民族都要到白水台进行祭祀活动,以歌舞娱神,民族风情十分浓郁。

南丽江东巴象形文字

就大多数群众来说,与其说来"灵洞"朝圣,不如说来观赏灵洞附近的壮丽风光,享受生活的乐趣。白水台在香格里拉县三坝白地峡谷西端的雪山脚下,当翻过重重高山,来到白地峡谷的山梁,首先映入眼帘的是高耸的青山上镶嵌着一片巨型的玉镜银屏,它光芒四射,耀眼夺目。走近一看,这晶莹耀眼的银屏竟似千百台迭起的琼台玉阶,又像千百道云波雪浪,自下而上,层层叠叠,堆云凝雪,纯白如脂,莹润如玉,纤尘不染。台面上,有的如鳞细波,曲折有致;有的如银环滚动,连环相扣;有的如绢扇平铺,折痕四射;有的如花瓣相拼,形成各种奇花异卉;有的如大小梯田,叠层而起。

登上台地,只见白水台宛若片片斜月散落人间,又似纳西少女的银饰,叠饰成无数的银环。白水台左侧有一处泉台,形似一弯新月,清泉盈盈四溢,相传是仙女梳妆的地方。泉台左下侧有一处石穹窿,洁白如玉,形如一位怀孕女子,这是当地群众供奉生殖神的地方。

崇圣寺五大重器各指什么

崇圣寺,位于云南省大理古城北约1千米处。它始建于唐开元年间(713—741年),经历代扩建,到宋代大理国时期达到了巅峰,有"基方七里,为屋八百九十间,佛一万一千四百尊,用铜四万五百五十斛,有三阁、七楼、九殿、百厦"的庞大规模,享有"佛都"的美誉。崇圣寺曾以五大重器闻名于世,那么何为五大重器?

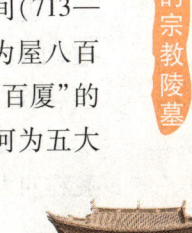

大理崇圣寺俯瞰

五大重器，就是指崇圣寺的五大宝物。据明代大理知名文人李元阳在《崇圣寺重器可宝者记》中记载，崇圣寺五大重器指的是三塔、南诏建极大钟、雨铜观音像、三圣金像和"佛都"匾。下面我们就一起来了解一下"五大重器"的基本情况。

大理三塔是"五大重器"之首，非常著名。三塔前一后二，呈三足鼎立布局。主塔叫法界通灵明道乘塔，又叫千寻塔，始建于唐代，高69.13米，有16层，是方形密檐式空心砖塔，也是我国现存的座塔中最高的一座。其塔基前有"永镇山川"四个大字，笔力雄浑苍劲，气势磅礴，是明代沐世阶所书的。除了叠涩之外，塔身全部涂饰成白色。每层的正背两面中央开有券龛，里面安放有一尊白色大理石佛像，另外相对的两面开有窗洞，这样使塔内能得到光线的照射，同时便于空气的流通。塔的底层高约13米，西面设有塔门，循梯而上可以到达塔的顶层。

分立在主塔后面的南、北两座小塔建于宋代，为密檐式的八角形空心砖塔，都有10层，高度也都是42.19米，外观装饰成楼阁式。两塔身均涂饰有一层白色泥皮，除了2层、8层开券龛、供有石佛像以外，其余各层都塑有瑞云、莲花、宝瓶等，两塔的顶端还各有铜质葫芦作装饰。

1 000多年来，三塔经历风雨剥蚀和多次强烈大地震，仍然巍然屹立。1056年农历五月初六，大理发生大地震，史籍记载"城郭人庐尽圮，中塔（大塔）折裂如破竹，旬日复合，安然无恙。后面两座小塔被震斜，至今斜立，蔚为奇观"。

在崇圣寺山门的正上方悬挂有一块巨匾，上书有"佛都"二字，这是元代苍山念庵圆护禅师的真迹。圆护是大理人，大理总管尊称他为弘辩大师。传说，他的书法与赵孟笔力相当，可见其笔力之精妙。相传他的右手从肘自腕"洞澈如水晶然"，因此世称他为"玉腕禅师"。大师的手迹除了"佛都"二字之外，还有寺内的《证道歌》石碑和李道源撰文的《大崇圣寺碑铭并序》。

进入崇圣寺山门后，迎面有一座钟楼，名曰"胜概楼"，"嵯峨弘敞，八窗洞达，千村烟火，百里田畴，山色海涛，空于一览"。楼的正中悬挂有一口直径丈余，厚近一尺的大钟。钟为六面，分上下两层，其中上层每面高二尺五寸许，广二尺二寸余，铸有金六波罗密图；下层每面高一尺三寸许，宽一尺三寸余，铸有梵释四大天王像，以及"维建极十二年岁次辛卯三月丁未朔二十四日庚午建铸"

的题记。因此，这口钟被称作"建极大钟"。这口钟制作精良，"制大而雅，声远而洪"，"自禁钟而下，此为第一"，也就是说，除了皇宫里的钟之外，这口钟就是天下第一了。钟声百里可闻，楼上楹联对此还作了描述："大叩大鸣，小叩小鸣，普觉梦中之梦；一声一佛，千声千佛，遥闻天外之天。"每逢大钟敲响时，点苍山中

大理崇圣寺雨铜观音殿

360座寺庙的所有钟都一起应和，使"妙香佛国"的苍洱大地弥漫着肃穆庄严的气氛。因此，"钟震佛都"被誉为"叶榆十六景"之最。

在钟楼的西面有一座观音阁，又称观音殿。这座阁楼南北九楹，瑰丽精巧，殿内供奉有观音铜像，高二丈四尺，细腰跣足，人称其有吴道子画风。传说，当年寺僧募铜铸像，铸时分三节，将肩以下铸成之后，铜就已经用尽了。正当众僧束手无策的时候，夜里下了一场夹铜的雨。寺僧把这些铜收集起来熔化后，铸成了佛首，而铜没有一点剩余，于是僧人们认为这是天助他们，这尊观音也是天赐的，于是就将其命名为"雨铜观音"了。

三圣金像供奉于极乐殿，高有一丈一尺，铸造于嘉靖年间。传说，铸造时正是盛夏，工匠们热的没有办法铸造，忽然天上飘来一块阴云，正好将铸所覆盖在了下面。等金像铸成时，阴云就散去了，众人都很诧异。

以上就是大理崇圣寺的"五大重器"，正是因为有了这五件宝物，南诏的内道场崇圣寺才会美名远扬。可惜的是，由于战乱等原因，一代名寺"南中巨刹"崇圣寺早已毁灭，五大重器也仅有三塔尚存，人们只能从历史记载中去回顾它们的辉煌了。

"姐勒金塔"为何被称为"德宏佛塔之冠"

姐勒金塔，在傣语中被称作"广母贺卯"，意思是在坝子马头的塔，它是云南瑞丽最古老的佛教建筑、佛事活动场所和旅游景点。姐勒大金塔也是东南亚的著名佛塔之一，与缅甸曼德勒塔齐名，甚至被称为"德宏佛塔之冠"，可见其地位之高。那么，"姐勒金塔"为什么被称为"德宏佛塔之冠"呢？

据说，姐勒金塔是在2 500年前，勐卯国国王召武定执政时建造的，是瑞丽最古老的佛教建筑。相传，很久以前，在金塔的地基处，每当月明星稀之夜，就

瑞丽姐勒金塔

会发出闪闪的光芒,五光十色,极为奇丽,令世人大为惊奇。掘地一看,才知道原来是佛祖遗留下来的舍利。于是众佛教徒集资在掘出遗骨的地方建造了一座塔,并在旁边建造一栋奘寺,以示祀意。自此,姐勒金塔香火不断,周围鲜花绿叶不衰。勐卯土司也在金塔做一年一度的佛事大摆,并代代相传。

建塔之初,塔身是用土坯建造的,主塔高10余米,周围有很多小塔围着。后来,经过历代土司、住持在其基础上进行不断的整修和装饰,到民国年间,10余米高的主塔高高耸立,其周围环列有17座小塔,塔的外表都涂有金粉,主塔顶冠还贴有金箔。塔基围有一圈石栏,四周置石雕狮像,塔周古树参天,见到塔的人无不为之赞叹。

由于佛塔的著名,每年都会有来自缅北的傣族、德昂族等不远千里来这里朝拜。尤其是到了每年的泼水节等重大节日,这里都要举行为期3天的赕塔佛会。境内外的佛爷、和尚、尼姑纷纷前往讲经诵佛,因此姐勒金塔还是中缅人民世代友好的象征。由于金塔在东南亚地区具有巨大的影响力,而且历史悠久、规模宏大,所以被称为"德宏佛塔之冠"。

1969年,金塔被毁坏。1981年,当地重新修建新塔,历时数年,在原塔基上重现了塔的原貌。新塔采用砖土结构,主塔较旧塔高10多米,外围小塔有16座,依次渐小,主附塔顶均贴有金箔华盖,微风过处,风铃叮当,令人神往。

广允缅寺有何建筑特色

广允缅寺,位于沧源县城勐懂镇大街北侧,俗称"学堂缅寺"。寺院始建于清代,是道光八年(1828年)时,清政府调停耿马土司内讧、册封罕荣高为土司时所建的,距今已有近200年的历史了。这座寺院在云南信仰小乘佛教的少数民族中有很大影响,而且其建筑也是别具特色。

寺院现存主殿及二门。主殿为纵式布局,面阔14.8米,进深24.4米,穿斗式木架结构,由一座围廊式殿堂与一座重檐亭阁勾连而成。亭阁位于殿前,形成过厅,门前二柱倒悬有两条木雕巨龙;亭子作重檐歇山顶,檐下饰有斗拱,属清代形式;亭阁的第一层举高与后殿第一重檐基本相等;第二层檐与后殿第二层檐等同,但在转角处另加了二重假檐,造成了亭阁两侧的五重檐结构。大殿为三层歇山顶式建筑,其第三层檐下侧面与后背形成围廊,从而将汉族建筑的特点与傣族寺院有机结合在了一起。广允缅寺的木雕,除了门前两条巨龙外,殿前满堂门窗都有透雕图案,技艺极精。

沧源广允缅寺

大殿的内壁绘有 10 幅壁画,壁画多是先用墨勾轮廓,然后再填色,风格和技巧与内地明清时期的作品相似。在这些壁画中,两侧的 6 幅较大,每幅宽 3 米、高 2.1 米,其中有 4 幅因有窗户而呈现出了凹字形画面。靠近佛台两侧的 4 幅较小,宽约 1.3 米、高 1.2～2.1 米,其中有两幅的内容为佛传故事。这些壁画中的建筑多数为重檐歇山顶,属汉族建筑式样;人物形象则有官员、仕女、兵丁、侍从等,从服饰看分属于不同民族,其中武士戴顶冠,穿着马蹄口窄袖上衣,为典型的清代服饰。

广允缅寺的建筑风格较多地受到了汉族建筑的影响,它保留了小乘佛教寺院的基本形式,实现了汉式建筑外形与傣族庭院内部装饰的有机结合,在建筑艺术风格上独具一格。

茨中教堂有何特色

茨中教堂,位于云南省迪庆藏族自治州德钦县升平镇茨中村,是当地一座非常有名的哥特式天主教堂。这座教堂由法国传教士于 1909 年开始建造,1921 年修建完成,是当时"云南铎区"的主教礼堂。那么,这座教堂有什么特色呢?

茨中教堂建筑群坐落在树木繁茂的半山腰,背靠青山,面向原野,与周围的自然景观融为一体,别具特色。整个建筑群以教堂为中心进行配套组合,有大门、前院、教堂、后院以及地窖、花园、菜园和葡萄园等部分,结构紧凑,规模壮观,中西合璧,主次得体。建筑群四周以及建筑之间的空地上,辟有花坛,种有果木,红绿相映,风雅别致。教堂的主体建筑坐西朝东,为砖木结构。其正面为高大的钟楼,钟楼的上部,虽为中式亭阁、中式飞檐瓦顶,但它两头顶端的十字架标记还是说明了它的西洋身份。

迪庆地区是藏传佛教区域,茨中教堂作为一处天主教堂能在这样的环境里

茨中教堂

面长久的存在,确实是一个奇迹。关于这座教堂,还有一段历史。18世纪中叶,西方天主教士进入迪庆,竭力将其势力渗透到滇西北并力图扩展到藏区腹地。但当地百姓不能容忍传教士的所作所为。在1905年的维西教案中,愤怒的群众焚毁了澜沧江、怒江沿岸的10所教堂,杀死了法国传教士余伯南和蒲得元。当时的清政府迫于帝国主义的势力,派重兵镇压了僧俗民众,教会却因此而获得了巨额赔款,并得到允许,可以在茨中约2/3的土地上兴建教堂。1921年,茨中教堂竣工,下辖2个分堂,先后办过一所学校和一所修女院。

随着时间的流逝,过去的屈辱已经成为历史。如今的茨中教堂已经被修缮一新,成为当地著名的旅游景点。教堂风格整体上体现了巴斯利卡式教堂的特征,又兼具罗马教堂的特色,而且还有中式建筑的色彩,因此它兼有浓浓的东方风情和鲜明的西方色彩。正是由于其鲜明的特色,茨中教堂被旅游爱好者誉为中国十大最美天主教堂之一。

"树包塔""塔包树"知多少

在云南省普洱市景谷傣族彝族自治县,有一座始建于清顺治元年(1644年)的勐卧总佛寺院,寺院中有两株已有300多岁的菩提树。当年寺院建有东西佛塔两座,两株菩提树分别从双塔上长出,日久天长,塔树相互依存,枝繁叶茂,或塔隐树现,或树藏塔出,形成了"树包塔""塔包树"的塔林双绝奇观。

两塔的造型结构相似,都是高基座砂石浮雕佛塔,左塔高10.7米,右塔高7.2米,都是用石砌成,塔座为石块支砌,四边宽8米、高2.5米,塔身共有16台,塔座镶边的方石上雕有佛祖释迦牟尼、天神、唐僧取经、孔雀、飞龙、飞马等图案,造型生动逼真,为难得的艺术珍品。

树包塔,在傣语中称为"广母姐列",译为铁城塔。塔高10余米,树高25米,枝叶繁茂。大树粗壮纷乱的根须枝条从上到下把塔身缠绕得严严实实,树与塔融为一体,树冠像一把大伞,笼罩在塔顶上,布下了巨大的荫凉。塔包树,说的则是树以塔为根基,长在塔中。

据说,两座佛塔建于清代乾隆年初,是芒市安抚司十五世安抚使放作藩所

芒市"树包塔"景观

建。放作蓄在任安抚使期间,芒市土司城虽然经历过多次战乱但都没有为敌手攻破,被视为铁城。到清道光年间,芒市安抚司十九世安抚使放承恩曾对塔作了修葺。

树中不会生塔是毫无疑问的,而塔中长树,树长大又把整个塔包住,形成树大塔小,不仅是中国少有,恐怕世界上也不多见。"树包塔"和"塔包树"的形成据说是塔建成后,常有吃了菩提树籽的小鸟来塔顶栖息,含有树籽的鸟粪恰好拉在塔顶微小的缝裂之处,逢风调雨顺,小小的菩提树种便发芽生苗,长成小树。因菩提树为佛家神树,所以历代僧人就将其留了下来。经过漫长的岁月,小树竟奇迹般地长成了大树,而大树又把它的须根向塔底大地蔓延,并紧紧地缠住塔身,在200多年的风雨历程中,将塔越包越紧。今天看来,宛如塔为树建,树为塔身,形成塔树浑然一体的塔树绝景。

如今的塔包树和树包塔已历经数百年,成为了南传佛教的重要活动场所,是滇西南的奇观,是景谷的无价之宝。来到普洱市景谷县的外地客人,一定要去看看树包塔和塔包树这一奇观。

江川李家山古墓群出土有哪些文物

李家山古墓群,位于云南省江川县龙街镇温泉村李家山,其形成时间为战国至东汉初期。古墓群分布在山顶部及西南坡,墓穴为竖穴土墓,除了个别墓穴有木质棺椁外,一般都没有葬具。葬式全部为仰身直肢,头向西,墓室方向大致在90度至110度之间。由于李家山古墓群规模较大,所以出土的文物也较多。那么,墓群出土的文物有哪些呢?

考古人员对李家山古墓群的发掘共有三次:1972年,云南博物馆与江川县文化馆共同对李家山进行发掘,清理了墓葬27座,

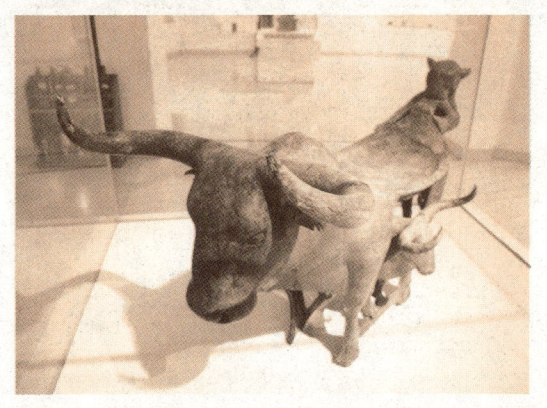

江川李家山古墓群出土的牛虎铜案

出土文物1 300件，"牛虎铜案"便是从此次挖掘的24号墓穴中出土的；1992年，云南省考古研究所、玉溪市文物管理所和江川县文物管理所联合进行发掘，共清理了58座墓葬，出土了2 200件文物。目前，在古墓群中出土的文物主要有青铜器1 300多件及大批铁器、玉器等随葬器物。

李家山古墓群的随葬品与墓葬的规模有很大的关系，不同大小的墓葬中出土的文物是不一样的：第一类是规模较大的，这一类主要是分布在山顶上的墓室，一般长4米、宽3米、深2米，随葬品的数量、种类都较多，如出土"牛虎铜案"的24号坑就属于此类；第二类是规模较小的，主要分布于西南坡，墓室一般长2米、宽1米、深1米，随葬品一般在10～50件，其出土的文物以青铜器为主，另外还有一些金、银、铁、玉、石等器物。

古墓群中出土的文物按功能可分为礼器、乐器、生产工具、生活用具、装饰品等，其中"牛虎铜案"是最珍贵的。这件文物高0.43米、长0.76米，是云南古代青铜文物的杰出代表。除了"牛虎铜案"外，墓中出土的文物精品还有贮贝器、铜鼓、铜编钟、立牛葫芦笙、曲铜锄、孔雀衔蛇纹锥、手执形銎戈、铜柄铁剑及金鞘饰、鹿形金饰、金腰带、各类铜扣饰等，都很珍贵。

现在，李家山古墓群被列为省级文物保护单位，"牛虎铜案"于1995年被国家文物局鉴定专家组认定为国家级文物。目前，古墓群出土的大部分文物被收于江川县李家山青铜博物馆中。

僰人悬棺之谜

悬棺葬是古代的一种葬式：在江河沿岸，选择一处壁立千仞的悬崖，用我们至今仍不知晓的方法，将仙逝者连同装殓他的棺椁高高地悬挂在悬崖半腰的适当位置。悬棺葬的形式：有的是在崖壁上凿孔，橡木为桩，棺木就置放在崖桩拓展出来的空间上；有的是在崖壁上开凿石龛，尸棺放在龛内；有的是利用悬崖上的天然岩沟、岩墩、岩洞来放置尸棺。

面对僰人留下的千古之谜，我国的古建筑学专家们展开了热烈的讨论，悬棺是用什么方法放置到悬崖的木桩上的？这种葬俗的民族文化内涵是什么？有的认为是从山顶用绳索悬吊下来的，

僰人悬棺

有的认为是采用联桩铺道的方法上去的,放好棺木后再撤去栈道,有的还认为是搭云梯送上去的……众说纷纭,莫衷一是。

曾有这样一则逸闻:1933年,一位姓陈的地方官为了探究僰人悬棺的奥秘,雇用两名樵夫,从豆沙关的绝壁上掀下两具悬棺,其中一具运到昭通省立第二中学供考察、展览。不久之后,两名樵夫都意外惨死。第二年,一位名叫熊廷权的赈灾的官员,在公务之余,到省立二中参观,看了悬棺及棺木中遗骸,又详细询问了惨死的樵夫的故事,便有些坐不住了,对校长说:"文王泽及枯骨,古人遗骸何当玩弄? 请以礼瘗之。"校长只得将悬棺遗骸归葬。这位熊大人仍难以心安,又战战兢兢地写了一篇诔文:"霜凄凄兮露瀼瀼,风雨剥蚀兮日月迎将。翳何人兮骨骸坚强,胡不速朽兮恋此高岗。恶有报兮善有庆,毁棺露骸兮吾意凄惶。山之广大兮地厚无疆,以为宅兆兮永此潜藏。臻百福兮降百祥,千秋万岁兮无厉无殃。"

在云南昭通地区,沿金沙江、白水江、关河流域是我国悬棺分布最多、最为集中的地区。就已知情况来看,盐津县的豆沙关、底坪、棺木岩、灵官岩,威信县的瓦石、石洞,永善县地黄华,这些地方都有很多悬棺分布。在这些地方,岩桩、岩墩、岩龛、岩沟、岩洞等各种悬棺葬的形式一应俱全,尤其是豆沙关的悬棺,保存最多、最完好,其地势也最险峻,被学者称为"上古遗存,天下奇迹"。

僰人悬棺的岩壁

豆沙关悬棺在盐津县豆沙乡石门村关河南岸的绝壁上,紧靠着213国道。秦开"五尺道"、汉修南夷道、隋造偏梁桥阁、唐开石门道,都无一例外地选择豆沙关作为入滇的门户。"关津枢纽""南滇锁钥",名不虚传。关河北岸,"五尺道"遗迹、石门关古城堡、唐贞元十年御史中丞袁滋册南诏题名摩崖,这些都昭示着这里曾有过人文蔚起的繁荣。关河南岸,削壁腾立,参天而起,高达四五百米,悬棺就存放在绝壁半腰的方形岩坎内。20世纪30年代时,有人调查发现有棺40多具,此后,这些棺木有的堕落入关河,有的被好奇者、居心叵测者破坏,到现在还存有10余具。

这里悬棺的主人,一般认为是春秋以前居住在今川南、滇东北一带的僰人,所以被称作"僰人悬棺"。这种说法可靠吗? 1932年,几位昭通籍的学者曾对豆沙关悬棺进行考察,据当时留下的考察文字来看,棺内尸骸的头颅骨较今人硕大,手足骨也较粗壮,而且还较长,推测其身高在1.8~1.9米。棺木用整根原木凿空成形,长约2米,高约50厘米,宽约41厘米。按木质纹理推断,应该是杉木的,其形制很古朴。参加考察的周梦云等人认为:"此物出自上古,绝非数百年前物。何以言之?史称,大禹死后,衣衾三领、桐棺三寸,见诸《孟子》矣。孟子又云:盖上世尝有不葬其亲者。其亲死,则委之壑。今查置棺处所,河流下陷,足证当时河水必高,又且两岸多系水造成屋,知为上古大壑,毫无疑问。"同样在1932年前后,一位美国学者对威信的悬棺进行考察,也得出与周梦云大致相同的认识。如此说来,"僰人悬棺"应该成为结论了。

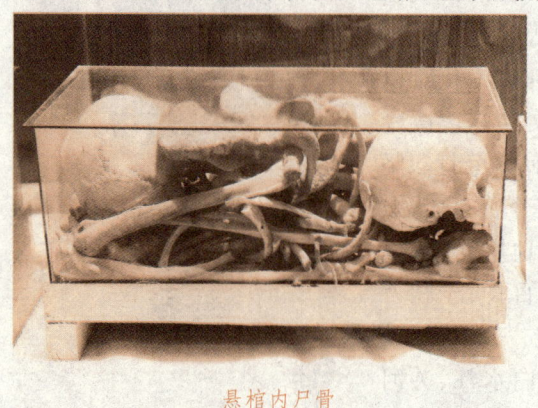

悬棺内尸骨

那么,僰人为什么行悬棺葬?元代李京撰写的《云南志略》说:"行悬棺葬者,挂得愈高愈吉,以先坠者为吉。"这应该就是僰人行悬棺葬的原因。崔陈多年从事僰文化研究,他总结说,悬棺置放的方法,在学术界存在三种:一是垒土造山说,二是栈道说,三是垂吊说。第一种方法,其工程量十分浩大,距地面几十米乃至上百米,这在经济文化相对落后、人口稀少的古代西南地区是不可能的;第二种说法,经过多年考证,在现场没有发现过联桩铺道的桩孔,因此可以排除;唯一可行的应是垂吊法。有人在考察时,曾在岩壁上发现绳索勒放的印痕,"从山顶放绳索将棺木吊放置崖壁"的说法似乎得到印证。但是,悬棺多在悬崖的半腰,距山顶很远,而且多置放在崖侧面的凹陷处,怎么"往下放"呢?因此,悬棺的置放方法如今还是未解之谜。

观音塘的名称有何来历

大理是一个观音的世界,这里的传说故事、寺院庙宇等都与观音有关。在大理城南3公里、紧靠滇藏公路的地方,有一个白族村寨,名为上末村。村子里有座建于唐永徽年间的寺庙,即观音塘。

关于观音塘之名的来历,还有一个传说。在很早以前,大理边境有一股叫沙贼的土匪,他们专靠烧杀抢掠过活,当地人对他们恨之入骨。沙贼对大理城垂涎已久,但是由于大理地形险要,一直不敢轻易进入。随着沙贼力量的不断壮大,他们觉得进攻大理的时机到了。一次,他们集结了数千人,向大理扑来。

当他们到达城南十桥里时，天已经渐渐转黑。大小头目和喽啰们都走得筋疲力竭，一个个在坟坝里横七竖八地倒下休息，准备等到天黑后攻城。

正在这时，山坡上缓缓地走下了一个老妇人。沙贼的大头目就迎了上去叫道："喂！老大妈，你知道大理城在哪吗？"老妇人好像没有听见。于是大头目又

大理古城观音塘

说："你知道大理城在哪里吗？"老妇人用手里的木杖指了指远处闪烁着几点灯光的大理城说："那里就是。"大头目问："有几里路？"老妇人说："我也不晓得有几里路，我们这里俗话说'望见城，走死人'呢！"大头目还想再问，这时老妇人不高兴地说："大哥，你莫拉我问长问短的，等我把石头卸下你再问。"

这时，头目才猛然意识到老妇人背的是一块大石头。说着，老妇人把石头放下，轰的一声，地都震动了几下。头目惊呆了，问："老大妈，你怎么背得起这么大的石头啊？"老妇人说："这算什么，我老了，背不起了，我儿子背的比这大得多呢！"大头目很吃惊，赶忙问："大理人都是这样大的力气吗？"老妇人说："如果没这样大的力气，怎么会受得了唐兵多次的进攻啊？"很多贼兵听老人一说，顿时就泄气了。言罢，老妇人拄着木杖一步步地走了。

沙贼们商议了一番之后，决定先在十里河住下。这天河水很小，河底正好可以搭帐篷，埋锅造饭。吃完饭后，疲惫不堪的贼兵们就睡觉了。夜里三更时，忽然风雨大作，山洪暴发。贼兵从梦中惊醒，也辨不清东南西北，刚想要逃跑时就全被洪水卷走了。但是老妇人背来的那块大石头却留在了大理城南的十里桥。当地人都说是观音大士将这块石头背到了这里，于是就在大石头上建起了一座大理石亭阁，阁后建了一座庄严雄伟的庙宇，里面供奉着观音菩萨。这就是观音塘的来历。

观音塘巨石高出水面2米，周长约4米。巨石上有大理石制作的方柱、六棱的石墩，共同托起了一座带有石门、石窗、石瓦的石亭。石亭结构严谨，玲珑典雅，具有大理白族的独特造型。每年农历的二月十九日、六月十九日和九月十九日为观音塘观音会，周边群众都来这里拜佛祈福。

 何谓"贝叶文化"

贝叶文化，是傣族社会历史和文化的统称，包括贝叶经、用棉纸书写传抄的

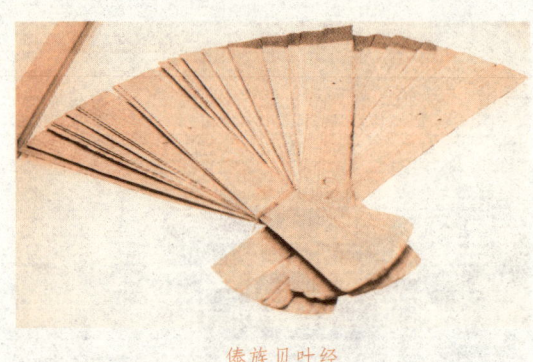

傣族贝叶经

经书、唱本和广泛存活于民间的傣族传统文化等内容。之所以称其为"贝叶文化",是因为它主要保存于由贝叶制作而成的贝叶经本里。贝叶文化不仅是傣族传统文化的象征,它更是一种绿色文化、一种农耕文化、一种信仰文化。

绿色文化：傣族居住于亚热带的平坝地区,这里气候炎热、雨量充沛,植物生长快,动物种类多,被称为动植物王国。傣族村寨依山傍水,远处是茂密的森林,近处是成片的庄稼,庭院里种满了各种花草树木。这样的生存环境给傣族文化涂上了一层浓重的绿色,千百年来傣族文化的传承更替都离不开这个绿色的背景。

对绿色的热爱,就是对大自然的热爱。贝叶经里这样教诲人们："有树才有水,有水才有田,有田才有粮,有粮才有人。"傣族人民正是根据这样的法则来安排生活的。他们对赐予人类一切的大自然充满了感激、敬畏、爱护之情,从不轻易去损害它们。贝叶经里还这样告诫人们："不要把鸟捉来关在笼子里,说不定将来有一天,鸟也会把人捉来关在笼子里。"正是这样的理念,才使西双版纳这颗明珠绿得这样耀眼、醒目。

农耕文化：傣族是我国最早种植水稻的民族之一,远在2000年前,傣族就已经开始种植水稻了。贝叶经中记载的傣族创世史诗《巴塔麻嘎捧尚罗》中曾写道：天神给人们撒下谷种,但被雀鸟老鼠吃了,它们吃了后从便中排出谷粒,掉在水沟边发芽长大,结出谷穗；人们从这一自然现象中发现并找到了谷种,并在远古时期傣族首领叭桑木底的指导下,学会了种植稻谷,后来又开辟田地,实现了耕作定居。从这些记载我们可以知道,早在上千年前,傣族的稻作农业已经发展到了较高的水平。稻作农业的发展不仅使傣族人创造了金属工具的制造和使用、水利灌溉设施的建造和维修等技术层面的成果,还使他们创造了历法节令的推算等自然科学层面的成果。由此我们可以看出,贝叶文化是一种典型的农耕文化。

傣族爱情诗抄

信仰文化：傣族人民十分重视贝叶经,将它视为神圣之物进行悉心保护,有些经典还在民间传抄。在重大的佛事节日时,傣族人还要向寺庙敬献这些传抄的经书,他们认为这是一种崇高的善举。贝叶经之所以在傣族人民心目中具有这样崇高的地位,主要原因不在于经书给他们提供了多少实用的内容,而在于经书给他们提供了一种精神寄托,所以贝叶文化也可以说是一种信仰文化。在20世纪五六十年代时,在傣族农村还可以看到这样的现象:劳累了一天的人们吃完晚饭后,围坐在竹楼火塘边,聆听年长者诵读贝叶经、演唱经书中记载的那些动人的叙事长诗。这种场景,在历代汉文史籍中也多有记载。之所以会有这样的习惯,就是因为在这样的场合和气氛中,人们找到了一种精神上的寄托。

今天,我们在云南的西双版纳、德宏、孟连、景谷等傣族地区还可以看到大量的贝叶经,它们一部分被文化档案机构、研究机构所收藏,一部分则被收藏在佛寺中,但大量的还是流散于民间,其数量有数千卷之多。不仅如此,现在在许多傣族村寨里还可以看到人们制作、刻写贝叶经的全过程。

为何说国殇墓园是中国规模最大、保存最完整的抗战纪念陵园

国殇墓园,位于云南省腾冲县城西南1千米处叠水河畔的来凤山北麓,它是为了纪念中国远征军第二十集团军在攻克腾冲的战斗中阵亡的将士而建的。目前,这座墓园是我国规模最大、保存最完整的抗战时期正面战场阵亡将士纪念陵园。

国殇墓园之所以规模如此之大、保存如此之完整,与滇西抗战有着密不可分的关系。滇西抗战是我国抗日战争史上极为悲壮的一页。当时,为了切断国际援华物资的唯一通道——滇缅公路,日本法西斯从东南亚反抄中国的大后方,企图攻占云南、威胁重庆,迫使中国就范。1942年5月,日寇的铁蹄踏上了滇西的土地,腾冲就此沦陷。5月5日,中国军队及时炸毁了怒江上的惠通桥,才将沿滇缅公路进犯的日军阻击在了怒江西岸,从此敌我双方在怒江东西两岸对峙长达两年之久。

1944年5月,为了策应中、英、

腾冲国殇墓园

印联军对缅北日军的反攻,并重新打通滇缅公路、收复怒江以西的失地,据守怒江东岸的中国远征军发动了滇西反攻战役。1944年5月,远征军以二十集团军6个师的兵力实施腾冲反攻战。腾冲城是滇西最坚固的城池,兼有来凤山作为屏障,两地互为依托。日军经过两年多的据守,在两地筑有坚固的工事及堡垒群,准备了充足的粮弹。据统计,从1944年5月11日远征军20集团军强渡怒江至9月14日攻克腾冲城,前后历时127天,所历大小战役达40余次,毙敌6 000余名。这样,国军第二十集团军以阵亡9 168人的代价收复了腾冲,从而使之成为滇西最早光复的县城。

在战役结束后,时任国民政府委员兼云贵监察使的李根源倡议兴建陵园以祭悼国军阵亡将士。此后,在印度华侨的援助下,墓园开始修建,并于1945年7月7日正式落成。李根源根据《楚辞》中的"国殇"一篇,为之起名为"国殇墓园"。

由于国殇墓园埋葬的英魂众多,接近1万人,所以规模很大。同时,因为墓园是为了纪念抗日英雄而建,所以墓园在建好以后的各个时期中,都得到了很好的维护,没有受到大的破坏,所以保存很完整。正是因为如此,国殇墓园成为了我国规模最大、保存最完整的抗战纪念陵园。

老云南的民族

云南为何民族众多

云南民族众多,可以说是祖国这个多民族大家庭的缩影。全国现有的56个民族中,云南就有52个,是我国民族最多的省份。其中,人口在5 000人以上的世居民族有:彝族、白族、哈尼族、壮族、傣族等25个,其中独有的少数民族有15个。在全省的人口中,少数民族人口有1 415.3万,占人口总数的33.41%。那么,云南为什么会呈现出今天这种民族众多的局面呢?

云南民族众多局面的形成原因很多,但最主要的原因还是集中在历史地理方面。汉族形成和发展的历史,其实就是不断和其他民族融合的历史。在此过程中,各民族的传统都融会到了一起,形成了汉族文化。但是在汉族文明有了辉煌的成就之后,这些成就就会不可避免地扩散到其

云南藏族生活场景

他民族中去,这使得其他民族的文化特色不断消失。云南纳入我国版图的时间比较晚,因而它受到的汉族文化的影响比较小,所以才基本上保持了自己的民族传统,从而出现了众多的民族。云南地处高原,崇山峻岭众多,交通严重受阻,各地居民长期处于相对"封闭"的状态之中,久而久之,就逐渐发展为不同的民族了。

此外,云南纳入我国版图之后,中原和北方的统治民族有很多都进入了云南,这样也带来了一些少数民族人口;还有一些少数民族人口在元明清时期因避难、逃荒或其他缘故,先后从内地迁入了云南。这样,在多种原因的共同作用下,云南就成了少数民族聚集的地方,再加上历史悠久,就使得云南成为了我国民族最多的省份。

彝族的"十月太阳历"与农历有何不同

在我国,大部分地区都通行农历,但在我国的彝族地区,至今还保留着一种鲜为人知的古老历法——彝族十月太阳历。据推测,这种历法渊源于远古的伏羲时代,大约有上万年的历史。它的存在,把我国的文明史追溯到了埃及、印度、巴比伦三个文明古国的前面。那么,彝族的"十月太阳历"与农历有什么不同呢?

彝族十月太阳历有两个重要特征:一是它一年分为 10 个月,每月有 36 天整,没有大小月之分,合计一年有 360 天,剩余的 5~6 天则是"过年日"(当地习惯上称之为"过十月年"),不计在一年之内;二是它在纪日方法上用十二属相作为纪日的循环周期,一个月 36 天正好是十二属相的 3 个周期,一年 10 个月正好是十二属相的 30 个周期。这种历法中的年月都很齐整,因而是一种简明而科学的历法。

楚雄彝族太阳历

农历,又称夏历、阴历、汉历等,是我国的传统历法之一。农历是一种阴阳历,平均历月等于一个朔望月,但它设置有闰月以使平均历年为一个回归年,设置二十四节气以反映季节(太阳直射点的周年运动)的变化特征,所以又有阳历的成分。

农历平年有 12 个月,闰年会在 12 个普通月份之外再加一个闰月，总共 13 个月。农历的月份分为大月和小月，大月 30 天，小月 29 天，而且不同的年份大小月是不同的，都要由计算决定。通常情况下，平年全年有 354～355 天，闰年全年有 383～384 天。

节气作为农历的一个辅助部分，它和地球在绕太阳运动的轨道的位置有关。从立春开始，一个太阳年就是两个立春节气之间的时间，约有 365.2422 天。根据太阳的位置，一个太阳年可以分成二十四个节气，以利于农业种植等活动。

由上文我们可以知道，彝族的"十月太阳历"与农历在一年的天数、月份等方面均存在很多不同，但是有一点可以肯定，那就是两种历法都是科学有效的历法形式，都是我国历史文化的重要组成部分，他们为我国古人的生产劳动和生活提供了极大的便利。

纳西族之谜

纳西族，是一个主要聚居在我国云南省丽江市的少数民族，它与我国古代游牧民族氐羌有渊源关系，在一些古代文献里记载的"牦牛夷""摩些蛮""摩沙夷"指的就是纳西族的先民。

纳西人，称自己"纳""纳西""摩梭"等，关于纳西族的产生还有一个传说：

在古时候，有一个村落突遭大水，只有一个叫崇忍利恩的人劫后余生，后来他与天神知劳阿普的女儿衬红褒白一见钟情，于是衬红褒白就带着崇忍利恩上天见父亲。知劳阿普知道后，坚决反对这门婚事，而且想出了杀害崇忍利恩的主意。知劳阿普让崇忍利恩光脚过刀梯，让他在一昼夜砍伐完九十九片森林，一昼夜烧光所砍伐的树木，一昼夜在砍伐完的九十九片森林的地上撒下种子，一昼夜再把撒下的种子如数收回等。

知劳阿普以为这样就可以阻止这门婚事，但他没有想到崇忍利恩是九位开天男神、七位辟地女神的后代，他连翻九十九座山不知道疲惫、连涉七十七条深谷而不需要歇息，任何人打不死也征服不了他。当知劳阿普所有伎俩都用完后，知道已经无法再阻止了，只好将女儿嫁给了崇忍利恩。

纳西族舞蹈

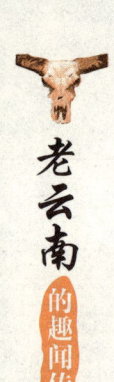

纳西族的象形文字

崇忍利恩夫妻二人来到人间后,过起了耕牧的生活。不久,他们就有了三个孩子,但这三个孩子长大后,却不会说话。后来,经过祭拜天父天母后,三个孩子才会说话,但他们的话语却各不相同。大哥说的是藏语,后来发展成如今的藏族;老二说的是纳西语,并逐渐发展成纳西族;而老三则讲白语,而后发展成为白族。

虽然这只是传说,而且过于浪漫,但这却非常形象地说明了纳西族与白、藏两族之间所具有的千丝万缕的联系。

纳西族有很多的节日,在这众多的节日中,最具有代表性的莫过于"三朵节"了。"三朵节"是纳西族为了祭祀本民族的最大保护神——"三朵神"而举办的盛大节日,也是纳西族法定的民族节日。这个节日源于白沙玉龙村的北岳庙会,纳西语叫它"三朵颂",也就是"祭三朵"。

在纳西族,关于"三朵"的传说有很多,其中有一个传说很有代表性。说的是从西方加宽地迁来三兄弟,长兄阿吴瓦住在玉龙山西坡的太子洞,二兄剌开剌胡住在拉什坝纳古瓦山上,三朵神是老三,他曾住在雪山西坡可索罗悬崖中,后来又来到山下的丽江。三朵神穿白甲、戴白盔、执白矛、跨白马,他曾对一个国王说:"你每天供奉给我三只兽,会享大福。"国王照办,却久不见大福来临,便埋怨说,家畜都供献完了,福在哪里?这时三朵出现了,说:"我打算让天下的一半尊你为国王,而你却私下怨我,我要回玉龙山去了,你供奉给我的东西我会加倍还你的。"说完,国王供奉的家畜、钱币都还回来了,而且比原来多了十倍,可是这个王国却一天天弱下去了。与此同时,三朵又托梦给丽江的麦琮,说:"麦琮,我是三朵,从北方来帮你作战,你是正直的南方人,有使你的王国受福的愿望,切勿三心二意!"说完就化成白麝消逝了。此后,麦琮每上战场,总有一个白色勇将助阵,一打胜仗,就有风雨,之后白袍战将就不见了。麦琮爱打猎,时常见一只白麝在玉龙山时隐时现,却捕捉不到。一天,他的猎犬发现一块白石头,人们把它抬起,没想到石轻如纸,下到半山时又重得抬不动了。猎人就拿米饭供奉,祷告要它变轻,结果又变得很轻,走到山下三朵庙的时候,又抬不动了,于是当地人就在那里建起了三朵庙来供奉他。

虽然只是传说,但是它却代表了纳西族人民的文化传统,传承着纳西族人民的精神信仰,这是其他任何东西都无法代替的。

纳西族的"东巴文化"知多少

丽江,是纳西族的主要聚居地,也是我国唯一一个纳西族自治县。这里不仅有自然景观以及与自然环境和谐统一的丽江古城;还有独特而丰富的纳西族东巴文化。东巴文化是纳西族民族文化的重要内容之一,已经有1 000多年的历史了。

同世界上其他民族的古代文化一样,东巴文化也是一种宗教文化,即东巴教文化。东巴教是纳西族的一种原始多神教,信仰万物有灵,它是纳西族的本土文化——巫文化在后来传入丽江的藏族"苯"教的影响下,发展起来的宗教。东巴教的祭司叫"东巴",意思是智者。这些"智者"知识渊博,能画、能歌、能舞,具备天文、地理、农牧、医药、礼仪等方面的知识,他们是东巴文化的主要的继承者和传播人,他们所写的东巴文字就是东巴文化的载体。

东巴文化的内容主要包括东巴文字、东巴经、东巴绘画、东巴音乐、东巴舞蹈、东巴法器和各种祭祀仪式等。下面,我们就具体来看一下东巴文化的不同侧面。

东巴文:东巴文是一种十分原始的图画象形文字,从文字形态发展的角度来看,它比甲骨文还要原始,属于文字起源的早期形态。东巴文最早是写、画在木头和石头上的符号图像,有了纸以后,这些符号图像才被写在了纸上。由于只有东巴才会掌握这种文字,所以称为东巴文。据不完全统计,东巴象形文字共有1 700多个,集书画于一身,线条流畅,笔法简练,色彩鲜艳,而且目前很多东巴仍然在使用这些文字,所以它被认为是目前世界上唯一存活着的象形文字,是人类社会文字起源和发展的"活化石"。

随着纳西族社会的发展和民族文化的相互影响,在明末清初之时,丽江的一些东巴又创造了格巴文。格巴是弟子的意思,格巴文的意思是东巴什罗后代弟子创造的文字,格巴文是对东巴文的改造和发展。

说到东巴文,就不得不说一下东巴经。东巴经就是用东巴文写成的经书,它被统称为是"纳

丽江东巴文化博物馆

老云南的趣闻传说

丽江东巴象形图案

西古代社会的百科全书"，因为它牵涉到了纳西族的历史、政治、天文地理、文学艺术、宗教、人类学和医药等方面的情况，还记载了生产生活方面的许多知识和神话故事，对研究纳西族古代社会发展具有十分重要的参考价值。

东巴舞：纳西族素以能歌善舞而著称，在唐代和元代的志书中就有纳西族"男女皆披羊皮，俗好饮酒歌舞""男女动数百，各执其手，团旋歌舞以为乐"的记载。目前，纳西族的舞蹈主要有原始舞蹈、东巴古典舞蹈、组舞和新歌舞等几类。东巴舞是纳西族的古典舞蹈，也是东巴文化的重要组成部分，它是东巴祭司根据不同仪式，按照道场规则所跳的一种宗教舞蹈。东巴舞从形式上，似乎多是跳神驱鬼之类的动作，但实际上，大部分内容是表现古代纳西人同大自然和社会邪恶势力的斗争。东巴舞蹈的素材主要来源于民间，祭司们从民间舞蹈里把素材提取出来以后，又加上了有东巴教神韵的一些风格后，就变为东巴舞蹈了。这样，东巴舞蹈既有宗教性又有非常浓郁的民间性。

在东巴舞中，有很多舞蹈都是模仿动物的动作而形成的。据《东巴舞谱》记载，纳西最古老的舞蹈源于金色青蛙的跳跃。今天在丽江西北部山区仍然保留着一种古老的舞蹈《勒巴舞》，其最显著的特点就是拿着牛尾巴跳舞，而且分别模仿大象、鹰、猴、蛙及虎等动物，从而形成了一套连贯的舞蹈动作。

东巴宫：作为东巴文化的主要组成部分，无论是文字、音乐还是舞蹈，它们的传承和发展都离不开东巴，而坐落在丽江古城的东巴宫，则为现代人提供了一个了解东巴文化的窗口。东巴宫坐落在丽江古城东大街，它的门楼上装饰的是东巴的"五幅冠"，大门两旁悬挂着东巴的木牌画，宫内别具一格的装饰和文化活动使人感受到东巴文化的独特魅力。

整个东巴宫的布局突出了纳西族的特点，它像一座小而全的民族文化艺术博物馆一样，展示着东巴经卷、文物、东巴绘画、祭祠用品、东巴壁画、浮雕等内容。不仅如此，为了更好地传播东巴文化，东巴宫还组织了纳西地区部分著名的老东巴、民歌手和一些身怀绝技的民间艺人，在保留原汁原味的基础上，以东巴文化艺术为主，挖掘整理了一批最富乡土气息和最有民族特色的精彩节目进行表演，这些节目新鲜神奇、雍容优雅、深沉浩远、气势豪壮，深受国内外观众的欢迎。

东巴画：东巴画是东巴文化的重要内容之一，它包括木牌画、纸牌画、布卷画和经文画几大类，反映了古代纳西族社会的各种世俗生活。传统东巴画主要是东巴在做法事时制作和使用的，民间还有反映生产和生活的装饰画，这些画笔调粗犷、色彩浓艳、形象朴实生动。布卷画《神路图》是东巴画的典型代表，它一般长14米多，宽26厘米左右，主要用于丧葬时超度死者亡灵仪式。画卷主要描述了死者亡灵要经过的地狱、人间、自然界、天堂等各阶段的具体场面，有较高的文化和艺术研究价值。虽然传统东巴画也受到周边民族文化，特别是汉藏文化的影响，但它仍然比较系统地保持了自己整体的风格和特点。

东巴文化是一种独特而丰富的民族文化，一个世纪以来，先后有法国、英国、美国、俄国、德国等国家的学者，前来收集、调查、研究纳西族东巴文化，并取得了大量的成果。20世纪80年代以来，随着一大批青年学者的不断涌现，出现了研究纳西东巴文化的热潮，研究成果逐年递增，一个国际性的纳西东巴文化学正在形成。

东巴文为何被誉为世界上唯一"活着的象形文字"

东巴文，源于纳西族的宗教典籍兼百科全书的《东巴经》，由于这种文字由东巴（智者）所掌握，所以被称为东巴文。东巴文是一种兼备表意和表音成分的图画象形文字，形态十分原始，甚至比甲骨文的形态还要原始，属于文字起源的早期形态，但也能完整记录典藏。那么，东巴文为什么被誉为世界上唯一"活着的象形文字"呢？

东巴文有1 400多个单字，词语丰富，能够表达细腻的情感，能记录复杂的事件，还能用来写诗作文。它的表意方法主要是用一个字或几个字代表一句话，字句从左至右，自上而下。这种文字大约产生于11世纪以前，是世界上最古老的象形文字之一，但它至今仍在被东巴（祭司）、研究者和艺术家所使用，仍然有着生命活力，所以被誉为世界上唯一"活着的象形文字"。东巴文比巴比伦楔形文字、古埃及圣书文字、中美洲玛雅文字和我国的甲骨文字显得更为原始古朴，它对于研究比较文字学和人类文化史具有很高的学术价值，因而又被誉为是人类社会文字起源和发展的"活化石"。

丽江东巴象形文字

花腰傣有何由来

花腰傣,是人们对居住在红河中上游新平、元江两县的傣族(傣雅、傣洒、傣卡、傣仲)的一种称谓。因其服饰古朴典雅、雍容华贵,特别是服饰的腰部彩带层层束腰,挑刺绚丽斑斓的精美图案,挂满艳丽闪亮的樱穗、银泡、银铃,所以称之为"花腰傣"。花腰傣人称自己是"傣雅洛",意思是"迁徙中的落伍者"。那么,花腰傣有什么由来呢?

关于花腰傣的来历,还有一个传说故事。相传,很早以前的一天,傣族猎手们上山打猎,没走多远就看见一群金鹿在喝水。他们高兴极了,呼喊着一齐奔上前去追赶金鹿。说来也奇怪,这群金鹿好像故意在和猎人捉迷藏,猎人们追到箐底,金鹿跑上山头;猎人们撵到山顶,金鹿又奔下另一条箐底。无论猎人们怎样追、怎样围,就是抓不住它们。但是,金鹿总是在猎人面前时隐时现,猎人们实在舍不得丢掉金鹿。就这样,鹿在前面引,人在后面追,过了一山又一山,过了一水又一水,一直来到了澜沧江边。这时,金鹿突然钻进大森林中,再也见不到了。猎人们跑了许多天,现在一下子丢失了金鹿,心里很不好受。但是当大家看到眼前碧绿的江水、平展的坝子、松软黝黑的泥土和一棵棵高大茂盛的树木时才发现,这里原来是一块好地方。猎人们很高兴,他们都认为这里比家乡好,于是大家商量决定回去把家搬过来。

邻里乡亲们听说猎人找到了好地方,要搬去那边过好日子,都要求猎人把他们也带去,猎人们答应了。就这样,家家户户开始收拾家当,准备停当后,大家一起上路了。

开始的两天,大家天亮时一齐赶路,日落时一齐歇脚,没有人掉队,但是从第三天起,迁徙的人群就开始混乱了。一天中午,迁徙的人中有一群走到了一个大水潭子边上,他们又累又饿,都躺下来休息。这时,正好碰上水潭里的螃蟹爬出来晒太阳。他们看见螃蟹都很高兴,有的人去抓螃蟹,有的人拾柴烧火,准备把螃蟹烤熟美餐一顿后,好去追前面的队伍。但是因为他们过去没有烤过螃蟹,总以为不熟,所以耗费了很长时间。等到大家吃完烤螃蟹时天已经黄昏了,走不多远后他们就歇下脚来。从这天开始,这群人就

花腰傣民居

落在后面了。因为他们中间没有追金鹿的猎人,所以谁也不认得去澜沧江的路,于是他们只有照着搬迁前听猎人们说过的方向,一天又一天地往前走。

一天,这群掉队的人翻过三座大山,过了四条岭后,来到一座山头上。当时太阳正当顶,晒得他们口干舌燥。他们找了半天也找不到水来解渴,只得有气无力地躺在树下养神。这时,不知从哪里飞来一只红鸟,老是在他们头上盘旋着飞来飞去。他们想,这只红鸟定是天神派来搭救他们的仙鸟,于是他们就跟着红鸟的叫声往前走去。

花腰傣镶银女帽

走不多时,在红鸟落脚的红椿树根脚,他们见到了一潭清汪汪的水,于是大家喝了个够,振作起精神又续续上路了。下了一个山坡,翻上一道梁子时,一条碧蓝的大江横在了他们眼前,江岸边是又宽又平的坝子,坝子上长满了高大的果木。于是他们高兴极了,呼喊着跑下梁子来到江边,他们认定已经找到了朝思暮想的目的地,谁都不愿再往前走了。

从第二天起,他们白天开荒改地造田,夜晚割茅草、砍竹子盖房屋,开始重建家园。后来,掉队的人群陆陆续续也来到了这里,大家都以为这里就是猎人们说的好地方,就都在这里开田种地、繁衍子孙。据说,这些掉队的人就是花腰傣人的祖先。

除了上文传说之外,还有人认为花腰傣是在迁徙途中掉队的古滇国贵族的后裔,但是由于没有相关记载和实物资料,所以无法得到证实。因此,这个美丽的民族到底来自何方,如今已经无法确切知晓了。

花腰傣妇女的服饰有何特点

花腰傣,一般聚居在我国云南元江流域。花腰傣妇女们的穿着打扮是全世界最美丽的,五彩缤纷,美不胜收。其服饰从上到下均由自纺、自织、自染的土布和色彩艳丽的绸缎、丝带、樱穗、银泡、银玲、银手镯等组成,色彩丰富艳丽,文化内涵极其丰富,被称为是"写在身上的历史"。下面我们就从色、形、态三个方面具体说说花腰傣妇女的服饰特点。

色: 从整体上看,黑色是花腰傣服饰的基调,从头到脚基本上都有黑色的衣

花腰傣族服饰

物。制作这种衣物的布料一般都是自织的土布，经过加工之后染成黑色（也有部分为青色，从质地、颜色上看去，显得淳厚朴素、柔和内敛，给人一种亲切感）。这样质地、颜色的服饰给人带来的美感，就在于它的深沉凝重、含蓄蕴藉，使人感到东方式的静穆崇高、神秘朦胧之美，引发人的无尽联想。不仅如此，黑色还有一种空间感和深度感，给人以一种能吸收和包容一切的感觉。当然，仅有黑色未免太过于凝重板结、缺乏生气，所以花腰傣人又将各种亮丽醒目的装饰点缀其间，十分好看。

形：花腰傣的服饰大体由三部分组成：上衣、裤子和裙子。妇女的服饰中，上衣比较短小，一般为两件，一件为贴身的内衣，另一件为外穿的外衣。内衣通常为圆形小立领，无袖，仅长及腹部；领边及下摆边沿都缀有宽窄不一、晶莹闪亮的细银泡，银泡中间还缀有银穗。外衣无领无钮，比内衣还要短，仅仅遮住胸部；襟边和下摆边镶有一条彩条或刺绣花饰，有的襟部也会嵌有细银泡及银穗；袖细长及腕，袖的下半截间隔镶嵌着红、黄、绿、白等色的彩布或彩色丝线绣饰。由于上衣比较短，腰部常常外露，故而花腰傣人又用一条较宽的彩带缠腰，既可以系裙又可束腰，"花腰傣"之称由此而来。

态：花腰傣服饰的美不仅出自服饰的色、服饰的形，更出自于色与形搭配后所形成的"态"。这种"态"不是用感官可以直接感觉得到的，而是让人通过心才能体味到的那种超越外在感性形象的个性特征，是那种生生不息的艺术感染力和美感的生命力。可以说，花腰傣服饰的"态"是其服饰生命中流淌不息的源头，是独一无二的，有着不可替代的价值，不是任何服饰的"克隆"。即使到了21世纪的今天，它仍然不失为一种沉淀的时尚，是一支飘荡在美丽的哀牢山中的声韵悠久的"民歌"。

花腰傣服饰在保留着古滇国遗风的同时，继承和吸收了历史发展中的优秀文化元素，尤其是傣雅、傣洒斑斓多彩的服饰特点。这种服饰集历史、民族、文化于一身，各种装饰、图案和花纹都有着自己独特、鲜明、深厚的文化意韵。目前，它已被列入云南省非物质文化遗产保护名录。

彝族的"毕摩"所指何人

彝族是我国西南地区人口最多、分布较广的一个少数民族,由于其特殊的自然生活条件和社会环境,其文化也呈现出多样性和复杂性,很多从远古时期传承下来的文化现象都可以在这里被发现,原始宗教与毕摩文化就是其中之一。毕摩文化不仅在彝区有大量的遗存,而且始终影响着彝族社会生产和生活的各个领域,想要了解彝族文化必须先了解毕摩文化。那么,"毕摩"指的是什么人呢?

毕摩是彝语的音译,"毕"为"念经"的意思,"摩"为"有知识的长者"。也就是说,"毕摩"是一种专门替人礼赞、祈祷、祭祀的祭师。毕摩神通广大、学识渊博,主要职能有作毕、司祭、行医、占卜等活动;其文化职能是整理、规范、传授彝族文字,撰写和传抄包括宗教、哲学、伦理、历史、天文、医药、农药、工艺、礼俗、文字等内容的典籍;他在彝族人的生育、婚丧、疾病、节日、出猎、播种等生活中也起主要作用。可以说,毕摩既掌管神权,又把握文化;既司通神鬼,又指导着人事。在彝族人民的心目中,毕摩是整个彝族社会中的知识分子,是彝族文化的维护者和传播者。

毕摩在彝族社会中地位很高而且很神圣。在彝族社会中,所有的人可以分为"兹(土司)""莫(法官)""毕(毕摩)""格(工匠)""卓(百姓)"五个等级,毕摩处于第三位,由此可见其地位之高。毕摩是继承彝族文化和传播统一的彝族文字的大知识分子,彝族彦语中说他"兹来毕不起,毕起兹不吉",任何人都不能侵犯毕摩的财物和人身,这充分说明在彝族社会中毕摩地位的神圣。

当然,毕摩之间也是要分等级的,这主要是根据毕摩作法的经验和作毕能力(仪式的大小程度)而定,而不一定按年龄来衡量。例如,有的年轻毕摩有能力参加大型作毕仪式,他就可以称得上是大毕摩。要举行什么样的作毕仪式,请什么样的毕摩来作毕,都是通过占卜而定。所谓仪式的大小,一般是根据作毕开支的大小程度而定的,如送祖灵(尼木撮毕)就是大型的作毕仪式,一年三次的用羊、小猪、鸡之类作毕的就只能算是中小型仪式了。

对于彝族人来说,毕摩不仅仅是一类人,它更是一种文化。

祭祀中的彝族"毕摩"

毕摩文化博大精深，是彝族文化的重要组成部分。由毕摩们所写的数以万计的彝文古籍，内容涉及范围广、学术价值高，是探索彝族民族史、地方史、文化渊源和其他科学研究不可多得的资料，是中华文化遗产中的一个重要组成部分。

纳西族妇女的"七星披肩"有何寓意

"七星披肩"，是纳西族妇女喜爱的一种服饰。每逢佳节盛会，纳西族姑娘们都会披上"七星披肩"，五彩缤纷，令人眼花缭乱。这精致美丽的"七星披肩"到底是什么样子？它有什么功用？又具有什么特别的寓意呢？

纳西族为了适应游牧、征战和迁徙的生活，一般多用动物皮毛来制作服饰。唐宋时期，纳西族男女就"皆披羊皮"，古老的东巴经《迎东格神》中还有相关的描写："天地动，生两兄妹，结缘成一家，牧养白绵羊，用羊毛做衣衫披毡，用羊毛做帽子腰带。"由此可知，古代的纳西族人，无论男女都披一块羊皮或毛毡御寒，也便于在扛背重物时垫背及保护衣裳。也就是说，当时的七星披肩其实就是一张羊皮披肩。

随着纳西族经济文化的不断发展，制作"披肩"已经不再用山羊皮了，而开始用绵羊皮，尤其以毛厚色黑为贵。制作时首先要进行硝皮，使羊皮柔软、皮色雪白；接着将硝好的羊皮裁剪成与人的背大小合适的半圆形状，在羊皮的正上方缝有一块约33厘米宽、1米长的黑丝绒或黑色氆氇；然后在领下饰以七块圆形五彩丝线绣成的"七星"，"七星"中心分别钉上七组麂皮细带子；再用一对约17厘米长、7厘米宽的白布做底，上面绣上蓝色蝴蝶纹饰的背带，然后将其钉在羊皮领的两端，这样就制成了一块精致美观的"七星披肩"。披披肩时，平时和天冷时毛朝里面，热天和雨天毛朝外，这样披肩不仅起到装饰作用，而且也有御寒防雨、垫肩保护衣服和肌肤、夜间压被保暖的功能。

纳西族"七星披肩"制作得比较精致，七星披肩上的每一个部分都有着自己的寓意。羊皮上面三分之一的部分用黑粗毛呢覆盖，这称为"羊皮颈"；上缀两个直径约15厘米的绣花圆盘，这称"羊皮眼"；粗毛呢的下边即紧挨白色羊皮的地方并排钉7个直径约10厘米左右的小圆盘，这就是"七星"；自每一个小圆盘中心各垂两根细鹿皮线，这是"羊皮须"。一般认为，披肩上

纳西族女装

的两个大圆盘分别代表日月,七枚小圆盘代表七颗星,象征着纳西族妇女"肩担日月,背负繁星",整日起早贪黑辛勤劳作的美德。14根鹿皮线,象征着繁星的光芒,寓意光明、温暖。由此我们也可以看出,纳西族文化的深沉与博大。

白族姑娘的凤凰帽有何美丽传说

白族是中国西南边疆一个少数民族,主要分布在云南省大理白族自治州。生活在邓川、洱源一代的白族姑娘都喜欢戴一种名叫"凤凰帽"的帽子。用两半鱼尾形的帽帮缝合成凤凰一样的帽身,在帽前沿正中配上一颗红光闪闪、用白银镶边的帽花,在帽花周围缝制上白银和绿玉的饰物,最后再把一朵五彩丛花插到帽子上方,一顶别具特色的凤凰帽就制成了。美丽的白族姑娘戴上凤凰帽,实在令人艳羡。其实,不仅帽子精美,关于凤凰帽的传说更是动人。

据说,在很久以前的洱源凤羽鸟吊脚山下,住着一位美丽善良的白族姑娘,名叫玉莹。她每天上山砍柴,以打樵为生,养活自己和失明的母亲。

有一天,玉莹照常上山砍柴,可是在路上的一处岩洞里,竟突然飞出一只凶猛的羊雕,张开翅膀和血盆大口,伸出锋利的爪子向她扑来。正当玉莹心惊肉跳无处躲藏时,一支利箭"嗖"的一声飞来,正中羊雕胸膛。凶恶的羊雕惨叫一声跌下山去。得救的玉莹急忙寻找救命恩人,就在不远处看见一位英俊的白族小伙子手拿弓箭微笑地看着自己。玉莹羞涩地道谢后小伙子便与玉莹攀谈起来。在两人的谈话中,小伙子知道了玉莹的不幸身世;玉莹同样了解到小伙子也是在深山老林打猎为生。两人互生情愫,就在太阳落山之前,玉莹把自己的一缕头发塞进了小伙儿的胸口,小伙子也割下一缕头发连同自己的弯刀赠给了玉莹。他们相约一个月后,待小伙子盖好新房,便成亲。

又是一天,玉莹上山砍柴,迷了路,不知不觉就走到了森林的深处,看到一块石板,便坐下休息。忽然她听到森林中百鸟齐鸣,看到不远处红霞升腾,彩云飘逸。在这梦幻的霞云中,玉莹看到一对五彩孔雀带路,被百鸟簇拥着的一只高贵的凤凰向她走来。凤凰走到玉莹身边,看到她孤身一人,便问领头的孔雀:"这是谁家的姑娘,怎么会一个人跑到这茂密的森林中了?"那无所不知的孔雀便把玉莹的身世一五一十地告诉了凤凰。这只凤凰打量着玉莹,觉得她非常讨人喜欢,便命令孔雀把一顶凤凰帽戴到玉莹的头上,继续向前走了。

戴凤凰帽的白族姑娘

玉莹借着这金光灿灿的凤凰帽找到了走出森林的路。就在砍完柴回家的路上，玉莹借着水中的倒影，看见戴着凤凰帽异常动人的自己，又想到马上要和那年轻的猎人成亲，顿时心情非常愉快，便唱起了歌。

这个时候，南诏王打猎正好路过，听见优美的歌声，便循声找到了玉莹。看见宛若天仙般的玉莹，南诏王便起了歹心，命人不由分说地把她带回了宫殿，逼玉莹与自己完婚。最终，迫不得已的玉莹答应了南诏王。可是，就在成亲的当天，玉莹在南诏王的酒杯里放进了毒药，毒死了南诏王。

南诏王死后，宫内一片大乱，玉莹趁乱逃出了宫殿。回到家后，她戴上金光闪闪的凤凰帽，带着自己的母亲一起上山了。半路上，正好遇见要下上迎娶玉莹的年轻猎人。

从此，美丽的玉莹和英俊的猎人在大森林中度过了幸福的一生。而那象征着白族姑娘勇敢、勤劳、善良和执着的凤凰帽从此就成为白族姑娘的最爱。

云南的锦和筒帕有何特色

傣锦，即云南傣族的织锦，当地人称之为"娑罗布"，是流传在傣族群众中的一种民间工艺品，其产地主要是在傣族世居的云南德宏、西双版纳、耿马、孟连等地的河谷平坝地区及景谷、景东、元江、金平等县和金沙江流域一带。

傣锦是一种古老的纺织工艺，其图案的设计是通过熟练的纺织技巧创造出来的，多是单色面，用纬线起花，对花纹的组织非常严谨。织造时，傣族妇女首先将花纹组织用一根根细绳系在"纹板"（花本）上，之后用手提脚蹬的动作使经线形成上下两层，接着开始投纬，如此反复循环便可织成十分漂亮的傣锦了。设计一幅傣锦，需要几百乃至上千根细绳在"纹板"上表现出来，倘若结错一根细线，就会使整幅傣锦图案错乱，可见傣锦要求之严。

傣锦有棉织锦和丝织锦两种。棉织锦基本用通纬起花，丝织锦则既有通纬起花有断纬起花。棉织锦以本色棉纱为地，以红色或黑色的纬线织就。德宏地区的傣锦则常用红、黑、翠、绿结合。傣锦的织幅一般为33厘米，长度约50厘米，多用作筒帕、被面、床单、妇女筒裙和结婚礼服、顶头帕等，再就是用作"败佛"，有时候也用作工艺美术品的装饰织物，具有强烈的民族风格。

傣锦有特殊的地方色彩和浓郁的生活气息，它的图案丰富多彩。常见的有动物、房屋、孔雀、蝴蝶、茉莉花、

傣锦

贝叶、木瓜,也有大树、房屋、人物、犬马等的。织出的图案一般是对日常生活的记述,有的也可能带有某种权势、宗教的意念和含义,如狮子、大象、马等图案的傣锦在过去只有土司、头人才能使用,宝塔的图案只有在缅寺的幡上才能见到。

傣族筒帕挎包

传统的傣锦织花常见的有八角花和方格,新中国成立后新创了反映热爱共产党的"朝阳花"、反映边疆各族人民亲密相处的"团结花"等五彩斑斓的图案。这些图案形象生动,明快简练,显示了傣族人民的智慧,体现了他们对美好生活的向往和追求。

如今,傣锦工艺在继承民族传统的基础上有了很大发展,傣锦的传统图案被不断发掘整理出来,并广泛用于筒帕、窗帘、被面、垫单、沙发垫等上面,在芒市城镇及附近村寨甚至涌现了一批傣锦织锦专业户、专业村。现在的傣锦正以其鲜明的色调、瑰丽的图案、浓郁的民族风格受到各族人民及缅甸、泰国等东南亚国家的欢迎和喜爱,成为当地的特色产品。

"筒帕",在傣族语中是"挎包"的意思。在云南省除了傣族之外,彝族、佤族、哈尼族、景颇族、傈僳族、德昂族都会制作和使用筒帕。但是,傣族制作筒帕的历史最悠久,已经有1 000多年的历史了,其织工精细、图案丰富、美观大方,是少数民族挎包的代表。

筒帕不但是傣族人日常生活的必需品,还是精致的工艺品,对于傣族的青年男女而言,筒帕还是相互表达爱慕之情的信物。傣族女孩从小就学习纺织傣锦和筒帕,人人都练就了一手出色的纺织技艺。傣族姑娘会把自己纺织得最漂亮的筒帕,送给自己的心上人。小伙收到姑娘的筒帕,就是得到了爱情的讯息,需要把自己亲手制作的竹器回赠给对方。

其实,筒帕也是傣族织锦的一种。从最初的麻、棉纺织发展到现在的丝、毛和棉混纺,筒帕已经成为制作精致、式样美观、图案形象生动、色彩鲜明、对比强烈的工艺品,具有浓郁的生活气息和鲜明的民族风格。绽放的山茶、飞舞的蝴蝶、开屏的孔雀、奔跑的小鹿以及沉静的大象等意象都"跃"上了筒帕,充满生命活力,展示出了傣族人民的聪明才智和对美好生活的向往。

如今,筒帕不仅被边疆各族群众所喜爱,也引起了国内外游客的浓厚兴趣。随着云南旅游业的不断发展,它已经成为了颇受欢迎的旅游纪念品。

德昂族为何被称为"古老的茶农"

唐代陆羽在《茶经》中指出:"茶之为饮,发乎神农氏,闻于鲁周公。"茶,性恬淡清雅,提神益思,是中华各民族人民日常生活中最为广泛饮用的健康饮料。常言道:开门七件事,柴、米、油、盐、酱、醋、茶。由此可见,茶在炎黄子孙日常生活中的重要地位。云南是世界上著名的茶叶原产地,也是茶文化的起源地之一。几千年来,云南各民族儿女在茶的发现、栽培、品种改良、加工利用以及茶文化的形成、传播和发展上,共同谱写了进步与文明的辉煌篇章,而德昂族的茶文化又是其中独具民族特色的一章,德昂族甚至还被称为"古老的茶农"。那么,德昂族"古老的茶农"的称谓是怎么得来的呢?

德昂族主要生活在高黎贡山和怒山山脉尾梢的河谷和小块平坝地区,这里自然条件优越,冬无严寒,夏无酷暑,雨量充沛,土地肥沃,特别适宜于茶树的生长,所以德昂族的种茶历史十分悠久。在德宏傣族景颇族自治州盈江县的英典、潞西县的勐戛等德昂族遗址上,至今还存活着树龄两三百年、树干直径30多厘米的大片老茶树。不仅如此,德昂族种茶经验丰富,技术先进,因而被云南边疆各族人民誉称为"古老的茶农"。

德昂族人生活的方方面面都和茶有关,他们不仅嗜饮浓茶、能用茶叶做菜,而且男女都有嚼草烟、芦子的习惯。饮浓茶是德昂族成年男子和老年妇女的嗜好,传说这种习俗从很古老的时候起就有了。由于饮茶量大,德昂族的各家各户都习惯在自己住宅四周或村寨四周栽培一些茶树,采摘的茶叶都是用土法加工,主要供自己饮用,有剩余的时候也会带到市场上去卖。

德昂族服饰

茶在德昂族男女婚恋中也发挥着特殊的功能。当地男青年一般在十四五岁的时候开始"串姑娘",双方建立感情之后,小伙子送给情人的礼物中总会有一小包茶叶,这叫"择偶茶";男方父母请媒人到女方家里提亲,见面礼是送上一包两三斤重的好茶,名为"提亲茶";双方同意婚事之后,则要送"定亲茶";到了娶亲的时候,男方还要送给女方家一定数量的茶叶,这叫"娶亲茶";新媳妇接到家之后要宴客三天,请全寨人来进餐,客人除了送烟草、蔬菜、木柴等作为礼物之外,还要送上一包上好的茶叶,人称之为"礼品茶"。由此可见,茶作为德昂族婚姻中传情表意的媒介,其作用发挥到了极致,实在是令人叹为观止。

除了婚姻之外,德昂族办事也总离不开茶,并赋予了它"茶到意到"的深刻内涵。家中若有红白之事想邀请亲朋好友前来,主人都要送上一包"请柬茶"。所不同的是,前者必须用红十字线捆扎,后者则要用竹篾条或麻线捆扎,含义直观

德昂族采茶舞

明显。如果有客人到来,主人先要沏上一杯"迎客茶"表示盛情;交谈时要请客人喝"敬客茶";客人离去走出家门时,还得请客人饮最后一口"送客茶"。全套茶礼仪必须做得完整、周到、细致,否则就是对客人不敬。

如果邻里发生纠纷,自知有过失、理亏的一方要求得对方的谅解,必须先给对方送一包"和睦茶";看到过失方主动送来的茶叶,表示对方已经赔礼道歉了,有理方须让人,就用收下茶叶表示原谅,从此隔阂烟消云散,和好如初。如果不送茶叶而送钱物,这就犯了大忌,被认为是不懂"礼",不仅不能得到对方的谅解,反而会加深矛盾。双方如果不能自行解决纠纷,就需要请头人出面调解,这时要裹一小条茶叶和一小条烟草,交叉成"×"形先交给头人,然后再申述各自的理由。

以上这些都是德昂族习以为常、必须遵从的礼俗。当然,除了上述的各种"茶"之外,还有其他用途和名称的茶名,如回心茶、唤魂茶、建房茶、认干爹茶等。从这名目繁多的茶名称中,我们可以深切地感受到德昂族茶礼仪文化外延的广泛和内涵的深刻。它生动具体地展现了德昂族人通过茶互通信息,交流感情,增进友谊,和谐社会的精神风貌、传统美德和高尚情操。"凡事必茶"的习俗使得德昂族人对茶叶的消耗量很大,因此他们种茶的数量、品质都非常高,且种茶的历史悠久,被称为"古老的茶农"也就不奇怪了。

为何德昂族的姑娘要佩戴"腰箍"

德昂族是云南独有的古老民族之一。其服饰具有浓郁而鲜明的民族特色,而女子服饰中的"藤篾缠腰"最为别致,最为引人注目。那么,这种装饰是如何由来的呢?

"藤篾缠腰"即佩戴在德昂族女子腰部的"腰箍"。按照德昂族的习惯,姑

娘成年后,都要在腰间佩戴被漆成红、黑、绿等色的宽窄粗细不一的"腰箍"。"腰箍"既是年龄的标志,也被德昂族姑娘们引以为美的象征。这一独特的服饰习俗与德昂族古老的婚配传说有着密切的关系。

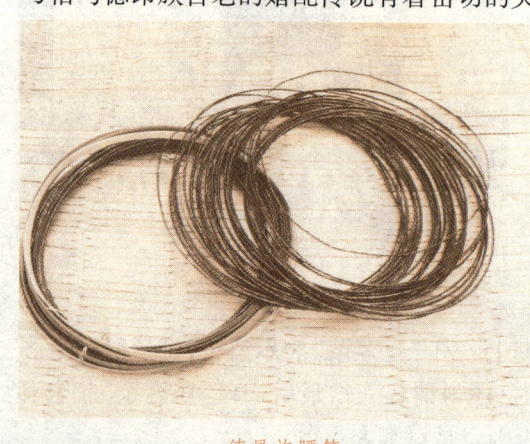
德昂族腰箍

传说,德昂族的发源地是葫芦,而其祖先都是从葫芦里出来的。德昂族刚刚诞生的时候,男人们都长得一模一样。女人们因为男人们的相貌分无法区分。所以不愿意和他们生活在一起,到处东游西逛。后来,一位天神用自己的智慧将德昂族男子的容貌区分开来。可是,过惯了游荡生活的女人们还是不愿安安分分地过日子。所以,男人们就想出了一个办法。他们用藤篾编成圈套在女人的腰间。这样,女人们再也跑不动了,只好同男人们生活在一起。渐渐地,女人们就习惯了被藤篾缠腰的生活。以后,藤篾就慢慢发展成为叫作"腰箍"的饰品。

德昂族认为,姑娘们的腰箍做得越精致,就说明她们越心灵手巧、越聪明能干。而那些为了得到姑娘芳心的德昂族小伙子,也经常费尽心机地制作各种各样刻有精美图案的腰箍送给自己心爱的姑娘。所以,现在,腰箍也成为德昂族青年男女的爱情信物。

哈尼族有哪些关于服饰的故事

哈尼族是主要分布在云南的一个古老民族。其服饰五彩斑斓,体现了哈尼族独有的民族文化。哈尼族的很多服饰都来源于其古老而独特的传说故事。

哈尼族尚黑,走进哈尼山寨,会发现全寨的男女老幼,上下衣服都是黑色的,就连裤袋、头巾都是黑色的。这是为什么呢?据说,在很久以前,哈尼族人并不喜欢黑色,而是多倾向于浅色的衣服,尤其对浅蓝和白色很是钟情。那时,哈尼族居住的山上有很多蛊贼。这些蛊贼经常侵扰哈尼族的村寨,抢夺漂亮的哈尼姑娘。一次,有一位叫作克略的哈尼大妈带着自己两个美丽的女儿上山采药,不幸遇到了凶狠的蛊贼。克略大妈被打死,两个女儿为了躲避蛊贼的追赶,逃进了荒无人烟的深山老林。她们以挖山药、采野果来维持生命。在她们挖山药的过程中,浅色的衣服被蓝靛叶染得青一块、紫一块,久而久之就变成了油黑色。也正是因为黑色衣服的保护，才能让她们在深山中与蟊贼周旋，从而躲过了他们的追捕，得以幸存人间。从此，哈尼族就以黑色布料来缝制衣服，并把黑色作为生命的保护色。

滇南红河一代生活着哈尼族的一个支系，名叫叶车。叶车妇女有一个习俗，除了沐浴与休息，无论何时何地都会在头上戴一顶洁白的尖顶头巾。有的心灵手巧的叶车女子，还会在白头巾上绣上各种图案，使其成为别致的饰品。那么，叶车女子头顶白头巾的习俗又是怎样来的呢？据说，远古的叶车人居住在一个美丽的湖滨草原上，后来，人口增加，便南迁到水草丰美的昆明滇池西山一带。不久，叶车人与一个强大的部落发生了冲突，只得再次迁徙，四处流浪。可是，那个强大的部落一直追踪着叶车人，使得善良淳朴的叶车人不得不应战。不过，虽然叶车人很英勇，但经过77天的艰苦作战后，终究敌不过强大的部落，以失败而告终。随后，叶车人纷纷逃进红河一带的深山里。后来，叶车妇女用自己纺织的白布缝成尖顶白帽罩在头上，并用头巾后摆遮住脸，使敌人无法辨认。可是，经过一段时间的安定之后，叶车人发现红河一带也有很多民族头戴白帽，于是便决定在叶车女子的尖顶白帽上钉根白带，以示区别。从此，便一代一代沿袭至今。

哈尼族情侣

独龙族女子独特的身体"毁饰"——"文面"知多少

由于历史、地理等因素的影响，生活在云南省独龙河两岸的独龙族一直处于一种比较原始的状态。他们至今仍维持着刀耕火种的原始农业，而他们的传统服饰也甚为简单：一块独龙毯从左肩腋下斜拉至胸前，袒露左肩右臂，左肩一角用草绳或竹针拴结。虽然独龙族的服装很简单，但是其神秘的身体毁饰——"文面"习俗却比较独特。

"文面"仅限于独龙族的女子，是表示成年的一种象征。独龙族的女孩到了十二三岁必须纹面。纹面时，女孩会躺在一个舒适的地方，由专门的纹面师用竹签蘸着锅烟水在脸上画出纹样，然后再用削尖的竹签按纹样扎刺。每扎完一条纹线，将血水拭去后，再用锅烟灰或者一种深色的草汁反复揉擦刺纹，使它渗入皮下。等到刺花的脸庞结痂，痂落愈合，脸上就会留下黑色或青靛色的花纹。

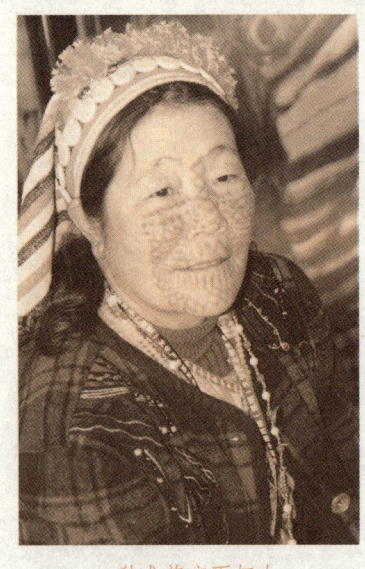

独龙族文面妇女

在独龙族看来,这种身体"毁饰"就是一种神圣的装饰和美的象征。他们认为,人死后的灵魂会变成蝴蝶,然后自行消亡。每当看到峡谷中飞出的蝴蝶,独龙族便认为是人的灵魂在游荡。为了表示对这些传说中精灵的敬意,独龙族便按照祖祖辈辈传承的习俗,在即将成年的少女脸上刺出蝴蝶的纹样。这种由女性面部展示民族信仰的习俗最终成为独龙族世代沿袭的一种特征。

如今,独龙族女子已经不再接受这种独特的身体"毁饰"了。在相对封闭的独龙江峡谷,至今还有不足百名的独龙纹面女子,在展示着独龙族曾经拥有的独特美丽。

老云南的民居

"走马转角楼"有何建筑特色

所谓"走马转角楼",是指丽江古城中保持着明清建筑特色的一种纳西民居建筑。这种多为土木结构的"三坊一照壁,四合五天井"式的瓦屋楼房,既讲究结构布局,又追求雕绘装饰,外拙内秀,玲珑精巧,被中外建筑专家誉为"民居博物馆"。

丽江纳西民居建筑一般是高约7.5米的两层木结构楼房,也有少数三层楼房,为穿斗式构架、垒土坯墙、瓦屋顶,设有外廊(即度子)。根据构架形式及外廊的不同,可分为平房、明楼、雨步厦、骑度楼、蛮楼、闷楼、雨面厦等七大类。在结构上,一般正房一坊较高,方向朝南,面对照壁,主要供老年人居住;东西厢房略低,由下辈居住;天井供生活之用,多用砖石铺成,

丽江纳西族民居

纳西族民居照壁

常以花草美化。如有临街的房屋,居民就把其作为铺面。"城依水存,水随城至",是古城建筑的一大特色。

布局形式有三坊一照壁、四合五天井、前后院、一进两院、两坊拐角、四合院、多进套院、多院组合等类型,其中以三坊一照壁和四合五天井最为典型。三坊一照壁,即主房一坊,左右厢房二坊,加上主房对面的照壁,合围成一个三合院。四合五天井指由正房、下房、左右厢房四坊房屋组成的封闭式四合宅院。除中间一个大天井外,四角还有四个小天井或漏间。三坊一照壁、四合五天井是丽江民居中最基本、最常见的形式,其他布局形式都是在其基础上的发展和组合。

丽江民居的构架处理十分灵活,设有"勒马挂""地脚""穿枋""千斤"等具有拉结作用的构件,整个构架按百分之一的斜度使柱头往里倾斜,柱根部向外展开,增强了构架的稳定性。在构架的联结节点部位,根据受力的情况,分别使用"两磴榫""大头榫""平插榫",并设有暗梢等柔性节点,以利于抗震。下重上轻的护墙体坚固实用。丽江民居在体型组合及轮廓造型上纵横交错,形制优美;外观的立面多为石砌勒脚,墙面抹灰,墙角镶砖,青瓦铺顶,色调和谐,外观朴素。

丽江民居非常注重房屋的装饰,其重点是门楼、照壁、外廊、门窗隔扇、天井、梁枋等。门楼的形式有砖拱式、木过梁平拱式及木构架式三种:砖拱式门楼多为中间高、两边低的三滴水牌楼式样;木过梁平拱式门楼则是以木过梁承托、外包薄砖的三滴水牌楼;木构架式门楼多为双坡屋面,檐下用多层花板、花罩装饰。民居照壁一般有三滴水、一字平式两种,内部的外廊小照壁多用大理石装饰。房屋的门窗均饰以木雕图案,如鸟禽、花卉、琴棋书画、博石器皿等,是功能与艺术相结合的产物。此外,对梁枋、柱头、栏杆、柱础、勒脚、檐口、屋脊等木作、石作、瓦作部位也加以装饰。如大过梁的梁头雕成兽头,俗称"狮子头",柱础也雕成圆鼓形、瓶形等。

昆明老街有何特色

昆明老街是昆明市保存清代和民国时期特色民居建筑、商铺建筑最多,面积最大的片区,具有较高的历史文化价值和老昆明情感价值。作为昆明古城千载文明的象征,昆明老街是最具有代表性的城市名片之一。

由文明街、文庙直街、甬道街、光华街、文庙、胜利堂、景星花鸟市场等街巷和旅游景点构成的昆明老街区始建于公元1119年,明清时成为云南省和贵州省的经济、文化、商业中心。它是昆明目前唯一遗留的历史老街区人文景观。现今尚存的昆明老街的格局,就是从清代康熙年间云贵总督在此建署而逐步开始形成的;现存昆明老街的建筑,主要反映了民国时期的历史风貌。一批近代建筑的插入和私人豪宅的新建,为昆明老街留下了深深的烙印,并保留至今。青砖墙、四合院、高门楼、花墙裙的建筑风格,既有云南传统民居的特色,也有古代官府衙门文化的内涵。

昆明老街古建筑

位于昆明景星街136号的马家大院,是白族民居建筑的杰作。它始建于1923年的民国时期,主人是国民党统治时期的昆明第一任市长马锳。这是一座全木结构的两层楼房,建筑集木雕、石刻、大理石工艺美术于一体。楼梯、围栏、木墙全都漆上了朱红色的油漆,屋檐底下挂着许多大大小小的红灯笼,集中了"四合五天井""走马串角楼"和"三坊一照壁"等典型的白族民居建筑形式,是昆明唯一保存至今的白族建筑珍品。整个建筑坐北朝南,环境极为清幽。

老街会定期举行具有鲜明民俗特色的主题活动,例如元宵灯会、小吃节、端午吃粽子大赛、七夕情人节主题活动、中秋亲友团聚赏月会等。老街还会定期上演滇剧的经典剧目,以特色小摊的方式举行民间艺人的展演,如糖画、捏泥人、剪纸表演、皮影表演、西洋镜等。热闹非凡的民间小吃集市,让人们亲身体验老昆明"赶场"的热闹场景;趣味十足的民间婚礼展示,游人可参与其中、乐在其中,情侣们甚至还可以将自己的婚礼仪式搬来老街举行,体会一种独特的、传统的婚庆方式;民间音乐及戏剧表演、民俗服装秀更是长年不断,花样百出。其他诸如夜晚打更、采用花轿和滑竿等传统交通工具等多种古韵十足的特色项目,让昆明老街重现昔日老昆明城的生活原貌。

傣族的"贺新房"知多少

建盖新房,是傣族群众生活中的一件大事。屋架建起以后,得抓紧时间用

傣族村寨民居广场

草排和挂瓦覆面,围好四周的竹篱或板墙,按照古俗做好火塘,举行贺新房仪式。

贺新房仪式通常是在太阳当顶时举行。届时,主持仪式的老人要高声诵念祝词:"今天是最好的日子,现在是一天的良辰,天空晴朗,阳光明亮。此时上新房,竹楼牢靠,夫妻和睦,畜旺粮丰,万事如意。上新房吧,亲友贵宾!"于是,端着铁三脚架、犁铧和猪头(或牛头)的人,在"水!水!水!"的欢呼声中登上新房,为房主在火塘上安放铁三脚架。亲朋好友在鞭炮声中鱼贯登楼,摆好行李。仪式主持者为主人在火塘上架柴,将火点燃。主人在新房上设席宴客。年轻的姑娘站在楼口,对前来参加贺新房的客人泼洒清水表示祝福。

贺新房这天,房主人要专门请男女歌手在酒席上唱歌。歌手首先要祝贺新居落成,对新房和房主大加赞美,然后就唱传统的《贺新房之歌》,以一问一答的形式唱竹楼的来历、竹楼的种类、竹楼上木料的名称等。歌手每唱一段,人们便齐声发出"水!水!水!"的欢呼。这天,新竹楼上的宴席不撤,人不散,一直要到次日凌晨歌停了,客人才会离开。傣家人举行这种通宵达旦的贺新房典礼,除祝贺乔迁之喜外,还为了驱邪魔、求吉祥。这源自于傣族的一个民间传说:古时有户人家盖新房时,砍伐了一棵蛇魔盘踞的树木做柱子,那蛇魔夜间寻来,缠在木柱之上不肯离去。后来房主请来许多人齐声呐喊,蛇魔才惊恐逃窜。从此,每幢新房落成之时,房主都要请歌手唱歌、宴请宾客,借宾客雷动欢声驱邪,以保吉祥平安。

何谓"木楞房"建筑

摩梭人习惯依山傍水而居,"木楞房"是其民居建筑。这种房子因四围墙壁都是用两丈多长的树干砍成方形后横排垒成,故称"木楞房"。

木楞房四壁用削皮后的圆木,两端砍上卡口衔楔垒摞而成,为"人"字形坡面,用杉木板覆盖(现已改用瓦),上压石块。整幢房屋不用一颗钉子,也不用砖瓦,不仅冬暖夏凉,而且因为衔楔整架结构而特别防震。木楞房一般为三坊一照壁或四合院形式,分母房、经堂、花楼和门楼等。

母房(也叫正房)在院子的右边,摩梭语称之为"依拘",是院落的主要建筑，也是摩梭大家庭议事、炊事和祭祀的场所。母房结构复杂，一般进门后还有一条狭长走廊，走廊内的房屋又被隔成三间，左侧是主妇的起居室，右侧用来做大灶，煮猪食或酿酒，并放置生产工具。中间是正屋，正屋最显眼的便是设在一角的火塘，火塘上方是锅庄和祭锅庄时摆放供品的平

木楞房

台，锅庄所靠的壁上，有一块泥塑或硬纸板，上画（或塑）日月星辰、火焰、海螺、金元宝等图像，这是摩梭人崇敬的"冉巴拉"灶神。在火塘左侧靠房壁，有一方形大木柜，柜内装零碎杂物，柜面则是家里最尊贵老人的床，一般是外婆住。房中有两根大柱子，摩梭人在砍这两棵柱子时必须用一棵树，顶上一节为左柱，根底一节为右柱。左柱代表男人，摩梭语称之为"瓦杜梅"，右柱代表女人，摩梭语称之为"龙杜梅"。在举行成丁礼时，男的在左柱旁举行，女的在右柱旁举行。

正房正前方为门楼，门楼左、右为厢房。门楼及厢房都是两层，上层住人，下层关牲畜或堆放杂物。大门正对的一幢叫经房，楼上是佛堂，供着藏传佛教黄教派创始人宗喀巴和历代达赖、班禅的神像，楼下为家里的成年男子居住或作客房；左边一幢是花楼，供行过"成丁礼"的成年女子居住，"阿夏"们便在这里度过良宵，男子不经许可是不能进花楼的，而女子生育后也要从花楼搬至母房。

木楞房的大门一般开朝东方或北方，其井院较大，有红白喜事，就在井院举行。堂屋门外常悬挂有牛、羊等的骨头，有祝愿牲畜兴旺和宗教上的"避邪"之意。如果经济条件较好，有的木楞房还会在墙壁上涂抹深色油漆，颜色有黄有红，非常显眼。

白族的民居有何特色

白族自古以来就从事以水稻为主的农业生产，为定居形式，因此，注重居住条件就成了白族人的传统，同时也造就了白族民居环境优雅、典雅大方的特点。白族民居是白族建筑艺术的一大景观，其主要特点有：

建筑材料主要是石头。大理石头多，白族民居大都就地取材，广泛采用石头为主要建筑材料。大理民间有"大理有三宝，石头砌墙墙不倒"的俗语，指的就是建房取材的特点。石头不仅用在打基础、砌墙壁，就连墙角、门头、窗头、飞

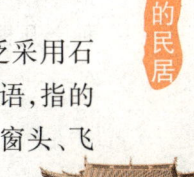

檐等部位都用刻有几何线条和麻点花纹的石块或石条砌成，墙壁则常用天然鹅卵石砌筑，墙面用石灰粉刷。这种用材的特征沿袭的是南诏时的建筑方式。据记载，南诏的民居建筑就是"巷陌皆垒石为之，高丈余，连延数里不断"。

布局特色。由于大理地处由北向南的横断山脉帚形山系形成的山谷坝子，白族民居的主房一般是坐西向东。其平面布局和组合形式一般有"一正两耳""两房一耳""三坊一照壁""四合五天井""六合同春"和"走马转角楼"等。采用什么形式，由房主人的经济条件和家族大小、人口多寡所决定。白族民居的大门大都开在东北角上，门不能直通院子，必须用墙壁遮挡，遮挡墙上一般写上"福"字。

装饰以雕刻、绘画、泥塑为主。白族一切建筑，包括普通民居，都离不开精美的雕刻、绘画装饰。木雕多用于建筑物的格子门、横披、耍头、吊柱等部分。各种动植物图案造型千变万化。白族木雕巧匠们特别擅长制作玲珑剔透的三至五层"透漏雕"，多层次的山水人物、花鸟虫鱼都表现得栩栩如生。大理喜州、海东一带有的白族民居建筑还有泥塑，造塑多为龙凤、古瓶、花卉。照壁即瓦顶飞檐的粉墙，是建筑中艺术装点最集中的地方，多用凸花青砖组合成丰富多彩的立体图案，各组中心再作粉画，或镶嵌自然山水图案的大理石。有的在两边塑鱼，以示稳固。富于装饰的门楼可以说是白族建筑图案的综合表现。一般都采用殿阁造型，飞檐串角，再以泥塑、木雕、彩画、石刻、大理石屏、凸花青砖等组合成丰富多彩的立体图案，既显得富丽堂皇，又不失古朴大方的整体风格。

环境优雅整洁。白族民居崇尚白色，"粉墙画壁"也是白族建筑的一大特色。墙体的砖柱和贴砖都刷灰勾缝，墙心粉白，檐口彩画宽窄不同，饰有色彩相间的装饰带。以各种几何图形布置花鸟、山水、书法等文人字画，表现出一种清新、雅致的情趣。白族很讲究住宅环境的优雅和整洁。种花爱花是白族的传统美德，多数人家的天井里一般都砌有花坛，边沿或屋檐口放置兰花等盆花，还要种上几株山茶、缅桂、丹桂、石榴、香橼等乔木花果树。

白族为何用鹅卵石砌墙

在白族民居中,很容易见到一种特别的建筑方式——用鹅卵石砌墙。"鹅卵石砌墙墙不倒"是云南大理白族建筑的一大特色。白族人为什么会想到把鹅卵石当成砌墙的材料呢?

这与当地的自然环境有关。大理是个多风地区,每年出现大风的天数既多,风力又强,尤以下关一带,最大风速可达12级(即每秒钟风速在40米左右)。这种劲风,在我国内陆地区是很罕见的。在与大自然的斗争中,白族劳动人民积累了丰富的经验。由于当地常年多是偏西的风向,他们就将主房的布局坐西向东,门窗都开在向东那面,风从屋后吹来,自然不易进入室内。对于从其他方向吹来的风,就由四合院或"三房一照壁"的平面组合形式来解决。白族建筑的照壁比较高大,主房、厢房和厅房一般是层高均等,不分主次,充分起到互为屏障的作用。

当然,面对恶劣的自然环境,灵巧的布局更离不开建筑自身的防护作用。千百年来,白族人民利用每年从大理苍山十八溪冲下积存的大量卵石,就地取材建房,积累了丰富的经验并形成一大技巧。大理当地盛产的鹅卵石,坚固美观,为白族人建筑"卵石墙"提供了丰富的材料。卵石墙有干砌、夹泥砌、包心砌三种。刚砌好的卵石墙,用手拍打时会颤动,但实际上坚固耐久,叫作"好墙如豆腐"。用这种鹅卵石筑建的一堵堵高逾丈许的墙,历经百年的风吹雨淋而不会倒,而且看起来也很美观。难怪当地有民谚说:"大理有三宝,鹅卵石砌墙不会倒。"有关使用大量卵石来建造南诏国太和城的建筑,早在1 000多年前的《蛮书》中曾有这样的记载:"巷陌皆垒石为之,高余丈,连延数里不断。"

剑川沙溪古镇白族民居大门

为何大理被誉为最适宜居住的城市

云南大理有着"东方瑞士"的美誉,四季如春的气候,优美的自然风光,千年的历史文化,无论从地理还是人文角度考量,大理都是最适宜居住的城市。理

大理古城风光

由如下：

第一，气候条件优越。大理地处低纬高原，接近北回归线，太阳辐射角度较大且变化幅度小，形成年温差小、四季不明显的气候特点，"四时之气，常如初春，寒止于凉，暑止于温"，可见四季温差不大。此外，大理属热带季风气候，全年降雨量充足，光照条件好，因此非常适合人类居住。

第二，地理条件优越。大理位于云南省西北部，横断山脉南端，是一个依山傍水的高原盆地，海拔2 090米，常年气候温和，干湿季分明，土地肥沃，造就了林木繁茂的植被特点。从而形成了空气清新、污染较少的美好环境，适宜人类生活。

第三，自然风光优美。大理位于苍山之麓，洱海之滨，是南诏古国、佛道圣地，也是中国优秀旅游城市，以"风、花、雪、月"著称。其自然风光秀丽迷人，境内的南诏崇圣寺三塔，剑川石宝山石窟，宾川佛教圣地鸡足山，以及挺拔雄伟的苍山，明媚清澈的洱海，湖光山色的蝴蝶泉，构成了一幅美丽而又神奇的画卷。

第四，人文历史底蕴丰厚。大理历史悠久，是云南最早的文化发祥地之一。大理是以白族为主体的少数民族聚居区，白族风情多姿多彩，风俗习惯具有鲜明的地方民族特色，吸引着无数中外游人流连忘返。其地方特色民居古朴大方，适宜人类居住。

第五，资源丰富，经济发展迅速。大理历史上是滇西物资集散地，目前已形成了专业市场与综合市场、城区市场与农业市场互补的局面，商品交易规模不断扩大。大理是大理白族自治州的政治、经济、文化中心，是大西南旅游经济圈规划区中的热点旅游中心城市之一，也是云南省旅游重点城市。大理物产丰饶，自然资源丰富，三大产业发展迅速，为人类居住提供了物质基础。

大理喜洲白族建筑群有何特色

喜洲位于大理古城以北18千米处，东临洱海，西枕苍山，是白族聚居的城镇。现存的喜洲白族古建筑群群体格局完整，不同时代的建筑遗存数量众多，堪称白族古建筑的自然博物馆,是白族建筑历史发展的缩影和白族建筑艺术的集中体现,具有有较高的民族学、建筑学等价值,已被国务院批准列入第五批全国重点文物保护单位名单。

喜洲现存明、清、民国时期较完整的民居101院,加上现代承袭白族传统形式民居共约1 500余院。比较著名的有杨品相宅、

大理喜洲古镇民居

严家大院、侯家大院等,既保持了白族传统民居的特点,又结合了中西建筑手法。这些民居雕梁画栋、斗拱重叠、翘角飞檐,门楼、照壁、山墙的彩画装饰艺术绚丽多姿。

喜洲白族建筑群各院平面布局有一向一坊、一向二坊、二向三坊、三坊一照壁、四合五天井、五福寿、六合同春、走马转角楼等式样,以"三坊一照壁"及"四合五天井"格局为主。房屋构架为抬梁穿斗结合五柱落地的形式,内院屋檐为出厦、吊厦或倒座。建筑造型为主房高、耳房低,正面设照壁。照壁多为三滴水面照壁,设庑殿式壁顶及脊,下用斗拱。壁上多题代表家庭地位与家风的文字。

喜洲白族民居特别重视照壁、门窗花枋、山墙、门楼的装饰。照壁是一主两厢、三主庭院的必要建筑,多为一高两低的挑檐飞角、青瓦盖顶的墙体;居主房正前,连接两厢山墙,使三方形成封闭庭院。照壁正中以石灰粉刷,书以四言题字,或嵌大理石屏;四周镶勾出扇面、长方、圆形等图案,中以水墨或粉彩绘画。门窗特别是主房堂屋的格子门,多为云木、红椿、楸木、云杉等名贵木材,雕上金鸡富贵、喜上眉梢、麒麟呈祥等民间吉祥图案,多为透雕或圆雕。山墙则以白灰粉刷,山尖呈三角形,其上用水墨绘以云纹、如意纹、莲花纹、菱花纹等吉祥图案。大门座选用海东青山石精凿成芝麻花点、砌出棱角分明的基座,上架结构严谨、雕刻精细、斗拱出挑、飞檐翘角的木质门楼。

 ## 何谓"一颗印"式建筑

"一颗印"是云南昆明地区汉族、彝族普遍采用的一种房屋建筑形式。它由正房、耳房(厢房)和入口门墙围合成正方如印的外观,故称"一颗印",又叫窨子屋。

云南昆明地区虽四季如春，但多风，故住房墙厚重，建筑别具特色。在旧时，昆明城乡中无论汉族还是其他少数民族百姓都喜爱建盖经济实惠的"一颗印"式民居。这种民居建筑是由正房、厢房、倒座组成的四合院，瓦顶、土墙，平面和外观呈方形，方方正正好似一颗印章。

"一颗印"民居天井

"一颗印"民居都是坐北朝南，大门开在正房对面的中轴线上，设倒座或门廊，一般进深为八尺，有楼，无侧门或后门，有的在大门入口处设木屏风一道，由四扇活动的格扇组合而成，平时关闭，人从两侧绕行。每逢喜庆节日便打开屏风，迎客入门，使倒座、天井、堂屋融为一个宽敞的大空间。"一颗印"民居主房屋顶稍高，双坡硬山式。厢房屋顶为不对称的硬山式，分长短坡，长坡向内院，在外墙外作一个小转折成短坡向墙外。院内各层屋面均不互相交接，正房屋面高，厢房上层屋面正好插入正房的上下两层屋面间隙中，厢房下层屋面在正房下层屋面之下，无斜沟，减少了梅雨的麻烦。外墙封闭，仅在二楼开有一两个小窗，前围墙较高，常达厢房上层檐口。

"一颗印"民居为一楼一底楼房，正房三间，底层一明间两次间，前有单层廊（称抱厦），构成重檐屋顶。左右两侧为一楼一底吊厦式厢房，厢房的底层一般各有两间，称为"三间四耳"。一颗印式民居是由汉、彝先民共同创造，最早在昆明地区流行起来的特色民居建筑，其基本规则为"三间两耳倒八尺"。平面近乎正方形，正房三间两层，较高一些，两厢为耳房，耳房就矮一些，这样就组成四合院，中间为一小天井，门廊又称倒座，进深为八尺，所以叫"倒八尺"。这样长辈居住的正房采光就比较好。中间为天井，多打有水井，铺石板，作为洗菜洗衣休闲的场所。为安全起见，传统的房屋四周外墙上是不开窗户的，都从天井采光。在一颗印中，正房三间的底层中央一间多作客堂，为接待客人用，左右为主人卧室，耳房底层为厨房和猪、马牲畜栏圈，楼上正房中间为祭祀祖宗的祖堂或者是诵经供佛的佛堂，其余房间供人住宿和储存杂物等。

怒族的"千脚落地"民居有何特色

"千脚落地房"是怒族干栏式竹楼的俗称，其形式类似于重庆"吊脚楼"，是根据怒江大峡谷山高坡陡的特点，依山就势建造的。

居住在怒江峡谷的怒族因为山高坡陡，基本上无法建造平房，所以在修建房屋时只好依山而立，盖成楼房。靠山的一面，就以山地支撑，背山的一面，或用柱、或用墙支撑，楼上住人，楼下饲养牲畜或堆杂物。墙面一般根据地方取材的难易分为两种：一种便是古文所记载的"编竹为垣"，它用篾笆做外墙和房中隔墙；另一种则是以直径三四寸的圆木两头加卡榫相叠，组合成垛木房墙。楼面用竹编篾笆或大木板铺就，铺设在架在斜坡地上的许多木桩上。

昆明怒族民居

这种房屋一般布局为三间，中间为嵌火塘的厨房兼客厅及老人的卧室，两侧为子女、青年夫妇的卧室或储藏室。房屋设有门，但不立窗子，室内采光和通风都来自篾笆缝隙间射流进来的光线和空气。为了防止腐坏，整体房屋都由篾片固定，不用铁钉和铁丝。房头板的原料为红杉木，具有纹理美观、利水性好、耐腐等特点，并且有香气可以避免被白蚁蛀食，能供三四代人使用。这种怒族民居因地制宜，就地取材，节省工料，建造简易，而且它冬暖夏凉，非常适合怒江峡谷的气候特征。

何谓"土掌房"

土掌房又称土库房，距今已有500多年的历史。它是彝族先民的传统民居，后期彝汉混居，其融合了部分汉族民居的特点，逐步形成了具有鲜明地方特色的民居建筑，堪称民居建筑文化与建造技术发展史上的"活化石"。

土掌房分布在滇中及滇东南一带。这一带土质细腻，干湿适中，为土掌房的建造提供了大量方便易得的材料和条件。土掌房以石为墙基，用土坯砌墙或用土筑墙。建造土掌房时，先挖来红土倒进夹起的模板中间，用木杵舂筑坚实土墙，等到土墙风干晒干以后，再把加工好的圆木头架放到墙顶上，作为主梁。墙上架梁，梁上铺木板、木条或竹子，上面再铺一层土，经洒水捉捶，形成平台房顶，不漏雨水，同时又是晒场。有的大梁架在木柱上，担上垫木，铺茅草或稻草，草上覆盖稀泥，再放细土捶实而成。土掌房部分为二屋或三层，冬暖夏凉，防火

云南城子古村土掌房

性能好,非常实用。

云南省泸西县永宁乡城子古村被誉为"民居建筑发展史上的活化石",是一处集喀斯特自然山水田园风光与少数民族古建筑于一身的胜地,现存有彝族土掌房1 000多间,层层叠叠、集中连片、背山面河,全村房屋墙连墙,下一家的屋顶即为上一家的场院,层层而上,直达山顶,极具特色。城子古村的土掌房被誉为泸西的"布达拉宫"。

团山村传统民居有何特色

团山村位于云南建水县,是一座典型的同姓家族聚居的村落,共有百余户人家,其民居均为砖木建筑大院,户挨户鳞次栉比。现存建于清末民初保存完好的古建筑有21座,其中包括传统宅院式民居15所、古寺祠6处。团山村传统民居主要有以下特色:

布局特点。 团山村民居布局和装饰与江南民居有相似之处,所有建筑一律坐西朝东,屋面为青瓦,白灰粉饰外墙,青砖作墙裙,每座房屋都以天井为核心,大门多在主体建筑一侧,通过形状不一的过道,到达主体院落,有一进院、二进院、三进院,平面布局包揽了云南传统民居中"四合五天井""三坊一照壁""跑马转角楼"等主要形式。

注重门的设计与装饰。 团山村各户人家的大门是主人财富与地位的象征。其门楼大体划分为普通嵌贴式门楼、普通独立门楼、三段式独立门楼、五段式独立门楼等几种样式,各具特色和寓意。在团山人心中,门是房屋的入口,又是纳福迎瑞的象征。安装于堂屋和厢房的隔扇门常以四扇或六扇为一堂,寓"四季平安""禄禄有福"。每扇门由天头、上幅、玉腰、下裙、地脚五个部分组成,寓"五福齐全"。内院隔扇门用于房屋明间及室内隔断(可卸下),有四扇、六扇、八扇等偶数扇数,格门上部为格心,由花样的棂格拼成,可透光。下部为裙板,不透光。隔扇门是在团山宅院式民居中出现最多的一种门。另外,团山村宅院式民居院落的隔墙上常用轮廓为圆形、六角形、瓶形等式样的花式门,往往是院落园景构成的重要组成部分。

窗户的装饰形制多样。 团山村民居注重窗户的美观,其棂窗既有"古钱套"

"梅花套""柿蒂套"等镶嵌图纹，又有多种图案组合而成的窗棂纹样，上面除了寄托着主人吉祥如意的愿望外，也有人们耳熟能详的历史故事和戏文人物活动场景。另外，花厅及宅院中的建筑还常用一些圆形、多边形、花果形、器物形等的花式窗。团山宅院式民居窗户不仅美观，还具有祈福、教化和娱乐的功能。

建水团山村民居

建筑内遍布雕刻、绘画艺术。

在团山村民居建筑装饰中，雕刻、书法、绘画被称为三绝，其门窗、染坊、斗拱、飞檐、廊檐、柱础、墙裙，甚至是天花板都被能工巧匠们用书法、绘画、工艺图案、雕刻等形式装饰且内容丰富，有民间传说故事、地方神话、历史典故、地方著名风景等。"三绝"中尤以梁棹窗棂间的精细木雕著称。木雕中的人物形象、动物姿态、植物纹样、几何图形，都根据各种形体采取不同的雕凿方法，穿漏与浮雕相结合，面面俱到。除木雕、砖雕、石雕外，彩绘书画也是装饰建筑的重要组成部分，诗词楹联遍布庭院板壁。书画都是当时建水知名书画家所作，楹联内容文化寓意丰富，具有较高的文化艺术价值，足以显示主人家书香世第的文化气息，表达其对"儒雅"的崇尚。

元阳哈尼人的民居为何有"蘑菇房"之称

蘑菇房是红河元阳、绿春等地哈尼族最典型的民居，因住房形似蘑菇，当地人把它形象地称为"蘑菇房"。传说远古时期，哈尼人住的是山洞，山高路陡，出门劳作很不方便。后来他们迁徙到一个名叫"惹罗"的地方，看到满山遍野生长着大朵大朵的蘑菇，它们不怕风吹雨打，还能让蚂蚁和小虫在下面做窝栖息，就比着样子盖起了蘑菇房。

蘑菇房的墙基用石料或砖块砌成，地上地下各有半米，在其上用夹板将土舂实一段段上移垒成墙，最后屋顶用多重茅草遮盖成四斜面。房子一般为土木结构的二层或三层楼房，用石块奠基，以木柱为墙。屋顶分为双斜面、四斜面，并用茅草或瓦片铺盖。草顶不仅能遮风挡雨，更重要的是使房内冬暖夏凉，保持通风和干燥。

蘑菇房通常由正房、前廊（相当于正房前厅）和耳房组成。前廊与正房前墙

老云南的趣闻传说

云南哈尼族蘑菇房

相接,耳房与正房一(两)侧相连;前廊与耳房顶部均为坚实的泥土平台,它既可休憩纳凉,又可晾晒收割的农作物;正房二层全部用泥土封实,然后在三四米高处再铺盖茅草顶。二(三)层至屋顶的空间称"封火楼"。封火楼通常以木板间隔,用以储藏粮食、瓜豆,供适龄男女谈情说爱和住宿。最底层用来关牲畜,堆放农具。中层用木板隔成左、中、右三间,中间设一常年生火的方形火塘。哈尼族人住一二年要用长棵稻草更换房顶,使房屋看起来完好如新。

哈尼族一般居住在向阳的山腰,依傍山势建立蘑菇房。屋顶平顶的,称"土掌房",也有双斜面四斜面的茅草房。因地形陡斜,缺少平地,平顶房较为普遍,既可防火,又便于用屋顶晒粮,空间得到充分利用。蘑菇房经久耐用,冬暖夏凉,在我国民居文化中独树一帜。

老云南的饮食

"过桥米线"中的"米线"是如何过桥的

过桥米线是云南的特色食品,以用料考究、制作精良、吃法独特、独具风味而闻名中外。过桥米线已有一百多年的历史,关于它的传说也有好几个版本。

传说一: 相传,清朝时滇南蒙自城外有一个湖心小岛,一个秀才到岛上读书,其贤惠的娘子常常做了他爱吃的米线送去。但等出门到了岛上时,米线已经不热了。后来在一次送鸡汤的时候,娘子偶然发现鸡汤上覆盖着厚厚的那层鸡油有如锅盖一样,可以让汤保持温度,如果把佐料和米线等到吃的时候再放,味道更加爽口。于是她先把肥鸡、筒子骨等熬成清汤,上覆厚厚鸡油;将米线在家烫好,把配料切得纤薄;到岛上后用滚油烫熟,之后加入米线,吃起来相当鲜香滑爽。此法一经传开,人们纷纷仿效。因为到岛上要经过一座桥,也为了纪念这位贤妻,后世就把

过桥米线

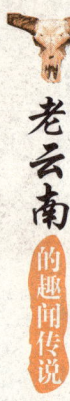

云南过桥米线店——建新园

它叫做"过桥米线"。经过历代滇味厨师的改进创新,"过桥米线"渐渐成为滇南的一道著名小吃。

传说二:相传云南米线是由清朝时云南省建水县进士出身的李景椿所创。清道光年间,建水东城外太史巷有个厨师叫刘家庆,他在鸡市街头处开了一家名叫"宝兴楼"的米线馆。一天清早,一个举止文雅、穿着讲究的人来到他的馆中吃米线。他叫刘家庆照他介绍的方法做出汤来配米线吃。方法是:把生猪脊肉切成薄片,用小粉水揉捏后放进一个大碗中,舀上一调羹熟猪油淋在猪脊肉薄片上,并盖上几片地椒叶子,然后再舀一大勺滚烫的草芽鲜肉汤氽入碗中,另用一个碗盛米线。店主人照此做好后,这顾客先用筷子在汤中搅拌片刻,再将米线挑入汤碗中吃。此人名叫李景椿,多年来在外省做官,回乡后他仿照外省人"涮锅子"的吃法吃米线,味道异常鲜美。刘家庆对他的这种吃法感到很好奇,便询问起来。李景椿回答说:"我从桥东(锁龙桥)来到桥西吃米线,人过桥,米线也过桥,我是吃过桥的米线。"随后,刘家庆采用李景椿介绍的方法做米线,并以李景椿说的"过桥"来命名,"过桥米线"由此而来。

传说三:从前有一书生,喜欢游玩,不愿读书。他有一个美丽的妻子和一个年幼的儿子。夫妇之间感情很深,但妻子对丈夫不爱读书深感忧虑,于是就对书生说:"你终日游乐,不思上进,不想为妻儿争气吗?"书生听完深感羞愧,便在南湖建了一个书斋,独居苦读,贤惠的妻子每日三餐都送饭到书斋。书生学业大进,但也日渐消瘦。妻子很是心疼,于是宰鸡煨汤,切好肉片,备好米线,准备给书生送去。儿子年幼,将肉片放进汤里,母亲只好迅速把肉片捞起来,发现已经熟了,尝了一口觉得味道很香,非常惊喜。于是她就立刻提着食物送往书斋,但因为操劳过度,晕倒在南湖桥上。书生赶过来看见妻子已醒,汤和米线倒是都完好,只是汤面被浮油罩住了,没有一丝热气,他以为汤已经凉了,用手捂汤罐,却灼热烫手,觉得很奇怪,便问妻子是怎么做的,妻子据实以告。书生听后说,这可称为"过桥米线"。书生在妻子的精心照料下,考取了举人,这事被当地百姓传为佳话。从此,过桥米线的名声也不胫而走。

过桥米线中的米线就是这样"过桥"的。

汽锅鸡有何来历及特色

汽锅鸡是云南的名菜之一,因用汽锅蒸制而得名。所谓"汽锅",是指建水出产的一种别致的土陶蒸锅,专门用来蒸煮食物。汽锅鸡的主要食材是鸡肉,有补虚养身、补血、健脾开胃的功效。

早在清代乾隆年间,汽锅鸡就在滇南一带流行。相传是监安府(今建水县)福德居厨师杨沥发明的吃法。那年皇帝巡视监安,知府为取悦天子,发出布告征求佳肴,选中的赏银50两。杨沥家贫,老母病重,为得重赏,他综合了当地吃火锅和蒸馒头的方法,创造了汽锅,又不顾生命危险,爬上燕子洞顶采来燕窝,想做一道燕窝汽锅鸡应征。不料汽锅被盗,杨沥被问欺君之罪,要杀头。幸而皇帝问明真相,免杨沥一死,并把福德居改名为"杨沥汽锅鸡"。从此汽锅鸡名声大振,成为滇中名菜。那时汽锅鸡的做法很简单,但味道很醇正。

汽锅鸡

后来,云南杨林、建水等地用名贵药材冬虫夏草偎仔鸡,叫"杨林鸡",煨鸡的陶制火锅叫"杨林锅"。杨林锅产于建水,其陶器已有千年以上的历史。在清代,陶工师傅潘金怀用红、黄、紫、青、白五色陶土烧结成彩色陶器。1921年,有一个叫向逢春的陶工,继承了他家祖传的手艺,创制了烹饪用汽锅。就这样,"汽锅鸡"取代了"杨林鸡"。

蒸制汽锅鸡的汽锅所选用的建水县特制陶器,外形像荸荠,锅中心有一个空心管子,从蒸锅底通至上边盖子附近,样子古朴雅致。蒸鸡时,先将生鸡切块,放入汽锅内,加入生姜、精盐、葱、草果等佐料,再加入云南名贵药材三七、虫草、天麻等,盖上盖子。把汽锅放在另一口盛水的汤锅上,水沸后,汤锅中的蒸汽便从空心管子冲入汽锅,蒸三四小时后即可食用。由于汤汁是蒸汽凝成,鸡肉的鲜味在蒸的过程中丧失较少,所以基本上保持了鸡的原汁原味,且鸡肉软嫩,汤汁鲜美。用此法蒸制的鸽子、排骨更具风味,有滋补强身,祛病延年之效。

何谓"牛撒撇"

在云南省景谷县傣族地区,有一道傣家人常用来宴请宾客的世传名菜,叫"牛撒撇"。"撒"是傣语,汉语意为凉拌。牛撒撇的主要原料为牛脊肉和牛肚,但之所以特殊,在于它所用的独特的佐料——牛胃里已和胃液混合在一起,但还没被牛消化吸收的东西。听起来好像很恶心,但加入了这种佐料的"牛撒撇"香味醇正、色泽诱人,吃起来细腻可口,具有健胃、消燥热、增食欲的功能。

傣味牛撒撇

"牛撒撇"的烹制方法比较特别。逢年过节或办喜事时,在宰杀牛前一个多小时给牛喂一些傣乡特有的野草——五加叶和香辣蓼草(五加叶因为周边长刺,所以也叫刺五加,是一种清凉、味苦的中草药;香辣蓼草叶形似辣椒叶,味道又辣又苦,具有杀菌的功效)。牛开膛后,取出牛的脊肉用火把它烤黄,再切成细肉丝;把牛肚洗净,放在开水里烫两分钟,捞出来后快速刮洗干净,切成条,然后放佐料;从牛胃里取出初步消化的草汁,跟牛肚和肉丝拌在一起,再加上其他佐料:小米辣、花椒面、花生末、八角、草果面、味精、盐,再放一些新鲜的切细了的五加叶和香辣蓼草,拌上从山里采来的野香葱,"牛撒撇"就制成了。制作"牛撒撇"最关键的配料就是那牛胃里的草汁,即牛粉肠水。城里人想吃"牛撒撇"但没有牛粉肠水,就用五加叶来替代搅拌,味道口感相似。听上去似乎难以置信,然而如果没有它,就不能称之为"牛撒撇"。

傣乡气候炎热,"牛撒撇"是傣家人夏季不可缺少的消暑食品。在当地最闷热的时候,常常能看到屋檐下一家老小围坐吃"牛撒撇"的情景。小孩子们喜欢用芭蕉叶包上一包跑出去,边吃边玩。"牛撒撇"具有清凉解毒的功效,常吃它的人很少生病。

云南"质彬园"的烤鸭与北京烤鸭有何不同

云南"质彬园"烤鸭是云南三大旅游食品之一——"宜良烤鸭"的前身,其发源地在狗街,旧称"京都烤鸭"。清光绪二十七年(1901年),侍考刘文随举人许秋田进京,寓居于一家烤鸭店的隔壁。刘文闲来无事到隔壁的烤鸭店虚心学艺,回到家乡后在狗街火车站开了一个烤鸭店,名"质彬园",并将北京烤鸭的制法、原料等进行了改进,形成了与北京烤鸭迥异的食用风味。其与北京烤鸭相比,主要有以下不同:

宜良烤鸭

第一,烤鸭时支撑鸭子的材料不同。北京烤鸭使用高粱秆做撑筒,而"质彬园"烤鸭用的是旧时南盘江边生长的芦苇。每只鸭子共用四根,两翅下的撑筒共两根,另在胸腔之内放一根,将腔膛撑空,以利于热力的透入,还有在鸭屁股中所塞的一根所谓"屁筒",它使膛中水分不外渗下泄,在鸭体内长时间存留,鸭体也就熟得越透,从而实现骨肉酥离。这些芦苇在煮烤过程中会散发出特殊的清香味,从而使烤鸭的香味别具一格。同时由于使用了撑筒,烤熟的鸭子成型美观,有仰首挺胸、气宇轩昂之态。

第二,外皮涂料不同。北京用麦芽糖水做鸭胚表皮涂料,而"质彬园"烤鸭用滇产蜂蜜水。用蜂蜜水涂抹表皮反复搓揉后,在烧炙时更能提色,使鸭体表面呈金黄赤铜色。

第三,燃料不同。北京烤鸭的燃料用木柴,烧成炭烬后放入生鸭烤炙,而"质彬园"烤鸭用青松毛结做燃料。松毛结燃透时间短于木柴,可使炉温迅速提升又使热量得到充分集中利用,无烟气而有清香味,燃烬热度均匀持久,所用土炉保温储热性好,从而保证了足够的烧烤温度。"质彬园"烤鸭需加盖烧烤40分钟,时间不到不起盖,中途也不能揭盖闪火泄热。时间到了,才能揭盖取食。所以,将"质彬园"的烤鸭提着鸭腿骨一抖,腿肉即离骨脱落,越嚼越有味。

第四,所用鸭子品种不同。北京烤鸭选用北京肉食鸭为原料,而"质彬园"烤鸭用滇麻鸭。滇麻鸭属瘦肉型鸭种,过去民间养殖多以母鸡孵化,数量有限,因而饲养也较为精致。滇麻鸭长期生活在滇中地区,主要吃富含有机质的生物长大,内含多种维生素,氨基酸也十分丰富,因此肉质特别鲜美,是真正的有机食品。

"琵琶猪"有何特色

"琵琶猪"是纳西摩梭人传统的风味食品。每年冬天,摩梭人家家户户都会宰猪制作琵琶肉。它肉味清香、肥而不腻,胜过火腿味,与牛头饭同时食用,更能体现出它的风味,是待客的佳品。清《滇南闻见录》就有记载:"丽江有琵琶猪,其色甚奇,煮而食之,颇似杭州之加香肉。"

摩梭人猪膘肉

"琵琶猪"又叫"猪膘肉"。摩梭人制作猪膘肉非常讲究,他们一般选在冬月初一杀猪,如果十月二十九属狗三十属猪,那么就改在十月二十九杀猪,如果初一属鼠、猪、羊、猴、狗、鸡,也是不能杀的,要改期进行。所以摩梭人在冬天做猪膘肉,一定要选择一个良辰吉日。每当吉日到了的时候,村子里到处都听得到杀猪声,家家户户都在制作猪膘肉,场面很是壮观。

自古至今,摩梭人都喜欢制作"琵琶猪",猪膘的多少象征着财产的多少和富裕程度。琵琶肉的加工、储藏方式独特。首先将猪杀死,去掉猪身上的猪毛、骨头以及猪肚子里的内脏;然后将花椒、胡椒、辣椒、草果、八角放在猪肚子里,并用椒盐揉搓均匀。接下来把猪肚子用细绳严严地缝成琵琶状,在通风阴凉处放一块木板,把猪放在上面,猪的身上再搭上一块木板,木板上压上大石头,这样风干后的猪就会犹如一个琵琶形状。"琵琶猪"冬季腌制,制成后可放数年而不腐,久者尚可作药用。

哈尼族是如何吃"长街宴"的

哈尼族是中国的一个古老的民族,"长街宴"是哈尼族的一种传统习俗。每到"昂玛突"节来临,哈尼人都会在山寨里摆上酒席,一起欢度节日。在摆酒庆祝时,家家户户桌连桌沿街摆成一条700米多长的街心宴(当地人称长龙宴或街心酒),恰似一条长龙,"长街宴"也因此得名。这是中国最长的宴席。

每年的农历十二月初是哈尼族的"春节"——昂玛突节,是哈尼人祭祀寨神,拜龙求雨的节日。这天一早,村中的"龙头"——哈尼族中德高望重的老人会摆好祭桌，宰杀无杂毛的龙猪，敬请"龙神"和大家一起共度佳节。祭龙完毕，"龙头"就把猪肉切成无数块分给那些无儿无女的孤寡老人，然后寨子里各家各户开始宰杀自己亲手饲养的大肥猪。猪宰好后，各家各户开始忙着煮饭炒菜。煮饭要用黄糯米，鸡蛋要煮成红、黄、绿三种颜色，红色代表太阳、黄色代表月亮、绿色代表大地。据说，这是哈尼人历代祖先崇拜人与自然和谐留下的条规。菜的种类很多，有猪、鸡、鸭、鱼肉、牛干巴、麂子干巴、肉松、排骨、香肠、油炸虾乍、油炸花生等40多种哈尼民族风味菜肴。

哈尼族长街宴

饭菜准备好后，哈尼人将准备好的菜肴、美酒抬到指定的大街上摆起来，每家至少摆一至二桌，多则十几桌。摆宴席时，锣鼓喧天，热闹非常，全寨男女老幼穿着节日的盛装，从四面八方集拢而来。入席时，主持人"龙头"坐首席，其他人根据男女姓别、年龄层次、兴趣爱好的不同，自愿组合围长桌而坐。各家各户的菜肴上桌时，都先端到"龙头"面前，让他品尝，接受他的真诚祝酒。"龙头"将各家各户的菜肴扒出一部分堆在一起，然后又分发到各处去。这种混合在一起的菜肴，寓意全寨人同心合力祭神迎龙来和全寨人共度佳节。

一切准备就绪，"龙头"宣布长街宴吃喝开始。他率领赴宴人高举酒杯，祈祷龙神保佑，祝愿来年风调雨顺。席间，凡参加宴会的人，第一筷须夹桌子中央切成小块的龙猪肉吃下去，寓意龙已入心，表示对龙神的尊敬，然后开始任意品尝其他酒菜。更有趣的是，长街宴地不分南北、人不分老幼，只要有缘相会大家都是朋友。游人如果遇上摆长街宴，热情好客的哈尼人就会起身让座拉你入席，盛情款待。每年摆长街宴时，人们总是慕名而来，入宴的人越来越多。席间，宾客和主人一起喝酒、吃菜，共同举杯祝福，一派欢声笑语、喜气洋洋的景象。酒足饭饱之后，老年人借着酒兴，搬出各种乐器尽情弹奏，青年男女则随着乐声翩翩起舞。整个宴会一直持续到夜幕降临。散宴时，"龙头"敲起鼓，人们紧随身后绕席走到一棵龙树下，众人口中念念有词，示意送龙回家，保佑来年风调雨顺，长街宴上庆丰收。入夜酒席散去，互通情谊的青年男女相约跑进茅草丛中或竹林深处唱歌跳舞、谈情说爱，憧憬着美好生活。

目前，哈尼人的这种长街宴已被载入吉尼斯世界纪录，为哈尼山区留下一份珍贵的民间文化遗产。

彝族"早六晚八"的习俗知多少

彝族是中国具有悠久历史和古老文化的民族之一,也是我国西南少数民族中人口最多的民族。在彝族农村,无论婚丧嫁娶,都有"早六晚八"的习俗。所谓"早六晚八",即早上六碗菜——水豆腐、红烧猪肉、回锅肉、白菜粉条、猪血和花生米;晚上八碗菜——如黄条、红烧肉、绉沙(炒肉皮)、千张肉、凉白肉、烩腊肠、花生等,经济宽裕的还要炖上一碗鸡。

彝族人多种植玉米、土豆、大麦、小麦和荞麦等农作物,蔬菜较为丰富。彝族人擅长烤、炸、煮、拌等烹调技法,口味嗜咸、香、辣、麻,尤以制作乳饼而闻名。彝族日常饮料有酒、有茶,民间有"汉人贵茶,彝人贵酒"之说,还有"客人到家无酒不成敬意"的传统,所以彝族人常以酒待客。酒分甜、辣两种,过去都是在自己家中酿造。甜酒用糯米酿造,辣酒用高粱或玉米酿制。饮茶之习在老年人中比较普遍,以烤茶为主,每次饮茶只斟半杯,徐徐而饮。

正在就餐的云南彝族妇女

彝族的荤食习惯也别具特色。彝族有杀年猪的食俗,一半留给自己吃,另一半送给岳父岳母。年猪多用来腌制,阴干后做成腊肉或火腿。居住在山区、半山区的彝族喜欢养羊,尤以小凉山的彝族很多都会养羊多。羊肉是其主要的食材,吃羊时有一些特殊的习俗:羊肝、羊胃先用来祭祀祖灵,然后烧食,有的人也会生食;羊脑给老人吃;处于生育期的妇女忌吃公羊;牧羊人不能食羊尾巴;羊血用萝卜丝拌后腌做咸菜,放在饭上蒸熟吃,味道特别鲜美。彝族吃鸡也有一些讲究:一般吃清炖,用陶锅煮,不用刀切;煮熟后用手将鸡撕成条块,蘸辣椒、花椒汁食;鸡头由老人吃,并要看卦(鸡脑的形状);鸡血生拌食用,但不允许儿童吃。

彝族有一套社交礼仪食俗,用餐讲究男女有别,长辈上座,儿女下座。招待客人时,妇女不得上桌。彝族在农历六月二十四日的火把节上具有独特的岁时食俗。过此节时家家户户宰羊杀鸡,煮新荞麦饭,并用羊肉拌和,向四周泼洒,表示祭祀,祈求庄稼好,无灾无病。晚上,点燃火把,载歌载舞以驱散虫蛇和害虫。彝族还有农业祭祀食俗和狩猎祭祀食俗,但随着经济的发展,文化的提高已经慢慢淡化了。

何谓"乳扇"

乳扇是产于大理洱源的奶制品，是白族等滇西北各民族食用的一种奶酪。它是一种含水较少的薄片，呈乳白色或乳黄色，形制独特，大致如菱角状竹扇之形，两头有抓脚，故名乳扇。

乳扇是将鲜牛奶煮沸，混合三比一的食用酸炼制凝结，制为薄片，缠绕于细竿上晾干而成，可制作各种菜肴，凉拌、油煎、烧烤皆可。乳扇是下酒的好菜，也可与云腿等材料一起用于烹调，切碎后也加进甜茶里饮用。乳扇可储存数月，便于远途运输，远销东南亚各地，很受欢迎，馈赠亲友也别有新意。

夹砂烤乳扇

制作时，先将鲜木瓜或干木瓜（北方可以用乌梅代替）加水煮沸，经一定时间取其酸液即为酸水。将酸水加温至70摄氏度左右，再将约500毫升牛奶倒入锅内，牛乳在酸和热的作用下迅速凝固。此时迅速加以搅拌，使乳变为丝状凝块。然后把凝块用竹筷夹出并用手揉成饼状，再将其两翼卷入筷子上，并将筷子的一端向外撑大，使凝块大致变为扇状，最后把它挂在固定的架子上晾干，即成乳扇。在晾挂中间必须用手松动一次，使之干固后容易取下。按此法制作乳扇时，在每制一张乳扇后，需将锅内酸水倒出，重新放入新酸水。但使用过的酸水收集起来，经发酵后还可以备用。

云南饵块有何来历及特色

云南饵块为大理特产，是大理市最著名的特色小吃之一。饵块系用优质大米加工制成，制作过程是将大米淘洗、浸泡、蒸熟、冲捣、揉制成各种形状，可大致分为块状、丝状和片状三类。其制作方法也很多样，烧、煮、炒、卤、蒸、炸均可，风味各异，百吃不厌。

饵块的起源有着很多不同的说法，广西、贵州、云南等地都有人认为是饵块的发源地。不过有个故事得到了大家的一致认可。据说很久以前，知府的衙门不知道为何被火烧了，他下令三个月内所有人家不得生火做饭，弄得满城百姓

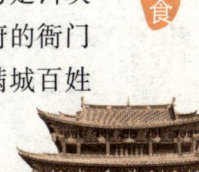

老云南的趣闻传说

烤饵块

叫苦不迭。一天清晨,有个叫粗糠宝的人挑着一担山货到昆明去卖。刚刚走进大东门,就看见城门口站着不少老百姓,一个个怒气冲天,叫骂之声不绝于耳。粗糠宝站在旁边听了一会儿,才明白了事情的原委。粗糠宝向乡亲们如此这般地嘱咐了一通,大伙儿顿时乐得眉开眼笑。回去以后,大伙儿纷纷从家里搬出炉子,在上面烤起粑粑来,一个个吃得又香又甜。知府老爷知道了,急忙出来查看,他揪住一个老倌吹胡子瞪眼。粗糠宝走上前去,道:"知府大人,布告上禁止在家里升火煮饭,可没有禁止在家门口烤粑粑吃呀!"知府懊恼不已,只得作罢。渐渐地,这个故事就传开了,又因为当地有"溲米面蒸之则为饵"一说,人们便把这个粑粑叫作"饵块",流传至今。

饵块在昆明民俗中是过年必吃的食物,边陲百姓热衷于"饵食",已有数千年历史。饵块平时或炒或煮或烧无不宜。烤饵块是用做成薄饼形的饵块在无烟炭火上烤,到微焦黄时,在表面涂芝麻酱、辣酱、油辣椒等,还可夹入牛、羊肉冷片或油条,是美味的地方特色小吃。饵块切成一寸见方的小薄片加云腿丝、肉片、鸡蛋、蔬菜等一同翻炒,就成了既可做主食又可以佐餐的炒饵块。

炒饵块中最出名的要称"大救驾"。"大救驾"起源于腾冲,在昆明也很有名气。据说明朝灭亡后,李定、刘文秀等大西军拥永历帝朱由榔辗转来到昆明。两年后,清军三路入滇,吴三桂率军逼近昆明,永历帝与李、刘二将率军西走。至腾冲时,永历帝由于常常食不果腹,腾冲老百姓便炒饵块奉上。永历帝叹,这真是救了朕的大驾。因此,腾冲炒饵块就被称为"大救驾"。与昆明炒饵块不同的是,"大救驾"是被切成三角形的饵块,薄如纸,佐料以鸡蛋、糟辣子、番茄、白菜心、葱为主,决不放酱油,只用盐调制咸味。因此,其色彩如水粉画,清新明快,红、黄、白、绿各色甚是清秀雅洁,食之味道清爽,香辣适度,别具一格。

 ## 云南鸡㙡为何珍贵

鸡㙡,又名鸡棕、蚁㙡、伞把菇等,是云南省特产的一种名贵食用菌。鸡㙡汲天之甘露,吸地之精华,营养价值高,味道鲜美,是名副其实的山珍,被称为"菌类之王"。

云南大部分地区皆盛产鸡㙡，以颜色可分为白鸡㙡、青鸡㙡、黄鸡㙡三种，其中尤以青鸡㙡最佳。鸡㙡多长在微带酸性的土壤中，其生长季节为农历的六七月份。鸡㙡成"窝"生长，一窝鸡㙡少者一两朵，多者数朵或二三十朵，最多者有上百朵。拾鸡㙡很有讲究，须早起、单行，发现鸡㙡不能喧哗，否则会把"鸡㙡娘

鸡㙡

娘"吓跑，此地就不会再长了；即使有的鸡㙡根入土深长，也不能用镰刀、锄头等铁具，只能用手拔或用木棍、竹签刨出。拾到鸡㙡是一种福气，被认为是勤奋的回报。拾到鸡㙡的人，总会把它的"窝"记住，然后在数日后或来年再到此收获。

早在两千多年前的《庄子》一书中就有云南食用鸡㙡的记载。《本早纲目》载："鸡㙡产云南，生沙地间……土人采烘寄远，以充方物"，可"益味、清神、治痔"。对鸡㙡的赞美，以清人贾杰《鸡㙡》诗最形象："至味常无种，轮菌雪作肤。茎从新雨茁，香自晚春腴。鲜嫩头番秀，肥抽九节蒲。秋风菁菜客，食品列兹无。"鸡㙡是历来云南向皇帝上贡之山珍。清末文人阿瑛在《旅滇闻见录》中有这样的记载：熹宗只让太监魏忠贤品尝鸡㙡，连张皇后都尝不到。可见鸡㙡之珍贵。

鸡㙡多半生长在未受污染的红壤山林的半山坡上或田野草丛中的白蚁窝上。菌盖刚出土时像蒜头，以后逐渐展开如伞状，菌柄实心，表面光滑，肉质细嫩易破碎，出土后寿命短，以出土当天的营养最高，所以不易保存。鸡㙡肉厚肥硕，细嫩爽口，质细丝白，味道鲜甜香脆，含有钙、磷、铁、蛋白质等多种营养成分。其吃法多样，鲜吃可素炒、清炖、煮汤，可以单料为菜，还能与蔬菜、鱼肉及各种山珍海味搭配，可制作宴请嘉宾友人的高级菜肴，也可制作一般家常小菜。无论炒、炸、腌、煎、烩、烤、焖，还是清蒸或做汤，其滋味都很鲜美，被人们推为菌中之冠。其得之不易，食之大益，故实为名贵。

"菌中皇后"知多少

被称为"菌中皇后"的竹荪又名竹参、僧竺蕈，是名贵的食用菌，又是医学上的新秀，曾被列为"宫廷贡品"，近代成为国宴名菜，同时也是食疗佳品。竹荪含蛋白质、脂肪、碳水化合物及多种氨基酸和维生素，具有滋补强身、益气补脑、养神健体的功效，对治疗高血压、神经衰弱、肠胃疾病等具有显著效果。此外，它

竹荪

还有防癌抗癌、减肥壮体的作用。

竹荪寄生在枯竹的根部,有深绿色的菌帽、雪白色圆柱状的菌柄,粉红色的蛋形菌托,在菌柄顶端有一圈细致洁白的网状裙,从菌盖向下铺开,显得俊美异常。竹荪拥有其他菌类所不能及的丰富的营养、鲜美的滋味,自古就被列为"草八珍"之一。但是现在新鲜竹荪仍然不常见,而且价格很高,但是干竹荪却很常见,是超市里常见的一种干货,形状整齐,颜色白而干净,一般用冷水泡发再进行烹制。虽然干竹荪并不适合做成家常小炒,但做汤却很美味,炖制也不错。而且干竹荪的纤维一般都已经中空,所以很容易入味,不需烹制很长时间。

由竹荪衍生出的食材也很美味。比如竹荪的幼芽——竹荪蛋,外表滑腻,色泽泛青,里面有储水,可以切片后洗去泥沙炒制,味道自然清香。竹荪蛋发育很快,倘若温度合适,一夜之间就可以长成竹荪,所以新鲜竹荪蛋很难保存,一般能够买到的都是竹荪蛋罐头。还有竹荪网沙,是由新鲜竹荪的伞盖形成的,像一层网。一般在制作竹荪菜肴时这个部分属于边角余料,可以洗净之后作馅,一点点就足见竹荪之鲜美。

因为富含较多的氨基酸,还有蛋白质、碳水化合物、矿物元素和维生素等营养物质,竹荪有防止植物腐败的特点,在炎热的夏季作菜煲汤时,里面放少许竹荪,可以延长菜品的存放时间。竹荪在汤菜中用得最多,就像烹调时使用食盐和味精一样,不用不好吃,用多了也不好吃。一般家庭简便的吃法是:将汤烧开后,把用冷水或开水发开的竹荪丢进锅里煮开,盛入碗里,撒点葱、胡椒、生姜末就可以了。这样简便的做法可以更好地保留竹荪本来的鲜美。竹荪也可以作为鸡、鱼、肉、蛋及蔬菜的配料,与肉共煮,味鲜防腐,与蔬菜共煮,别具风味。现在,很多人喜欢用竹荪涮火锅,口感鲜美。但是,太过辛辣的味道会破坏竹荪的鲜美,所以应该有所着重。

金汤烩竹荪

为何云南有"茶的故乡"之美誉

位于中国西南边陲,即所谓"彩云之南"的云南,素来有"茶的故乡"之美誉。这种说法有什么依据呢?

第一,云南发现茶种"老祖宗"——古木兰化石。茶树起源于第三纪宽叶木兰。著名的云南景谷宽叶木兰(新种)化石就发现于云南思茅市景谷盆地芒线。古木兰是被子植物之源,在分类学上属山茶目、山茶科,是茶种的老祖宗。我国木兰化石只有两个种,一种是宽叶木兰(新种),只产于云南思茅市景谷;另一种是中华木兰,产于云南的景谷、景

云南普洱茶园

东、澜沧、沧源、临沧、腾冲、梁河等七县。专家认为,云南西南部的野生大茶树有可能是由本地第三纪宽叶木兰经中华木兰进化而来,同时在未遭受到第四纪毁灭性冰川活动袭击的环境条件下,茶树得以生存和发展。由于云南思茅市景谷芒线埋藏最早的宽叶木兰化石的出土,为引证茶树的最原始产地在滇西南地区增添了古植物依据,所以地质古生物学界认为,茶树的原产地在我国云南西南部,而且是我国独一无二的茶树原产地。

第二,云南是中国茶叶正宗始祖——普洱的产地。云南大叶种普洱茶是中国茶叶的正宗始祖,千万年来随着地理位置和气候变化而变异有中叶种、小叶种。而大叶种普洱茶的种植历史源远流长,远在三千多年前的新石器时代,云南思普区的古代濮人就已种茶了。唐史樊绰在《蛮书》卷七中云:"茶出银生城界诸山,散收无采造法,蒙舍蛮以椒姜桂和烹而饮之。"银生城即今景东县。清光绪《普洱府志》载:"普洱古属银生府,则西蕃之用普茶已自唐时。"唐代樊绰说的

丽江茶具

"茶出银生城界诸山",自当包括有茶树的云南思普区景东、镇沅、景谷、普洱、澜沧、勐腊、景洪、勐海一带。历史上,普洱府是普洱茶原产地和茶叶加工贸易集散地,府辖思茅厅属六大茶山的茶叶,大部分集中到普洱府经过加工精制后,运销国内外,以其地名而称普洱茶。明代李时珍著《本草纲目》中有载,"普洱茶出云南普洱",即是例证。澜沧县千年过渡型古茶树的发现,也为证明茶树起源提供了有力的证据。

第三,云南具有独特的育茶环境,古茶园众多。目前,世界上的古茶树、古茶园为数不多,特别是树龄在百年、千年以上的古茶树更少。而在思茅、西双版纳、临沧等地,古茶树、古茶园最多,古茶树类型齐全,茶树高大、成林、成园、成片,树龄也是最长、最古老。有原始野生型、过渡型、栽培型三种类型的古茶树、古茶树群落的茶树与宽叶木兰和中华木兰等有着垂直系统的遗传演化过程,叶片结构有较多的相似之处,在水平分布上两者有着明显的重叠,共生在相同的地理气候环境,生活习惯相似以及出产地是如此临近,表现了遗传上的亲缘关系。从景谷发现距今3 500万年的木兰化石到千家寨、普洱永胜村等野生古茶树群落活化石的存在,再一次证明了云南西南部是世界茶树起源地、茶的原产地。

云南普洱为何享誉中外

云南普洱茶是一种后发酵茶,具有"长寿茶"的美称,亦称"可以喝的古董"。其色泽褐红,汤色红浓明亮,香气独特陈香,滋味醇厚回甘,是茶中之上品。普洱茶属于黑茶,是以云南大叶种晒青毛茶为原料,经过发酵加工而成的散茶和紧压茶。"越陈越香"被公认为是普洱茶的最大特点,不同于其他茶的贵在新,普洱茶贵在"陈",往往会随着时间逐渐升值。

普洱茶

普洱茶在产地、品种、品质、制作工艺、包装和饮用上都独具特点。普洱茶是云南独有的大叶种茶树所产的茶,主要产于云南省的西双版纳地区,该地具有终年雨水充足、云雾弥漫、土层深厚、土地肥沃、无污染等优势,所产茶叶是纯绿色茶饮。普洱茶树与樟脑树、枣树等混生,所产茶叶冲泡之后会有独特的樟香和枣香，品质优良。制作时首先将茶叶匀堆，再泼水使茶叶受潮，然后把茶叶堆成一定厚度，盖麻袋或塑料袋保湿，控制好发酵的温度，适度发酵后，扒堆晾茶，解散团块，散发水分，自然风干。待茶叶干燥后，再进行筛分分档，制成普洱散茶。普洱茶也是中国名茶中最讲究冲泡技巧和品饮艺术的茶类。其饮用方法异常丰富，既可清饮，也可混饮。耐泡是普洱茶的一个优点，用盖碗或紫砂壶冲泡陈年普洱茶，最多可以泡 20 次以上，其味与汤色会随着泡的次数增加慢慢地减淡。

普洱茶不光好喝，其保健功能同样不容小觑。云南地处祖国边疆，西双版纳地处云南边陲，山高水险。在古代，交通极为艰难，茶叶的外运全靠马帮牛帮，山路上耽搁的时间很长，有的路段马帮一年只能走两趟，牛帮则一年只能走一转，茶在马背、牛背上长时间颠簸，日晒风吹雨淋，使其内含物质徐徐转化，导致普洱茶的陈香风味更浓，药效功能倍增。新进的研究发现普洱茶可以深层排毒，具有美容的效果和减肥降脂的功能，被誉为是"美容新贵"。云南普洱茶为茶中之茶，是暖胃、降脂、养气、益寿延年及品茗的圣品，还有着"春饮重养生，夏饮益祛暑，秋饮强健体，冬饮保健康"的功用。

白族"三道茶"为哪三道

三道茶也叫三般茶，白族称它之"绍道兆"，是云南白族招待贵宾时抒发感情、祝愿美好，并富于戏剧色彩的一种饮茶方式。三道茶由来已久，以其独特的"头苦、二甜、三回味"的茶道早在明代时就已成了白族人待客交友的一种礼仪。

喝三道茶最初只是白族在求学、学艺、经商、婚嫁时，长辈对晚辈的一种祝愿。后来应用范围日益扩大，成了白族人民喜庆迎宾时的饮茶习俗。以前，三道茶一般由家中或族中长辈亲自司茶。现今，也有小辈向长辈敬茶的。制作三道茶时，每道茶所用原料、制作方法以及所含寓意都是不一样的。

第一道——"苦茶"。制作时，先将水烧开，由司茶者将一只小砂罐置于文火上烘烤。待罐烤热后，取适量茶叶放入罐内，并不停地转动砂罐，使茶叶受热均匀，待罐内茶叶转黄，茶香喷鼻，即注入已经烧沸的开水。过一会儿后，主人便将沸腾的茶水倾入茶

白族三道茶歌舞

盅,再用双手举盅献给客人。此茶经烘烤、煮沸而成,看上去色如琥珀,闻起来焦香扑鼻,喝下去滋味苦涩。因白族人讲究"酒满敬人,茶满欺人",所以这道茶只有小半杯,不以冲喝为目的,以小口品饮,在舌尖上回味茶的苦凉清香为趣。寓清苦之意,代表的是人生的苦境,表达做人"要立业,先要吃苦"的哲理。

第二道——"甜茶"。当客人喝完第一道茶后,主人重新用小砂罐置茶、烤茶、煮茶,并在茶盅里放入少许红糖、乳扇、桂皮等,待煮好的茶汤倾入八分满为止。此道茶甜而不腻,所用茶杯大若小碗,客人可以痛快地喝个够。寓苦去甜来之意,代表的是人生的甘境。

第三道——"回味茶"。其煮茶方法相同,只是茶盅中放的原料已换成适量蜂蜜,少许炒米花,若干粒花椒,一撮核桃仁,茶容量通常为六七分满。这杯茶,喝起来甜、酸、苦、辣,各味俱全,回味无穷。因桂皮性辣,辣在白族中与"亲"谐音,而姜在白语中读"菓",有富贵之意,所以此道茶表达了宾主之间亲密无比和主人对客人的祝福(如恭喜发财,大富大贵)。它告诫人们,凡事要多"回味",切记"先苦后甜"的哲理。

这三道茶寓意人生"一苦,二甜,三回味"的哲理,现已成为白族民间婚庆、节日、待客的茶礼。"三道茶"歌舞表演也成了大理旅游的保留节目。

宣威火腿有何特色

宣威火腿是云南著名特产之一,因产于宣威县而得名。它的主要特点是:形似琵琶,只大骨小,皮薄肉厚,肥瘦适中;切开断面,香气浓郁,色泽鲜艳,瘦肉呈鲜红色或玫瑰色,肥肉呈乳白色,骨头略显桃红。其品质优良,足以代表云南火腿,故常称"云腿",属中国三大名腿之一。

宣威火腿色香味美,营养丰富,风味独特。这种特色的形成,主要归功于宣威独特的自然环境及气候条件。宣威地处滇东北,冬季气候寒冷,适宜腌制腊肉。宣威火腿的腌制时间每年从霜降开始到立春结束,主要又集中于冬至到小寒期间。其腌制方法是将本地猪宰杀后,挤尽淤血,放盐揉搓。然后再经过腌制、发酵、风干等过程,次年端午节后腌熟。

宣威火腿吃法多样,可炒、蒸、煮而食,也可切块烧烤至焦

宣威火腿

黄,以排出肉表腊味,再洗净煮熟,切片食用,色、香、味俱佳。讲究的吃法是用沙锅煮熟而食,这样更能品尝到宣威火腿的美味,其汤色清亮,味道鲜甜,肉质红嫩细腻。

  宣威火腿营养丰富,富含蛋白质、脂肪、氨基酸、微量元素和维生素等多种营养物质,被消费者视为馈赠亲朋好友的珍贵礼品。据研究结果表明,宣威火腿内含 19 种氨基酸(其中 8 种人体不能合成的必需氨基酸全部含有),11 种维生素,9 种微量元素。宣威火腿腌制时只用食用盐,不加任何食品添加剂,其理化指标优于国标,特别是亚硝酸盐含量很低,这成为宣威火腿的特异性。宣威火腿的精加工产品美观大方,质量上乘,食用方便。

老云南的购物

 云南烟有何由来

据记载,明万历年间(1573—1620年),烟草从菲律宾吕宋岛传入我国。在我国近代烟草工业的崛起中,云南发挥了重要的作用。对外地人来说,云南烟分为云南烤烟和云南卷烟,并将它们笼统地称为"云烟"。

云南烤烟,又称云烟、云叶,光泽好、弹性强、烟碱含量适中,不仅畅销全国,而且远销欧洲、中东等10多个国家和地区。中国的烟叶产量占世界总产量的1/4,居世界首位,而云南烤烟在全国处于领先地位。

烤烟原产于美国弗吉尼亚州,因而称弗吉尼亚烟或美烟,又因烟叶是在烤房内通过火管烘烤转色而成的,故又称烤烟。烤烟是世界各国卷制香烟的主要原料。1922年,云南创办了第一家私人卷烟厂——亚细亚烟草公司。但是,由于缺乏原料,费用

云烟

玉溪烟

增加,后被迫于 1928 年倒闭。1929 年,亚细亚烟草公司重新组建烟厂,并更名为南华烟草公司烟厂。

1931 年 10 月,云南省政府主席龙云批准在云南提倡种植美烟,并通令通海、河西等 34 个县遵照办理。但是因为英美烟草公司的控制和垄断,这一设想落空。1932 年 11 月,南京国民政府实业部同意云南种植烤烟。1939 年,美国烟在昆明试种,经烘烤后质量完全符合卷制纸烟的需要。同时,在技术、经费、籽种、产品销路等方面,南洋兄弟烟草公司为云南烤烟的推广提供了物资保证。

1952 年,云南对烤烟种植区进行了适当调整,烤烟种植集中到了玉溪、江川、蒙自等 22 个县。1953 年,全国第一次烟草工作会议在河南许昌召开,云南烤烟样品获得最高认可,其中尤以江川、玉溪、弥勒虹溪的烟叶最好。这次会议使云烟一举成名。

1956 年,云南烤烟种植面积达到 108.35 万亩(0.15 亩 = 100 平方米),总产量高达 57 350 吨。烟叶当年销往省外的达 30 270 吨,还第一次出口苏联、越南等国家。从 1980 年到 1987 年再到 1988 年,云南烤烟在全国烤烟生产中的地位不断上升,从第三位到第二位再到第一位。至此,云烟不仅销往国内 82 个烟厂,还跻身于国际市场,深受国内外用户赞赏。1995 年,在全国烤烟质量评比中,云烟名列第一,自此驰名中外。

现在,云南共有 70 多个地、州、市、县种植烤烟,如玉溪、曲靖、大理、红河、昆明等。其中,"红花大金元"和"斯佩特 G-28"是主要栽培的当家品种。云南省烤烟产量,目前居全国第二位,仅次于河南省,且烟烤质量高居前列,是云南省的一大经济优势。此外,云南卷烟也很著名,光优质名牌产品就有 16 个牌号、21 个规格,其中以云烟、石林、红梅、红河、红塔山、阿诗玛、红山茶、大重九等,最受消费者欢迎。

云南药材为何誉满中外

云南的自然地理条件十分复杂,有利于多种药材的生长,这里出产的药材多达 1 000 余种,占全国药材品种的 70%,是我国著名的"药材之乡"。而三七、

天麻、虫草、当归等药材品种,享誉国内外,特别是中成药"云南白药"更加誉满全球。现简要介绍如下:

三七:又名田七,属五加科多年生草本植物,茎、叶、花均可入药,是中药材中的一颗明珠。因其播种后在3~7年内便可采挖,且每株长有3个叶柄,每个叶柄生有7个叶片,故而得名"三七"。据明代药学家李时珍称,三七可谓"金不换"。据清代药学著作《本草纲目拾遗》记载:"人参补气第一,三七补血第一,味同而功亦等,故称人参三七,为中药中之最珍贵者。"中成药"云南白药""片仔黄"扬名中外,其主要原料都是三七。

云南药材三七

三七在云南分布较广,在海拔1 200米甚至1 700米的地区,几乎都有种植。其中,以文山州为主要产区,特别是该州的砚山、马关、西畴等县,栽培三七已有三四百年的历史。三七具有"生打熟补"的功效,但生三七和熟三七的功效有别:服生三七的话,可以活血化瘀、消肿止痛,对跌打损伤有疗效;熟三七,也就是将生三七用鸡油或其他油炸黄,服之可以补血强身。据科研表明,三七所含的酮类化合物,能促进血液循环,扩张冠状动脉,降低心脏耗氧量,减轻心肌工作负担。

虫草:又名冬虫夏草,性甘、温平、无毒,内含虫划酸、维生素B_{12}、脂肪、蛋白等。它常用于肉类炖食,适用于治疗肺气虚、肺结核、肺肾两虚等所致的咯血、咳嗽、气短、盗汗、痰中带血等,另外对肾虚、阳萎、腰膝酸疼等也有良好的疗效,是老年或体弱者的滋补佳品。

虫草其实是一种昆虫与真菌的结合体,昆虫是虫草蝙蝠蛾的幼虫,真菌是虫草真菌。每当盛夏时节,在海拔3 800米以上的雪山草甸上,蝙蝠蛾在花叶上繁殖虫卵。然后,蛾卵变成小虫,并钻入土壤,吸收植物根茎的营养,逐渐成长。其间,植物根茎的子囊孢子便钻进小虫内部,并萌发为菌丝。这样,幼虫受真菌感染,开始慢慢蠕动到距地表2~3厘米的地方而死。这就是"冬虫"。幼虫虽死,但体内的真菌却在不断生长,直至充满了整个虫体。等到来年的春末夏初,虫体的头部会长出一根紫红色的、高约2~5厘米的小草,顶端还有菠萝状囊壳。这就是"夏草"。春末夏初也是采集虫草的最好季节,因为此时它发育得最饱满,体内的有效成分也最高。云南的迪庆、怒江州是我国虫草的主产地之一。

当归:属伞形科、当归属植物,为温性强壮药,可用其炖鸡、炖肉等。它有补虚养血之功效,能润燥滑肠、破瘀生新、止痛调经等,对治疗血虚、头痛腰痛、虚痨寒热、大便枯结、痛疽肿痛及妇女血症均有疗效。丽江地区的高寒山区是云南主产当归的地方,现多为工人栽培,其产品不仅畅销国内,还远销港澳地区和东南亚各国。

云南药材天麻

天麻:又名赤箭、定风草、水洋芋等,可治疗头痛、头昏、眩晕、眼花、偏头疼、语言蹇等,还适应于风寒湿痹、四肢痉挛、小儿惊风等多种症状,对治疗高血压、神经衰弱等也有疗效。云南是我国天麻的主产地之一,主要集中在昭通地区,尤以该地区的彝良、镇雄两县的天麻产量最多,质量也最佳,是云南天麻的代表。其他的天麻产地有怒江、中甸、丽江等地。

除以上四种药材外,云南还主产砂仁、云木香、黄连、茯苓、石斛、儿茶、诃子、胡黄连、半夏、秦艽、猪苓、穿山甲、荜茇、麝香、草果、何首乌、龙胆等其他药材。

云南红为何这样"红"

云南红是云南的一种红葡萄酒,被当地人民誉为"红塔山后又一红"。该葡萄酒为云南红酒业集团出产,该集团是云南省外资实际投资额最大的农业产业化集团,也是西南地区最大的红酒品牌,还是同行业中市场规模达到中国前5位的公司。

1997年,在昆明市经济开发区,香港通恒国际投资有限公司投资成立了云南红酒业集团,并在全国设了7个分公司和14个销售网点。同年,云南高原葡萄酒有限公司(云南红的下属公司)在弥勒大地上产出了第一瓶酒。

云南红用的原料全部是产自云南高原的原葡萄汁,多年来以口味独特、品质诚信而著称,逐渐成长为中国十大红酒之一。葡萄主产地区位于红河干热河谷地带,是目前中国的九大葡萄种植区之一。这里海拔1 600米,土壤多为红壤和棕壤,属高原性气候,阳光充足、气候干燥、昼夜温差大,所以特别适合葡萄的生长。

酿酒的葡萄种类,则是来自法国的名为"玫瑰蜜"的古老品种,它具有生长期长、成熟早、种植成本低的优点。尤其是,它的香味独特而浓郁,所以酿造出的红酒色鲜味美、口感柔和,非常符合中国人的饮酒口味。

云南红酒窖

云南红的酿酒基地达 2 平方千米,是一个大型现代化酿造厂,年生产能力20 000吨,并且有长江以南最大的葡萄酒储酒窖。生产设备都是直接从欧洲引进的,包括压榨、灌装机器设备和各种酒泵、输送软管等,这样就确保了生产设备性能的先进和优良。其中,几十个容量达 110 吨的不锈钢发酵罐,还结合了国内的先进技术,其质量和规模都处于全国同行业的领先地位。

这是一个有完整产业链的产业化集团,集葡萄种植、酿造、销售、研究开发及葡萄皮籽综合加工集于一身,经过 10 多年的打造,现已成为云南继烟草工业之后的又一经济支柱产业。正因为它对产品质量的要求十分严格,所以多年来保住了自己的风格和口味,得到消费者的一致称赞。

2000 年 8 月,云南红干红葡萄酒荣获第三届中国酒行业装潢大赛"金爵奖"。2000 年 10 月,云南红被北京钓鱼台国宾馆指定为国宴用酒。2005 年 9 月,在五年一届的"中国名牌"产品评比中,云南红击败了来自其他各省众多的参评红酒,获得中国产品的最高荣誉。

松茸为何名贵

云南山多林茂,适合松茸的生长,因而松茸资源丰富,特别以滇西北和滇中地区出产较多,每年的出产旺季为 7～9 月份。在我国的主要产茸区中,云南有香格里拉产茸区和楚雄产茸区,其中香格里拉产茸区占全国松茸总产量的 70%,并且是连续 30 年的松茸出口冠军。

松茸,学名松口蘑,别名松蕈、合菌、台菌,是我国的二级濒危保护物种。因其营养价值颇高,所以十分名贵。它的主要营养成分有很多类,包括糖类、醇类、多肽类、氨基酸类、菌蛋白类、矿物质类、微量元素类等,其多种营养成分已

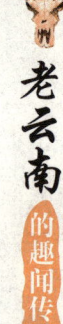

迪庆松茸

被广泛应用于药品、保健品和化妆品领域,是世界上最珍贵的天然药用菌类。

松茸的实体中含有活性营养物质 49 种、氨基酸 18 种、人体必需微量元素 14 种、维生素 8 种、不饱和脂肪酸 5 种、糖蛋白 2 种以及丰富的膳食纤维和多种活性酶,另外还有 3 种珍贵的活性物质,分别为双链松茸多糖、松茸多肽和松茸醇,其中,松茸醇是全世界所有植物中独一无二的抗癌物质,被广泛应用于预防癌症和癌症术后康复。

松茸的主要营养特点有 4 个:其一,均衡。松茸中含有人体所需的绝大部分基础营养成分,且营养结构的整体配比合理而均衡,尤其是 18 种氨基酸的含量最接近于世界卫生组织和联合国粮农组织提出的标准。其二,营养含量充足。研究表明,松茸的营养含量在菌类中名列前茅,如松茸中的氨基酸是很好的营养补充元素。其三,吸收性好。活性营养物质是松茸的主要营养元素,其分子小、极易吸收,因而被大手术患者和体虚者广泛采用。其四,安全性高。松茸的生长环境无污染,且受到人工干预,所以是安全食品,适用于任何体质的人作营养补充之用。

丽江松茸

蜡染和扎染有何不同

蜡染: 古称"蜡缬",传统民间印染工艺之一,与扎染(绞缬)、镂空印花(夹缬)并称为"中国古代三大印花技艺"。"蜡染"一词最早出现于唐代慧琳写的《一切经音义》里,其中这样描述:"今谓西国有淡豎汁,点之成缬,如此方蜡点缬也。"

我国是世界蜡染的发源地之一,主要流行于云南、贵州的苗族、布依族聚居区。陈维稷主编的《中国纺织科学技术史》认为,蜡染起源于西南少数民族,时间可追溯到秦汉之际。美国《中国印刷术的发明及西传》一书指出:"现存中国的早期蜡染实物,比埃及、日本、秘鲁、爪哇所发现的实物要早得多,特别是在敦煌石窟和新疆吐鲁番出土的蜡染实物足以证明。"

蜡染,是指用蜡刀蘸熔蜡绘花于布,然后以蓝靛浸染,使布面呈现出蓝底白花或白底蓝花的多种图案。同时,作为防染剂的蜡因为在浸染中自然龟裂,导致布面呈现特殊的"冰纹",独具特色。蜡染具有丰富的图案、素雅的色调和独特的风格,常用于制作服饰及生活实用品,体现出了朴实大方、清新悦目的民族特色。至今,蜡染仍在苗、瑶、布依、仡佬等族中十分流行,例如他们的衣裙、被毯、包单等多用蜡染作装饰。

苗族蜡染

蜡染基于人们美化服饰的需要,是在多种染织工艺的基础上产生并成熟的。从原料来看,蜡染没有特殊的面料要求,像棉、麻、丝、毛织物等,都能被它采用;防染材料不拘于特定品种,动、植物蜡均会使用,一般用树脂和蜂蜡;染色只采取冷染工艺,一般用植物染色,以靛蓝为主。从范围上看,世界上很多地方都有蜡染,但其风格和使用方式多种多样。由于地理、气候等因素的影响,蜡染主要分布于热带、亚热带地区。

扎染:古称扎缬、染缬、绞缬、夹缬,中国传统的民间染色工艺之一,是指对织物进行染色时把部分结扎起来使之不能着色的一种染色方法。我国扎染历史悠久,最早起源于黄河流域。据记载,东晋时期(317—420年),已经开始大批生产扎结防染的绞缬绸,表明扎染工艺走向成熟。当时,扎染产品也出现了简单的花样,如蝴蝶、蜡梅、海棠等,以及整幅图案花样如"鱼子缬""玛瑙缬""鹿胎缬"等。我国现存最早的扎染制品,出自新疆地区。

扎染的载体是布匹,而布匹源于纺织。从现存史料看,我国的纺织历史至少可追溯到商代或西周。春秋战国时期,丝织工艺得到了快速发展,当时的丝织品

大理白族扎染

不仅种类繁多,而且图案精美。到了汉代,丝织品和染织技术都有了长足的进步,并分出了10多个类别,如绵、绫、绮、罗、纱、练、纨绢、绨、缎等。汉时,云南的纺织工艺也已经相当发达,其中有白族、彝族先民们的纺织品。当时,叶榆、永昌作为南方陆上丝绸之路的中心,其民间纺织业已达到相当高的工艺水平和产量。它为大理白族先民的扎染染织奠定了物质基础。

大理扎染:用手工针缝扎,以植物染料反复染制而成。产品色泽鲜艳且永不褪色,并对皮肤有消炎保健作用,据说使用的是类似板蓝根的染料,还有一定的消炎清凉作用。广泛运用于制作衣裤、被子、枕巾、桌布等生活用品中。

白族扎染:是白族人民传统的民间工艺品,图案规则,布局严谨,朴素自然,贴近生活。它分为扎花、浸染两个环节。扎花是一种手工扎花方法,以缝为主,缝扎结合;浸染采用手工反复浸染工艺,古朴雅致。产品有上百个品种,如桌巾、门帘、服装、帽子、围巾、枕巾、床单等。

彝族扎染:采用天然植物染料,做工精致,图案新颖多变,艺术价值较高,实用性较强。分为蓝染、彩染、贴花等系列产品,成品包括台布、壁挂、门帘、衣服、裙、帽、包、地毯等。

世界竹类的故乡在何处

云南是世界竹类植物的起源地和现代分布中心之一,也是世界著名的天然竹林分布区,这里分布的竹种达28属、220种以上,属数分别占世界和中国的40%、75%,种数分别占世界和中国的25%、50%。所以,与南宁享有"世界竹类的故乡"之美誉。

云南竹类展示出了"五个多样性",即珍稀种质资源多样性、区系地理成分多样性、天然竹林类型多样性、生态竹林景观多样性、少数民族竹文化多样性。云南巨竹成林,是热带竹林景观,与江南地区截然不同。云南竹类众多,现简要介绍如下:

巨龙竹:云南竹类植物丰富多彩,其中,巨龙竹是世界上最大的竹子。这是一种发现于滇西南的珍稀竹种,是特大型工业用材竹种中的典型代表。当地群众把它叫作"大竹",傣族称其为"埋博"。该竹种竿高达30米以上,直径达30厘米,堪称竹中极品、世界之最。

云南瑞丽竹林

在竹亚科植物中,巨龙竹的优良特性最突出,因而成为最适于开发利用和推广潜力最大的竹种之一。我国的主要经济竹种是毛竹,但巨龙竹的竿材产量是它的5~8倍。巨龙竹市场潜力巨大,主要可用整竹组装竹建筑、郊野别墅及制作特大型竹工艺品等。

黄竹:属禾本科、牡竹属,别名埋桑,原产于缅甸。黄竹在我国主要分布于云南耿马、景洪等低山、河谷地区,并常和暗罗、高山榕、八宝树等组成混交林,这里有我国连片面积最大的黄竹群落。它有主枝3枝,竿高8~15米,直径7~10厘米,节间长34~42厘米,节内长8毫米。其竿可作为造纸原料、建筑用材、扁担、筷子等,笋经漂洗加工可作笋丝。

云南竹筒水烟筒

针麻竹:是一种中型丛生攀援性竹类,竿长可达20余米,节间长达120余厘米,属世界性珍稀竹种。2011年,在小黑山自然保护区意外发现红花针麻竹。竹材纤维是优质原料,可用于造纸、做竹地板、制麻等。此外,其紫红色头状花序是目前在竹类中唯一发现的能开大型紫红色花的竹种,具有观赏价值。

梨藤竹:果期8~10月,果实大。主要分布于云南盈江、景洪及广西凭祥等地。其类别有流苏梨藤竹、澜沧梨藤竹和西藏梨藤竹。其中,流苏梨藤竹长20~40米,直径3~5厘米,节间长25~35厘米,分布于云南景洪、基诺、勐海、打洛、盈江、孟连等地,多生长在山腰、河边或沟谷;澜沧梨藤竹别名麦莫,竿高10~15米,直径2~4厘米,节间长20~40厘米,叶片长、宽达21.5厘米、4厘米。

筇竹:又叫罗汉竹,禾本科竹亚科筇竹属植物,是西南地区的特有竹种,也是国家三级保护珍稀竹种。竿高1.5~3米,胸径1~2.5厘米,节间长15~25厘米,性喜温凉、潮湿,生长地海拔在1 400~2 500米之间。本种也是著名的笋用竹种,其笋肉厚、质脆、味美,且略具光泽,因而每年有大量笋干外销。在云南主要分布于永善县三江口。

箭竹:云南箭竹种属达40种以上,主要分布于滇南、滇东的高山、中山地带,生长地海拔在2 500~4 000米之间,滇中高原乃至南部热区也分布有少数种类。其小枝及叶柄长有虫瘿,是提取竹红菌素的主要原料。竹材厚实,是制作笔杆、筷子、帐杆及编制筐篮棚架等的材料。

翠竹:多年生禾本科植物,竿高20~40厘米,直径1~2厘米,叶片长4~7

厘米，宽7～10毫米。翠竹为浅根植物，性喜酸性山土或沙质土，容易成活。其种类繁多，如观音竹、凤尾竹、佛肚竹、翡白竹、米竹、矮竹等。这是世界上最小的竹类，也是云南本地移植的外来竹种。

"户撒刀"有何来历及特色

户撒刀，也叫阿昌刀，其锻制技艺流传于德宏州陇川县户撒乡，因户撒乡主要是阿昌族聚居区而得名。户撒乡盛产刀具，集中在潘乐、户早、隆光、相姐、明社、曼炳6个村。据载，明洪武年间（1368—1398年），沐英西征时曾留守部分军队在户撒屯垦，他们将制刀技术传给了阿昌族。此后，阿昌族打制出了极富民族特色的户撒刀，距今已有600多年的历史。

户撒刀的特色表现为质地精良、锋利耐用，享有"柔可绕指，削铁如泥"的盛名。其种类繁多，分为背刀、砍刀、腰刀、藏刀、匕首、宝剑等，以背刀和藏刀的工艺最为精巧和典型。其中，户撒背刀外形优美而古典，刀装大部分采用名贵木材楠木、红木等纯手工雕成，因而极具收藏价值。总体上看，户撒背刀又分为户撒平头刀、户撒苗刀、户撒宅刀和户撒马刀。

户撒刀的制作工艺十分讲究。它的制作过程分为10道工序，包括下料、制坯、打样、修磨、饰叶、淬火、刨光、做柄、制带、组装。制刀时采用的工具有火炉、锤、钳、铁枕等，火炉是用木制风箱、铁、泥、石混合做成的。

阿昌族服饰

制刀选用的钢材出产于保山、腾冲一带，需要将其放到炉火中反复加热、锻打、刮磨，直至成为刀坯，然后再蘸水淬火。淬火技艺尤为突出，技术要求很高，要通过热处理使刀叶的硬度和韧性达到最佳状态。淬火技术的高低，往往决定刀剑质量的好坏。有一种薄韧可弯的背刀，就是蘸水后经过香油回火，反复加工制成的。刀鞘用木、皮、银等材料配制而成，极为

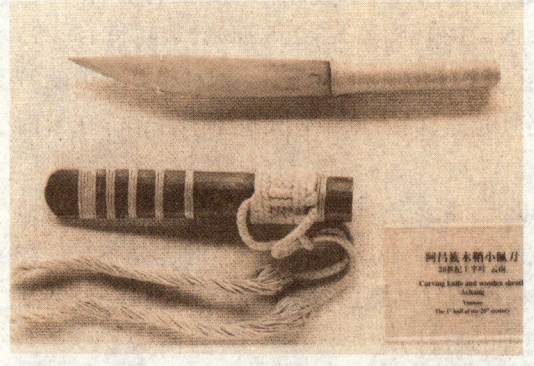

阿昌族佩刀

精美。

户撒刀有数十个品种,包括生产用刀、生活用刀、狩猎者护身用的长刀、宰牲畜用的匕首等。现在,阿昌人的冶铸和锻造技术已十分精湛,因而生产出的刀具也越来越精良。就连制作刀具的村寨之间,也形成了较细的分工。各寨都有自己的名牌产品,如来福寨的黑长刀、花钢刀,芒东寨的腰刀、小尖刀,腊姐寨的锯齿镰刀,新寨的背刀,李芒寨的加工银刀等。

阿昌人不仅擅制刀具,也非常爱刀,他们每家至少都有一把长刀。甚至,男青年结婚时也要身背长刀,主要是为了表现新郎英姿勃勃,该风俗至今仍保留着。

云南斑铜为何被称为"南国金属工艺之冠"

早在战国及西汉时期,昆明地区就创造出具有鲜明民族特色和独特艺术风格的青铜文化。斑铜是云南特有的民间传统工艺品,至今已有近200年历史。其因褐红色的表面呈现出离奇闪烁、艳丽斑驳、变化微妙的斑花以及成品具有浑厚古朴、典雅富丽、熠熠生辉的艺术效果而独树一帜,被称为"金属工艺之冠"。

斑铜工艺就是在吸收青铜、铜鼓制作技术基础上发展起来的一种工艺。其制作过程复杂且严格。它主要采用独特的工艺使铜和其他金属混而不合,既兼具其他金属的优点又不失自身的特色。其成品就像和着高原的阳光锻打出来的一样。即便是在微弱的光线下,斑铜也能让人深切地感受到高原阳光的色彩。那是一种耀眼的赤黄,犹如在其表面涂上了一层薄薄的金粉。再细看,光泽又似乎是从斑铜里面散发出来的,仿佛件件珍品中都蓄满了挥之不尽的璀璨。

云南斑铜工艺品在造型上不仅继承和发扬了传统特色,还吸取了云南青铜和中原青铜文化的精华,并结合现代雕塑手法和先进工艺,在充分显示斑花特点的前提下搭配简洁洗练的装饰图案,使其达到艺术的完美统一。斑铜制品既有栩栩如生的人物、动物及仿古制品,又有造型优美的鼎、炉、瓶、罐、爵等静制品,"孔雀冥王""五型薰炉""大犀牛"等均被列为国家珍品而永久收藏。

云南斑铜制品

个旧锡制工艺品有何特点

个旧被誉为"锡都",锡产量约占全国的43%。这里的锡工艺品源于明末清初,距今已有300多年的历史。其实,我国使用锡制品的时间可追溯到公元前3 700年,那时人们就已用锡板来净化水质。云南锡矿蕴藏丰富,锡矿开采历史早,因此,云南个旧的锡制工艺品被誉为我国锡制工艺品的杰出代表。

个旧锡制工艺品的典型特点表现为耐酸、抗碱、无毒、无味、不锈等,外形特征体现为"色似银、亮如镜、光彩夺目、独具风格"。个旧锡制工艺品以个旧出产的精锡为主要原料,纯度高达99.75%以上,制作要经过熔化、压片、下料造型、抛光、装接、擦亮等多道工序。制成后,还要在上面精镂细雕一些富有民族特色的图案,如山水花草、翎毛鱼虫等。

个旧锡制茶桶

个旧锡制工艺品具有极高的观赏、收藏价值,现已行销世界30多个国家和地区。目前,它有70多个品种,包括酒具、食具、笔架、笔筒、香炉、烛台、粉盒、花瓶、茶罐、化妆盒、莲花灯、佛像等。其中,银鸟牌锡制工艺品在国际同行业中遥遥领先;而生产于1986年的唐马、凤蜡台、牛顶罐、虎纹笔筒、小水烟筒、花耳香炉、龙耳香炉,被评为国家一级永久收藏珍品。

锡器的保养也比较简单,只需用清水或中性洗洁剂先将其清洗,然后用棉布或海绵顺纹擦干即可。但是,要避免强烈的碰撞,这样就能更好地保持它特有的韵味,延长其使用寿命。此外,锡器可存储咖啡豆、雪茄、香烟,而且效果也非常好。现在,一些食品如压缩饼干等的外部,都包装有一层锡纸来防止变质。锡常被用作食品保鲜纸,例如罐头内层的防腐膜、高级巧克力包装纸等,此外它还在制药和烟草生产中有广泛的应用。

云南大理石有哪些种类,各有何用途

云南大理石,是指产于云南大理的一种石灰岩,色泽为白色,并带有黑色花纹,其剖面可形成一幅天然的水墨山水画。古时,大理石常被人们用来制作画屏或镶嵌画,后来它指代有各种颜色花纹的石灰岩。2012年,大理市正式把大理石定为该市的市石。

大理石,又称云石,本是地壳中原有的岩石,但在经过地壳内的高温高压作用后就形成了变质岩。它由方解石、石灰石、蛇纹石和白云石等构成。其主要成分为碳酸钙,约占50%以上,其他成分为碳酸镁、氧化钙、氧化锰和二氧化硅等。其特性和优点表现为:不变形、硬度高、使用寿命长、不会出现划痕、不磁化。但是,因为大理石一般都含有杂质,且碳酸钙易受二氧化碳、碳化物等的影响,也容易风化、溶蚀,致使表面失去光泽。不过相对于花岗石而言,大理石一般性质比较软。

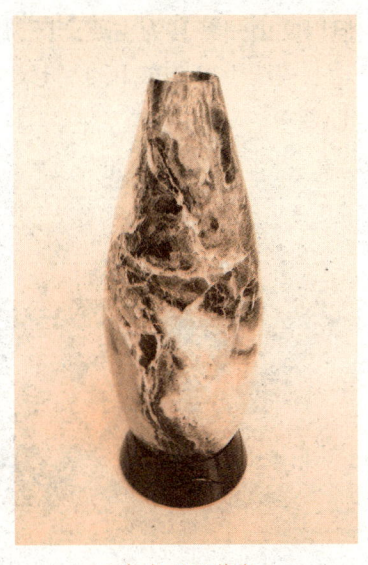

云南大理石花瓶

大理石花色繁多,质感柔和,美观庄重,格调高雅,因此是装饰建筑的理想材料,也是艺术雕刻的传统材料。它主要用来加工各种型材、板材,作为建筑物的墙面、地面、台、柱等,还用于碑、塔、雕像等纪念性建筑物,以及镶嵌家具的珍贵材料。此外,它还可以用来雕刻工艺美术品和文具、灯具、器皿等实用艺术品。最后,大理石还广泛应用于室内装修,比如电视机台面、窗台、地面等。

云南大理石有5个品种,即彩花石、水花石、云灰石、墨石和汉白玉。白色大理石一般称为汉白玉,常被用作建筑装饰材料。例如,北京人民英雄纪念碑基座上的浮雕和栏板,北京毛主席纪念堂里的毛主席坐像,昆明西山聂耳墓的聂耳雕像等,均为汉白玉雕制而成。云灰石被白族人称为"础石",是因为它是优良的建筑材料,通常用来作建筑的基础。

云南大理石工艺品蜚声国内外,不仅质量高,而且品种多,包括条屏、笔筒、镇纸、花瓶、石臼等,现已成为云南的大宗出口商品,远销世界各国。

文山为何被称为"中国三七之乡"

文山州土地辽阔,自然条件优越。气候中,亚热带、温带气候分别占70%、30%,北回归线在境内横贯而过,年均降水量和日照量都相当充足,全年无霜期达270~350天。正因为拥有光、热、水、气这种得天独厚的条件,所以州内拥有十分丰富的自然资源如生物、水能、矿产资源以及旅游资源等。

就文山的植物资源而言,不仅种类众多,并且有一些还十分名贵,尤以三七这种药材享誉国内外。三七是云南特有的名贵中药材,在云南有较广的分布,

但以文山州各县为主要产区,其中该州的砚山、马关、西畴等县已有三四百年的三七栽培历史。文山的三七产量占全国产量的95%以上,因而被称为"中国三七之乡"。

文山三七

文山不但盛产三七,而且三七栽培历史悠久。

三七是我国中医药中的一颗明珠,与人参同科同属,起源于第三纪古热带山区,有2 500万年的历史,被誉为"金不换""南国神草""参中之王"等。在我国著名的医学专著《本草纲目》中,李时珍将三七誉为"金不换",而当代医学专家誉之为"人参之王"。

三七具有很多功效,主要表现为:扩张血管、降低血压;促进蛋白质、核糖核酸、脱氧核糖核酸合成;促进血液细胞新陈代谢;双向调节中枢神经;双向调节血糖,降低血脂、胆固醇等;增强机体免疫功能;止血、活血化瘀;保肝、抗炎;延缓衰老等。

新中国成立以前,文山州仅有文山、砚山、马关、广南县的少数农户种植三七。1993年起,文山的三七产业才逐步走上稳步发展的道路。为更好地培育三七产业,文山州政府建立了三七特产局和三七产业园区,使得三七的种植面积稳定在3 300公顷。

现在,文山三七畅销全国各大药材市场,三七产业得到了持续发展,为文山创造了很好的经济效益。对此,文山州政府还提出了发展三七产业的道路:"以市场为导向,资源为依托,种植为基础,加工为重点,企业为龙头,效益为目标,走区域化布局,规模化生产,产业化经营,科技化发展之路。"

腾冲为何被称为"翡翠城"

腾冲是翡翠加工业的发祥地,始于明代中期,兴于清代。20世纪50年代以前,腾冲一直是全国缅甸玉石唯一的进口通道,也是最大的集散地、交易中心和加工基地,因而享有"翡翠城"的美誉。毫无疑问,是腾冲的翡翠文化造就了"翡翠城"的美名。这种源于中原玉文化的翡翠文化,具有地域文化的色彩,以及独特的传承和发展脉络。

腾冲人自古以来就有崇玉、爱玉的风尚。无论在家中、茶楼、酒馆,不管大

腾冲和顺翡翠加工商店

人、孩子,翡翠一直是他们谈论的主要话题。腾冲人手上戴的、身上挂的、家居装点的,多是翡翠;祭扫、避邪用的多是翡翠;会亲访友、谈婚论嫁时,送的礼物中最贵重的也是翡翠;就连老人临终时交代的玉镯子,也是数代家传之宝。由此来看,腾冲人民生活的各个层面都凸显着翡翠的色彩。

翡翠之所以在腾冲有这么深广的影响,与其历史、地理渊源有关。早在500多年前,在缅甸的商务活动中,腾越商人意外发现了翡翠这种工艺品,遂成为该地区翡翠文化的起点。清末时,腾越学者尹子监在《老困游记》中写道:"野人山为我孟养司及茶山里麻两地官司属土。虽前代称为藩屏。"据光绪年间(1875—1908年)的《腾越厅志》记载:"玉石以红白分明,透水者为佳。翡翠为上品,其名不一,均出励拱。"据檀萃《滇海虞衡志》记载:"至出南金沙江,昔为腾越所属。"

从上面这些史料可以看出,腾越人是我国翡翠的发现者。自从翡翠面世后,他们就疏通了通往玉石场的道路,集采掘、运输、加工、集散等于一身,并使其达到极其辉煌的程度。自此,"翡翠城"奠定了在中国玉器史上不可动摇的地位。现在,这里残存下来的满地碎玉,便是腾冲翡翠历史的见证。其中,腾冲翡翠中的玉雕,是当地工业和经济发展的第一块奠基石,距今已有400多年的历史。其工艺精美、功用广泛、内涵丰富,在全国玉雕行业中享有美誉。

起初,腾冲的精加工作坊很少,主要是把翡翠毛料分解,而后发往永昌、大理等地进行雕琢,并就地销售。后来,有许多外地工匠来到了腾冲,开始在给罗村、老城隍庙附近建立加工点。当时主要制作的是手镯、耳饰、头饰,以及一些简单的佛工、礼祭、生活用品。到了清前期,腾越的翡翠业走向了兴盛,包括翡翠的产出、销售、加工规模和碾琢技艺等,都有了很大的进步。当时还出现了各种玉器,玉雕业已初具规模,主要题材有佛教、人物、花鸟等。

到了清朝中后期和民国初年,腾冲翡翠的市场越来越大,甚

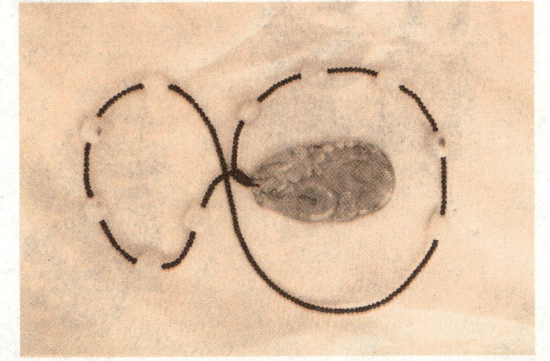

腾冲翡翠挂件

至供不应求,由此带动了翡翠玉雕业的空前兴盛。据《腾冲县志》载:"民国初年,从事玉雕的作坊有 100 多家,工匠 3 000 多人"。这一时期的玉雕作品,已具有很多优良特色,如造型精美、形制丰富、配伍完备等。

现在,据不完全统计,腾冲全县有近 300 个玉雕作坊,从业人员达 2 万多人。由于整个玉雕生产实现了机械化,大大提高工作效率,加上工艺水平的日益发展,这里的玉雕工艺品已开始成批销往全国和世界各地。

腾冲的翡翠交易市场中,最著名的就是荷花镇。这里是腾冲最主要的翡翠加工集散地,在腾冲本地加工的翡翠,90% 都来自这里。而这里的翡翠加工又主要集中在雨伞村、肖庄村。此处翡翠加工的特点是:加工户高度集中,价格实惠,无假货。

建水紫陶为何被称为"中国四大名陶"之一

建水紫陶,又称红泥陶,与紫砂陶、坭兴陶、荣昌陶并称为"中国四大名陶"。它产自红河州建水县的碗窑村,自宋末已开始生产,距今有 900 多年的历史。它经过 6 道工序制作而成,包括镇浆制泥、手工拉坯、湿坯装饰、雕刻填泥、高温烧成、无釉磨光。

建水紫陶成品具有精良的工艺特色,表现为"体如铁、明如水、亮如镜、声如磬",以及透气性良好等。最为珍贵的是,它还具有丰富的文化内涵,主要体现在传统的中国书法、绘画的装饰风格上。这让它从一般陶器中脱颖而出,成为"中国四大名陶"之一。

其实,把书法、绘画用作陶器的装饰并不是建水人的独创,但建水陶的装饰方法独特而复杂,先是在陶坯上用墨笔书画,然后由陶工雕刻出纹路,最后再填上白泥或彩泥。由于用笔潇洒、刀法流畅,所刻图案既保留了原作笔法,又显得清雅古朴;既有豪放、灵动的书法,又有写意画和民间图案等。

建水紫陶产品丰富多彩,且精美绝伦,除了具有观赏性和收藏价值外,还具有很强的实用性。最早时,建水生产的紫陶主要是烟斗、茶具、花瓶、笔筒、印盒、烛台等。到了清光绪年间(1875—1908 年),开始生产"杨林锅"。这是一种造型独特的用于炖鸡的

建水紫陶镇宅瓦猫

用具。新中国成立后,也曾大量生产这种锅,因为用它炖出的鸡肉味道异常鲜美,所以深受外国人欢迎,还远销美国、日本及东南亚一带。

1932年,在"巴拿马世界博览会"上,建水紫陶凭借古拙雄壮、文韵盎然、铿锵若磬、质明如镜获得了世界的认可,并荣获了博览会美术大奖。1953年,全国

建水紫陶茶具

民间工艺品展览会在北京举办,建水紫陶和江苏宜兴紫砂陶、广东钦州坭兴陶、四川荣昌陶被定为"中国四大名陶"。20世纪60年代,周总理出国访问时,曾把建水紫陶作为礼物赠送外国友人。

1978年,云南省政府恢复人民大会堂云南厅时,以四只建水紫陶大花缸作为装饰品,其上分别刻有杜鹃、山茶、玉兰、报春4种云南名花。

制作建水紫陶的代表性人物是陈绍康大师,他谙熟一整套建水制陶工艺流程,并且能书会画、精于雕刻设计。其先后两次获得国家轻工部"百花奖""优秀创作二等奖",1995年还被联合国教科文组织和中国民间艺术协会授予"民间工艺美术家"光荣称号。此外,萧恩荣、马吉生、向逢春、向福功、马成林等人也是建水紫陶的制陶名家。

老云南的娱乐

云南最具代表性的地方剧种是什么

发展于北京的戏剧被称作"京剧",产生于广东的戏剧是"粤剧",发迹于四川的戏剧以"川剧"闻名。云南简称滇,所以滇剧为云南主要地方剧种。

滇剧发端于明末清初,孕育于乾嘉之际,形成于道光年间,成长于同治光绪之时,变革于辛亥前后,兴盛于抗战之前。

清初吴三桂率军入滇,军中成员来自各地,休闲时南腔北调杂陈,又清初云南开矿,各省商帮源源而来,各地戏帮随之入滇,诸腔汇集,历经数代,与云南文化融合,形成独特风格,渐渐演变成滇戏。唱腔主要为丝弦、胡琴、襄阳三大声腔,它们分别源于秦腔、徽调和楚调。"丝弦"刚柔相济,表现力丰富;"襄阳"开朗明快,多用于喜剧;"胡琴"悲壮激昂,常为正面剧和

滇剧《望夫云》

悲剧所采用。滇剧的唱词、说白清晰通俗,腔调简短,为云南人民喜闻乐见,已有400余年的历史。

滇剧的剧目有1 600多出,其中有文字记录的达960多出。传统的优秀剧目有:《牛皋扯纸》《古滚刘封》《秦香莲》《七星灯》《打瓜招亲》等;带有云南生活诗情画意的故事剧有《望夫云》《荷花配》……新中国成立后,活跃在滇剧舞台上的著名演员有栗称之、戚少斌、碧金玉、彭国珍等,后起新秀有万象珍、周惠侬、邱云苏、王玉珍、李廉森……这些优秀演员常在云南省滇剧院作舞台表演,戏台摆设与京剧相似,场面与文武场戏装亦与京剧雷同。此外,滇剧演员还不时参加城乡茶馆的清唱,只打锣鼓,不化妆不表演,清唱折子戏,也有业余票友参加。锣鼓一响,茶馆经常满座,茶客既能听戏又能喝茶,这已成了滇班的传统习俗。不难看出,在流失的岁月里,滇剧与老百姓是非常贴近的。

老昆明扬琴有何由来

老昆明扬琴,是云南的一个地方曲种,主要流行于昆明、腾冲等地区。它原本只是明代时在昆明一带比较流行的对子书,采用的是用板击节讲唱故事并用三弦、琵琶伴奏的形式;在清道光年间,原来的对子书与从山东、江苏流传过来的扬琴担子结合了起来;到了同治年间又与四川、贵州的扬琴相结合,而且还吸收了花灯、滇剧的音乐素材。这样,经过不断地吸收借鉴融合,老昆明扬琴逐渐萌发了。

老昆明扬琴有自己独特的表演形式。其传统形式是演员各持一种乐器,分别担当不同的角色,然后围坐在一起演唱。经过不断发展,它现在的演出形式大多是1个人表演,另有3~5个人伴奏。其唱腔很有特点,讲究字正腔圆,情真意切,演唱时进行伴奏的乐器,除了扬琴、二胡之外,还选用了三弦、月琴、琵琶和笛子等。

老昆明扬琴的表演主要分为书、经、花三大类。"书"以宣讲《香山宝传》这一类的善书和古典小说、历史题材为主;"经"指的是"洞经"等具有固定宗教仪式或固定的"经""忏"内容的说唱;"花"是上述两类之外的扬琴说唱。

老昆明扬琴的曲调很多,主要分为大调、小调、古典和书腔四类。大调类的主要曲牌有《扬调》《道情》《律簧》等,擅长叙事,常用于演唱有情节、人物的曲目,如《单刀赴会》等;小调类的主要曲牌有《虞美人》《闹五更》等100多

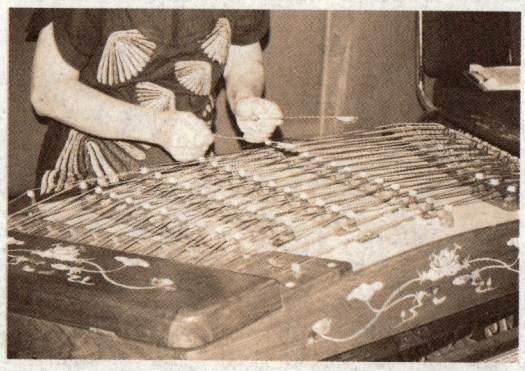

扬琴表演

个;古典类的曲牌有《寄生草》《剪靛花》等,多用于说唱元、明戏曲唱本和民间传说故事。

在古代,老昆明扬琴的说唱艺人大多都是盲人,他们单独或结伴走街串巷卖艺,有的也在茶馆、集市、院坝或私人的家里演唱。他们经常表演的曲目有《水浒传》《三国演义》《红楼梦》《蟠桃》《灵官》《祖师北岳》等。到清末时,表演昆明扬琴的艺人有40多个,其中著名的有周宝丰、屠凤书、马庆、黄茂等,而到了民国时期,则只有30多人了。

1950年,昆明市曲艺艺人联谊会成立,扬琴艺人也加入其中,当时的祥云街大众游艺场就是扬琴表演的主要场所。在曲目方面,许多具有时代气息的新编曲目出现,如《歌唱十二劳模》《合作生产实在好》等。从1954年开始,由于非盲人的青年演员的加入,扬琴表演舞台上出现了以扬琴曲调演唱的小戏《三换肩》《志愿军未婚妻》等。此后,扬琴逐渐发展成为昆明地区的一个地方曲剧。

国内第一家电影院——"水月轩"知多少

水月轩,位于昆明市翠湖湖心岛的东面,东连金鱼岛,西接莲花禅院,是翠湖公园的中心游览区。清光绪二十八年(1902年),云南曲溪富家子弟蒋楦将这块湖岛宝地买了下来,此后他在这里竖亭建楼、种荷植柳、垒筑假山,使景观为之一变。之后,他在这里开办了水月轩照相馆,兼营冲洗剂、留声机、测绘仪器等业务。1906年前后,蒋楦在原先照相馆的基础上,创办了我国最早的一家电影院——水月轩电影场,开了风气之先。

蒋楦,字范卿,光绪初年生。他自幼爱好美术,而且非常善于接受新鲜事物。当照相机刚传到云南时,他就学会了摄影和照片的冲晒技术。当时的云南还没有多少照相馆,而他就开了一家,这就是水月轩。他对水月轩倾注了很大的心血,将其建成了一处园林式建筑。水月轩中有一个大花园,里面绿柳成荫、曲径通幽,其主体建筑是一栋中西结合的两层楼房,楼上照相,楼下则陈列照片,供人们游览参观歇息。

当时,照相还是个新鲜事物,所以来水月轩照相、参观的人很多。水月轩照相也十分讲究,它根据当时昆明人爱在滇池游玩的特点,特地添置了桨声船影、渔灯竹篙等背景;如果是老年人来拍照,则会有太

昆明翠湖公园大门

唐继尧

师椅和大红绣花坐垫等道具,典雅而气派。就这样,在蒋楦的精心经营下,水月轩生意十分红火,迅速发展成与当时昆明春影阁(正义路大银柜巷口)、留青馆(青云街一丘田)等著名照相馆并驾齐驱的大照相馆。后来,蒋楦的弟弟蒋朴又在翠湖南路开了一家名为"二我轩"的照相馆。这样,昆明历史上最早的四大照相馆就全部产生了。

蒋楦非常善于思考和经营,在照相馆的生意走上正轨之后,他又开始兼营照相机、留声机、冲印剂、测绘仪等业务。1905年,蒋楦到上海进货。在租界看到了电影,觉得很新奇,当即就购买了一部电影放映机和几卷影片带回了昆明。刚开始的时候,他只是自己观看,想研究影片里的拍摄艺术来提高自己的摄影水平,后来他就邀请了一些朋友来一起观看。很多朋友在看过电影之后,都感到很新奇,纷纷建议蒋楦收费放映。蒋楦一想,觉得也很有可操作性,于是就将水月轩楼下陈列相片的房间利用起来,在晚上不定期地对外收费放映影片。就这样,我国第一家电影院产生了。

当时的水月轩只有几部含有风景、车船动态的无声短片,放映的次数多了,顾客就不愿意看了,过了一段时间之后就没有多少人来看了。蒋楦觉得电影放映是一个有前途的行业,于是就在水月轩的对面投资建了一座电影场。光绪三十三年(1907年),电影场开始营业。当时所放映的影片,是日俄战争纪录片等几十部拷贝片,虽然只是默片,没有声音,但是仍然受到了观众的欢迎。水月轩在影院管理方面也做了很大的创新,采取的是凭票入场的办法,非常正规,这在云南历史上是第一次。

此后,蒋楦的事业顺风顺水,最风光的时候,他还参与筹办了云南第一家商业戏院——云华茶园,担任了云南模范工艺厂总经理,并参与筹办滇池的航运事业,促成了云南第一家官商合办企业——滇济轮船公司的成立,开拓了昆明到昆阳的水上航线。但是,命运总是难以琢磨,蒋楦和水月轩的运行轨迹因为一双碧玉镯而发生了彻底的改变。

1914年6月,巴拿马出品协会云南分会和云南省第一次物产评会在昆明南城外的公园联合举办展览。蒋楦不仅负责筹展,还把自家珍藏的一对碧玉手镯借给展会。据说,这对碧玉镯曾经是慈禧太后所有,当时李鸿章因为办洋务有功,慈禧就把玉镯当着满朝文武的面赏给了他。后来,李鸿章又把这对宝物赠送给了即将赴任云贵总督的侄子李经羲。1911年,云南革命党发动"重九起义",李经羲得知消息后仓皇出逃,不料在翻墙时将这对镯子落在了总督府后院的围墙下,被一个马夫捡到了。马夫觉得这应该是宝物,便到蒋楦府上献宝。蒋楦鉴定后认为这对镯子确实是宝物,于是出高价将其买下。

在展览上,云南都督唐继尧的堂弟看上了这对镯子,并请人带话给蒋楦,说愿意出高价购买。蒋楦则以"心爱之物不肯出让"为由,数度拒绝唐司令的要求。随后,蒋楦去了上海,但是不久他就被官方指称贪污了工艺厂公款6 000元,这样一来,他不仅丢了官,还成了罪犯。之后,其包括水月轩在内的家产被查抄,碧玉镯也被搜走了。蒋楦为了报复唐氏,就到香港伪造钞票,想趁机搞乱昆滇市场、动摇唐氏。当年,富滇银行在年初时发行了新的五元钞票,但是不到半年,市面上就到处都是五元伪钞,甚至还有人在街头公开发放,云南市场一度混乱。唐继尧得知这个消息后大怒,下令迅速查办。1919年,蒋楦在香港被捕,之后就被押回了昆明,以"投匪入伙,为害闾里"的罪名被枪决了。那水月轩怎么样了呢?

1916年,昆明筹建自来水公司,将水月轩租下来作为办事处。从20世纪30年代开始,水月轩先后成为了国民党市党部等机关的办公区,直到昆明解放。1954年2月,昆明市文教局在水月轩举办了新中国成立后的首届茶花展览。此后,水月轩与观鱼楼又多次举办规模宏大的昆明市花卉展览,成为了昆明的赏花胜地。

傣族泼水节由来之谜

泼水节,是傣族人民最隆重的节日,也是我国云南少数民族地区诸多节日中影响最大、参加人数最多的节日。泼水节也是傣历新年,通常在每年的公历四月中旬举行,节日一般要持续3至7天。泼水节期间的每一天在傣语中都有固定的叫法,第一天被叫作"麦日",与汉族的除夕相似;第二天叫"恼日"(也叫"空日");第三天是新年,叫"叭网玛",意思是岁首,人们把这一天视为一年中最美好、最吉祥的日子。

傣族的泼水节发源于印度,曾经是印度婆罗门教的一种宗教仪式,后来被佛教所吸收,又经缅甸传入我国云南傣族地区,时间大约在公元13世纪末至14世纪初,距今已有700多年的历史了。此后,随着南传上座部佛教在傣族地区的影响力日益扩大,泼水

傣族姑娘

节这一习俗也就被广泛传播开来。

关于泼水节的由来,在民间流传着这样几个传说:

传说一:在古时候,有一个魔神名叫捧玛点达拉乍,他违抗天神的旨意,为所欲为,把人间弄得雨旱失调,冷热不分,秧苗枯死,人畜遭殃。怎样惩治这个法术高强的恶魔呢?智慧的天神英达提想到一个办法,他装扮成英俊的小伙子,去接近捧玛点达拉乍的七个女儿,并将实情告诉她们。这七个姑娘生性善良,本来就对父王的罪恶十分愤懑,于是她们决心杀死父王,为人间除害。一天,她们探听到了只有父王的头发能把父王的头割下来,于是七个女儿就将他灌得酩酊大醉,悄悄拔下了他的一根头发,做成弓赛宰(即用心弦做成的弓),斩断了恶魔的头。出人意料的是,滚落地上的头颅竟然燃烧起来,顷刻间邪火熊熊,竹楼被烧毁,庄稼被烧焦。七个姑娘为了阻止火势,就把魔王的头轮流抱着,直到其燃烧殆尽。每次轮换时,她们便打来清水相互泼洒,以去除污秽、避免烧伤。七个姊妹大义灭亲的果敢行动和伟大功绩,受到傣族人民的热情赞颂。为了向她们表达永久的敬意,傣族人就把魔王捧玛点达拉乍的头颅毁灭的日子,定为泼水节。在这一天,人们浴佛之后就用清水相互泼洒,表达祝福,以求吉祥安康,幸福久长。

传说二:相传在很久以前,有一个聚居在金沙江边密林深处的傣族村寨。一天,树林突然烧起大火,村民很快陷入了被大火吞没的危险之中。一个名叫李良的傣家汉子,为了保住村庄,不畏危险,冲出大火,从金沙江里挑来一桶桶江水,不停地泼洒到山火上。经过一天一夜的劳累,山火终于被浇灭了,村民得救了,李良却因为劳累流汗过于干渴而昏倒在了山头上。村民们赶忙打来清水给李良解渴,但一直喝了九十九挑水也没有缓解他的干渴,就在这时,李良一头扑到金沙江中,变成了一条巨龙,顺江而去。傣族人民为了纪念李良,每年的农历三月初三这一天,家家户户都要把房屋清扫一新,撒上青松叶,并在选定的江边或井旁,用绿树搭起长半里的青棚,在棚下撒满厚厚的松针,两旁放上盛满水的水槽。到了午间太阳当头时,众人穿行于棚下,相互用松枝蘸水洒身,以表示对李良的怀念和对新年的祝福。这项活动一直延续下来,就成为傣族人民最隆重的节日——泼水节了。

傣族泼水节

传说三:从前,有一个忤逆的儿子在清明节后第七天在山上干活,休息时看到了雏鸟反哺的情景,于是心中有所感悟,决心好好侍奉母亲。就在这时,他的母亲正向山上走来,给儿子送饭,突然不小心滑了一跤。儿子见状赶紧过来扶她,母亲以为儿子又要来打她,于是就一头撞死在了旁边的树上。儿子追悔莫及,就把树砍下来雕成一尊母亲的雕像,每年清明后第七天都要把雕像浸到撒着花瓣的温水中清洗,从那以后就演变为一种习俗。

当然,以上都只是民间传说而已,泼水节到底因何而起源,恐怕已经无法考证了。无论泼水节到底是怎样演变来的,有一点是不可否认的,那就是今天的泼水节已经成为傣家人一个最为重要的节日了。每到泼水节来临时,傣家人便忙着杀猪、杀鸡、酿酒,还要做许多"毫诺索"(年糕)和多种粑粑,在节日里食用。

泼水节一般在风光旖旎的澜沧江畔举行。当晨曦映红"黎明之城"的时候,各族群众便穿着盛装,从四面八方聚集到这里。一声号令,一艘艘龙舟箭一般直冲对岸。此时,千万只金竹一起吹奏,铓锣、象脚鼓一齐敲响,澜沧江两岸顿时变成欢乐的海洋。

当泼水刚开始的时候,彬彬有礼的傣家姑娘会一边说着祝福的话语,一边用竹叶、树枝蘸着盆里的水向对方洒过去。"水花放,傣家狂",到了高潮,人们用铜钵、脸盆,甚至水桶盛水,在大街小巷,嬉戏追逐,迎面的水,背后的水,都尽情地泼来,每个人都全身湿透,但人们兴高采烈,到处充满欢声笑语。

一段水的洗礼过后,人们便围成圆圈,在铓锣和象脚鼓的伴奏下,不分民族、不分年龄、不分职业,都翩翩起舞。到了激动时,人们还会爆发出"水、水、水"的欢呼声。有的男子边跳舞边饮酒,如醉如痴,常常通宵达旦。

由于泼水节的盛名,很多外地的游客去云南旅游,都尽量赶在四月份,这样便可以好好感受那"传说"中喜庆热烈的泼水节了。

何谓"崴花灯"

云南花灯戏,是流传于云南盘县、四川会理一带的一种民间艺术形式,它因受各地语音、民歌小曲的影响而形成了不同的演唱和表演风格。目前,云南花灯戏有昆明花灯戏、玉溪花灯戏和姚安花灯戏三大支系。其中,昆明花灯戏所保留的明清小曲及明清

云南花灯戏

剧目最多,伴奏乐器以胡琴为主;姚安花灯民歌色彩较重,主要用笛子、梆子伴奏;玉溪花灯革新最早,所以被称为"新灯",其剧目及演出形式受滇剧的影响较大。那么,云南花灯戏有什么来历?"崴花灯"又是指的什么?

云南花灯戏起源于明代时在云南民间流行的"社火"活动中的花灯。"社火",即"会火",是云南农村和小城镇中的一种宗教性的文艺活动,一般在每年农历新年到元宵节期间或在祈雨等场合举行。社火活动由轮值的村子组织,活动期间,社火的队伍会抬着"土主"游行,此外还有一支文艺游行队伍,其中包括耍武术的、耍杂技的和花灯队伍。

清乾隆前后,原先作为社火活动一部分的花灯表演,逐渐形成了花灯戏,当时有不带戏剧情节的花灯和具有简单戏剧情节的花灯两种形式。辛亥革命之后,玉溪花灯开始革新,花灯艺人从唱本、善书里取材,改编了一些新的曲调,并吸收了滇剧的一些表演程式,出现了戏剧情节曲折复杂的中型、大型剧目。新中国成立以后,花灯发展成了一种以演出现代戏为主的歌、舞、剧相结合的戏曲剧种。

花灯戏的演出很注重舞蹈,而花灯舞蹈的基本特征就是"崴",在民间甚至还有"无崴不成灯"的说法。"崴步"都有手部动作的配合,手中的道具和扇子的种种变化就是其具体的表现,花灯戏的演员也常用这种形式来烘托情节和丰富人物的性格。

表演花灯时,一般都是在广场上。在广场表演的仪式,各地大同小异,一般是先参拜四方,祈求神灵保佑风调雨顺、国泰民安,然后开始演出。演出程序一般是先以集体花灯歌舞如《秧佬鼓》《大头宝宝戏柳翠》《团场》开场,然后再演出各种小型花灯歌舞或花灯小戏。

丽江唱山歌的纳西族少女

何谓"调子会"

在云南昆明及呈贡、晋宁等滇池周围的汉族地区,流行着一种昆明调,它泛指在这一地区流传的汉族山歌、小调等,民间称之为调子、民歌等。那么,"调子会"是怎么一回事呢?

昆明调一般都是在山野田间歌唱,而且不受季节的限制。除了平时的田间对唱之外,当地在每年都会举办大规模的歌唱活动,这就是调子会。例如,当地传统的"三月三"山歌会、六月二十四"跑马山歌会"、"玉兰调子会"、"红石岩歌会"、"观音山调子会"等。这些调子会多是以"赛歌"的形式出现,通常分为甲乙两个队伍,双方各有若干个"歌师傅"指点策划,而且即兴编词,互相问答,体现集体智慧。赛歌时的场面异常紧张,有时候还会相持好几天还分不出胜负。

调子的歌词内容十分广泛,包括男女爱情、家乡风光、历史、地理、生产、生活等多个方面。调子的曲目非常繁多,流传较广的有耍山调、猜调、赶马调、送郎调、拈鱼及东门腔、西门腔、草海腔等。其中,"拈鱼"在昆明的西山区十分流行,乐曲为民族调式中的宫调式,具有典型的民族调式风格;歌词的内容很简单,但由于演唱时要大量的应用虚词,从而加强了小调的节奏感和韵律感;唱念结合使整个小调节奏变化多,表达情感丰富,增强了调子诙谐、幽默的情感氛围。

调子的演唱在开始时常有呼唤式的引腔,曲调具有叙事性,而且曲中还常出现"垛句",音调和说唱类似,有的跟"绕口令"差不多,好的歌手每唱到这种地方,观众都会满堂喝彩。在昆明调中有一种非常典型的曲调,名为猜调,它是用56种事物相互猜答来组成歌词内容,想象力丰富,让人听了非常过瘾。

从20世纪50年代以来,昆明调的代表作就开始在全国广泛流传,影响非常广泛。它的传承方式也很有意思,一般是父传子、母传女、老歌手传新歌手,这种现象在昆明的西山等地仍然还有存在。

"纳西古乐"知多少

纳西古乐,是存在于云南丽江的一种古老音乐形式,由于这种古乐只存在于纳西族地区,所以被命名为"纳西古乐"。据考证,这种古乐起源于14世纪,所以它是云南最为古老的音乐,同时也是中国乃至世界上最古老的音乐。

纳西古乐是纳西族人民在以儒道文化为代表的中原文明的影响下,形成的一种艺术结晶。它起源于汉族的洞经音乐和皇经音乐,但是目前保留下来的只有来源于洞经音乐的那部分。传说,纳西古乐在最初时是有汉族经文配唱的,但是在传到纳西族民间之后,就逐渐变成了单纯的乐曲。古乐由白沙细乐、洞经音乐和皇经音乐组成(皇经音乐现在已经失传),其中融入了道教法事音乐、儒教典礼音乐,以及唐宋元的词、曲牌音乐,从而形成了它独特的灵韵,因此被誉为是"音乐化石"。

纳西古乐的乐曲分为"神

丽江纳西古乐演奏队

州"和"华通"两个大调,并根据内容的不同分为 50 多个小调。这其中,经常演奏的有"清河老人""小白梅""水龙吟""山坡羊""万年欢""浪淘沙"等 20 多个小调。由于这套乐曲长期在纳西族地区广泛演奏,所以在流传的过程中,也逐步地融入了很多纳西族的格调。例如,有些乐器在演奏时加入了大跳跃的装饰音和音程很大的滑音和颤音,冲淡了汉族丝竹乐曲原有的清秀、典雅的乐风,从而转变成了粗犷有力、富有浓重民族色彩的乐曲。

纳西古乐最具特色的地方是它的"稀世三宝":首先是古老的曲子,这些曲子都是一些古曲,已经演奏了几个世纪;其次是古老的乐器,乐师们所持的乐器,都已经有上百年的历史了;再有就是古老的艺人,乐曲的演奏者大部分都是七八十岁的老年人。正是由于这三个特点,纳西古乐才被称作是"三老古乐"。人们在听这种古乐的时候,不仅会感受到纳西族的古老和文明,而且还可以体味到纳西族文化的博大精深。

纳西古乐虽然非常古老,但是 500 多年来一直常盛不衰。究其原因,就在于它是一种庄重高雅的文化艺术。也正因如此,它才会深受纳西族人民的喜爱,而且也受到了世界许多国家人民的青睐。在云南的丽江古城,每天晚上都会举办名为"大研纳西古乐会"的演出,吸引了来自世界各地的观众。现在,到丽江欣赏纳西古乐,已经成为很多人到丽江旅游不可缺少的内容,"纳西古乐"也因此成为了丽江旅游的重要品牌。

"关索戏"有何特色

关索戏,是一种主要流行于云南玉溪地区澄江(包括江川)县的戏曲形式,属于古老傩戏的范畴。相传其是以蜀汉大将关索的名字命名的,但到目前为止还无文献资料可供考证。最初,这种戏是当地人用以驱邪逐疫的傩祭舞蹈、仪式,到北宋时传入宫廷后,才开始向可以表达故事情节的小戏的形式发展,逐渐发展成了娱神娱人兼有的古老而独特的戏剧形式。

关索戏面具

从关索戏的名字我们可以知道,其剧目的内容主要是三国蜀汉故事中关索的事迹。虽然是演三国故事,但是现在澄江地区所演的关索戏,实际以关索为主角的戏还从来没见演出过,所演的剧目一般还是《战长沙》《走麦城》之类。由此可见,这种戏曲已经受到了其他剧种的影响,失掉了自己原来的面目。

关索戏在演出形式上,仍然保留了较原始的面貌。演出时,演员一般头戴面具,边唱边舞。流传至今,演出这种戏所用的面具,只剩下了生、旦、净三类共20具。关索戏在表演时是不设舞台的,演员也不化妆,所以不受时间、地点等客观因素的限制,演员戴上面具,穿上服装,带上兵器就可以出场表演。

关索戏的行当有生、旦、净三行,而且多以净行为主,角色主要靠面具和服饰来区别。演出时,没有管弦乐器的伴奏,全是用鼓点来配乐。演出时,一般是由小军或马童先上场,说明将要开演的戏的情况,之后他们就开始表演各种各样的翻滚动作以吸引观众。接着,是生角上场,他们可以表演说、唱、打等,没有固定的程式,演员自由发挥的空间很大。

关索戏的声腔比较复杂。关于其声腔来历,有人认为是源于高腔,但从其某些曲调来分析,好像又杂合了当地的一些民歌小调,其诵佛唱经的旋律则明显地吸收了滇剧的腔调。演唱时,演员也没有固定的板式,所以不受音域节奏的限制,即使是同一曲调,不同的人唱也会呈现出不同的特点。关索戏的唱词多为七字句或十字句,因此人们又称其为"十字板""七字板"。除此之外,还有"大刀板""报信板""哭板"等。

关索戏一般是在过年过节时演出,其演出期间,还会有一套成规仪式贯穿始终。例如,每年演出前都要祭药王、练武;正月初一起开始演出时,还要按日出巡、踩村、踩街和踩家;每次演出时开头的第一个节目一定是演《点将》;当天的演出结束后还要辞神;正月十六是全部演出结束的日子,这一天的演出结束后要装戏箱、送药王等。所有的这些仪式,都有其固定的程序及要求。

 ## 云南洞经音乐有何特色

洞经音乐,是我国民间器乐的一个乐种,主要流行于云南的汉族地区和丽江、楚雄等地的纳西族、彝族地区。这种音乐起源于古代中原地区的道教丝竹乐,历史十分悠久。道教的经书分为"三洞",即洞真、洞玄、洞神,分别是由道教三清尊神传下来的,所以道教经书也被称为"洞经",而洞经音乐主要就是演奏、唱颂经书中的诗赞音乐,故而得名。那么,洞经音乐有什么特色呢?

云南洞经音乐

洞经音乐在云南的多个民族地区流行，每一地区都有自己独立成套的曲调类别。音乐中的"曲牌"来源非常多样，主要来源于明清的时调小曲，少部分来自于唐诗宋词，还有一部分则是借用了各种戏曲剧种的曲牌曲目。作为云南地区历史悠久的音乐形式，随着滇剧的出现和发展，各地的洞经音乐的一些曲牌还被滇剧所吸收，为云南地方戏曲的发展做了很大贡献。

洞经音乐在表演时，乐队非常庞大，集吹、拉、弹、唱、念、法、唱、拜、祭于一身。其旋律古色飘香，格调庄严肃穆，唱腔清脆、圆滑，很具有滇戏的韵味，而且还具有佛教、道教音乐的风格。这种音乐不仅可以表现雄伟壮丽、气势磅礴的场面，而且也能表现优雅婉转的意境；不仅可以登上大雅之堂，而且也能在民间演奏。因为洞经音乐的旋律优雅动听，音韵自然流畅，能够带给人一种仙幻缥缈的感觉，所以被称为"雅乐"或"仙乐"。

洞经音乐通常由各地的艺人或音乐爱好者组成的业余音乐组织集体演奏，每年的农闲至冬月，都会有例行的"坐会"（即洞经音乐表演），平时谁家有贺寿、婚嫁、喜丧等活动时，也会邀请乐队前来演奏。通常情况下，一个乐队大约有 20 个人，他们缓缓排开，站好位置。乐队中的男性都穿着黑袍，女人则会系着灰蓝色的头巾和围裙，乐器一般都是胡琴、笛子、唢呐、扬琴、筝、鼓、镲、锣、铃、简板等。

每一个乐队都会有一个队长或者是指挥，在他的指挥下，乐队才开始进行演出。一般来说，演得比较多的曲目有《南京宫》《迎神腔》《吉祥音》等。乐队演奏乐曲的编配很丰富，管乐、弦乐和打击乐相互配合，层次分明，使音乐的效果充分地展现了出来。观众在欣赏音乐时，只听得仙乐飘飘入耳，感觉好像置身仙境一般，非常美妙。

云南各族的"火把节"各有何由来

火把节，是我国彝族、纳西族、拉祜族、白族等民族的一个古老而重要的传统节日，同时也是我国非常重要的少数民族节日。这个节日有着非常深厚的民俗文化内涵，在中国乃至全世界都是非常有名的，被称为是"东方的狂欢节"。火把节一般是在每年农历的六月二十四举行，主要的活动有斗牛、斗羊、斗鸡、赛马、摔跤、歌舞等。但是由于举行火把节的民族不同，所以各民族火把节在来历、举办时间、节日活动等方面

密枝彝族火把节

或多或少地存在着一些差异。那么,云南各民族的"火把节"都有什么由来呢?

彝族： 相传,彝族曾经有一个非常漂亮能干的姑娘,她与一个名叫阿龙的彝族小伙很早就相爱了,但是附近12个部落的男子还是都来提亲。在这些提亲的人中,有一个土官老爷非常凶狠残暴,他对姑娘说:"如果你不答应我的提亲,我就要血洗山寨,让全寨的人都跟着你遭殃。"姑娘没有办法只能答应他,并商定在六月二十四那天迎亲。

等到迎亲的那天,姑娘穿上了雪白的衣服、黑色的短褂,胸前系着一块花围裙,并在屋前烧起了一个大火堆。等到12部的头人都

云南拉祜族服饰

赶来之后,姑娘从屋里出来,她深深地看了阿龙一眼,然后就纵身跳入了火堆中。阿龙在姑娘起跳的刹那本想拉住他,但是却只扯下了她的一个衣角。就这样,姑娘以死殉情了。

为了纪念她,12个小伙抬起一头大牛推向对方,谁能把牛推倒谁就取胜。之后,大家杀牛饮酒、唱歌跳舞,以安亡魂。后来,彝族人就把六月二十四这天定为火把节;被阿龙扯下的衣角,就成了彝族妇女的围腰带;那焚烧姑娘的青烟,则化成了山寨的晨雾。据当地人说,每当清晨喜鹊鸣叫的时候,彝山的远处就会隐约地显现出姑娘的身影,因此人们就称她为"喜鹊姑娘"。

纳西族： 传说,天神子劳阿普嫉妒人间的幸福生活,于是就派了一位年老的天将到人间,要他把人间烧成一片火海。老天将来到人间之后,看到一个男子将年纪稍大的孩子背在身上,年纪稍小的孩子反倒是被他牵着走,于是就感到很奇怪。他上前询问缘由,那男子告诉他,背着的这个孩子是自己的侄子,牵着的孩子是自己的儿子,因为哥嫂都死了,所以他要好好照料侄子。老天将听完之后,为人间有这样的美德而深受感动,他觉得人们的心地如此善良,所以不忍心加害他们,于是便将天神想要用火烧毁人间的消息告诉了那个男子。他让那个男子告诉人们,在六月二十四那天在自家门口点燃火把,这样就可以免去灾难了。于是,家家户户都在这天晚上点起了火把,天神以为人们已经在火海中灭亡了,就沉沉地睡去了,从此再也没有醒来。后来,纳西族人民就把这天定为了火把节。

拉祜族： 据说,在山上曾经住着一个善人和一个恶人,恶人专吃人的眼睛。到了六月二十四这天,善人用蜂蜡裹在山羊角上,然后点燃蜂蜡让山羊去找恶人。恶人看到火光,以为是人们拿着火枪来打他,便急忙躲进山洞里,并用石块

堵住了洞口。可是不曾想,洞里冒出了大水,恶人被水淹死了。从此以后,人们就不再担心恶人来吃眼睛了,终于可以安稳地农耕和生活了。为了感谢善人的大恩大德,拉祜族人民就把这天定为了火把节,以示纪念。

白族: 唐初时,云南境内有6个大的部落,统称为"六诏"。六诏中位于最南端的部落是蒙舍诏,也称为"南诏"。南诏发展很快,日益强大了起来,所以野心也逐渐增大了。一天,南诏王皮逻阁邀请其他五诏的首领聚会。邓赕诏首领的妻子慈善夫人认为皮逻阁居心不良,所以极力劝丈夫不要前往,但是丈夫不听。临走时,慈善夫人含泪在丈夫的手臂上套上了一个铁环,以求护身。

等到聚会那天,皮逻阁把大家请到一个用松树建成的阁楼上,这就是松明楼。等到大家酒酣耳热之际,皮逻阁下令放火烧楼,于是五诏首领都被烧死了。慈善夫人得知消息后,匆忙来到了南诏,面对已成灰烬的松明楼,慈善夫人痛哭欲绝。她扑在灰烬中,扒出了丈夫佩带的铁环,然后找到了丈夫的尸体并将其运回了家。后来,皮逻阁听说了这个聪慧贤德的慈善夫人,便想娶她为妻。但是,慈善夫人坚决不嫁,在将丈夫埋葬后,她也闭城自尽追随亡夫而去了,只留下了这段令人感慨万千的感人故事。从此以后,云南的白族人民便过起了火把节,以纪念"火烧松明楼"的历史故事和勇敢聪慧的慈善夫人。

现在,火把节已经成了云南少数民族地区最隆重的节日之一,而且被赋予了更新、更多的内容。当地人在继承和发扬传统火把节的优秀部分的同时,还融入了许多时代的气息。例如,在节日期间,很多外地游客会纷纷赶来,火把节就成了吸引各方人士前来观光旅游和贸易洽谈的好机会。不仅如此,节日期间举办的各种群众性文艺体育表演节目也一年比一年丰富多彩,为人们提供了丰富的文艺大餐。

  大理白族的"三月街"有何由来

三月街,又名"观音市""观音节""观音街",是云南大理白族的盛大节日和街期。每年的夏历三月十五至二十日在大理城西的点苍山脚下举行。最初的时候,"三月街"是一个带有浓厚宗教色彩的活动,后来逐渐演变成了一个盛大的商品交易会和民族体育文艺大会,对加强当地的民族团结、促进民族间的经济文化交流,起了积极的作用。那么,"三月街"是

大理"三月街"牌坊

怎么来的呢？

关于"三月街"来历的说法很多，其中不乏一些奇妙的传说。据说在很久以前，有一个暴君每天都要吃一对人的眼球，这给当地的白族人民带来了深重的灾难。当时白族中有一个充满神力的勇士，他想为民除害，便在三月的一天巧施妙计，把暴君骗到了苍山的中和峰麓，在这里他唤来

大理三月街赛马

了神狗消灭了暴君。暴君被消灭了，白族人民得救了，为了纪念那位勇士，当地人就在每年农历的三月十五至二十日聚集在苍山脚下唱歌跳舞。这样年复一年，就形成了"三月街"。

除了上文传说之外，"三月街"还有一个美丽的传说。传说在洱海边上有一个打鱼的小伙子，他的妻子是龙王的三公主。有一年的农历三月十五的晚上，月亮特别美，三公主抬头望月，想起了嫦娥每年都会在月宫里举办的月街，于是她叫来了一条龙，夫妻二人就骑着龙去赶月街了。月街的货物繁多，看得人眼花缭乱，但是所有的货物只能参观不能买，夫妻二人很失望。在回家的路上，两人商量着也要在苍山脚下举办一个月街，让大家想买什么就能买到什么。于是，他们就来到苍山中和峰东麓的缓坡上种了一棵大树，每年农历的三月十五这天起，夫妻二人都会在树下做七天买卖。这样，就有了一个热闹的集市，因为是在三月份举办的，所以人们就称之为"三月街"。

当然了，上述两个说法都是民间的传说，并不能说明三月街的真实来历。据有关资料记载，在南诏细奴罗时期，佛教在大理非常盛行。因为历史上传说观音菩萨曾在三月十五这天来大理传经，所以为了纪念这一盛事，以后每年的同一天，善男信女都要搭棚礼拜诵经并进行祭祀，这样就成了讲经说佛的"三月街"庙会。由于大理地处交通要道，而且古代的云南信佛的民众很多，所以越来越多的人来参加庙会。随着社会经济的发展，庙会逐渐演变成了滇西地区的贸易集市和节日。商人们在这里交易骡马、山货、药材、茶叶等物资，各族人民则会举行对歌、跳舞等庆祝活动。

现在，"三月街"民族节已经成为了大理最隆重的节日，每逢三月街时，街上人山人海，商旅云集，货物琳琅满目。当地人都会按照传统习惯，在白天进行贸易，晚上在宿营地唱歌跳舞，很是热闹。

景颇族"目脑"之谜

在云南省德宏傣族景颇族自治州和怒江傈僳族自治州，居住着勤劳善良的景颇族人民。景颇族人民主要从事农业生产，以种植水稻、玉米、旱谷等作物为生。他们有自己的语言和文字，素来以坚韧耐劳、热情好客、骁勇威猛的民族性格著称于世。在景颇族有句家喻户晓的俗语：要像狮子一样勇猛。景颇族人用他们勤劳的双手征服大自然，用大长刀与恶势力作斗争，在历史上，曾多次顽强抵御外敌侵入，为保卫祖国领土立下了功勋。

景颇族过去曾普遍崇信万物有灵的原始多神教，所以禁忌比较多。当地有大巫师和一般巫师，他们除了能给人看病之外，还能记诵本民族的创世纪、史诗、历史传说和大量民间故事。景颇族的祭祀活动也很多，如一年一度的破土仪式、吃新谷、献谷堆、叫谷魂等，这些活动大多与农业生产有关。在这些祭祀活动中，规模最大的当属"目脑"。

目脑，又称"总戈"，在景颇族语的意思是"大伙跳舞"，有时候也被称作"目脑脑""木闹""目脑闹"。目脑每年一次，一般是在农历的正月举行，为期两三天。在节日期间，主要的活动场所就是广场，广场中心竖着两根高约20米的目脑柱，左边为雄柱，右边为雌柱，每根柱上都画有精美而富有象征意义的图案。两柱的正中间交叉放着两把银光闪闪的大刀，两根大柱的旁边立着两根稍矮的柱子，上面也画着图案饰绘，非常漂亮。

每当节日的时候，人们从四面八方聚集到举行目脑活动的广场上，尽情地欢跳目脑舞。目脑舞一般由族中两位德高望重的老人领头，老人的头上戴着美丽的孔雀羽帽，手中挥舞着熠熠闪光的长刀，人们踩着象脚鼓和"商比"（竹管乐器）的节拍，边歌边舞。木脑舞的舞步刚健，变换有序，在歌舞声中还常伴随有"哦啦！哦啦！"的欢呼声，使整个舞蹈充满了粗犷、雄浑的气势。

关于目脑的来历，有三个不同版本的传说：

第一种说法：目脑舞是太阳神的舞蹈，后来鸟从太阳神那里学会了这个舞蹈，人类看到鸟儿跳这个舞，便又向鸟儿学习，此后便一直流传了下来。

第二种说法：在古时候，景颇人居住在一个

景颇族包头

遥远而美丽的地方,在那里,人们过着幸福安乐的生活。然而有一天,族中来了一个饮血吃人的魔王,他专靠吃小孩为生,还常常施展魔法呼风唤雨,淹没田地,景颇人从此陷入了深重的苦难。一个名叫雷盼的景颇男子不愿忍受压迫,便带领众人奋起反抗,经过激烈战斗,终于杀死了魔王,人们欣喜若狂,尽情地唱歌跳舞欢庆胜利。后来,人们为了纪念祖先降魔除邪的伟大功绩,每年都要举行盛大的歌舞活动,并把这种歌舞活动称为"目脑"。

景颇族目脑纵歌节

第三种说法:景颇人的创祖宁贯瓦的父母对他说:"我俩死后,你要举行丧礼目脑,只有这样,我们才能变成大地,你才能变成人,繁衍人类。"于是,宁贯瓦接受父母的旨意去太阳国学跳目脑。在太阳国里,大家公推美丽的孔雀为目脑舞的领舞人,孔雀不负众望,带领大家翩翩起舞,并悉心教会了每个习舞者。宁贯瓦学成后,在人间也组织了目脑舞会,他划定喜马拉雅山脚(相传即景颇族的发祥地)为舞场,把目脑舞的动作都刻画在目脑柱上,并规定领舞人要戴上孔雀羽帽,以纪念孔雀的授舞之恩。从此,目脑诞生了,并世代相传,延至今日。

目脑最先是景颇族最隆重的祭鬼活动,作为一个民族的传统活动发展至今,其宗教色彩和类别已经淡化了,如今它已经成为景颇族约定俗成的传统节日,被统称为"统肯(传统)目脑",并被赋予了新的内涵,在展示了景颇民族的传统文化的同时,也反映了他们对美好未来的向往。

沧源佤山为何被誉为"歌舞之乡"

在云南南部和西南部的临沧、思茅、版纳、德宏、保山境内,分布着一个独特的少数民族,那就是佤族。据初步考证和佤族创世史诗《司岗里》的记载,佤族一直是一个不断自北向南迁移的民族,当他们迁到怒江和澜沧江之间的深山峡谷地带之后,便借助那里的天然屏障和优越的自然条件把自己相对地封闭了起来,从而有了自己相对完整的历史文化传承。沧源是全国仅有的两个佤族自治县之一,境内有享誉国内外的3 000年前的古崖画,有保存完整的原始生态群落,有丰富的动植物资源,因此被誉为"崖画之乡""动植物王国"。那么,沧源

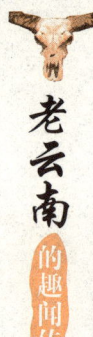

云南佤族甩发舞蹈

佤山为什么被誉为"歌舞之乡"呢？

沧源佤山是佤族的一个重要聚居地，古老的佤族人民在这块土地上创造了自己独具特色的文化。佤族文化形态齐全，特点鲜明，而且佤族人纯朴、热情、奔放，再加上当地"会说话就会唱歌、能走路就能跳舞"的民风，歌舞便理所当然地成了佤族文化的重要载体。毫不夸张地说，佤族人的生活是与歌舞密不可分的，他们在一切活动中都能融入歌舞的元素，而且在沧源佤山还有许多独特的舞蹈和歌唱体系及作品，所以这里被誉为"歌舞之乡"。

佤族的舞蹈很丰富。在传统的祭祀、生活和生产劳动中，佤族人创造了13种民间舞蹈，其中有木鼓舞、甩发舞、刀舞等。这些舞蹈的下肢动作比较复杂，而且舞步变化大，这些特征体现了佤族舞蹈力度强、豪放、粗犷、古朴浑厚的风格。佤族舞蹈的原生态气息很浓，但它并不是简单的原始舞蹈或民族舞蹈，也不是一种简单舞蹈动作的堆加或形式上的传习，而是一种整体生命状态的呈现方式。佤族人认为万物有灵，人需要同天地、万物及神灵沟通，而舞蹈就是人与万物沟通的唯一方式。可以说，舞蹈对他们而言不是表演而是一种生活方式。

佤山是歌舞之乡，佤族舞真实、形象、生动地反映了客观事物，再现了佤族的历史风俗文化，同时也折射出佤族的心理、性格和审美意识，并贯穿于这个民族演变、发展的全过程。对于没有自己文字的民族，歌舞就是它历史发展演变的佐证。

老云南的交通

中国最早的国际通道是哪一条

一直以来,不少人都以为中国最早的国际通道是西汉时张骞开辟的丝绸之路,其实不然。早在张骞到达西域之前,中国人就已经做起了对外贸易。很多人都会好奇,既然丝绸之路不是中国最早的国际通道,那么,哪一条是呢?它在历史上又有着怎样的意义呢?

公元前138年,张骞第一次出使西域,他想要联合西域各国共同对付匈奴,不料被匈奴俘虏,并被扣押了十年。公元前128年,逃出匈奴人魔掌的张骞辗转到了大夏(今阿富汗境内)。有趣的是,张骞在这里竟然看见了蜀布、邛竹杖等产自蜀地的物品,这令他既兴奋又疑惑:难道在自己之前就已经有中国人到过这里了?那他们是如何

张骞出使西域图

云南蜀身毒道上古镇

穿过匈奴的封锁的呢?张骞经过几番打听才知道,这些东西是通过身毒(今印度)传到大夏的。试想一下,大夏在蜀地的西北,而身毒又在蜀地的西南,这就说明产自蜀地的物品不可能通过张骞来时的路输出到国外。换言之,在中国的西南地区,早就存在着另外一条通往西域的贸易通道。没错,这就是中国最早的国际通道——蜀身毒道。

蜀身毒道,顾名思义,它是从中国蜀地通向身毒(也就是印度)的一条贸易通道。道路虽然至此而止,但文明的延伸与传播却是无止境的。根据现有的史料记载,这条通道至迟在春秋时期就已经出现了,是蜀地的先民们开辟的一条贸易通道。此时的中原正处在诸侯争霸、战火纷飞的年代,而一向被认为是蛮荒之地的西南地区,却成了当时对外贸易的最前沿,而蜀身毒道也成为当时中国联系外界的唯一通道。蜀地的人民在崇山峻岭中,他们在林荫小道上组成马队,驮着自己生产的蜀布、丝绸、和漆器等商品运往云南,再通过越南、缅甸运往印度,直到更远的中亚、西亚,甚至更远。只是由于交通闭塞、信息不通等原因,这一国际通道直到被张骞发现后才为世人所知。由于缺乏文字资料的确切记载,所以对于蜀身毒道的产生时间只能推至春秋时期,但它已经是我国最早的一条国际通道了。

蜀身毒道不仅是一条贸易通道,更重要的是,它是一条促进不同文明相互交汇、碰撞和影响的通道,它对世界经贸、文明的发展都起着巨大的推动作用。遗憾的是,随着近现代文明的发展和人们交通方式的改变,这条通道已经消失在重峦叠嶂和滔滔大河之间,只能通过现代考古手段才能依稀可辨一些牛马踩踏过的道路痕迹。虽然我们现在已经不可能沿着古人的足迹重新开辟这条路,但是古人们自强不息、勤劳勇敢的精神,促使我们不断开辟通往理想与成功的道路,这是我们民族精神的精髓所在。

茶马古道由来之谜

"茶马古道"这一名称,最早是由云南大学教授、云南茶马古道研究会副会长木霁弘提出来的。茶马古道源于古代西南边疆和西北边疆的茶马互市,兴起于唐宋,繁盛于明清,最为兴盛之时是二战中后期。

实际上,所谓茶马古道,就是一条地道的马帮之路。具体来说,它主要有两条线路:一条从四川雅安出发,经泸定、康定、巴塘、昌都到西藏拉萨,再到尼泊尔、印度,国内路线全长3 100多千米;另一条路线从云南普洱茶原产地(今西双版纳、思茅等地)出发,经大理、丽江、中甸、德钦,到西藏邦达、察隅或昌都、洛隆、工布江达、拉萨,再经江孜、亚东分别到缅甸、尼泊尔、印度,国内路线全长3 800多千米。

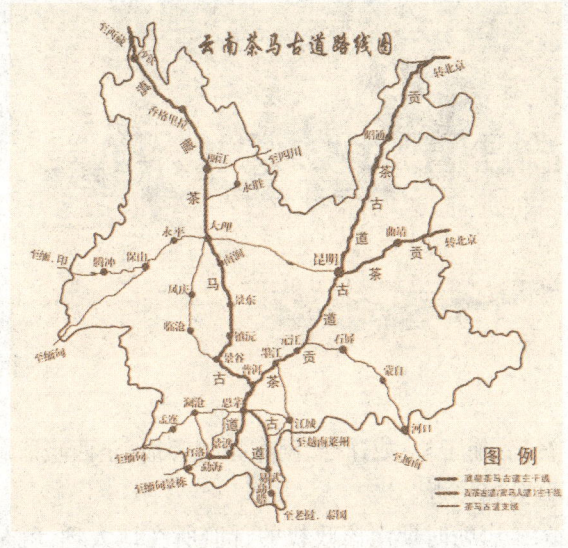

云南茶马古道线路图

史料记载,早在南北朝时期,中国茶叶就已经开始向海外传播了。当时在与蒙古毗邻的边境,中国商人通过"以茶易物"的方式,向土耳其输出茶叶。到了隋唐时期,随着边贸市场的发展壮大,再加上丝绸之路的开通,中国茶叶以"茶马互市"的方式,经回纥及西域等地向西亚、北亚和阿拉伯等国输送,中途辗转西伯利亚,最终抵达俄国及欧洲各国。

自唐代开始,历代统治者都对茶马交易采取了积极控制的手段。唐肃宗至德元年(756年)至乾元元年(758年),在蒙古的回纥地区驱马茶市,开创了茶马交易的先河。北宋时,茶马交易主要在陕甘地区,朝廷还在成都和秦州(今甘肃天水)各置榷茶和买马司,而易马的茶叶就地取自川蜀。元代时,官府废止了宋代实行的茶马治边政策。明代时,在恢复茶马政策的基础上变本加厉,并把这项政策作为统治西北地区各族人民的重要手段。清代时,茶马治边政策有所松弛,雍正十三年(1745年),官营茶马交易制度终止。茶马交易治边制度始于隋唐,至于清代,前后延续近千年。

历史上的茶马古道,以川藏道、滇藏道与青藏道(甘青道)三条大道为主线,辅以众多的支线、附线,从而构成一个庞大的交通网络。它地跨川、滇、青、藏,向外延伸至南亚、西亚、中亚和东南亚,远达欧洲。

滇藏线茶马古道:出现在唐朝时期,它与吐蕃王朝向外扩张和对南诏的贸易活动密切相关。678年,吐蕃势力进入云南西洱海北部地区。两年后,吐蕃在云南当地建立神川督都府,在南诏设置官员,向白蛮、乌蛮征收赋税,摊派差役。

川藏南线茶马古道雕塑

此后,双方的贸易也获得长足的发展,重要内容之一就是茶马贸易。

历史上,滇藏线茶马古道有3条道路:一条由内江鹤丽镇汛地塔城出发,经崩子栏、阿得酋、天柱寨、毛法公等地,至西藏;一条由剑川协汛地维西出发,经阿得酋再与上一条道路相合至西藏;一条由中甸出发,经尼色落、贤岛、崩子栏、奴连夺、阿布拉喀等地,至西藏。就其主要通道而言,与今天的滇藏公路接近。

唐朝时期南诏政权的首府所在地大理,就是茶马古道在云南境内的起点。其中,大理、丽江、中甸、阿墩子(德钦)等地是茶马贸易十分重要的枢纽和市场。滇藏线茶马贸易的茶叶,以云南的普洱茶为主,也有来自四川和其他地方的茶叶。

滇藏茶马古道南起云南茶叶主产区西双版纳易武、普洱市,其中普洱独具优势,作为茶马古道上的货物产地和中转集散地,具有悠久的历史。古道中间经过今天的大理白族自治州和丽江市、香格里拉进入西藏,直达拉萨。因为有的还从西藏转口印度、尼泊尔,所以这是古代中国与南亚地区一条重要的贸易通道。

川藏线茶马古道:和滇藏线茶马古道一样,川藏线茶马古道也始于唐代,距今已有1 300多年的历史。它东起雅州边茶产地雅安,经打箭炉(今康定),西至西藏拉萨,最后通到不丹、尼泊尔和印度,全长近4 000余千米。这条路线具有深厚的历史积淀和文化底蕴,是古代连接西藏和内地的必不可少的桥梁和纽带。

陕甘茶马古道:明代时,由陕西商人与古代西北边疆的茶马互市形成。这时所谓的茶马古道,从四川到西北,主要的运输工具是骆驼,而茶、马的贸易方式,指的是贩茶换马。之所以选择骆驼作运输工具,是因为明朝时要有数百万斤茶叶要贩运,到清朝时达到了数千吨,由于运量大,所以马不能胜任,只能用骆驼。

明清时,政府对贩茶实行管制,陕甘茶马古道是当时唯一可以在国内跨区贩茶的茶马古道。其中,最繁华的茶马交易市场在康定,称为"蹚古道"。

云南马帮的基本建制如何

马帮是近代云南的主要运输方式,在 1910 年滇越铁路通车和 1935 年滇缅公路通车之前,云南境内所有货物的长短途运输几乎都是靠人背马驮。在这两条交通干线开通以后,云南除交通干线以外的其他地区,其主要交通工具仍是马。可以说,马帮在云南的贸易文化史上书写了非常重要的一笔。很多人都知道马帮,但是很少人了解它是如何组织建制的,今天我们就走近马帮,了解它是如何运行的。

一直以来,茶马古道马帮所经历的艰险是人所共知的,所以在马帮身上,最突出的特征便是他们所具有的冒险精神。可以毫不夸张地说,在科技不断发展的今天,那些职业探险家所谓的壮举,若是跟当年茶马古道上的马帮生涯相比,恐怕也会黯然失色。

俗话说得好:"行船走马三分命。"古时候的边疆匪患迭起、天灾不断,加上路途漫漫,旅途艰难,在长达数千公里的跋涉中,马帮随时会遇到危险。为此,马帮在运行中逐渐形成了一套严密完整的组织管理制度,全体成员按分工有不同的职业身份:大锅头一人,总管内务及途中遇到的重大事宜,多由能通晓多种民族语言的人担任;二锅头一人,负责账目,是大锅头助理;伙头一人,管理伙食,也负责内部惩处事宜;哨头二至六人,担任保镖及押运;岐头一人,为人畜医生;伙首三至五人,即马帮的"分队工";群头若干人,即"小组长";么锅一人,即联络员,对外疏通匪盗关系,对内是消灾解难的巫师;伙计若干人,即赶马人,每人负责骡马 1 至 3 匹不等。在一些人员庞大的马帮里,有的还设置"总锅头"作为东家的代理人,管理马帮的全盘事宜。马帮成员分工详细,奖惩严格,但不像其他行业有过分的特权和等级界限,长时间的野外艰苦生活,练就了人们团结友爱、坦诚豁达的性格。

为了便于管理,马帮里的骡马也有自己的编制:

群——9 匹为一群,由群头负责,9 匹中挑选一匹为群马,额顶佩戴红布底黄色火焰图案途标,耳后挂 2 尺红布绣球,脖系 6 个铜铃,鞍插一面红色白牙镶边锦旗。

伙——3 群为一伙,由伙首

腾冲和顺马帮雕塑

丽江正在野炊的马帮

负责,选一匹伙马,额佩黄底红色火焰图案毡绒途标,耳后挂4尺红布绣球,脖系8个铜铃,鞍插一面红底黄牙镶边锦旗。

帮——全部骡马组成一帮,选三匹健走识途好马,组成头骡、二骡、三骡带队。头骡打扮异常华丽,额佩黄红色火焰图案金绒途标,标中央缀圆镜一面,周围6面小镜环绕,套嵌镶珠宝的纯银笼头,系9个铜铃,头顶系6尺红布绣球,耳后佩牦牛尾红缨一对,鞍上插帮旗和祖旗各一面。帮旗为黄红边三角锦旗,中央绣帮主姓氏;祖旗为红底金边方形锦旗,正中缀两根锦鸡羽毛,象征前途锦绣大路通达。头骡是马帮的"门面",极受赶马人宠爱,装饰与众不同,正如《赶马调》中所唱:"头骡打扮玻璃镜,千珠穿满马笼头,一朵红缨遮吃口,脑门心上扎绣球。"二骡、三骡佩饰不如头骡华贵,但有别于其他驮马。二骡驮马帮需用的药物,三骡是大锅头或病号的乘骑。

如今,沿着茶马古道已经修筑起了进藏公路,马帮的骡马也早已被汽车所取代了,"山间铃响马帮来"这部交通驿运史,已经与它的悲壮艰辛和浪漫诗意同时载入了人类文明进步的光辉史册。

"马锅头""马脚子"为何许人

在以前,茶马古道上每天都会有许多南来北往的马帮,他们整日风里来雨里去,风餐露宿,在日久天长的赶马走天下的生活中,逐渐形成了独具一格的马帮文化,并形成了一套行之有效的组织管理体系。在这个体系中,有很多专门的称谓,"马锅头"和"马脚子"都是称谓之一。那么,什么是"马锅头"?何谓"马脚子"?

"马锅头",指的是马帮的首领,他是赶马人的雇主,直接领导马帮的运输活动。类似勒驮子、钉马掌、联络交往、货物接转、经济往来、结算分配等事务,"马锅头"都能操办,马帮的大小事也均由他来决策处理。可以说,"马锅头"

丽江马帮马锅头

就是马帮的核心。

"马锅头"一般有两种类型。一种是短期组合,是本马帮认可的锅头,这种"马锅头"在锅头中居于多数。在这种马帮里,"马锅头"负责联系、承接运输任务,他要按货物和牲口的数目,将附近村庄、邻里的赶马人组织起来,成立短期的运输马帮。当运输任务完成以后,他会按照事先商定好的协议分配所得,之后马帮就宣告解散,赶马人就各自回家,自然散伙。在小农经济社会,各家散养几匹牲口,除自用外搞点小营运,都是很普遍的,这就为短期马帮的出现创造了条件,以前的马帮多属此类。

迪庆藏族自治州馆藏:"马锅头"生活用具

另一种类型的"马锅头"则是自己有经济实力,能自己购买牲口,自己组织马帮,自己当锅头,请长工或短工来赶马。在这种马帮里,锅头和赶马人结成了一种单纯的雇佣关系,你给我赶马,我给你工钱。这种锅头为数较少,他们常与官府有瓜葛,有的甚至还有武装护运。

相对于"马锅头","马脚子"就是赶马人,是"马锅头"雇用的小工,他必须听从"马锅头"的指挥,负责照料马匹和货物的安全。因为走茶马道不仅艰苦异常,而且还十分危险,一般人都不愿意干,所以马脚子们大多出身贫寒,都是为生计所迫才走上赶马的路。在当时的社会里,赶马人可以说没有什么社会地位,在有些人眼中,他们就是些出卖苦力的人。但是,在一些小的马帮里,"马锅头"和"马脚子"的界限并不是十分分明,"马锅头"同样也是"马脚子"。据说,"马锅头"一词就是赶马人长年累月同吃一锅饭而得来的。

"马脚子"的命运并非一成不变的,有一些"马脚子"经过一段日子的打拼后,也会拥有自己的骡马,他们在运输中把自己的骡马加入马帮,从而获取一份运费。有些"马脚子"用积累的钱在马帮上路时购买货物,随路贩卖,如此不断扩大自己的经营,时间久了就成了"马锅头"或老板。茶马古道上曾留下了无数这样白手起家的人生传奇,这也许就是茶马古道马帮运输能吸引众生的原因之一吧。

云南历史上最窄的古道是哪一条

云南在历史上曾开辟有多条古道,其中最窄的当属五尺道了。五尺道,又

五尺道

称滇僰古道、僰道,它是连接云南与内地的最古老的官道。秦统一中国后,为了有效地控制西南地区,在夜郎、滇等地设立了郡县。由于西南地区山川连绵、交通不便,不利于统治,秦始皇就派人筑路,这条路就是历史上有名的五尺道。那么,五尺道之名从何而来呢?它又有哪些特点呢?

五尺道从蜀郡南下经僰道(今四川宜宾)、朱提(今云南昭通)到滇池,由于道路宽仅五尺,故被称为"五尺道"。常頞开通的五尺道,多数地方是对南方丝绸之路上的僰道至味县段的拓宽、修整。道虽只宽五尺,但由于沿途山势太险,所以开凿工作十分困难。由于当时还没有发明炸药,所以开凿时只能在岩石上架柴猛烧,然后泼冷水使之炸裂,整条五尺道就是靠着这种原始落后的方法开凿出来的。这条道路尽管很狭窄,但却和秦始皇在全国其他地区兴修的宽达五十步的"驰道"具有同等重要的意义。

汉武帝时,大将唐蒙又"凿石开阁,以通南中",将五尺道加以整修扩建,形成了由僰道南下,过石门(今云南盐津豆沙关)到朱提,然后经由味县到达滇池地区的官道。因为这条道路以朱提为枢纽,所以又被称为朱提道。现存的五尺道主要位于四川宜宾和云南昭通等地,如云南省盐津县的豆沙关,唐代袁滋手书的摩崖石刻就刻在五尺道旁的崖壁上。除了作为古迹的五尺道外,在四川省的筠连塘坝,还有极少数五尺道至今还在发挥作用。

何谓"茶庵鸟道""鸟道雄关"

茶庵鸟道,即茶庵塘茶马古道,位于普洱城北面10多千米处,过去是普洱到昆明的必经之路。古道约铺建于清嘉庆十七年至道光三年(1812—1824年)。之所以修建这条道路是为了方便向京城进贡普洱茶,所以是由官方出资修建的,现在这条路是官马大道中保存较为完好的一段。清朝时,清政府曾在这里设兵丁5名驻守,并建有接官厅、普济寺、和尚庙、尼姑庵、茶馆和马店等。因茶庵塘坡陡山高,峰危路险,古木参天,传说只有鸟儿才能飞过,所以人们就将古道称为"茶庵鸟道"。

古道是用硕石和长方形条石沿着密林遮盖的山冈铺设而成的,沿途林木葱

茶庵鸟道

茂，鸟语虫吟，风光独特，名列古"普阳八景"之一。清代普洱贡生舒熙盛有《茶庵鸟道》诗云："崎岖鸟道锁雄边，一路青云直上天。木叶轻风猿穴外，藤花细雨马蹄前。山坡晓度荒村月，石栈春含野墅烟。指顾中原从此去，莺声催送祖生鞭。"生动地描绘了茶庵塘驿道的雄奇惊险和运茶马帮过茶庵鸟道的情景。

在云南省巍山彝族回族自治县内的隆庆关隘口，立着一块明万历年间镌刻的石碑——"鸟道雄关"。专家们认为，"鸟道雄关"碑是目前为止世界上发现的最早、最古老的关于"鸟道"的记载。那么，"鸟道雄关"之名从何得来呢？

巍山县位于一个海拔高度悬殊、森林茂盛、风景迷人的盆地之中，县境内海拔2 700米的隆庆关既是西南古丝绸之路的驿道，也是候鸟迁徙的咽喉通道。每年的9月中旬至10月中旬，是候鸟南迁过隆庆关隘口的时候，每到这个时节，会有数以万计的候鸟从这里飞过，飞到缅甸、印度等地过冬，所以隆庆关也就成了候鸟们必须经过的关口，因此被当地人称作是"鸟道雄关"。

每年候鸟南迁过隆庆关时，这里都会浓雾缭绕，成千上万的候鸟在这里迷失了方向，它们相互碰撞，发出各种鸣叫声，形成了"鸟吊山鸟道雄关"的奇观。但是，不知从什么时候开始，当地群众养成了到这里捕捉候鸟的习惯。在过去很长一段时间里，许多当地人将这些飞鸟视为"天上掉下来的下酒菜"。每到候鸟迁徙时，他们就带上自制的网竿、手炉，循着鸟声来到树下生火引诱，当鸟飞近火源时，便张网捕捉，不知道有多少鸟就这样死于非命。可以说，9月中旬到10月中旬的火把节前后，"鸟道雄关"到处可听到鸟被打落时发出的揪心的哀鸣声和挣扎声。据说，在这儿一夜工夫就可捉到一麻袋鸟，足够全家美餐几顿。于是，"鸟道雄关"也被当地人称为打鸟山或打雀山。

1997年的秋天，国际鸟类环志研讨会在巍山召开。来自日本、印度尼西亚、越南、泰国等国

鸟道雄关

家和地区的40多位鸟类研究权威来到"鸟道雄关",对这里的奥秘进行了科学考察。专家们的考察使当地群众明白了这个"鸟道雄关"在世界上都是珍贵之地,那飞起来遮天蔽日的鸟儿也是人类的朋友,不但打不得,还要好好地保护才行。今天,这里已经成为了鸟类保护和迁徙的重镇。

何谓"元跨革囊""双飞燕"

在云南昆明大观楼公园内的大观楼正门两侧,悬挂着一副长达180字的天下第一联。这副对联是由清朝乾隆年间著名文人孙髯所写,其上联描绘了云南的山川风貌,下联抒写历史。在下联中,提到了云南历史上一个重要的历史事件——"元跨革囊"。那么,什么是"元跨革囊"呢?

"元跨革囊"的历史距今已有750多年了,它是我国军事史上的一个奇迹。1206年,铁木真统一了大漠南北,建立了军事奴隶制的蒙古汗国。蒙古贵族采取先征服西南诸番,而后形成南北夹攻南宋的战略,于是,他们决定先征服地处西南的大理国。1253年,忽必烈率领10万大军,分兵三路,直指云南。中路由忽必烈亲自率领,他计划南下过大渡河,西向金沙江,入丽江东部之后,再南攻大理。

这年9月,忽必烈率军到达金沙江西岸,他命令将士杀死牛羊,塞其肛门,"令革囊以济",用做渡江之用(地点在今天的长江第一湾)。正是用这一不可思议的办法,蒙古大军跨过波涛汹涌的金沙江,渡江后进入丽江,大败大理守军,从而在历史上留下了"元跨革囊"的典故。

元世祖忽必烈

可以毫不夸张地说,"元跨革囊"是云南历史的转折点。从此以后,云南以一个行省的形式被纳入了元朝行政版图。同时,它也是大理历史的转折点,它标志着大理自唐以来作为云南政治经济文化中心时代的结束,云南的政治中心由大理迁到了昆明。

除了"元跨革囊"的故事之外,历史上关于金沙江的典故还有很多,其中"双飞燕"就是著名的一个。那么,什么是"双飞燕"?其称谓有什么来历?

"双飞燕"是指在金沙江下游风浪里漂泊的一种小木船,它长约8米,宽不足1米,深约80厘米,船帮称"亮子",船头、船尾微微上翘,形如弦月。这种船飘逸、轻灵、精巧、别致,与上游"元跨革囊"的苍古和长江中庞然大物的平底"猪槽船"不同,别有一种情致。

"双飞燕"被认为是柔弱的"冲浪者"。在江流平缓处,一只橹,两叶桨,浮漾的清波轻轻地推送,无声的浪涌悄悄地托举,"双飞燕"轻盈自如地在波峰浪谷中跃动着滑过,有如在金沙江中自由穿梭的精灵一般。至狭谷险滩处,柔弱的冲浪者便无法掩饰力不从心的难堪,大江忽被两岸绝壁紧束成一线,宽不过数十米,江流如飞瀑跌落,"虎豹磨牙伺客过,鼋鼍吹浪窥人往。"这时的"双飞燕"便只能无奈而又无助地收束了翅膀,靠"盘滩"或"吊滩"走出困境。

有人可能不禁要问:金沙江滩险流急,为什么会选择柔弱、娇小的"双飞燕"来承担负重远行的重任呢?试想一下,"元跨革囊"的皮筏虽然能在孙髯翁的著名的长联中附骥,却可能像"双飞燕"一般负重吗?"汉习楼船"的艨艟巨舰固然威风,但是在金沙江的狭谷险滩中又该怎样施展?由此可以看出,双飞燕有着自己独特的优势,因此才有了存在的必要。

从上文的叙述中我们可以知道,"元跨革囊"与"双飞燕"都有着自己的优势和劣势,它们都是金沙江养育的顽皮而又聪慧的孩子,为金沙江两岸人民的交通往来做着自己的贡献。

丽江古城的四方街因何得名

丽江古城,又名"大研镇",位于云南省丽江市,坐落在丽江坝中部、玉龙雪山脚下,是联合国公布的世界文化遗产。在丽江古城,最著名的地方就是四方街,它是古城的中心广场,是古城的心脏,交通四通八达,周围小巷通幽。那么,四方街是因何而得名的呢?

关于四方街名称的由来,有两种说法:其一,是由于广场的形状很像方形的知府大印,所以由土司取名为四方街,取"权镇四方"之意;其二,是因为这里的道路通向四面八方,是四面八方的人流、物流集散地,所以叫四方街。那么,这两种说法哪一种是真的呢?由于缺乏相关的史料和实物证明,这个问题现在已经无法解答了。

四方街占地面积约6亩(约4000平方米),以五彩石铺地,平

丽江古城四方街

坦洁净，晴不扬尘，雨不积水。四方街还以薄暮涤场的独特街景而闻名遐迩：每天堵上出城的水口，上涨的水位便可清水洗街，日中为市，薄暮涤场，对水的利用堪称古城的神来之笔。四方广场的四周有 6 条五彩花石街依山随势，辐射开去，街巷相连，四通八达，交通极为便利。四方街的周围是商户，房屋建筑依然保持了纳西人明清时期的建筑特色，"三坊一照壁，四合五天井，走马转角楼"式的瓦屋楼建筑模式，既突出结构布局，又追求雕绘装饰，外拙内秀，玲珑轻巧，被中外建筑专家誉为"民居博物馆"。

在丽江，有这样一句话在老百姓之间流传——"先有四方街，后有丽江古城。"可以说，丽江古城是在四方街的基础上发展起来的，四方街就是丽江古城的名片。在茶马古道文化时期，四方街是南来北往的商人们交换商品的集市，是茶马古道上最重要的枢纽站，随着丽江商贸的发展，以四方街为核心的街区逐渐发展起来，便形成了今天占地 3.8 平方千米的丽江大研古城。由此可见四方街的悠久历史及其对丽江的重要影响。

畹町桥有哪些历史传奇

畹町市，位于云南省德宏州南部，隔河与缅甸相望。"畹町"是傣语的音译，意为"太阳当顶"，所以人们喜欢把畹町叫作"太阳当顶的地方"。全市总面积 95.34 平方千米，总人口 20 000 多，市区仅 5 000 多人，是全国最小的城市之一，也是云南省的三个边境开放城市之一。说到畹町市，人们自然会想到那座举世闻名的畹町桥。畹町桥是中缅两国界河上的一座小桥，是滇缅公路、中印公路的交汇点。但是，畹町桥的意义绝不仅仅是中缅两国公路交会点那么简单，它的更大的历史价值在于它在抗战中所创造的历史传奇。

抗日战争时期，日军封锁了我国东部沿海交通线后，国际援华物资无法运达国内。当时有专家预测：如无国际援华抗日物资，中国抗战最多只能坚持 9 个月。为了尽快修通当时唯一的国际援华陆路通道——滇缅公路，20 万云南各族儿女在 9 个月内以"血肉筑成滇缅路"，创造了"世界上任何民族都不能完成"的奇迹，创造了"中国第二个万里长城一样的奇迹"。这条被之为"中国抗战大动脉"的滇缅公路，其国内终点正是建在畹町河

德宏畹町桥

上的畹町桥。

畹町桥是一座单孔石拱桥,桥高8米,宽5米,长20米。之所以选在这里建桥,是因为当时国难当头,姐告等地的瑞丽江上的跨江大桥不能像单孔石拱桥一样短期便可建成,于是历史选择了畹町。畹町河上这座滇缅公路上出境的普通公路桥,承担起了历史赋予它的抗日救亡重任,成为中国抗战"生死线"上的交通枢纽。畹町,一个名不见经传的傣族村寨在短时间内奇迹般的变成了举世瞩目的繁华闹市。

1938年8月31日,畹町桥正式通车。9月,苏联援助中国人民抗日的6 000吨武器弹药通过畹町桥运往昆明,开了滇缅公路运输外国援华军用物资的先声。从此之后,畹町桥上天天

德宏畹町桥界碑

尘烟滚滚,车如流水,川流不息。抗战期间,3 000多名南洋机工将大批援华物资通过畹町桥源源不断地运往国内,共运输各种援华物资49万吨,仅1941年通过畹町桥运入国内的物资就多达13.23万吨。高峰期时,畹町桥上每两分钟就有一辆汽车出入境,足见当时其运量之大。为了确保滇缅公路的畅通,1942年3月,10余万中国远征军从畹町桥出境赴缅甸作战。当时的畹町桥头盛况空前:桥头高挂着"驱除倭寇""收复缅甸"的条幅;远征军车队浩浩荡荡,路两旁人山人海;当地土司山官以最高礼仪在路口摆设香案祭台,向远征军将士敬酒;路旁各族群众向军车上丢花、丢糖果、丢香烟。

远征军慷慨出境,自秦汉以来,首次异域扬威,但第一次远征却遭到了失败。1942年5月3日,日军铁蹄踏过畹町桥,滇西抗战爆发(因此人们把畹町桥与卢沟桥相提并论)。"太阳当顶的地方"乌云遮天,边民恬静的生活顿时充满血腥。松山大战,腾冲焦土抗战,一场场惊天地、泣鬼神的血战之后,中国军民终于将蹂躏践踏滇西长达两年零八个月的日军从畹町桥上逐出国门(卢沟桥可没此殊荣),充满血腥的太阳旗再也不能在畹町桥头圣洁的土地上耀武扬威了。滇西抗战的伟大胜利,在中国抗日战争的历史上,在中国近代史上"创全歼守敌之范例,开收复国土之先声",畹町桥也因此而载入了史册,成为了我国抗战历史上的传奇。

 霁虹桥为何被称为"西南第一桥"

在云南省保山县与永平县交界处的澜沧江上,有一座飞架在悬崖绝壁之上

云南霁虹桥

的铁索桥,这就是霁虹桥。霁虹桥作为我国最古老的铁索桥,其地处要塞,山势奇绝,悬崖峭壁,风光无限,无论是过往商贾还是云游之人,无不被大自然的鬼斧神工所折服。那么,霁虹桥为什么被称为"西南第一桥"呢?

澜沧江在从西藏进入云南的1 000多千米流程中,穿过横断山脉的千里纵谷,两岸山大谷深,悬崖峭壁,河道礁石密布,险滩众多,水量随季节变化,给航运带来了很大不便。"隔河如隔天,渡河如渡险。"几千年来,居住在澜沧江两岸的各族人民为了征服这一天险,在江上开辟了无数的渡口,架设了许多的桥梁,其中历史最悠久的就是"兰津古渡"了。西汉张骞出使西域,在阿富汗曾见过蜀布,这些都是从川滇缅印古道上运出去的,这些商人,大多是从这个渡口过江的,而"兰津古渡"就是霁虹桥的前身,由此可见其历史的悠久和其在西南地区交通往来上所发挥的巨大作用。

不仅如此,霁虹桥的历史文化氛围也十分浓郁,桥头普陀岩上的摩崖石刻,是历代文人墨客们留给霁虹桥、留给澜沧江、留给保山乃至滇西的一笔宝贵财富。这些题刻,大多出自明清两代,现尚有20余条清晰可辨,多数字大如斗,古风袭人。其中,书写于清康熙癸未年间(1703年)冬天的"霁虹桥"3字,幅高1.27米,宽3.4米,体壮气足,格外醒目;"西南第一桥"直书阴刻,字高0.8米,笔力雄健,章法亦佳;此外还有"沧江飞虹""悬崖奇渡""金齿咽喉""天南锁钥"等题刻,也都古意苍苍,各具特色。这些摩崖石刻矗立在古渡旁,与霁虹桥相互辉映。

霁虹桥以其悠久的历史、重要的作用和灿烂的文化而雄踞于澜沧江之上,成为我国西南地区独一无二的景观,因此被誉为"西南第一桥"。

滇越铁路大桥有何历史见证

滇越铁路大桥,修建于1903年,1910年正式通车。铁路大桥长140米,其中越南段长69米,中国段长71米,以中间线为界。由于历史的原因,铁路大桥曾先后于1940年9月10日、1947年7月12日、1979年2月17日三次被毁,后又分别三次修复通车。100多年来,滇越铁路大桥历经沧桑,记录了我国对外开放之路的风云往事。

　　1903年,清政府与法国签订了《中法会订滇越铁路章程》。同年,从越南海防经河内直通昆明的滇越铁路中国段正式开工修建。整条铁路全长800多千米,云南部分有465千米,于1910年4月1日全线通车。在这条铁路线上,最为关键的就是滇越铁路大桥。

　　自滇越铁路通车运营后,这条带有法帝国主义侵略性质的铁路迅速取代从前的古道运输,成为云南唯一的陆上出海通道。法国殖民者纵然可恶,可开通穿梭于滇南的中越铁路,打通了素有"动物王国"和"植物王国"之称的云南通向大海的最便捷的通道,却也算做了一件有意义的事。通过滇越铁路和铁路大桥,我

云南边境的滇越铁路大桥

国引进了当时西方先进的设备、商品以及邮政、医院、自来水、电灯等,云南人从此走出了红土地,走向了大海,走向了世界。据26个有统计数字的年度计算表明,法营时期,中越铁路大桥平均每年通过的进出口运量为4.8万吨,这在当时已经是一个十分可观的数字了。

　　1940年,为了防止日本侵略者从越南入侵我国,滇越铁路大桥碧河段被拆除,此后17年间,滇越之间的铁路过境运输一直处于中断状态。1957年,中越两国协同修复了铁路大桥,两国间的铁路联运得以恢复。

　　20世纪70年代,中越两国之间的关系逐渐恶化。1978年8月底,越南单方面中断了滇越铁路联运。1979年2月16日至18日,越军向山腰车站地区开炮,2月17日,将南溪河滇越铁路大桥越方1孔钢梁炸毁。这样,恢复通车21年后的滇越铁路大桥再度中断,时间长达18年之久。

　　1991年,中越关系实现正常化,原铁道部与云南省一道投资修复了滇越铁路云南段的国际联运所需设施设备,为恢复中越铁路国际联运创造了条件。1996年2月14日,中越双方正式恢复中越铁路国际联运。联运恢复通车的第二年,通过滇越铁路的年出境货物达18.9万吨,入境货物达9.62万吨,为中越两国的经贸往来做出了重要贡献。

　　1999年,根据中越双方议定,开通中越准轨、米轨直通国际货物联运,增加36个米轨国际联运办理站。2001年,中越双方达成使用越南空棚车辆在山腰站与中国车辆换装货物协议,减少了中方车辆出境,以缓解联运车辆不足的运输矛盾。2004年7月1日,山腰口岸实行24小时通关,方便货主并加快进出口

夕阳下云南边境的滇越铁路大桥

货物运输。当年,中越铁路国际联运进出口货物总量达 68.94 万吨。与最初建成相比,这一数字增长了十几倍。

随着中越关系友好发展,两国旅游人数增多,经双方协商达成协议,从 2001 年 4 月 30 日起不定期开行国际直通旅游专列,旅客可使用边境通行证代替出国护照购票乘车出境。虽然中越铁路旅客联运开办时间不长,但在方便中越两国人民过境和旅游、带来经济效益的同时,也进一步加深了两国的交流和两国人民的传统友谊。

云南第一条国际铁路——滇越铁路知多少

翻山越岭、跨河穿谷的滇越铁路,是云南省的第一条铁路,同时也是在我国和世界铁路建设史上最具影响力的铁路工程之一,因其险峻卓绝的设计和浩大的工程,被英国《泰晤士报》称为与苏伊士运河、巴拿马运河齐名的"世界三大工程奇迹之一"。

滇越铁路原是法国殖民当局根据不平等条约修建的,它承载着我国人民的无数血泪和痛苦记忆。19 世纪后期,英法殖民者侵入东南亚及我国的云南省,并展开了角逐。法国自入侵以后便步步紧逼,意欲控制云南,把云南变成它的殖民地。清光绪十一年(1885 年),法国通过中法战争与清政府缔结了《中法新约》,取得了对越南的"保护权"及在我国西南诸省通商和修筑铁路的权利。光绪二十一年(1895 年),法国借口在"三国干涉(日本)还辽"中有功,又强迫清政府签订了《中法续议界务商务专条》,从而取得了将越南铁路修入中国境内的权利。光绪二十九年(1903 年),中法签订了《中法会订滇越铁路章程》,随即法国派人踏勘路线,并正式成立滇越铁路法国公司,为修建铁路绘制蓝图。

法国人最初打算将云南繁荣的城镇与人口密集的农村连成一线,于是就勘定了经河口、新街、新现、(今属屏边)、鸡街(今属蒙自)、建水、馆驿(今属建水)、通海、玉溪、晋宁、晋城(今属晋宁)、呈贡到达昆明的西线,但因铁路沿线人民强烈反对,这条线路就被放弃了。新勘定的线路放弃了平坝地区而改走山路,其下段由河口经蒙自碧色寨至开远;中段由开远沿南盘江北上,经华宁盘溪至宜良;上段由宜良经呈贡抵达昆明,从而构成了东线。光绪二十九年(1903

滇越铁路轨道

年),法国政府批准了东线规划,并于次年正式开工。宣统元年(1909年)4月15日,滇越铁路通车至碧色寨,并于次年的4月1日全线通车。

滇越铁路轨距为1米,全长855千米,其中越南段长389千米,云南段长466千米,全线建筑费用将近1.59亿法郎,比我国轨距1.435米的铁路建筑费高出约1倍,由此可见其工程之浩大。在铁路修筑过程中,法国殖民者对中国筑路工人进行了极其野蛮的奴役、压迫,仅在云南段的修筑过程中,除了役使云南各族人民外,还从河北、山东、广东、广西、福建、四川、浙江等省招募了大量民工,前后7年间招募的民工总数不下二十万,其中被虐待折磨致死的有近8万人,真可谓:"血染南溪河,尸铺滇越路。千山遍白骨,万壑血泪流。"

滇越铁路耗费了中国人民无数的心血之后终于筑成了,但却成为了法国殖民者的掠夺工具,给云南各族人民带来了深重的灾难。法国殖民者凭借这条铁路,控制了云南的交通,掌握了锡商的命运,操纵了云南的金融,支配了云南的邮政和电信。法国人柏顿在考察云南之后曾说:"滇越铁路不独云南全省商务为法人所掌握,而云南政府也在巴黎政府掌握之中。"滇越铁路由此成为了"插在云南的大吸血管",吮吸着云南人民的血液,也成为殖民者侵略、掠夺云南人民的历史见证。

1950年初,人民政府接管了滇越铁路云南段,从此以后它成为了加强沿线各地区、各民族经济、文化交流的动脉。现在,滇越铁路沿线还保留着许多当初的旧迹,如碧色寨车站、河口邮政局旧址、河口海关旧址、蒙自租界旧址等。其中,碧色寨车站是我国最早的铁路车站之一,对研究我国铁路发展史有着重要价值。

中国铁道博物馆馆藏:滇越铁路上运行的老火车头

为何说"滇缅公路"与"史迪威公路"为抗日救国之路

在云南,有两条非常重要的公路通道,那就是滇缅公路和史迪威公路。这两条公路是我国的抗日救国之路,甚至还被云南人称为是云南的"生命线"。那么,究竟是什么原因使得这两条公路享有如此高的殊荣?在它们身上又发生了怎样的故事呢?

滇缅公路

滇缅公路是抗战时期国外通往我国的最重要的一条公路。1937年抗战全面爆发后,日军迅速占领了我国华北、华东、华中和华南的大部分地区,我国一些主要的大城市、沿海的几乎所有港口都先后落入了日本人的手中。武汉会战后,中日双方进入了战争相持阶段,战争变成了消耗战,这时对于我国来说,最严峻的问题就是物资供应。旅居海外的华人华侨得知祖国遭遇日本侵略后,纷纷捐款捐物,很快就筹集了大批国内急需的药品、棉纱、汽车等物资。迫于抗日救亡的严峻形势,政府也拿出了极为珍贵的外汇从西方购买了大量的汽车、石油、军火等物资。这些物资需要紧急运回国内,于是,一条安全的国际运输通道就成为了我国的最迫切需求。

1937年8月,日本帝国主义宣布封锁中国,由于海运受阻,滇越铁路承担了重要的对外运输任务,沿海和内地的大批难民及机关、学校、科研单位、工厂(如昆明机床厂的前身中央机器厂)就是从滇越铁路迁入云南的。然而,在当时的战争情况下,滇越铁路也是危在旦夕,随时都有可能成为敌机轰炸的目标,所以开辟新的对外通道就成了中国的当务之急。当时正在南京参加国民政府最高国防会议的龙云,在宣布云南出兵抗日的同时,根据云南特殊的地理位置,向国民政府提出了开辟滇缅公路的建议,并向中外记者公布了这一主张,以表示云南人民抗战的决心。随后,这一建议很快获得了国民政府的批准。

在上海沦陷前的十多天,也就是1937年10月左右,国民政府官员火速赶到昆明,同云南省政府协商修路事宜,最后决定修路的费用由中央和云南地方政府各负担一半(当时的中央政府拨200万元),施工力量由云南地方政府负责组织,并确定了公路由昆明、下关、保山、龙陵等

中缅边境滇缅公路上的抗战纪念雕塑

地经畹町出国界，使之内联贵昆公路，外接缅甸腊戍至曼德勒和仰光铁路。

滇缅公路的部分路段之前就已经有公路存在了，但是公路的修建还是遇到了很多问题。畹町至木姐段须再修18千米，而下关至畹町段则要翻越横断山系的云岭、怒山、高黎贡山等6座大山的支脉或余脉，跨越漾濞江、胜备江、澜沧江、怒江等5条大江大河，沿途全长900多千米，高山大川起伏跌宕、连绵不断，地形地貌和地质条件十分复杂，其困难程度可以想象。除了地形上的困难之外，云南山地的气候条件也很恶劣，呈现出"一山有四季，隔里不同天"的变化无常的立体气候，所以滇缅公路工程之浩大、任务之艰巨、条件之艰苦都是前无古人的。但是，就是在这样困难的条件下，中国人还是打通了滇缅通道。

在抗日战争时期，滇缅公路为我国的物资、军资输送做出了巨大的贡献，可以毫不夸张地说，滇缅公路是维系整个抗战的大动脉，是迎接抗战全面胜利的大序曲，没有滇缅公路就没有1945年抗战的胜利，它对于中华民族来说，是一条不折不扣的生命线。

史迪威公路

史迪威公路同样是一条被誉为"生命线"的公路。1942年4月，日本军队占领缅甸，切断了盟军向中国运送物资的滇缅公路。为了突破敌人的封锁，盟军改道从印度空运物资支援中国，由于飞机的运载能力有限，时任中国战区总参谋长的美国将军史迪威便主持修建了一条连接印度和中国的公路，这就是史迪威公路。

这条公路始建于1942年12月，经过两年多披荆斩棘的努力，终于在1945年初正式通车。它从印度东北部边境小镇雷多出发至缅甸密支那后分成南北两线：南线经缅甸八莫、南坎至我国畹町；北线经缅甸甘拜地，通过我国猴桥口岸，经腾冲至龙陵，两线最终都与滇缅公路相接。

在枪林弹雨中，史迪威公路为中国抗日战场运送了5万多吨急需物资，大大缓解了战争中物资紧缺的压力，被人们称为"抗日生命线"。二战后，由于种种原因，史迪威公路的大部分路段处于废弃状态，其印度部分的路况尤其差，由于山地严重滑坡，再加上年久失修，这一段的公路已经不能通过任何车辆了，剩下的一直延伸到印缅边境的大约36千米路段，出于行政和安全考虑也一直处于关闭状态。

中缅边境史迪威公路纪念碑

2004年,史迪威公路进行了重修。重修之后的史迪威公路全长约1 724千米,起于印度东北部的阿萨姆邦,穿越缅甸,终点为我国昆明。这条公路在印度境内的长度为61千米,在缅甸境内的长度为1 031千米,在我国境内的长度632千米。目前,史迪威公路中国境内的路段已经于2007年4月建成通车。

驼峰航线为抗战付出多重的代价

"驼峰航线"的名字很生动形象,因为这条航线要在连绵起伏的山谷间穿行,无论是飞行线路还是所经过的地形都犹如骆驼的"驼背",驼峰航线由此得名。除了"驼峰航线"这一称号之外,该航线还被飞行员们称为死亡航线,因为它是"二战"期间三条著名国际航线中(另两条为阿拉斯加航线、北大西洋航线)最具危险性的一条。在抗战时期,它为我国的抗日斗争做出了巨大的牺牲和卓越的贡献。

1937年,抗日战争爆发后,我国为了抗击日军的侵略,先后通过各种渠道保持和外界的联系,以获得战略物资供应。但是,随着抗日战争进入最艰苦的时期,我国军队在战场上接连失利,我国对外的通道也接连被迫中断。1942年2月,日军向缅甸发起全面进攻,并切断了滇缅公路,将中国逼到了一个十分困难的境地——战略物资运不进来,出口物资运不出去。

面对如此严峻的形势,国民政府为了打破日军封锁,决定开辟新的国际运输线。经过多次勘察试飞后,最终确定了驼峰航线。这条航线从印度的萨地江、汀江到中国的昆明、叙府(宜宾)、泸州、重庆等地,其航路的大部分都在喜马拉雅山南麓及横断山脉平均海拔6 000米的上空穿越,而当时最先进的飞机在满载情况下的最大飞行高度也不过6 000米,甚至还要更低,所以其飞行的艰险和难度可想而知。

当时,我国的大多数飞机一次只能运载3吨货物,但就是靠这种"蚂蚁搬家"的笨办法,中国急需的战略物资从喜马拉雅山的那一端千辛万苦地搬到了这一端。从1942年至1945年日本投降期间,几乎每天都有近100架次的飞机穿梭往返在白雪皑皑的喜马拉雅山和横断山的上空,可以说是不计成本、不计代价、不分昼夜、换人不换机的飞行。当时我国飞行员都

当年驼峰航线上被日军击落的飞机残骸

秉持着"坠毁就坠毁,被日机击落就击落,谁能过去就过去。"的信念,坚持运送物资,一架飞机一直要飞到最后坠毁才会停下。

在驼峰航线上,几乎每天都要坠毁几架甚至十几架飞机,这使得中国航空公司和美国印中联队付出了高昂的代价。例如,1945年1月6日深夜,一场特大风暴突然来袭,当时有近60架的盟军和中国航空公司及其他作战单位的飞机正在穿越驼峰航线,特大风暴的到来,顿时使航路上的所有飞机都濒临地狱之门,每位飞行员都拼力使出浑身解数逃脱突然降临的灾难,呼唤、求救的电波充斥着夜空。据统计,仅那一晚,至少有30架飞机消失在了茫茫的冰川雪峰之中……

当年政府驼峰航线的飞虎队飞行员吴其韶

驼峰航线是世界战争空运史上持续时间最长、条件最艰苦、付出代价最大的一条悲壮的空运线。在长达3年多的艰苦飞行中,中国航空公司总共飞行了8万架次,美军先后投入飞机2 100架,双方共参加人数8.4万多人,共运送了85万吨的战略物资、33 477名战斗人员,为抗战取得最后胜利提供了最有力的保障。因此,可以毫不夸张地说,如果没有驼峰航线,整个抗日战争史就要重新改写。

美国印中联队驼峰空运总指挥滕纳将军曾说过这样一句话:"在二次世界大战期间,在两个同盟国家间飞行,它的飞机损失率竟会超过对德国的轰炸,这就是驼峰航线!"

"碧色寨"火车站知多少

碧色寨火车站,位于云南省红河哈尼族彝族自治州蒙自县草坝镇,占地面积约2平方千米。车站在清朝末年前曾是无人居住的穷乡僻壤,被称为"壁虱寨"(壁虱,方言,意为虱子、臭虫),因名称不雅,于是改名为"碧色寨"。在火车站的站台一侧,竖立着一块刻有"云南省重点文物保护单位"字样的石碑,斑驳残破的石碑记载着车站的厚重历史。

碧色寨火车站的历史与抗日战争紧密相连。1937年,抗日战争全面爆发。当时的国民政府想把这里作为抗战后勤补给线和连接外界的通道,而日军则想以控制它来遏制后勤补给,并通过它实现从越南进入云南,进而占领整个中国

滇越铁路碧色寨火车站

的目的。为了抵抗日军入侵,1940年9月11日,滇越铁路以每天4 000米的速度由河口站拆向碧色寨站,拆除钢梁桥、破坏石拱桥、挖断铁路路基……铁路的破坏阻止了日军沿铁路进攻云南的计划。

自1910年滇越铁路通车以来,碧色寨火车站便作为滇越和碧石铁路的交会点,为早期云南地下党组织的建立、发展和壮大以及革命活动的开展发挥了积极作用。1926年,中共云南特别支部成立后,许多优秀共产党员、共青团员被派往滇越铁路和个(旧)碧(碧色寨)石(石屏)铁路开展工作。从此,云南铁路工人运动进入了中国共产党领导的"火红年代"。1937年11月1日,滇越铁路华员职工工会组织发动滇越铁路工人大罢工,这场为"不减员、不减薪、改善工作环境"而进行的大罢工让滇越铁路全部瘫痪,也使云南《民国日报》发表"此种大规模之罢工,在本省尚属创举"的重要评论文章。1946年至1949年间,经过反美、反蒋民主爱国运动后在滇越铁路日益壮大的革命力量,在中共地下党的领导下,为云南的和平解放做了思想、组织和群众基础等方面的大量准备工作。这一切,都在中国革命史上留下了重彩的一笔。

1962年4月,碧色寨火车站至蒙自火车站间的寸轨线路拆除,米轨、寸轨货物换装和旅客换乘业务由碧色寨火车站移到雨过铺火车站办理,碧色寨火车站结束了它的"黄金时代"。虽然车站从昔日滇越铁路第一大站变成了一座四等小站,但它的历史意义没有磨灭,它在研究中国铁路史、进行爱国主义教育等方面所具有的重要功能仍然存在。

现在,碧色寨火车站仍在草坝方向的碧色寨边保留着,等待着对这段历史感兴趣的朋友前去游览。

云南第一个海关在何处

云南的第一个海关位于云南蒙自县。这里地处云南省的东南部,南濒红河,并与越南接壤,交通畅达全省。由于其地理位置优越,一直为历代掌政者重视。清末,蒙自成为云南出海最便捷的通道,法国殖民者对其垂涎已久。中法战争结束后,清政府以丧权辱国的条件,将蒙自辟为中法两国"约开"的商埠。

蒙自成为云南近代史上最大的外贸口岸。

随着外贸口岸的设立,海关的建设也提上了日程。清光绪十三年(1887年),清政府海关总税务司英国人赫德着手开办海关,任命美国人哈巴安为蒙自海关首任税务司。光绪十五年七月二十八日(1889年8月24日),经云南巡抚兼云贵总督谭钧培、蒙自

蒙自海关旧址

道台兼海关监督汤铭会同法国领事、蒙自海关税务司商议,在蒙自县城东门外设立蒙自海关。云南第一个海关正式成立。

蒙自海关在蛮耗设分关,在县城西门外及河口、新街3处设分卡,并将蒙自东南的马白(今文山州马关县)划归蒙自管辖。正关有办公室、稽查处2个办事机构。海关税务司均由欧美籍外国人担任,掌握正关及分关进出口货物的关税征免、收支、拨解税款等大权。

清光绪二十六年(1900年),我国北方爆发了反帝爱国的义和团运动。同年6月9日,云南掀起反帝浪潮。蒙自海关受到波及,于1900年7月至1901年底期间迁往河口办公。1909年4月15日,滇越铁路通车至蒙自碧色寨,蒙自海关在碧色寨设立分关。宣统二年(1910年),滇越铁路河口至昆明段全线通车后,蒙自海关在昆明设立云南府分关,这就是今天昆明海关的前身。

民国二年(1913年),蒙自海关监督署成立,各分关、查卡均由监督署委派分关长负责监督,业务则由税务司派帮办、税务员经办。1932年,昆明(云南府)分关改为正关,蒙自正关改为分关,但由于当时条约的限制,所以不便更名,对外蒙自分关仍称蒙自海关,昆明正关(总关)却被称为"蒙自关驻省办事处"。

1940年,日本军队占领越南,滇越铁路中断,云南对外贸易也随之中断,蒙自海关停收关税,改征战时消费税。1942年,蒙自海关驻省办事处改称昆明关(由蒙自海关与腾越海关合并成立昆明海关),蒙自分关及河口、碧色寨、蛮耗等地的分支机构都归其管辖。1945年,蒙自分关改为支关,撤销河口、碧色寨、蛮

蒙自南湖红河行政中心

耗等地分支机构。1950年,蒙自解放,中国人民解放军接管了蒙自支关。同年12月,改称为昆明关驻蒙自办事处。1954年6月4日,蒙自支关办事处撤销,从而结束了蒙自海关的历史。

澜沧江－湄公河为何被誉为"东方多瑙河"

澜沧江,是我国西南地区的大河之一,也是一条亚洲国际大河,它是我国打开南门、面向南亚的重要通道和基地。除了地理位置重要之外,澜沧江—湄公河还有一个美誉,那就是"东方多瑙河"。那么,这个称呼是从何而来的呢?

湄公河风光

湄公河是东南亚最长的河流,总长约4 880千米,是世界第六大河、亚洲第三长河、东南亚第一大河。湄公河发源于青海省杂多县境的唐古拉山北麓查加日玛的西侧,南流到西藏自治区昌都县附近与昂曲汇合后称澜沧江。之后,河流向东南流入云南西部至西双版纳傣族自治州南部,在我国境内称为澜沧江,流出国境后被称为湄公河。除了中国,这条河流还流经缅甸、老挝、泰国、柬埔寨与越南,老挝首都万象与柬埔寨首都金边均在岸边,然后在越南胡志明市的南面注入南海。因为是亚洲流经国家最多的一条河流,所以澜沧江－湄公河被叫作"东方的多瑙河"。

澜沧江－湄公河约3/4的流域面积在其下游流经的5国——缅甸、老挝、泰国、柬埔寨与越南,其地理位置、自然优势得天独厚,对沿岸各国进行友好交往有着重要意义,同时也是促进沿岸地区经济、商贸旅游发展的"黄金水道"。2001年6月26日,中、老、缅、泰四国在澜沧江－湄公河800多千米的航道上实现了自由通航。如今,这条国际河流的跨国航运已走向常态化。

中缅一条街在哪里

在我国的西南边陲,有一座美丽的南国重镇,那就是云南瑞丽。在瑞丽有一条非常著名的街道,那就是"中缅友谊街"。"中缅友谊街",简称"中缅街",俗称"中缅一条街",位于我国与缅甸国境线的81号附一号、附二号和82号至

83号界碑的两侧,全长约1.5千米。在"中缅街"中间,耸立着一座恢宏壮观、金碧辉煌、颇具民族特色的"国门",将中缅街分为两部分,在我国境内的一段被称为"中缅友谊街",在缅甸境内的一段则被称为"白象街"。

"中缅一条街"虽然不长,但却建造有6个街心花园,道路两旁华灯林立,密密麻麻地分布着许多商家。这些店铺都是南亚、东南亚一些国家的人民和我国各民族同胞开设的,因为店铺众多,各国商人往来如云,所以"中缅一条街"也被当地人称为"国际商贸一条街"。在这条街市上展销的商品有珠宝玉器、翡翠玛瑙、

瑞丽中缅友谊街

各国高级化妆用品、各国特色产品及各类首饰、服装等,种类繁多,只有想不到的,没有买不到的。

每到晚上,中缅街上的生意比白天还要火爆。街上灯火通明,店铺商号外面五彩缤纷的霓虹灯竞相闪烁。白天到各景区游览了一天的客人,也不畏旅途的劳顿疲惫,像潮水一样涌到街市上浏览赏景、就餐品茗、休闲购物。在"中缅街"的夜市上,除了能买到上文中所列举的各类商品之外,还能品尝到各种食物和饮料,如缅式咖啡奶茶、巴基斯坦甩粑粑、泰国风味的柠檬茶、景颇族的烧烤、云南风味食品等。

今天的"中缅友谊街",不仅成为瑞丽市边贸口岸的一道风景线和国际商贸的重要窗口,更成为我国面向东南亚的前沿,它为我国与东南亚和南亚地区的友好交流发挥了重要作用。

云南历史上第一个通商口岸指哪里

天保口岸,位于云南省文山州麻栗坡县南端老山脚下的天保镇,与越南河江省河江市清水河口岸相邻。在我国的宋、元、明、清时代,中越商贾就曾使用竹筏、木船等载货经天保口岸水路往返于中越之间,书写了早期中越贸易的历史,历史上的"交趾古道"就是经天保到达越南河江及内地的。

天保口岸对内距麻栗坡县城40千米,距州府所在地文山120千米,距省城昆明420千米,它是全县全州的重点建设口岸,也是云南省建设最早的通商口岸,更是我国云南通往越南首都取道最直、里程最短的重要陆路通道之一。

天保口岸

1954年3月1日,中越两国政府商定将船头(即天保)正式作为开放口岸。1979年1月,口岸关闭;1993年6月20日,口岸恢复开通。1993年2月25日,经国务院批准,天保口岸升格为国家一类口岸,正式成立了天保边防检查站。此后,边防、海关、商检等联检机构相继在此设立。

作为国家一类口岸的天保口岸,因其背靠大西南,面向东南亚的优越地理位置,在构建中国—东盟自由贸易区中有着重要的意义。从对外开放的角度看,天保口岸处于云南和大西南开放的前沿,是对外开放的桥梁和纽带;站在建设中国—东盟自由贸易区的高度上,天保口岸是通往东南亚的国际大通道,是连接中国—东盟自由贸易区的重要平台。

老云南的乡俗

"云南十八怪"为哪"十八怪"

"云南十八怪",是指云南地区的18种独特的民风民俗。它的版本有很多,因为有的现象已消失,有的还保留着,现在所说的"十八怪"是新的云南十八怪。它们分别如下:

第一怪:鸡蛋用草串着卖。当地人为了使买主便于携带所购买的鸡蛋,而又不被碰坏,便用竹篾或麦草贴着蛋壳将鸡蛋编成串。每十个为一串,每个都隔开,这样就可以挂在墙上。

第二怪:摘下斗笠当锅盖。云南竹林较多,许多用具都以竹子为原料,比如锅盖就是用竹子做的。它很像斗笠,只是顶略小一点,便于抓拿。这样的锅盖既透气保温,做出来的饭也更加清香。

第三怪:三只蚊子一盘菜。云南的许多地区,天气较为炎热,所以终年蚊蝇不绝。特别是

云南十八怪:鸡蛋用草串着卖

野地与牲畜圈里的蚊子,个头都比较大,于是就有了这种夸张的说法。

第四怪:火筒能当水烟袋。当地人抽烟时用的烟袋很像吹火筒,只不过它是往里吸,而吹火筒是往外吹。烟气经过烟袋中的水过滤后,可减低焦油浓度,使味道更清凉、香醇。

第五怪:糌粑被叫作饵块。云南产大米,将大米蒸熟舂打后,可揉制成长条形半成品,当地称作"饵块",能炒吃、煮吃、蒸着吃。其颜色白如雪,像白米粑。

第六怪:背着娃娃谈恋爱。当地少数民族期盼人丁兴旺,新娘在结婚后数日便回门了,等有了娃娃再回婆家与丈夫相聚,开始真正地谈恋爱。

第七怪:四季服装同穿戴。云南地区夏不热、冬不寒,但昼夜温差较大,因此走在街上随处可见各色四季服饰,长的、短的、厚的、薄的,应有尽有。

第八怪:蚂蚱能做下酒菜。云南许多地区的人都有吃虫的爱好,所以害虫可为佳肴,像蚂蚱、蝗虫等,在经过油煎后可成为了香脆的下酒菜。

第九怪:四季鲜花开不败。云南四季温暖如春,鲜花常开不败。

第十怪:和尚可以谈恋爱。东南亚国家多信奉佛教,那里的男子上寺庙当和尚是一件很普通的事情,且可以还俗结婚生子。云南与这些国家接壤,所以,当地边民受其影响后也有类似情况。

第十一怪:老太爬山比猴快。云南山高谷深,爬山越岭、种地砍柴对勤劳的当地妇女来说都很平常,她们自幼练就了矫健的身板和脚劲,所以到了七八十岁还能轻快地爬山。

第十二怪:新鞋后面补一块。当地少数民族妇女在绣鞋时,还会用布在后面做一块鞋曳,并在上面绣花点缀。这样一来,既能挡灰挡泥,还显得美观。

第十三怪:骑马还比火车快。云南境内高山峡谷众多,导致铁路坡度大、弯道多,最终使得火车速度特别慢,没有骑马跑得快。

第十四怪:脚趾常年都在外。当地到处是崇山峻岭,所以行路不方便,山路爬多了脚汗也多,于是人们就制作了浅帮鞋并露出脚趾,使脚在行路时更加凉爽。

第十五怪:娃娃全由男人带。云南妇女历来勤劳,很多外面的活都由她们来干,而男子相对来说较清闲,所以孩子大多都由他们来带。

第十六怪:花生蚕豆数堆卖。旧时,当地民风多淳朴,人们喜欢

云南十八怪:草帽当锅盖

以物易物,卖花生、蚕豆等物品时也都不用称,直接数堆卖。

第十七怪:这边下雨那边晒。 云南地理位置特殊,气候多变,十里不同天,所以有时同一座山的两面也是"东边日出西边雨"。

第十八怪:四个竹鼠一麻袋。 云南山区有很多竹林,因竹笋繁茂,吃竹笋的竹鼠大多较肥硕,与家鼠有很大差别。这样的竹鼠,是当地人的一道美味。

"堆沙埋情人"是何风俗

阔时节是傈僳族最隆重的传统节日,1990 年被《怒江傈僳族自治州自治条例》确定为傈僳族法定节日。"阔什"意为"岁首",所以阔时节相当于汉族的新年。以前,该节日是以物候来确定的,并且各村寨的过节时间也不尽相同,一般在农历十二月初五至第二年正月初十之间,大约一个月时间。

傈僳族女装

"堆沙埋情人"作为傈僳族的情人节,是在阔时节期间举行的一项特色民俗活动。该节日主要流行于怒江州福贡县一带,时间在农历正月初四、初五两天。节日当天,傈僳族青年男女会聚集于怒江畔的沙滩上。他们预先挖好沙坑,然后结伙将意中人抬起来埋入其中。当然,只是象征性地埋下身,因此没有什么危险。接下来,他们就会装着十分悲伤的样子开始痛哭流涕,一边唱着丧葬歌,一边跳着丧葬舞……青年男女们等到哭够、唱足、跳累之后,就将意中人从沙堆里刨出来,开始狂欢活动。

"堆埋情人"特色鲜明,表现为:前悲后乐,前抑后扬,前沉闷后浪漫。因为傈僳族人认为,把情人埋入沙滩,然后配以哭、唱、跳的形式,可将附于情人身上的"死神"埋掉,使其长命百岁。当然,被"埋"的人中有男也有女,对他(她)来说这是一种幸运,因为这意味着有人爱上了他(她),他(她)已经成为某人的意中人了。

情人滩是"堆沙埋情人"的地方,其实就是怒江边形成的许多沙滩。此外,这里还有许多民间传说,如石月亮、飞来石、情人桥的故事等。

独龙族是如何"剽牛祭天"的

卡雀哇节是独龙族的新年,盛行于怒江州贡山县独龙江流域一带。以前,该节没有固定的时间,一般是在每年农历腊月底或次年正月初的某个吉日,日期是由各独龙族村寨的长老择定的,节期为3~9天。1991年,贡山县将每年公历的1月10日定为卡雀哇节。2006年5月20日,该民俗被国务院批准列入了第一批国家级非物质文化遗产名录。

对于各村寨来说,卡雀哇节的节期是前后相续的,坐落于独龙江上游的村落最先开始节日活动。接着,其他村寨按"上游—中游—下游"的顺序,依次进入节期……等到独龙江流域的最后一个独龙族村寨结束节庆,前后已持续一个月时间。

卡雀哇节的节庆内容丰富多彩,包括剽牛、祭山神、射面兽、歌舞会、跳锅庄、木刻传信、走亲访友、喝木罗酒、火塘烧松叶求吉祥等。其中,剽牛宴是最为隆重、欢乐的活动,"牛祭天"是最为隆重的节日仪式。

节日第一天,家家挂起彩色披毯、旗幡,点燃松枝,敲响锣鼓。第二天是祭山神活动。第三天举办隆重的"剽生祭天"仪式。该仪式是节日的高潮,人们以此来祈祷人畜兴旺、庄稼丰收。

首先,由妇女将独龙毯披在祭牛身上,将彩色串珠挂在牛角上。然后,人们把牛拴在祭柱上,就开始围着祭牛跳舞了。接着,手持梭镖或竹矛的剽牛手走入祭场,他搂肩搭臂喝一碗同心酒,便一边跳舞一边剽牛(向牛的腋部刺去)……这时,广场上的人们围成一个大圆圈,敲锣打鼓,挥刀舞弓,载歌载舞,可谓是热闹非凡!

祭牛被剽倒后,先行过祭,然后用牛舌占卜,最后再分割牛肉给人们。但凡参加仪式的大人小孩、男男女女,都能平均分得一份牛肉。一般情况下,人们还会当场将牛肉煮食,并唱歌喝酒以示祝贺。载歌载舞的人们,还会背着牛头跳牛头舞,风格粗朴而壮美,剽牛宴也就此达到高潮。到了晚上,大家还会点燃篝火,继续喝酒唱歌。

在古代,这里的少数民族过着狩猎生活,每当捕获归来,他们就会举行庆祝仪式。所以,剽牛舞是狩猎时代的缩影和再现。如今,"剽牛祭天"习俗已经被人们废除,取而代之的是当地独

独龙族服饰

特的民族歌舞活动,主要形式是"牛锅舞"。在舞会结束后,各家还会摆酒置菜,相互谈心、祝福,幸福而惬意。

卡雀哇节具有十分重要的传承意义:其一,有助于探索独龙族文化发展的轨迹,尤其有助于把握独龙族历法的起源和变迁历史。其二,至今保留在节日中的木刻传信这一信息传播方式,可以作为对没有文字族群的社会组织机制进行研究的珍贵样本。其三,该节日作为一个重要载体,表现了独龙族对自己的民族传统文化的系统整合和传承,彰显了他们敬畏自然的生态理念和平安顺达的生活愿望。

独龙族"剽牛祭天"

"澡塘会"是哪个民族的传统节日

一年一度的"澡塘会",是散居在怒江各地的傈僳族的民俗活动,距今已有100多年的历史。澡塘会的举办时间,在每年的农历正月初一至初七。届时,傈僳族男女老少会汇集到怒江边有温泉的地方,参加这一隆重的、独具民族特色的传统盛会。

首先,人们会背着毯子、被子,披着披毡,带着米、肉、菜、油、盐、炊具等,在天然温泉边相会。然后,他们简单地建起一个临时的家,也就是在岩壁下、石洞里或者石缝中铺上干草和被褥;用石头支起锅灶,像平日一样做饭、烧菜。等饭菜做好后,他们就会开起露天宴。

当人们吃饱喝足后,就下到简易的石砌温泉澡池中沐浴。他们男女共浴,圣洁的温泉水将洗去他们一年的污秽,舒展他们劳累疲倦的筋骨……在热气腾腾的温泉水中,男男女女、老老少少一边搓洗、一边说笑,甚至相互嬉戏打闹,其乐融融!这体现了人与自然的和谐共存,体现了"天人合一"的理念。

等到泡够洗好、玩到尽兴后,人们又三人一

傈僳族男装

怒江傈僳族澡塘会

伙、五人一群地聚在一起,开始谈天说地、载歌载舞。期间还举行射弩比赛、打秋千比赛、上刀山下火海表演,以及通宵达旦、一唱就是三天的赛歌等。在秋千上,有身轻如燕的傈僳姑娘、小伙大显身手。各种地摊上,还有食品、饮料等东西在售卖。其实,澡塘会就是傈僳族的"狂欢节"。

早年间,为了生存的需要,散居在怒江峡谷里的傈僳族山民要整日辛勤劳作,无暇顾及更多的追求,这是艰苦的环境和条件使然。所以,每到正月初,居于高山的当地百姓就会穿上节日新装,举家来到怒江边有温泉的地方泡温泉。他们要把一年的辛劳洗去,以此来迎接新年的幸福。

活动期间,人们泡温泉、会亲友、喝酒吃肉、跳舞赛歌,顺便做些商品交易,像节日盛会一样。由于交通不便,人们的交往受到了限制,所以这一风俗就自然而然地成为他们进行社交的盛会。几百年来,这一民俗慢慢形成了传统,并得名为"澡塘会"。据说他们还认为,用天然温泉水沐浴后,一年之中都不会生病,所以这一活动也叫"洗百病"。

作为怒江峡谷地区最出名的民俗活动,澡塘会的特点表现为自然、民族、传统。其中,首推登埂河澡塘会和玛布河澡塘会,尤以跃进桥(距六库市以北约20千米)处的澡塘会最为热闹,那里男女共浴,尊老让幼,谈天说地,欢笑阵阵。最有意思的是,他们还不反对外地来的摄影者,并不时对他们高声调侃、起哄,以此表达友好。

佤族的"拉木鼓"是哪一种祭祀活动

就佤族各种器物的地位而言,毫无疑问,木鼓是最神圣、最尊贵的。而拉木鼓是佤族人民的一种民俗,是生活中全寨性的、第一等的大事,时间一般在1月份。活动举办时,由魔巴(巫师)鸣枪并敲击木鼓,以此将村寨里的群众召集起来,然后举行祭祀和剽牛活动。

过去,佤族拉木鼓活动的举行时间在佤历"格瑞月",相当于公历的12月。佤族先祖笃信原始宗教,就大型"祭鬼"仪式,每年都要照例举行多次。而在拉木鼓这种独特的祭祀活动中,木鼓就是必须要用到的工具。

佤族的牛头图腾

节日第一天，由头人和魔巴带上一些人，趁着月色来到事先选好的高大红毛树下，然后，举行祭祀仪式，也就是献祭、驱鬼、念咒祈祷。祭祀结束后，先由魔巴在树下挥斧砍几下，再由其他人连夜将树砍倒。在砍掉树干后的树桩上，还要捡三个石头置于其上，意为给"树鬼"的买树钱。最后，再按所需木鼓尺寸截断树干，凿出鼓耳，系上藤条。

第二天清晨，拉木鼓活动正式开始。全寨男男女女、老老小小皆身穿节日盛装，高高兴兴地上山参加活动。首先，由魔巴右手举起树枝，领唱"拉木鼓"歌，主要是为了指挥众人协调动作。然后，拉木鼓的男人一边走、一边歌舞，在木鼓经过的地面，人们还要洒泼水酒，其他人则呐喊助威，或者送酒送饭。最后，木鼓毛坯会被拉到寨门外，并在这里停放两三天。

接下来，由魔巴杀鸡祭祀木鼓毛坯。然后，将从森林中拉回的一段大树干拉到木鼓房边的场地上，最后交由木匠制作木鼓。这时的拉木鼓，是男女互挤在一起同拉，据说也是谈恋爱的好时机。人们一边拉，一边歌舞、逗趣，要闹腾很久。等木鼓做好，并经试敲满意后，人们会把它抬入木鼓房，并再次举行狂欢仪式，也就是跟着鼓点，跳粗犷质朴的木鼓舞。

古往今来，木鼓是佤族人民灵物崇拜的见证。他们认为，敲木鼓是可以通神灵、驱邪魔、降吉祥的。那时候，一旦遇到战争等紧急情况，人们就敲击木鼓示警集众；当猎手捕获虎豹等野兽归来时，也要击鼓以示敬意；而逢年过节或有宗教祭祀活动时，木鼓更是必不可少、振奋人心的乐器。

木鼓有特定的"鼓语"，人们敲打它时，可发出四种不同的音响，节奏铿锵有力，并相互交错。一般情况下，是一人敲打木鼓，也能数人合击。传统的木鼓，原材料以红椿树、红色树为主。它长约200厘米，直径约70厘米；鼓身上挖出了一条直槽，长约150厘米，宽约15厘米；槽两侧各刻着一个鼓舌，周围留有空隙，是为了发挥共鸣作用；中间是掏空的。制作木鼓，大约要6～10天的时间。自20世纪70年代以

佤族民族舞蹈

后,佤族木鼓经过改制,成为了本民族最具代表性的一种乐器,并出现在了新时代的文艺舞台上。

每个佤族村寨,至少都有一对以上的木鼓,较小的叫作"公鼓",较大的叫作"母鼓"。它们被供奉在专门的木鼓房中,为了防潮,是置于两根横木之上的。较大的村寨,木鼓、木鼓房就比较多了,通常有数十个木鼓、数个木鼓房。木鼓需要更新,大约一两年就要换。

纳西族的祭天仪式有何来源

祭天是纳西族人民的一个古老而又最隆重的节日庆典,在纳西语中叫作"孟本",主要流行于丽江、中甸等地区的纳西族聚居地。民间俗语说,"纳西祭天人""纳西祭天大",这充分表明,在纳西人民的心目中,祭天这一活动的地位十分重要。

"天"的内涵,集中体现在纳西族的祭天仪式中。人们祭天时的祭祀对象,即具有象征意义的美、达、许这三棵树,代表的是天地、自然和先祖。加强群体凝聚力,加强群体与天界(自然界)的联系,实现人与自然的和谐,歌颂先祖以求得到保佑,以及禳灾祈福等,这些都是祭天的目的之所在。

纳西族祭天分为春祭和秋祭。其中,春祭也称大祭,时间在春节期间,是人们过春节的主要活动,因此称为"春节大祭";秋祭,也称七月祭天,因为它是在七月中旬举行的。据元人李京的《云南志略》载,纳西族"正月登山祭天,极严洁"。而在元、明、清的史书中,也有关于纳西族祭天的记载。

纳西族图腾青蛙

纳西人的祭天仪式,规程完整,仪式繁杂,历史久远。祭天时设祭天场,一般选在离村寨不远且风景优美的地方。它用石头围砌而成,为方形或长方形,里面置祭台。有所讲究的祭天场,还分为内场和外场,能容纳几十到一二百人,并且在周围还栽有高大的常青树,以此来塑造美丽的景色。而在没有场地的城郊或坝区中心,人们在春节期间也轮流在各家的院子里围栅搭篷来举行祭天仪式。

在同一个祭天场,一起参加祭天的人叫"祭天群",他们一般是由居住于同村的家族中的几房人组成的。而每个家族和亲近家族的祭天群,分别都有自己的名称。纳西族过去的祭天群,名称主要有"浦都""故序""故在""故上""阿雨"等。这种不同名号的祭天群,其渊源关系是杂居在各地的古代纳西人的不同氏族或部落。大的祭天群通常有数十户,小的只有十来户。其中,祭天人口最多的是浦都祭天群,他们祭天时所需的时间最长,仪式也相当复杂。就祭天时间而言,因祭天群不同而顺序有先有后,但都在正月十五日前举行。

祭天有一套复杂的程序,最忌讳的是"秽气",所以,全部族人和用于祭祀的物品,都必须经过最严格的"除秽仪式"。祭天族群为保持这一仪式的纯洁性和神圣性,在祭天场内只使用纳西族本族的语言,并且禁止外人入场。但凡新增的族群成员,包括新生婴儿、新媳妇和新女婿,也都必须在向所有的成员赠送礼品后,才能被容纳为本祭天族群的正式成员。

纳西族许愿树

对祭天的一切器物,也都要求是专用的,并且要十分洁净。举例如下:

例如,在祭台上左右两侧各栽一棵栗树,以此来代表天父、天母和天地;中间栽一棵柏树,代表人皇;前排也栽两棵小栗树,代表始祖崇仁利恩及其妻子。栗树、柏树都要派专人到高山和岩头去砍伐,并且都要放在固定的地方。再如,祭天用的米叫"神米",颗粒必须要整齐,还须经过多次洗晒。而量祭天米的小升和装米的竹篓,平时要挂在高处,使用前后必须洗刷得干干净净。

又如,祭天用的"神猪",一般要有两头。它们由两家居民轮流喂养,还要保证大猪在百斤以上,小猪八九十斤。还如,大香要粗如茶杯、长丈余,并且还须在秋天备好料,使用前专门搓制,并分节贴上彩色纸花穗。这样的话,就能够保证它一昼夜燃烧不熄。至于其他用具,如锅、盆、秤、刀、钩、叉、案板、大甑子等,属祭天群共同所有,平时由相关户专门保管,并不得随便使用。

纳西族的祭天活动中,还有另一项重要内容就是射箭打靶仪式。仪式在靶场举行,届时全体村民集中于此。先由东巴祭司念誓词,然后开始射箭活动。射手必须是男子,他们射箭时众人还会不断高呼"当……咚(射中)",气氛紧张而热烈。这反映了古代部落时期尚武的传统。此外,各村在祭天期间还会举办荡秋千比赛以及跳牦牛舞、狮子舞、白鹤舞和麒麟舞等,十分热闹精彩。

神秘的摩梭人走婚习俗知多少

摩梭人的叫法是来源于他们的民风。据说摩梭人以前实际叫"摸索人"或"摸缩人",后来才写成"摩梭人"。

摩梭人有走婚习俗。男子和女子均不结婚,除非是家族需要女子继后才会娶妻,需要男的劳动力才招婚。青年男女具有感情基础后,二人均同意,可以进行"走婚"。走婚男人的三件宝是松果、短刀和帽子。青涩的没有炸开的松果要和猪膘肉一起煮。晚上男方跳入女方家院子后要过的第一道关就是看门狗,可以把煮好的松果扔给它。因为松果还没炸开,所以狗很难咬开,又舍不得丢掉,一夜都要为食而忙。走婚时,男女有联络暗号。男方不能于正门进入花楼,而要偷偷从窗户爬进院子或花楼,摩梭人称之为"摩人"。然后,还要把帽子之类的物品挂在门外,表示两人正在约会,叫其他人不要打扰。在天不亮的时候就必须离开。这时可由正门离开,称之为"梭出"。若于天亮或女方家长起床后才离开,会被视为无礼。男子称女情人为"阿夏",女子称男情人为"阿注"。时间长了,他们就会结下百年之好,从此便公开关系,不再偷偷摸摸地"走"了。二人走婚生下的子女由女家抚养,男方不需负担,但父亲和子女都知道彼此的亲子关系。

爬房子也有规矩,有血缘关系的男女,绝对禁止走婚。若是某个男子"爬房子"事前未获得女方准许,或爬错了房子,则将遭到族人的羞辱或严惩。若是遇到两边感情不和,或因其他原因造成走婚关系不能维持,则以男子不再爬房子或女方拒不开窗而宣布解除,不存在资产牵连和怨言、嫉恨。走婚的男女分手后,仍可以自由地与其他人重新进行走婚。

有些摩梭人会与伴侣以正式的婚礼结合,摩梭人称之为"一妻一夫",但与父系社会的一夫一妻有所不同。正式结婚的夫妻大部分为招婚入赘,少数是女方外嫁。丈夫称为"汗处巴",妻子称为"处咪"。这种夫妻关系大部分没有登记注册,若双方感情转淡,或娶媳招婚的家族已有继承人和足够劳动力,只要经过家族同意就可解除婚姻关系。男入赘所生子女归女家,女子嫁人所生子女归男家。亦有视实际情况协商的。婚姻解除后,双方可各自与他人走婚,人们亦不会歧视他们。

丽江摩梭人走婚的小屋

昆明人常用的方言知多少

昆明方言主要流行于昆明及其周边一带,具有浓厚的传统性、独特的地域性、鲜明的时代性。

说法不一: "爷爷"叫"老爹";"爸爸妈妈"叫"我爹我妈";"吃"叫"肿脖子";"吃饭"叫"吃芒芒";"太厉害了"叫"吃得成伙食";"睡觉"叫"睡嗒嗒";"远房亲戚"叫"老表";"鞋子"叫"孩子";"去哪里"叫"克哪点";"什么"叫"安";"是吗"叫"给是改";"天哪"叫"买买三三";"骗人"叫"水人";"笨得很"叫"憨不噜出";"搞笑"叫"雀得很";"逛街"叫"逛该";"光线黑"叫"黑漆妈古洞";"害怕"叫"害里实怕";"便宜"叫"香因";"干什么"叫"整哪样";"太棒了"叫"太板扎了";"胆小"叫"悚";"有出息"叫"整得成啦";"没有"叫"不有的";"不是"叫"某嘛";"奇怪"叫"怪里古懂";"打寒战"叫"抖鳞壳颤";"悄无声息"叫"悄悄咪咪";"看看"叫"吼吼";"可惜了"叫"欧喉";"太疯了"叫"太勺了";"发神经"叫"吃着菌了";"是不是"叫"怕是不";"不爱说话"叫"闷出出";"打瞌睡"叫"发梦冲";"莫名其妙"叫"雀神怪鸟";"小气"叫"扎经";"恶心"叫"曹耐";"困难"叫"坚钢";"完蛋"叫"哦呵";"严重"叫"老火";"完蛋"叫"克火的啦";"讨厌"叫"讨嫌";"傻帽"叫"土贼"。

形容性俚语: "的撒"形容牛头不对马嘴;"曹耐"形容恶心,打情骂俏中女孩常对男孩说,表示"讨厌";"坚刚"形容某件事很艰难或某人很与众不同;"辣燥"形容某人在某件事情上很厉害,也可指某人很牛;"太来力了"形容某件事物令人精神振奋、超满足等;"攀嘴拾脸呢"形容某人嘴脸难看;"大口马牙"形容某人说大话;"犟头日脑"形容很倔强,不听劝告;"造孽"形容某人很可怜或混得很惨;"资"形容某人发火了;"你葛相信,老子……"形容说话者很生气,后果很严重;"渣斤"形容某人斤斤计较;"日拐"形容某人到处都不对劲;"雀神怪鸟"形容很无厘头的事,或骂人行为古怪;"鬼头日脑""鬼迷日眼"形容人非常狡猾,不招人喜欢;"日不隆耸呢"形容很猥琐;"憨不碌出"形容笨;"憨么憨一日还吃三餐"形容人虽然很笨,但福气很好;"锵的"形容挑衅、不服;"日鼓日鼓呢"形容人很挑衅;"小烂屎""小臭货"常用于形

昆明老宅云和祥

容很不正经的女孩,也有昆明大妈这样叫自己的女儿表示疼爱;"小狗日呢""憨狗日呢"是常见的骂人句式;"贱皮子"形容下贱坯子;"勺婆"形容疯女人;"窝巴巴"指大便。

动作性方言:"丢瓜"是放屁的意思;"拔毛"指抢小朋友的钱;"支花篮""之水车"指设计骗某人;"整蛊"指让某人出洋相;"治你呢雀"指让你出洋相;"鬼火绿(lu)"指非常生气;"死远喋儿"指滚开;"扳跤"指两个人摔跤;"扳命"指拼命;"拉撑的"类似于伸展;"占马门"指占便宜;"你这个

昆明大观楼夜景

憨不死呢"指某人傻到极点;"硬是整得成"指实在是可以;"你吃着菌儿了改"指食物中毒,神志不清;"怪逼事了"指怪事情;"你水我改"意为你是不是骗我;"玩毛线"指玩得很失败;"说我呢左边""说我呢铲铲""说我呢闯闯"表示你说的不对;"老子鬼火某得那个绿呢"指说话者很生气,快要爆发了;"说你憨么吃米线不喝汤"指笨到极致;"你拽喃"指你狂什么;"鸡公三"表示强烈不满。

傈僳族刀杆节"上刀山,下火海"知多少

一年一度的"刀杆节",是云南边陲轮马山一带傈僳族人民的传统节日,距今已有数百年的历史。刀杆节的举行时间在农历二月初八,据传是为了纪念明朝兵部尚书王骥。明时,朝廷为安边设卡,派兵部尚书王骥去往云南边疆。王尚书来到此地后,体察傈僳族边民的疾苦,积极帮助他们发展生产,使人民的日子越过越好,因而受到人民的爱戴。后来,王尚书遭奸臣诬告,被朝廷调回。最后,在二月初八的洗尘宴上,他被奸臣用毒酒害死。消息传到傈僳山寨时,当地人们为纪念王尚书的功绩,就将他的遇害日——二月初八定为"刀杆节"。

在刀杆节当天,方圆几十里的傈僳族群众,不论男女老幼,都穿着节日的盛装,到羊肠河畔的刀杆场汇集。夜幕降临时分,许多火堆在刀

云南傈僳族少女

杆场里里外外开始燃起。广场中央有四个大火堆,熊熊烈火腾空而起,可照亮满场的人群。当铓锣响起来,场上的人们会互相拉起手来,围着明亮的火堆跳三弦舞……

下火海: 当刀杆场上的四堆烈火烧到只剩下红红的火炭时,主持节庆活动的人会宣布"跳火海"就此开始。这时,火海中会立即闯入五个赤脚的骠勇汉子,他们在火堆上不停地弹跳着,脚步急促而轻快,无数的火花被踩得四处飞溅,就像流星一样在飞逝。接下来,个个闯火者以闪电般的速度,用手捧起通红的火炭,分别在脸上、身上"擦洗",然后把火球放在手中飞快地翻滚、搓揉。围观的人们则表现出不同表情,有时很欢快,有时很紧张,有时在赞叹,有时又表示

傈僳族刀杆节

惊讶,有时发出阵阵喝彩声……当火炭被踩成碎粒,火焰奄奄一息时,紧张激烈的"跳火海"表演方告结束。

上刀山: 跳火海后的第二天,还是在刀杆场上,人们会竖起两根高20余米的红花树干,并在树干间交叉上36把刀刃朝上的长刀。等到晌午时刻,欢乐的人群簇拥着再次来到广场。当活动主持者一声令下,锣鼓喧天,鞭炮齐鸣,"上刀山"活动就要开始了……主角依然是昨晚"跳火海"的五名男子。他们头戴蓝布帽,身装大红袍,赤脚冲到刀杆树下,各自先是将一杯壮胆酒一饮而尽,然后纵身跳上刀杆。他们运用着平时练就的气功本领,撑着脚掌斜踩在锋利的刀刃上,而双手紧抓着上层的刀面。这样,他们手脚交替变化,一步一步地就攀登上去了。当勇士们登上高高的杆顶时,簇拥在场上的围观群众,就会对他们报以热烈的欢呼。

过去,傈僳族人民举行刀杆节是为了纪念有恩于他们的恩人,并用"上刀山,下火海"这种仪式来表达甘愿赴汤蹈火的崇高意愿。随着时间的推移和社会的发展,这项惊险十足的传统节日仪式,现在已演变为表演绝技的娱乐活动。

献"哈达"有何讲究

献"哈达"是藏族人民日常交往中最普遍的一种礼仪,在云南、西藏等藏族聚居地,无论婚丧节庆、送别远行,还是觐见佛像、拜会尊长等,都有献哈达表示诚心、忠诚、尊敬、纯洁的意思。

关于哈达的由来，人们众说纷纭，莫衷一是。一种说法认为，西汉时张骞出使西域时路过西藏，曾向当地的部落首领献帛。因为古代汉族以帛为赞，藏部落以为这是一种表示友好、祝福的礼节，象征着纯洁无瑕的友谊，并且西汉是当时中原的兴盛大邦，所以汉族传来的礼节就沿用至今。另一种说法认为，古代西藏法王八思巴会见元世祖忽必烈后，从蒙古族那里带回了哈达。当时，帛上还有万里长城图案和"吉祥如意"字样。还有一种说法认为，哈达与宗教有关，说它是仙女身上的飘带，它洁白的颜色象征着圣洁和至高无上。

八思巴佛像

献哈达的方式、动作因人而异。一般来说，首先要双手捧着哈达，高举到与肩持平，然后平伸向前，弯腰向着对方。这时，哈达正好与头顶持平，表示了对对方的尊敬和最大的祝福——吉祥如意。献哈达时，如果对方是尊者、长辈，要双手举过头，身体略向前倾，将哈达捧到其座前或足下；而对平辈或下属，则可以系在他们的颈上。对方接受哈达时，也要以恭敬的姿态用双手平接过来，并表示谢意。

在藏族地区，献哈达十分普遍，甚至人们在互相通信时，也要附一条小哈达在信封内，以示问候和祝福。有趣的是，藏民在出门时也要随身携带几条哈达，以备在途中遇到久别的亲戚或朋友时使用。此外，献哈达也是蒙古族一项高贵的礼节。

在不同情况下，哈达象征着不同的意义。逢年过节，人们互献哈达，祝贺节日愉快、生活幸福；婚礼上呈献哈达，祝愿新婚夫妇恩爱如山、白头偕老；迎宾时献哈达，表示以一片虔诚之心祈祷菩萨保佑对方；葬礼上献哈达，表示对死者的哀悼及对其家属的安慰。据说，藏民进了寺庙大门后，先要献一条哈达，然后再参拜佛像；他们离别时还要在自己坐过的座位后边放一条哈达，表示人虽离去，但心还在这里。

梅里雪山圣洁的哈达

其实，哈达是一种生丝织品，

也有以丝绸为原料的,看起来稀松如网。它的质料,因经济条件不同而异,但人们不计较它的质料的优劣,只要用此能表达一片美好祝愿就行了。上品哈达织有各种隐花图案,如莲花、宝瓶、伞盖、海螺等,表示吉祥如意。哈达长短不一,长的有 1~2 丈,短的仅 3~5 尺。

藏民认为,白色可以象征纯洁、吉利,所以哈达一般都是白色的。此外,还有一种五彩哈达,即蓝、白、黄、绿、红五色哈达。其中,蓝色是蓝天,白色是白云,黄色是大地,绿色是江河水,红色是空间护法神。这种哈达是最珍贵的礼物,人们把它献给菩萨和近亲。据佛教教义解释,它是菩萨的服装,所以只有在特定情况下才使用。

藏族人为何喜欢喝酥油茶

酥油茶是藏族的一种饮料,用酥油和浓茶加工而成。青藏高原地区气候寒冷,而酥油茶中有极高的热量,所以那里的藏民们用喝酥油茶的方式抵御严寒。时间长了,喝酥油茶就成了他们的一种习惯。迪庆藏族自治州位于青藏高原南延部分,这里的藏民也喜欢喝酥油茶这种特色民族饮料。

制作酥油茶时,首先要在特制的桶中放入适量酥油,酥油是从牛、羊奶中提炼出来的;然后注入熬煮的浓茶汁,并以食盐为佐料;再用木柄反复捣拌,使酥油与茶汁最终融为一体,直到成为乳浊液。另一种方法是,将酥油和茶装入一个皮袋中,扎紧袋口,然后用木棒使劲敲打。这就是所谓的"打"酥油茶。现在,酥油茶已经能用电动搅拌机进行配置了。在藏区,酥油茶多作为主食与糌粑一起食用。而与藏族毗邻的一些民族,也有饮用酥油茶的习俗。

对藏民来说,酥油茶是每日必不可少的饮料。它的热量极高,并且醇香可口,有比较浓的奶味,喝完会感到精神顿爽。它除了能补充体力外,还能很有效地缓解高原反应。

藏族喝酥油茶有一定的规矩,一般不能一口喝干,而是边喝边添加。当家中有客人时,客人的茶碗总是斟满的。刚倒下的酥油茶,客人不能马上喝,要先和主人聊天。等主人第二次提着酥油茶壶站到客人跟前时,客人就可以端起碗来喝了。不过,客人要先在酥油碗里轻轻地吹一圈,等把浮在茶上的油花吹开后,再呷上一口。

酥油茶

酥油茶等茶点

并赞美一番。假如你不想再喝了,就不要动茶碗;假如喝了一半时不想再喝了,就让它摆着;当准备告辞时,可以连喝几口,但还是不能喝干,要使碗里留着点漂油花的茶底。这是藏族的习惯和礼仪。

牧民们提炼酥油的传统方法是,先把牛、羊奶加热,然后倒入特制的大木桶中(当地叫"雪董",高约4尺、直径1尺左右,专门用来提炼酥油),再通过专用的酥油用具用力上下抽打奶汁。这样来回抽打数百次后,就会把奶汁的油水分离出来,也就是浮起在上面的一层湖黄色脂肪质。这时,将这层脂肪质舀起来灌进皮口袋中,经冷却后就成为了酥油。现在,许多地方逐渐开始用奶油分离机来取代人工提炼方法。一般情况下,每100斤奶中可提取出5~6斤(1斤=500克)酥油。

早在1 000多年前,藏医学家宇妥宁玛·云丹贡布就对酥油的营养作了论述,他在《四部医典》一书中写道:"新鲜酥油凉而能强筋,能生泽力又除赤巴热。"意思是说,新鲜的酥油可以润泽气血,使人精力充沛,使皮肤不粗裂,还能治疗黏液及发热性疾病。此外,藏医学还认为酥油有以下效用:"益智增热力","千般效用延年称上品","可促进人的体力及延长寿命","人们日常饮食靠油类,体内供热内脏可洁净。体质即补气力容颜添,五官坚固长寿到百年"。喝酥油茶的好处表现在多方面:增强体质,滋润肠胃,和脾温中,增多精液,润泽气色,生津止渴,提神醒脑,防止动脉硬化,抗老防衰等。

为何说"哭嫁"是彝族最具特色的婚俗形式

彝族历史悠久,文化灿烂,主要分布在云、贵、川、桂地区,有多种不同的自称,如诺苏、纳苏、罗武、米撒泼、撒尼、阿西等。彝族的婚俗,古朴奇异,如对歌择偶、姑娘房、定亲、泼喜水、哭嫁、背新娘等,其中哭嫁是最具特色的婚俗形式。

在举行婚礼前,新娘会在女伴的陪同下,边哭边唱《哭嫁歌》,以此来倾吐内心的欣喜或悲伤。其中,《哭嫁歌》既有流传下来的传统唱词,也有即兴发挥的唱词。在彝族文学中,有一首极富感染力的抒情长诗就是《哭嫁歌》。

一般情况下,唱哭嫁歌时的场景是这样的:出嫁前一晚上,姑娘由女伴陪着

彝族哭嫁婚俗

在事先已搭好的"青棚"里歇宿。在告别父母的房间时,姑娘就开始哭唱,表现其对父母的依依不舍。等到了青棚里,一想到即将离开生活很久的家园,又开始忍不住伤心地哭唱起来……姑娘一唱三叹,听者无不为之动容。所以说,"哭嫁"是彝族最具特色的婚俗形式。

在楚雄彝族自治州,有一首流传较广的《哭嫁歌》是这样唱的:"阿妈的姑娘,在我家时候,睡醒不愁见,头枕母手上,我嫁到他家,鸡叫起做饭,天亮就吃饭;阿妈的姑娘,找菜有黄叶,知者他会说,春菜黄叶多,不知者会说,懒人摘黄叶;阿妈的姑娘,找柴有湿柴,知者他会说,夏天湿柴多,不知者会说,懒人拣湿柴;阿妈的姑娘,挑水有浑水,知者他会说,雨天浑水多,不知者会说,懒人挑浑水;阿妈的姑娘,大人说一句,小孩还要说,大人说也罢,小孩实难忍……"

彝族的婚恋奇特而有趣,其他的传统婚俗形式还有以下几种:

少女换裙带礼: 彝族姑娘一般15岁进入成年,按民俗要举行隆重的"换裙礼"。在仪式上,姐妹们首先会将姑娘原来的单辫子改梳成双辫子,并盘在头顶。然后,要把原来佩戴在两耳的白坠片或穿耳旧线扯下,换上珊瑚珠或银耳坠,以示吉祥。最后,脱去原来的红白两色童裙,换上绣花边的上衣和黑、蓝、黄等五彩相间的拖地长褶裙。等换上新裙后,姑娘便可开始参加唱歌跳舞的社交活动,寻找心上人了。

背新娘: 按彝家习俗,新娘出阁时,双脚不得落地沾土。因为他们认为,这样会使子嗣不蕃。所以必须由接亲的小伙子来背新娘,并扶她上马。在迎娶途中,也有种种规矩:山高路窄无法骑马时,要由接亲的小伙子轮流背新娘而行;过河涉水时,更得由人背着过河,因为新娘的绣花鞋是万万不能沾水的。

泼水接亲: 彝民认为,清水能驱恶除邪,带来幸福。所以,彝族人在新婚时一定要泼水。男方接

昆明彝族长号手

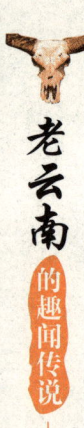

亲时,会选派身体强壮、精明能干的未婚伙子去,这样既能招架住泼水之苦,又能完成迎新娘的任务。

洞房打斗:按彝人习俗,洞房花烛夜,新娘如果不反抗的话,将会被人嘲笑,据说连她日后生下的孩子,也得不到祖先承认。所以,等宴客散去,一对新人会在洞房里打闹搏斗一番。他们撕衣抓脸,摔摔打打,声惊四邻。

老云南的名人

郑和下西洋的真实意图知多少

郑和,原名马三保,生于云南咸阳世家。洪武十三年(1380年)冬,明军进攻云南。11岁的他被掳入明营,受宫成为太监,后进入朱棣府邸。在靖难之变中,为朱棣立下战功。1404年(永乐二年)明成祖朱棣认为马姓不能登三宝殿,因此在南京御书"郑"字赐马三保郑姓,改名为和,任为内官监太监,官至四品。

郑和七下西洋,完成了人类历史上伟大的壮举。不过,如果考察明史中对航海政策的描述,就可以知道明代海禁甚严。这种情况下,明成祖朱棣为什么会屡次派遣郑和下西洋呢?

《明史·郑和传》中透露出了有关信息:"明成祖疑惠帝亡海外,欲踪迹之;且欲耀兵异域,示中国富强"这其中透漏了两个意思,一是寻找失踪的建文帝朱

郑和下西洋航海船队

郑和

允炆,一是要"示中国富强"也就是扬大明之国威于四方。

"靖难之变"后,建文帝的尸体一直没有找到,他的下落也成了一个谜,有人说他逃匿当了和尚,还有人说他跑到海外,总之是"不知所终"。对于建文帝的失踪,明成祖一直耿耿于怀,听说建文帝有可能流落海外,明成祖就动了到海外寻找的心思,于是便有了郑和下西洋的壮举。然而,当明成祖得知建文帝在云南一带活动后,这个疑问实际已经消除了。同时,在郑和下西洋的宝船上,载满了大量中原土特产和财物,去寻找一个失踪已久的皇帝,有必要这样兴师动众吗?因此明成祖几次三番去海外探寻建文帝下落的说法就有些勉强了。

如果说寻找惠帝为虚,那么向海外"示中国富强"、沟通彼此往来则是毋庸置疑的。当时的明朝,是世界上最富强的帝国。郑和肩负着明成祖交给他的艰巨任务,率领当时世界上最大最先进的船队七下西洋。郑和下西洋的航程达到了十万余里,最南到爪哇,最北到阿拉伯半岛,最西到非洲东海岸。百艘航船及万名官兵,航行在茫茫太平洋和印度洋上,穿梭往来于马六甲海峡,如此规模,如此阵势,足可以彰显大明国威。这种威慑式的外交战略的确令当时许多国家对明朝不敢小觑,有意倾向明朝者,年年朝贡,无意者也不敢对明朝轻举妄动。为了宣扬国威,明成祖还专门昭示:"今遣郑和赍敕普谕朕意,尔等只顺天道,恪守朕言,顺理安分,勿得违越,不可欺寡,不可凌弱,庶几共享太平之福。若有虔诚来朝,咸锡皆裳。"而郑和作为整个下西洋团队的领导者,他勇敢、机灵、有胆略,再加之他本身是伊斯兰教徒,有利于同西洋各地的教徒进行交往,这样明成祖借由下西洋之举以实现敦睦外交的愿望就很容易实现了。当然也不排除这样一个意图,郑和身为宫廷内宫,也可以兼为明皇室从海外采购奇珍异宝。

所以,寻找建文帝或许只是人们的猜测,明成祖派郑和下西洋的真实意图是为了彰显国威,宣扬中土文化,加强大明和周围国家的外交关系。事实上,郑和远航对外传播了中华文明,输出了先进的科学技术,为世界文明的进步做出了巨大贡献。郑和本人也以他独特的经历和个人魅力彪炳史册,流芳后世。

"海内第一长联"是谁书写的,有何意义

在云南昆明西郊的滇池岸边,有一座始建于清康熙三十五年(1696年)的大观楼。这座阁楼立于水边,建筑形式独特,登楼可以俯瞰滇池美景,是昆明的一处著名景点。大观楼的名气很大,除了楼本身的因素之外,还因为这座楼挂有"海内第一长联"。那么,何谓"海内第一长联"?它是由谁写的?有什么意义呢?

所谓的"海内第一长联"指的是一幅共有180个字的对联,全联内容如下:

上联:五百里滇池奔来眼底,披襟岸帻,喜茫茫空阔无边。看:东骧神骏,西翥灵仪,北走蜿蜒,南翔缟素。高人韵士何妨选胜登临。趁蟹屿螺洲,梳裹就风鬟雾鬓;更萍天苇地,点缀些翠羽丹霞,莫辜负:四围香稻,万顷晴沙,九夏芙蓉,三春杨柳。

下联:数千年往事注到心头,把酒凌虚,叹滚滚英雄谁在?想:汉习楼船,唐标铁柱,宋挥玉斧,元跨革囊。伟烈丰功费尽移山心力。尽珠帘画栋,卷不及暮雨朝云;便断碣残碑,都付与苍烟落照。只赢得:几杵疏钟,半江渔火,两行秋雁,一枕清霜。

由于这副对联的字数为我国对联之最,所以被誉为是"海内第一长联"。这样一副对联,其作者是谁呢?据史料记载,这幅对联的作者是孙髯。孙髯(1685—1774年),字髯翁,号颐庵,云南昆明人,祖籍是陕西三原,幼时随父亲流落到昆明。他自幼聪颖好学,诗文更是了得。他小时候去参加童子试,因为不愿意受搜身之辱,于是愤然离去,从此再也没有参加科举。他虽然没担任过一官半职,但却关心国计民生、百姓疾苦。他生活清苦,晚年不得不靠卖萝卜生活,有时还会没有饭吃,但他始终坚毅乐观,因为喜欢梅花,所以自号"万树梅花一布衣"。

孙髯广交文人墨客,常参加在名胜古迹举办的聚会,吟诗作赋。康熙年间,大观楼建成。这座楼西近华浦,濒临滇池草海北滨,遥对西山,凭栏远眺,只见青山绿水、烟鹭沙鸥。如此佳处,自然吸引了很多文人前来集会。墨客登临,填词作诗,但都只是粉饰太平,为统治者歌功颂德,没有丝

昆明大观楼天下第一长联

昆明公园孙髯翁雕像

毫雅兴,孙髯对此十分鄙视。他有感于这种现状,慨然挥笔,写下了题大观楼长联一副,长达180字,开古今之先,故而被誉为"天下第一长联"。

孙髯有感而发,一气呵成,在写景时触景生情,抨击了封建王朝的统治,揭示了封建王朝必然衰亡的规律。他把正统皇朝看作是不长久的幻影,把帝王们的"伟烈丰功"看作是"苍烟落照"里的"断碣残碑"。在当时,这是一种明显的叛逆思想,有"犯上"的嫌疑,所以必然为当权者及其帮凶所不容,但是由于这幅长联已经广为流传,深得人心,所以他们又不敢公然撤下这副长联,于是就找人用篡改字句的办法,仿照孙髯的格式,另外又写了一副大观楼长联,企图通过改变其思想内涵,为封建统治者所用。但是改来改去,总是弄巧成拙,还闹出了不少笑话,所以长联就流传了下来,其影响也不断地扩大。

长联观物写情,内涵深刻,让人拍案叫绝,被誉为"海内第一长联"名副其实。长联自写成之后,就一直挂在"五百里滇池"岸边的大观楼前,时间长达200多年,受到了古今众多名士及广大游人的仰慕和推崇。不仅如此,正是因为长联的存在,大观楼的名声才变得更大,成为了与黄鹤楼、岳阳楼及滕王阁齐名的我国四大名楼之一。

比《本草纲目》还早的《滇南本草》出自谁之手

《滇南本草》为明人兰茂所著,约成书于14~15世纪,是我国现存古代地方性本草书籍中较为完整的、有中医药精华汇编性质的医学作品,早于李时珍的《本草纲目》140多年。兰茂(1397—1476年),字廷秀,号止庵、和光道人、玄壶子,云南嵩明县人,明代药物学家、音韵学家、教育家、理学家、诗人,被民间称为"布衣科学家"。

兰茂自幼聪颖,过目成诵,16岁时已通经史百家,并涉猎医药、堪舆、丹青诸学。其人赋性简淡,无心仕途,故其小屋名曰"止庵"。他一生著述甚丰,可惜流传至今的不多,只有《韵略易通》《滇南本草》(3卷)《医门揽要》(2卷)《玄壶集》《信天风月通玄记》和170多首诗作。

《滇南本草》是我国第一部地方本草专著,全书共3卷流传于世,载药458

种，因记述的是云南地区的药物，故以"滇南"入书名。《滇南本草》有10余种传本，现存的是清初刻本及其他清刻本、石印本等。作者兰茂在研究云南本草时，仔细分辨了药物的性质、气味、味道及生长环境等，然后将各药绘为图形，按次第记述了药名、性味、功效、主治、附方，个别药物兼述药物生态及形态。原书附有药图，现存本中也有少数有附图。书中各药之后常附以方剂，书末又附100余首单方。

书中不仅记载了云南本草，还记载了许多少数民族医药与汉族医药相互结合的实例，以及若干药材的疗效和民间秘方等。我国有许多常见的中医药，都始载于《滇南本草》。例如仙鹤草、灯盏花、川牛膝、川草乌、贝母等。此外，书中有许多药物都是《本草纲目》没有记载过的，对完善中国中医药学做出了很大贡献，而对研究云南本土医药更是有很大价值。

兰茂

书中记载的药材，为考证云南本地药材的属性提供了依据。例如："滇连，一名云连，即云南黄连，一名滇连、蚱连。味苦，性寒。入心经兼入肝、胆、脾、大肠经。清火，除湿，消痞块，止痢疾。清肝胆火用吴茱萸拌炒，清上焦火宜酒炒，清中焦火姜汁炒，清下焦火盐水炒。气虚，心血不足，虚弱症忌服。此黄连功胜川连百倍。气味苦，寒无毒。主治热气目痛、背寒伤、泣出、明目、肠腹痛下痢、妇人阴中肿痛。久服令人不忘。治五脏冷热，久下泄、脓血，消渴。止心腹疼痛。除水利骨，调胃浓肠，益胆，疗口疮。治五劳七伤。益气，除烦躁，润心肺，长肉止血，天行热疾，羸瘦气急。一治郁热在中，烦躁在心，兀兀欲吐，心下痞满。主心痛逆而盛，心积伏梁。"

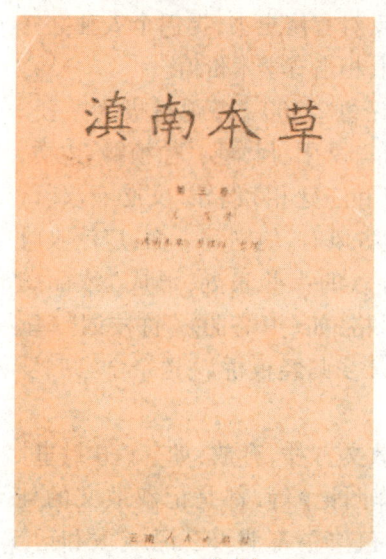

《滇南本草》

书中除记载草药外，还记载了花卉、水果甚至牛奶的药用价值，如蒲公英、樱桃可入药等。书中记载的云南本地药材，有不少来源于彝族，如滇重楼、滇龙胆、滇黄精、云黄连、金荞麦等，其中有的药材已被收入《中国药典》。

此外，《滇南本草》还记载有云南人用烟草治病的情况："野烟，又名烟草，性温，味辛麻，有大毒。治疗毒疔疮、一切热毒疮；或吃牛马

老云南的名人

驴骡死肉,中此恶毒,唯用此物可救。"此书成书已近600年,"滇中奉为至宝",被称为"药物学的《红楼梦》"。

杨升庵为何被誉为"明代三百年间第一人"

杨慎(1488—1559年),字用修,号升庵,贬谪后自称博南山人、金马碧鸡老兵,明穆宗时追赠光禄寺少卿,明熹宗天启年间(1621—1628年)追谥文宪。明代文学家,"明代三大才子"(杨慎、解缙、徐渭)之首。其父为三朝老臣、内阁首辅杨廷和。

杨慎自幼聪颖,11岁即能作诗,12岁写成《古战场文》,震惊众人。后进京,写《黄叶诗》,为李东阳所赏识,并拜于其门下学习。明武宗正德六年(1511年),考中状元,授翰林院修撰。正德十二年(1517年)八月,武宗微行出居庸关,杨慎上疏抗谏,被迫称病还乡。

世宗继位后,任经筵讲官。嘉靖三年(1524年),朝廷爆发"大礼议",杨慎、王元正等200多人于左顺门撼门大哭,被世宗下诏廷杖,当场杖死者16人。10天后,杨慎、刘济等7人又聚众当廷痛哭,再遭廷杖,被谪戍于云南永昌卫。嘉靖三十八年(1559年)七月,卒于戍地。

杨慎博览群书,才高八斗,考论、研究的门类有经史、诗文、书画、训诂、文学、音韵、名物等,著述之多、涉及面之广,在明代绝无仅有。主要作品有《词品》《书品》《画品》《奇字韵》《希姓录》《滇载记》《丹铅总录》《谭苑醍醐》《艺林伐山》《升庵诗话》《大书索引》《金石古文》《风雅逸篇》《古今风谣》《石鼓文音释》《全蜀艺文志》《云南山川志》等。他崇经黜史,反对官修史书,提倡个人独立修史,还敢于大胆批评宋儒。其著述往往见解独到,相当有学术价值。

杨慎存诗约2 300首,题材极为广泛。在"前七子"(李梦阳、何景明、徐祯卿、边贡、康海、王九思和王廷相)倡导"文必秦汉、诗必盛唐"的复古风时,他别开一面,广泛吸收六朝、初唐诗歌的一些长处,形成"浓丽婉至"的诗歌风格,如《滇海曲》《竹枝词》《垂柳篇》《于役江乡归经板桥》《送余学官归罗江》等。

杨慎的散文古朴、奔放,如《丁丑封事》《新都县八阵图记》等,都是记叙散文的佳品。他还著有《宴清都洞天玄记》《太和记》

杨升庵

《割肉遗细君》等杂剧。此外，他喜欢藏书，家中的"双桂堂"为其读书、存书之所。清人姜绍书在记载明代藏书家时，将他与杨士奇、吴宽、茅坤、宋濂等人并列。

自从被贬后，云南就成了杨慎的第二故乡。两年后，其父杨廷和生病，杨慎回家探视，其父病愈后又返回永昌。嘉靖八年（1529），杨廷和病逝，杨慎获准

昆明升庵祠

归葬其父。但世宗对杨廷和、杨慎父子极其愤恨，终世宗一世，6次大赦，杨慎都没有赎身返家。按明律，年满60岁可以赎身返家，但没人敢受理他的案件。在他年近70岁时，曾返泸州短住，但不久就被巡抚派人押回永昌。

杨慎在谪居云南的岁月里，为推动云南与内地的文化交流等方面，做出了重要贡献。在云南一带，有关他的传说、遗迹甚多，当地人们直到今天还对他缅怀不忘。云南人民称赞他是"明代三百年间第一人"。

被誉为"诗书画三绝"的担当知多少

担当（1593—1673年），名普荷、通荷，字担当，俗名唐泰，字大来，云南晋宁人。他曾在董其昌、陈眉公、李本宁等名家门下学习诗书画，被誉为"诗书画三绝"。其为人重志气，放浪形骸，所以画作显得飘逸、奇特。著有《杂偈》《脩园集》《拈花颂》《橛庵草》《罔措斋联语》等诗集。

担当祖父为唐尧官，字廷俊，号五龙山人，明嘉靖辛酉年（1561年）乡试解元，会试屡次不第。归家后潜心著述，著有《五龙山人集》。其父唐懋德，字世修，号十海，万历癸卯年（1603年）中举人，官至陕西临洮同知，有《十海诗集》。

担当自幼聪颖，5岁时开始接受祖父的启蒙教育。13岁时即补博士弟子员，此时已崭露头角，善文，尤工诗赋。是年随父北上，途经南京时名妓马湘兰因赏识其才华，亲手为他簪花，一时传为佳话。天启年间（1621—1627），应明经试不第。后来，学诗书画于董其昌、陈眉公、李本宁等人门下，受到他们的赞赏和器重。

天启七年（1627年），35岁，董其昌为其《园集》作序，文曰："大来诗温淳典雅，不必赋帝京而有四杰之藻；不必赋前后出塞而有少陵之法。曩予所求之六馆而不得者，此其人也。"崇祯元年（1628年），36岁，为"振侯盟兄"画设色山水

云南博物馆担当雕像

卷并草书《前赤壁赋》，纪昀、桂坫、李天马等名家题跋。

崇祯三年（1630年），38岁，来到浙江会稽（今绍兴），在显圣寺受戒律，法名通荷。担当始皈依佛教。崇祯十一年（1638年），46岁，徐霞客至晋宁访担当。在此期间，担当写诗30首赠徐霞客。徐霞客在其游记中也写道："唐大来，名泰。选贡。以养母缴引。诗书画具得董玄宰三昧。余在家时，陈眉公即先寄以书云……大来虽贫，能来负眉公厚意，因友及友。余之穷而获济，出于望外若此。"

清顺治二年（1645年），53岁，据赵藩《鹪巢识小录》记载："沙定洲驱沐天波，踞会城，杀士绅，协巡抚为之疏请，代沐氏镇滇。贡生唐泰，实为谋主。唐泰即释普荷，所称担当和尚者也。后人记担师事，皆讳之。余以为崇祯之末，中原鼎沸，烈皇殉国，而滇亦伏莽蠢动，沐天波庸沓，任奸罔利，政令不行。担公振奇好事，妄冀沙定洲者，倚其兵力，或能代沐氏以扶明社，而不知沙非其人也。流寇旋入滇，沙败走死。担师逃之鸡足山，逡巡数年，始发为僧。"

顺治七年（1650年），58岁。作《三驼图》，为法润作水墨山水图卷（现藏于四川省博物馆），作《松石图》（现藏于北京故宫博物院）。顺治十二年（1655年），63岁，作《文殊》立轴，现藏于云南省博物馆。顺治十五年（1658年），66岁，作《太平有象图》，现藏于云南省博物馆。顺治十六年（1659年），67岁，居于鸡足山。

康熙六年（1667年），75岁，自鸡足山移驻大理荡山感通寺。康熙七年（1668年），76岁，为诗集《橛庵草》作序2篇、作跋1篇，详细地阐述了他对诗和禅的见解，是其论诗的精髓，奠定了他在云南文学史上的地位。

康熙十一年（1672年），80岁。作《三驼图》，题诗曰："叔瘸仲瘸与季瘸，三个瘸瘸是一窝。偶然相逢抚掌笑，直人何少曲人多！"作《绘释图》，题诗曰："这三大士，同口出气。一串穿来，心心相遇。佛在心头，不来不去。入四空天，出人间世。因果无差，在人有志。念佛为先，参禅犹次。推转法轮，了此大事。我乃佛

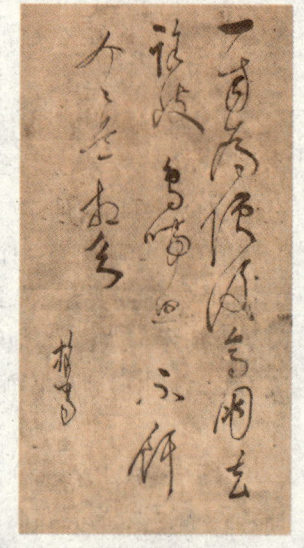

担当草书

茅,代佛授记。在家出家,如是如是。"康熙十二年(1673 年),81 岁,在感通寺染疾而逝。

钱南园为何被誉为"瘦马御史"

钱沣(1740—1795 年),字东注,号南园,云南昆明人,清代书画家。乾隆二十六年(1761 年)进士,历任翰林院编修、监察御史、湖南学政、通政司副使、江南道监察御史、通政司参议加太子太保、吏部尚书、协办大学士。他工楷书、善行书,后世书法以他为宗的名家,有翁同龢、谭延闿、谭泽闿等。他还擅长画马,尤爱画瘦马,惟妙惟肖,栩栩如生,当时被视作珍品,因而有"瘦马御史"之称。其诗文苍郁劲厚,有《南园先生遗集》。

钱南园幼时家贫,偶得残篇断简,便熟读深思。他刚正不阿、敢于斗争,《清史稿》中赞他"以直声震海内",他曾当面指责过和珅,还上疏弹劾过陕西总督毕沅、山东巡抚国泰等人的贪污营私案。他有高风亮节的品质,是清朝有名的清官,被誉为"清代知识分子的泰山北斗"。

钱南园所处的时代,满朝上下皆学董其昌书法,只有他对颜真卿情有独钟,以颜为本,并得颜氏之神韵,堪称学颜第一人。他还习过王羲之、王献之、钟绍京、褚遂良、米芾等书法大家的作品。有清一代,学颜书之人必先从学钱南园入手,如大书法家何绍基就是其中的一位。

钱南园的书画结构严谨,气势开阔,自成一体。其书法集诸家之长,端庄厚实、气势雄伟,与其性格相同。其画以马为主,神姿逼人,笔墨凝重而有神。其联结构严谨,刚劲清润,都是珍品。因其诗、文、书、画、联都很有名,故被誉为"滇中第一完人"。其楷书代表作有《枯树赋》《冒雨寻菊序》《守株图诗》《端阳竞渡序》,行书代表作有《桂花厅记》等,行世著作《钱南园遗集》《南园诗存》《南园文存》等。

对于钱南园的艺术特色,李瑞清这样评价:"能以阳刚学颜公,千古一人而已。岂以其气同耶。"包世臣在《艺舟双楫·国朝书评》中,列其行书为"佳上品"。杨守敬在《学书迩言》中说道:"自来学前贤书,未有不变其貌而能成家者,惟有钱南园学颜书如重规迭矩。此由人品气节不让古人,非袭取也。"

清乾隆六十年(1795 年)八月,钱南园随乾

钱南园

隆皇帝从热河返京,因病一个月后溘然长逝。清人施有奎曾作《钱南园先生像赞》一诗曰:"身致富贵,躬守清贫。亦严履蹈,不苟笑嚬。正色立朝,遇事直陈。懋章每上,权杵怒嗔。公不为动,中心安仁。我瞻眉宇,咄咄逼人……"

林则徐题书江川"钟秀书院"有何典故

钟秀书院,原名金莲书院,占地31亩,位于玉溪江川县江城镇北1千米处的钟秀山。它始建于明代,崇祯年间(1628—1644年)曾毁于兵火,清乾隆四十四年(1779年)重建。道光二十六年(1846年),林则徐更其名为"钟秀"。知县刘绍高题"读书立品"4字匾。光绪三十二年(1906年),改为江川中学堂,现为江川二中。

道光二十六年四月,林则徐任云贵总督。同年7月,林则徐巡视滇南,路过江川。一天,知县刘绍高陪同他来县城(今江川江城镇)北郊的"金莲书院"察看。书院山长赵士选等将他们迎至客厅待茶。闲谈间,林则徐问到"金莲书院"的来由。赵士选答道:"书院原在旧城(今江川龙街)西隅,崇祯丁亥年焚于兵燹,至今仍用其名,未书匾额悬挂。"林则徐说:"金莲书院,虽得名于金莲山,但内含玄意,不务实际,取之不恰当。"

当时,知县刘绍高听后,急忙起身作揖道:"请大帅(即林则徐)赐名,以培壮观,供人楷模。"林则徐问道:"书院东侧小山何名?"刘氏答曰:"名叫'钟秀'。"林则徐拍手叫好:"妙哉!'钟秀'。"于是,他挽袖挥笔,潇洒疾书"钟秀书院"4字。

林则徐

八月,刘绍高命人将刊刻后的"钟秀书院"4个大字悬于书院大门,并自书"读书立品"匾额挂在书斋内堂。其时,刘绍高认为,林则徐所书"院"字的最后钩笔气势不够,于是在刊刻"钟秀书院"时便略加修改了一下。

十月,林则徐返回省城昆明时又经江川。他重游书院,被那块红底金字大匾吸引住了,只见"钟秀书院"4个大字光彩夺目、十分耀眼,落款为"钦命云贵总督部堂林则徐题书"。他看后,很和善地问道:"这'院'字的反钩一笔是谁改过的?"

江川知县刘绍高以为触犯了总督意旨,一时惊慌失措,难以回答。而在场文武官员,个个面面相觑,瞠目结舌,谁也不敢吭气。这时,廪生施俊上前长揖道:"诚惶诚恐敬禀大帅,江邑地狭人少,刻匠工艺不精,因此把大帅所赐墨宝刊刻走样。"

林则徐看了施俊一眼,感觉有问题,于是又继续端详起了匾额。此刻,跟在一边的总督衙门文书房抄录佟继善却上前禀道:"据小的听说,这确是知县刘绍

昆明黑龙潭林则徐铜像

高更改的。他以为自己书法超群绝伦,擅自涂改大帅墨宝,藐视大帅,目空一切。"佟继善之所以这样说,是因为他前次到江川时曾向知县索取非分礼银而未遂,是故便借机报复。

林则徐听后,脸一沉,呵斥道:"放肆!"接着,他转身看着刘知县,神态和蔼地问道:"贵县,是你改的吗?"刘绍高惊恐万状,扑地跪倒说:"卑职如此妄动,万望大帅海涵!"林则徐笑道:"改得很好,你这一改,使'院'字变得端庄秀丽,比原先有气势多了。"江川知县这才如释重负,转忧为喜,在场文武官员也无不被林则徐的实事求是精神所感动。

钟秀书院每年二月开学,集各乡士子入院学习。每月初一要举行月课,由县令出题,山长批阅,张榜公布,县令亲自为成绩优异者颁奖。新县令上任时的初次考试,称为"观风"。月中由山长课士。山长由县令选聘。

云南金融业的创始人王炽与慈禧太后有何渊源

王炽(1836—1903年),字兴斋,弥勒县虹溪人,他是中国封建社会唯一的一品红顶商人,民间称为"钱王"。美国《时代周刊》曾统计过十九世纪末世界最富有的人,王炽排在第四位,而且还是唯一榜上有名的中国人。

王炽幼年丧父,因家境贫寒而辍学。成年时,他因失手打死别人而逃至四川重庆。后来,他与当地滇商合营了"天顺祥"商号,促进了川、黔、滇三地的商务往来和商品流通。随后,他和席茂之在昆明合资开设了"同庆丰"商号,并设"兴文公当"兼营房地产。经过20年经营,"天顺祥""同庆丰"的实力变得非常雄厚,号称"南邦之雄",与西帮三晋票号并驾齐驱,而他本人也成为滇中富商。

清光绪九年(1883年),法国侵略越南,清廷援越抗法。当时军费紧缺,王炽垫支银60万两。战后,云南巡抚岑毓英赐其"急公好义"、广西提督鲍超赐其

老云南的趣闻传说

王炽

"义重指国"匾额。后经岑保奏,朝廷赐王四品道员职称,恩赏荣禄大夫二品顶戴,封典"三代一品",超出了胡雪岩的"二品"商人封号。

光绪十三年(1887年),唐炯任云南矿务督办大臣,王炽被命为矿务公司总办。在办矿业中,王大获其利,成为"富甲全滇"的大商人。王既会生财,也用财有方。他曾捐银在弥勒境内兴建2座盘江铁索桥,在昆明建盖弥勒会馆,铺设昆明城至碧鸡关石板路,重修广西直隶州(今沪西县)城孔庙,修筑虹溪街道,以及馈给本省举人赴京会试的费用等。

光绪二十六年(1900年),八国联军入侵北京,慈禧太后仓皇出逃西安。但是,由于所带银两不足,慈禧太后在途中向王炽求援。王炽领命,凡慈禧人马所经地方,王炽的"同庆丰"分行均全力出资相助。等慈禧回京后,国库空虚,资金短缺,他又发动自己在海外及国内的各分行融资接济。此后,慈禧太后对王炽更加赏识,曾下旨召见他,只因他有病未果。当晋、陕两省大旱时,他再次仗义疏财,捐银数百万两兴修水利。当时,李鸿章称赞道:"(王炽)犹如清廷之国库也。"

光绪二十九年(1903年),红河州石屏县人袁嘉谷考中状元,王炽出资修建了"状元楼",驰名省内外。是年病逝于昆明,归葬虹溪烟子寨。其墓地选在乌蒙山这条连绵千里的巨龙的嘴唇上,气势超过了昆明圆通山上的云南都督唐继尧墓。

在云南昆明,流传着这样一个故事:一天,天空下着细雨,"红顶商人"王炽的"同庆丰"钱庄总号的大店之内,人来人往。当时,有一个衣衫褴褛的老人,带着一个六七岁的黑衣孩童走进了大店,他们的脸上都脏兮兮的。柜台前的一个小伙计看了一眼他们后,问道:"存钱吗?"老人捧出了一枚油迹斑斑的铜钱。

小伙计笑着说:"要饭的吧。"老人说:"我活不了几天了,膝下只有一孙,想给他存点钱,等我一死,好让他还有几天饭吃。"小伙计说:"一枚钱太少,存多了再来吧。"老人说:"钱庄为什么

慈禧太后

不让人存钱呢?你们行行好,就当可怜我们吧!"老人脸色苍白,面含悲色。然而不管老人怎样哀求,小伙计就是不答应。无奈之下,老人和孩子黯然离去了。

第二天,关于"同庆丰"的谣言起来了,商号客户们也恐慌不已,于是纷纷涌提现银存到了别家钱庄。大东家王炽连夜彻查事件的来龙去脉,在找到原因后,他痛心疾首地说道:"人无信而不可以立呀。"接着,他毅然开除了触犯钱庄约法的小伙计,并让下人搜寻行乞的爷孙两人。王炽还亲自出马,在钱庄大门前将老人和孩子迎进店中,向他们道歉,并为他的一文钱设立了一个特殊账号,以示诚意。人们对王炽的表现深为钦佩,称他信用有加,于是大量的银子又源源不断地流入了"同庆丰"的钱库。

云南历史上唯一的状元知多少

袁嘉谷(1872—1937年),字树五,号澍圃、屏山居士,云南石屏人。袁嘉谷是清朝状元,也是云南历史上唯一的状元,同时又是云南大学教授,在云大执教10多年。这样的身份,可以说古今无双。他的书法,独创一体,世称"袁家书"。

自元朝以来,云南石屏因重教兴文而人才济济,清时已有"文献名邦"之称,被誉为"山川东迤无双境,文学南滇第一州"。以明清两代来看,共出举人640人,进士76人,翰林15人,经济特元1人。当时的民谣这样唱道:"举人满街走,秀才家家有""沙至萧家海,翰林进士满街摆""五步三进士,对门两翰林"。

1872年,袁嘉谷生于石屏。1891年,至昆明就学,拜陈子潘、张竹轩门下。22岁应科试,入经正书院研习。23岁应优贡试,又应乡试,因其常列榜首,故被学友称作"课(考试)王"。26岁赴京应试不第,发愤说"丈夫不作楚囚泣"。31岁又应试,中进士,授翰林院编修。

1903年,清政府设经济特科考试,当时全国有306人应试。应试时,袁嘉谷将自己平生所学、所思的结论铺陈为文,写就《<周礼>农商政各有专官论》一文,因文理流畅、见解精辟,再加上一手好字,深得考官赏识。发榜后,他名列一等一名,即中了状元,弥补了"云南不点状元"的空白。清代先后开2次博学鸿词、1次经济特科,共计3次,因而袁嘉谷被赞为"国朝第三人",又被民间誉为"独一无二的状元"。

袁嘉谷中状元的消息传到云南后,昆明人建了一座"聚奎楼",由滇督魏午庄手书"大魁天

袁嘉谷

下"四字匾额,当地老百姓俗称为"状元楼"。当袁嘉谷回云南登上状元楼时,正值我国电影兴起之际,因而还拍摄一个纪录片作纪念。中状元后,他任翰林院编修。

1904年7月,袁嘉谷赴日本考察学务、政务,著《东游日记》4卷。1905年8月回国,任国史馆协修,并专管教科书之事。在中国教育史上,负责编写中小学教科书的第一人就是袁嘉谷,至今沿用的"星期""乐歌"等名词,还是当时由他新订的。1909年9月,升任浙江提学使。

1911年,辛亥革命爆发并取得成功。清廷灭亡后,一些自视为遗老遗少的人以自尽宣示效忠前朝,而袁嘉谷顺应潮流,离浙归滇。当时,有人曾诘难他说:"张公(袁的岳父张竹轩以自尽效忠清廷)以广文小官而殉清,公身为显宦大员,既未殉清,又表彰殉清者,岂不自污?"袁嘉谷答道:"人各行其心之所安。"此后,袁嘉谷潜心学问,埋头著述。

袁嘉谷书法

1912年5月,袁嘉谷应蔡锷之聘任省参议员。1915年,应唐继尧之聘为顾问,并修《云南丛书》。1917年,居家卖字自给。1921年,任云南省立图书馆馆长。任职云南图书馆时,他主持编撰了《云南图书馆图书目录》2编。1922年,云南建立了第一所大学,即私立东陆大学(云南大学前身)成立,次年他被聘为国文教授。他本是重金聘请对象,因知大学经费紧张,所以坚决不领聘金,反捐款千元作为办学资金。直到8年之后(1931年),学校改为省立东陆大学,他才开始领薪。1937年12月23日,袁嘉谷与世长辞,终年66岁。

云南白药的创始人曲焕章知多少

曲焕章(1880—1938年),原名曲占恩,字星阶,原籍江宁(今南京),生于云南江川县后卫赵官村,后迁居通海、昆明,民国时期中医外伤科著名医家,云南白药的创始人。

曲焕章7岁丧父,9岁丧母,后靠祖母、姐夫扶养成人。1892年,他到姐夫袁恩龄家学伤科。后来,他自己配制出了百宝丹和其他伤科药方,并开始行医。1898年,当就医病人日益增多时,他自采药材,与其妻试图加工配制白药及其他伤科用药。

1902年,曲焕章秉着"神农尝百草"精神,开始遍游滇南名山。他不耻下

曲焕章

问,虚心求教于当地民族医生和草药医生,获得伤科名药甚多。接下来,他苦心进行钻研,反复实践,终于在1914年创制出了百宝丹,即"云南白药"。此后,他成了江川、玉溪、华宁等地远近闻名的伤科医生。

百宝丹的功效以治刀枪伤及跌打为最。凡受外伤,即使不省人事,先入百宝丹,再服虎力散,可使气绝者渐苏、血流者渐止。然后再用消毒散、洗创止血药敷于伤口,伤轻者半月即愈,重者月余可愈。百宝丹还能兼治疮、疡、痈、疽及妇科、儿科疾病,妇科以干血劳药酒、保身药酒、红崩白带散为辅;儿科以洗肠散为辅,皆有明显疗效。

1916年,经云南省政府警察厅卫生所检验,曲焕章发明的白药、虎力散、撑骨散药方均为合格药品,遂发给证书,允许公开出售。当时,云南督军唐继尧委任他为东陆医院滇医部主任兼教导团一等军医。1917年,曲焕章到通海挂牌行医,纸包白药由此改为瓷瓶包装,并销往全国。

1917年,吴学显请曲焕章在南强街开设了伤科诊所。第二年,在北伐中,吴学显的右腿骨被枪打断。当时,经昆明的法国医院和惠滇、陆军等医院诊治,均认为只有截肢才能保命。吴于是转请曲医治,并最终治好了伤腿骨折,且行走如故,西医得知后不得不对我国的传统医学表示深深佩服。一时之间,曲焕章成为人们心中的"妙手神医",前来求医者络绎不绝。唐继尧、吴学显还给他赠了"药冠南滇""效验如神"等匾额。

1923年以后,曲焕章苦钻药理、药化,集中精力总结白药的临床试验。最终,使白药达到了最理想的疗效,成为"一药化三丹一子",即普通百宝丹、重升百宝丹、三升百宝丹和保险子。此后,云南白药的声誉日甚,并由国内走向港、澳、新加坡、雅加达、仰光、曼谷、日本等国家和地区。

1931年,曲焕章在昆明金碧

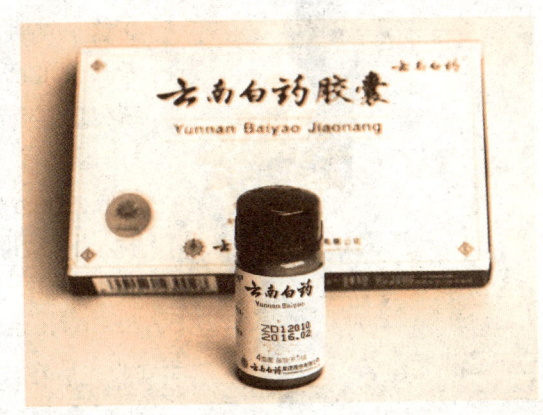

云南白药

路建了"曲焕章大药房",并请人代编了《曲焕章草木篇》《曲焕章求生录》2书。1933年,他当选云南医师公会主席,开始积极组织医学研究,为滇省中医药事业做出了重要贡献。1938年,"七·七事变"爆发后,曲焕章出于爱国之心,为两军全体官兵捐献了3万瓶百宝丹,对台儿庄战役的胜利产生了积极影响。

同年,国民党中央政府派专人将曲接往重庆。曲当时住在中华制药厂内,该厂为"四大家族"创办,厂主焦易堂以抗日为借口,百般要挟曲交出白药的秘方,但遭到了曲的严词拒绝。接着,曲被软禁在渝,因抑郁成疾而死,终年58岁。他死后,其妻缪兰瑛继续主持大药房,生产百宝丹。新中国成立后,缪兰瑛将云南白药秘方献给了政府。

蔡锷一生有哪些传奇

蔡锷(1882—1916年),原名艮寅,字松坡,湖南宝庆(即今邵阳市洞口县)人。他曾经发动了反对袁世凯实行帝制的护国运动,为中国民主共和的实现做了重要贡献,他还是中华民国初期杰出的军事领袖,在中国近代军事的发展中起到了重要作用。那么,蔡锷一生中有哪些传奇呢?

1882年时,蔡锷出生在湖南宝庆的一个贫寒的裁缝家庭。6岁时,他在当地一位名士的帮助下,进入私塾学习。12岁时就考中了秀才,16岁时考上了长沙时务学堂,受到学堂中文总教习梁启超的赏识,并与其建立起深厚的师生友谊。此时的中国正处在腐败的清王朝的统治之下,山河破碎,国力屡弱,民族危机空前严重。蔡锷像许多热血青年一样,怀着急迫的心情,寻找着救国救民的道路。

蔡锷

1899年,蔡锷东渡日本,进入陆军成城学校学习,开始了他的"军事救国"生涯,也正是在这一时期,他改名为蔡锷。1902年,蔡锷又考入了东京陆军士官学校。他思想活跃,成绩突出,与同学蒋方震、张孝准一起被称作是"中国士官三杰"。当时,他热切地希望中国能成为世界强国,因此始终怀抱着从改革军事入手,帮助清廷革除弊政,借以实现富国强兵的理想。

1904年初,蔡锷从日本士官学校毕业回国,先后在江西随军学堂、湖南教练处、广西新军等处任职。当时,年轻英俊的蔡锷,脚穿长筒靴,腰挎指挥刀,每天扬鞭跃马,威风凛凛。他讲解精辟,技艺娴熟,要求严格,深受官兵敬佩,被誉为"人中吕布,马中赤兔"。不久,云南总督李经羲邀请他到云南担任军职。

1911年,清廷任命蔡锷为新军第19镇第37协协统(旅长)。当时,云南和全国一样,民族矛盾和阶级矛盾都十分尖锐,以推翻清王朝为宗旨的民主革命运动正在酝酿。大批同盟会会员和从日本回国的思想激进的青年军官分布在云南陆军讲武堂和新军第19镇中,他们活动频繁,积极策划和组织反清革命斗争。蔡锷虽然没有参加同盟会,但却受到了日益高涨的革命形势的影响,暗中与同盟会保持联系,对革命党的活动给予同情和一定的协助。

袁世凯

1911年10月,云南发生革命起义,起义官兵在五华山组织了"云南军都督府",公推蔡锷为云南都督,这时的蔡锷年仅29岁。蔡锷就职后,积极更新人事,革除弊政,整顿财政,裁减军队,兴办教育,开发实业,使云南呈现出一派生气勃勃的景象。与此同时,他也看到"英窥西藏,法窥滇黔桂粤之谋日迫",于是他亲自担任主编,拟定了《五省边防计划》,即西南边防协同作战计划。这份计划在当时虽然没能实行,却充分体现了蔡锷的战区战略思想。

1913年10月,蔡锷奉命进京。袁世凯为了拉拢蔡锷,给了他这个非北洋系出身的南方军人很大的荣宠,让加昭威将军衔(昭威将军,是当时"威"字号将军中排第一位的,足见蔡锷在将军中的地位),并到陆海军大元帅统率办事处(相当于今天的中央军委)任职,对他表现出了相当的赏识和信任。

袁世凯自1912年成为中华民国临时大总统之后,其政治野心不断膨胀。他残酷镇压资产阶级革命党人,打击民主共和力量,同时还篡改宪法、破坏责任内阁制、强化集权统治,在复辟帝制的路上越走越远。最初的时候,蔡锷对袁世凯还抱有幻想,认为他"宏才伟略,群望所归"。但是在1915年5月,袁世凯为了复辟,不惜与日本帝国主义秘密签订了卖国的《二十一条》,这使蔡锷失望了,同时也使他看清了袁世凯的真面目。

针对袁世凯企图恢复帝制的阴谋,蔡锷与梁启超等人秘密商讨"倒袁"计划。为了避免引起袁世凯的猜疑,蔡锷在公开场合大胆批驳反对帝制的梁启超,并积极表态"赞成帝制"。同时,他佯装胸无大志,经常在八大胡同"鬼混",与名妓小凤仙打得火热。然而,即便是这样,袁世凯对蔡锷仍不放心,曾派人扮

小凤仙

成盗匪闯入蔡锷家中以探虚实,结果一无所获。从此以后,他认为蔡锷真的沉湎于酒色之中了,从而放松了对他的监视。

就在袁世凯放松警惕之时,蔡锷突然从北京潜回云南。12月,袁世凯完成了复辟帝制的准备,于当月12日宣布接受帝位,下令取消民国,改用洪宪年号。25日,蔡锷在云南宣布独立,组织护国军兴师讨袁,发动了护国战争。随后,各地纷纷响应,巨大的压力使袁世凯被迫宣布退位,不久他就在忧愤之中死去了。袁世凯死后不到半年,蔡锷因为艰苦作战、久病不医,陷入疾病之中。1916年9月,蔡锷从上海乘船去日本治病,11月8日病逝于日本福冈医院,年仅34岁。1917年4月12日,蔡锷的遗体被运回国内,北洋政府在长沙岳麓山为他举行了国葬,他也因此成为了民国历史上的"国葬第一人"。

关于蔡锷,人们关心最多的恐怕就是他与小凤仙的故事了。二人的故事被许多野史所记载,也曾多次被拍成了影视作品,但是其真实性一直是说法不一。传说蔡锷和小凤仙结识于青云阁的普珍园,两人曾多次在那里约会,从而开始了一段名留千古的爱情故事。当时,蔡锷被诱进京师,虽然被封为"昭威将军",担任一些有名无实的职务,但是终日的无所事事还是使他内心烦闷,于是他就到了八大胡同,也就是在那里,他第一次碰到了小凤仙。小凤仙听说过他的故事,对他很是敬重,而蔡锷对她也是有情有义,两人情投意合。后来,在小凤仙的帮助下,蔡锷逃离了北京。

护国战争后,蔡锷的病情日益沉重,虽然他思念故人,但是已经来不及再见小凤仙了,只能急忙沿江东下,经上海到日本就医,但最终还是没能挽回其生命。小凤仙苦等将军,但是没想到等来的竟然是他的死讯。因为思念心切,她故地重游,来到青云阁回忆与将军的点滴,不想遇到了她后来的丈夫。她丈夫的长相与将军很像,于是她便隐姓埋名,与丈夫走到了一起,过上了与世无争的生活。当然,这毕竟只是一个传说,至于当时具体是怎样的情况,因为当事人没有留下任何资料,所以现在已经无从知晓了,就让它永远作为一个美好的故事流传下去吧。

护国元勋唐继尧有何传奇

唐继尧(1883—1927年),字蓂赓,云南会泽人。1883年,唐继尧出生于一个书香家庭。1903 年,唐继尧考中清朝秀才。1904 年赴日留学,和赵恒惕、阎锡山等同期。1905 年秋加入同盟会。1909 年学成回国,在云南讲武堂担任教官,并加入新军从事革命活动。1911 年,辛亥革命爆发后,参加蔡锷指挥的"重九起义"。1912 年率滇军占领贵阳,即被推为贵州都督。

唐继尧

1913 年 11 月,唐继尧接替蔡锷担任云南都督兼云南民政长。1915 年 12 月 25 日,因不满袁世凯称帝,蔡锷、唐继尧发起"护国运动",联名通电全国,宣布云南独立,率先打响了护国讨袁的第一枪。电报指出:"窃惟大总统两次即位宣誓,皆言恪遵约法,拥护共和。皇天后土,实闻斯言,亿兆铭心,万邦倾耳。记曰:'与国人交止于言。'又曰:'民无信不立。'食言背誓,何以御民。纪纲不张,本实先拨,以此图治,非所敢闻。计自停止国会,改正约法以来,大权集于一人,凡百设施,无不如意。凭藉此势,以改良政治,巩固国基,草偃风从,何惧不给,有何不得已而必冒犯叛逆之罪,以图变更国体。"

12 月 27 日,唐继尧、蔡锷等人发布讨袁檄文,历数袁世凯不仁、不义、不智、不信、不让等丑行。31 日,唐、蔡等人联名发表了由梁启超手撰的通电,宣布了护国军的最终目的:①与全国民戮力拥护共和国体,使帝制永不发生;②划定中央、地方权限,图各省民力之自由发展;③建设名实相符之立宪政治,以适应世界大势;④以诚意巩固邦交,增进国际团体上之资格。当时,蔡锷为第一军总司令,出师四川;李烈钧为第二军总司令,出师广西;唐自任第三军总司令留守云南。

1916 年 5 月 8 日,护国军中央机构军务院成立,推唐继尧为抚军长。护国战争结束后,任云南督军兼省长。1917 年,孙中山发动"护法运动",唐继尧被推为护法军总裁。后来,又参加了"靖国运动"。1922 年,唐继尧遭驻川靖国滇军第一军军长顾品珍驱逐,是年创立东陆大学(云南大学前身)。1923 年,他不听孙中山的劝阻,率先回滇复职。

云南陆军讲武堂唐继尧墓

1925年10月10日，中国致公党于美国旧金山成立，推举陈炯明为首任总理，唐继尧为副总理。1927年2月6日，唐继尧所领军队主力龙云发动政变，唐继尧被迫交出政权下野。同年5月23日病死于昆明，云南当局举行公葬，葬于昆明圆通山。1936年，国民政府感念唐护国之功，改公葬为国葬，补行国葬仪式，并于昆明大观楼落成唐继尧铜像。

1948年8月，唐继尧的学生李范奭出任韩国国务总理兼国防部长。在大韩民国政府成立的文告中，他对唐继尧将军列名致谢，以示永志不忘。唐继尧也是当时88位大韩民国建国勋章受赏者中的外国人之一。

熊庆来对云南教育有何贡献

熊庆来（1893—1969年），字迪之，红河州弥勒市息宰村人，中国现代数学先驱，中国函数论的主要开拓者之一，以"熊氏无穷数"理论载入世界数学史册。

1907年，熊庆来考入昆明方言学堂。1909年升入云南英法文专修科。1911年入云南省高等学堂学习。1913年以公费生赴比利时学习采矿。第一次世界大战爆发后，不得已转赴法国留学。1915—1920年，他先后就读于法国格伦诺布尔大学、巴黎大学和蒙彼利埃大学等大学，并获得理科硕士学位。在法国时，他用法文撰写发表了《无穷极之函数问题》等多篇论文，获得法国数学界的交口称赞。

1921年春，熊庆来任教于云南甲种工业学校和路政学校。同年，他接到南京大学校长郭秉文聘书，执教于国立东南大学和南京高等师范学校，并创办算学系。1926年，清华大学校长梅贻琦聘请他去清华创办算学系，并任算学系主任。1931年，他在《科学》杂志发现了华罗庚的论文，后设法把华罗庚请到清华，并将其培养成了驰名中外的大数学家。这就是熊庆来慧眼识华罗庚的佳话。在清华期间，他第一次代表中国出席在瑞士苏黎世召开的世界数学会议，成为当时唯一的中国代表。

熊庆来

1933年，熊庆来获得法国国家理科博士学位，这是中国科学家在国际上得到的第一个最高学位。1936年，他与另外几位数学界同人创办了中国数学会刊，即现在的《数学学报》，这是中国第一份数学学报。1937年，熊庆来接受云南省主席龙云的聘请,出任云南大学校长,为云大的发展做出了巨大贡献。

当时的云大,教学设备简陋,教学质量不高,只有3个学院、8个讲师、39个教授、302个学生。熊庆来到云大后,明确提出了5条改进办法:慎选师资,提高学校地位;严格考试,提高学生素质;整饬校纪;充实设备;培养研究风

昆明熊庆来李广田故居

气。在改革中,他招贤纳士,延聘了吴文藻、顾颉刚、费孝通、吴晗、刘文典、张奚若等187名专任教授和40名兼任教授,以及一些外国教授。另外,他把云大扩充成了一个多学院、多学科的综合大学,拥有5个学院、18个系、3个专修科、1个先修班,学生人数达1 100多人。

1938年,熊庆来在云大创办了《云南大学学报》。1939年又创办了云大附中。他还不断地充实图书教学设备,使图书馆藏书达10余万册。后来,理科各系都有了比较完善的实验室和标本资料室,医学院拥有附属医院及解剖室,农学院有实验农场,数学系在东郊凤凰山建立了天文台,工学院有实习工厂,航空系有3架飞机。这些在当时的全国高校中已十分罕见。

此外,熊庆来还亲自制作了《云南大学校歌》,制定了"诚、正、敏、毅"的校训,即每个学生都要有"诚实、正直、聪敏、坚毅"的学习精神。在熊庆来担任云大校长的12年里,他的教育思想得以更好地展现,云大各项工作井然有序,快速地发展着,并取得了极为显著的成效,使云大跻身于全国著名大学的行列。这一阶段,被认为是云南大学历史上的第一个"黄金时代"。

1949年,熊庆来离开云大,出席在巴黎召开的联合国教科文组织会议,后来留在法国从事数学研究。1957年,他由巴黎回国,在中国科学院数学研究所工作。1969年2月3日逝世。

熊庆来以发现、爱护、培养人才为己任,可谓桃李满天下,有相当一批科学名人都曾受教于他,如严济慈、华罗庚、赵忠尧、胡坤生、庄圻泰、陈省身、彭桓武、钱三强、钱伟长、杨乐、张广厚等。

 "白子将军"周保中有何传奇

周保中(1902—1964年),原名奚李元,号绍璜,白族,云南大理人,中国无

产阶级军事家、杰出的抗日民族英雄、优秀的共产主义战士。毛泽东曾称赞说:"保中同志在东北十四年抗日救国斗争中写下了可歌可泣的诗篇。"

1902年2月7日,周保中生于大理县湾桥村。1917年2月,15岁的周保中毅然从军,参加"靖国护法"战争。1922—1924年,在云南讲武堂学习。毕业后曾在滇军、国民党军队服役。1926年加入国民革命军,历任营长、团长、副师长等职,后到广东参加"北伐战争"。1927年3月,任程潜第六军五十六团副团长,在追击军阀孙传芳残部时奇袭了南京雨花台。

1927年7月,在革命处于低潮时,周保中毅然加入了中国共产党,根据中共中央长江局指示,继续留在国民革命军第六军做秘密工作。1927年12月,他担任六军十八师副师长,在湘、浙、豫等省从事兵运和联络工作。1928年底,受中共中央派遣赴苏联,先后入东方劳动者共产主义大学和国际列宁学院学习。1931年,"九·一八"事变爆发,回国赴东北参加抗联领导工作。时任中共满洲省委委员、军委书记。

1932年4月,周保中来到宁安,指导当地的共产党建立了反日游击队和抗日救国会。5月起,先后任中国国民救国军总参议、前方总指挥部参谋长、总参谋长,指挥了2次攻克安图县城、3次攻打宁安等战斗。在率军攻打宁安县城时,周保中带领敢死队冲进了宁安县城。后不幸被子弹击穿腿骨负伤,但坚持不下火线。

战斗结束后,周保中急需动手术。有同志劝他说:"这里没有医生,也没有药品和器械,无法取出子弹,最好还是送你去省城的大医院吧。"可他摇了摇头,斩钉截铁地说:"不是要做手术吗?那就干脆点,用刀子挖,拿钳子夹,我受得了!"接着,他硬是坚持用刀子、钳子将弹头从腿骨中取了出来。后来,他带领敢死队冲锋、负伤不下火线及强忍剧痛刮骨取弹的事迹,在救国军中传了开来,战士们听后无不感动并受到鼓舞,有人甚至还编了两句顺口溜称颂他:"刮骨取弹真英雄,胜过昔日关云长。"

1934年2月,周保中领导组建了绥宁反日同盟军,任军事委员会主席,在宁安地区开展游击活动。1935年后,历任东北反日联合军第五军军长、东北抗日联军第五军军长,并领导创建了绥宁抗日游击根据地,指挥了大盘道、前刁翎、依兰城等战斗。当时,日寇对他深恶痛绝,为了除掉这颗"眼中钉",日军司令部悬赏5万元想活捉他。后因为捉不到他,又将赏金提高到10万元。

周保中

周保中所用望远镜

然而他机智勇敢,虽曾几度陷入险境,但最终化险为夷。

1936年,周保中任东北人民革命军第五军军长。1937年10月起,先后任东北抗日联军第二路军总指挥、中共吉东省委书记。1938年初,率部多次挫败了日伪军的"讨伐"。1939年春,主持召开中共吉东省委扩大会议,随后整顿部队,指挥各军分路突出了日伪军的重围。1940年,抗联部队遭受严重挫折并与中共中央失去联系,周保中被迫率队撤入苏联进行整训,被整编为教导旅,即苏联红军远东方面军步兵88旅,担任旅长。

1945年8月,周保中率部配合苏联红军进军东北,并接应八路军、新四军调赴东北的部队,后获苏联"红旗"勋章。1945年抗战胜利后,任东北人民自卫军总司令。新中国成立后,他曾担任过多个重要职务。1964年2月22日,病逝于北京,终年62岁。

聂耳在音乐上有哪些贡献

聂耳(1912—1935年),原名聂守信,字子义、紫艺,祖籍云南玉溪,生于昆明,中国现代音乐家、中国无产阶级革命音乐先驱、中华人民共和国国歌《义勇军进行曲》曲作者。

1912年2月14日,聂耳生于昆明市甬道街73号。他自小家境贫寒,但十分喜爱音乐,因其耳朵特别灵,故更名为"聂耳"。1918年就读于昆明师范附属小学,在课余时间,他自学了多种乐器如笛子、二胡、三弦、月琴等,并担任学校的"儿童乐队"指挥。

1922年,聂耳进入私立求实小学高级部(今昆明第十中学)。1925年考取云南省第一联合中学(今昆明第二中学)插班生。当时,正值第一次国内革命战争兴起,他开始受到进步书刊和《国际歌》等的影响。

聂耳

老云南的趣闻传说

1927年,聂耳入云南第一联合师范学校(今昆明学院)学习。在校期间,他与友人组织了"九九音乐社",并经常参加校内外的演出。此时,他开始学习小提琴。1931年入黎锦晖主持的"明月歌舞剧社"任小提琴手。1932年7月发表《中国歌舞短论》,并因批评黎氏被迫离团。

1932年11月,聂耳进入联华影业公司工作,参加左翼戏剧家联盟音乐组("苏联之友社"),并组织了"中国新兴音乐研究会"。期间,他还自修了和声学、作曲法等作曲理论。1933年开始为左翼电影和戏剧作曲,同年由田汉介绍加入了中国共产党。

1934年4月,聂耳进入百代唱片公司(中国唱片厂前身),主持音乐部工作,同时建立百代国乐队。这是他音乐作品最多产的一年,他为田汉的歌剧《扬子江的暴风雨》创作了《打砖歌》《打桩歌》《码头工人歌》《前进歌》,为电影《桃李劫》谱写了主题歌《毕业歌》,为电影《大路》谱写了主题歌《大路歌》和插曲《开路先锋》,为电影《新女性》谱写了主题歌《新女性》,为电影《飞花村》谱写了主题歌《飞花歌》,此外还创作了儿童歌曲《卖报歌》等。

1935年1月,聂耳任联华二厂音乐部主任。上半年,聂耳创作了《义勇军进行曲》,为话剧《回春之曲》谱写了《梅娘曲》,为电影《逃亡》谱写了主题歌《自卫歌》和插曲《塞外村女》,另外还创作了《采菱歌》《打长江》等歌曲。7月17日,年仅23岁的聂耳在日本藤泽市游泳时不幸溺水身亡。

聂耳在不到两年的时间里,创作了37首歌曲,准确地塑造出了工人、歌女、报童等劳动群众的音乐形象,且大多深刻地反映了当时劳动人民的思想感情。在抗日救亡运动中,聂耳的这些歌曲产生了极为广泛、深远的影响。其代表作有:《义勇军进行曲》《大路歌》《毕业歌》《飞花歌》《卖报歌》《码头工人》《新女性》《铁蹄下的歌女》《梅娘曲》等。

聂耳音乐创作的特点是:鲜明的时代感、严肃的思想性、高昂的民族精神和卓越的艺术创造性。他的音乐创作在音乐上的贡献是:为中国无产阶级革命音乐的发展明确了方向,树立了无产阶级音乐创作的榜样。

关于聂耳名字的由来,有一段有趣的故事:聂守信从小时候就对音乐特别敏感,只要能从他耳朵进去的,他都能从嘴里唱出来。于是,大家都叫他"耳朵"。

昆明聂耳墓园

在一次联欢会上,聂守信不但给大家表演了舞蹈,还模仿各种人说话,并且能让两只耳朵一前一后地动。这当然是一般人很难做到的,大伙儿都他被逗得捧腹大笑。

当时,一总经理给聂守信送礼物,并称他为"聂耳博士"。聂守信于是笑着对大家说:"你们硬要把一只耳朵送我,也好,四只耳朵("聂"的繁体字为"聶")连成一串,不像一个炮弹吗?"从此,聂守信更名为"聂耳"。

策划编辑:丁海秀　李荣强
责任编辑:张　娟
部分图片提供:微图网　壹图网　全景图片

图书在版编目(CIP)数据

老云南的趣闻传说/《趣闻圣经》编辑部主编. ——北京:旅游教育出版社,2014.2
 ISBN 978 – 7 – 5637 – 2882 – 4

Ⅰ.①老… Ⅱ.①趣… Ⅲ.①旅游指南—云南省 Ⅳ.①K928.974

中国版本图书馆 CIP 数据核字(2014)第 014205 号

老云南的趣闻传说

《趣闻圣经》编辑部　主编

出版单位	旅游教育出版社
地　　址	北京市朝阳区定福庄南里1号
邮　　编	100024
发行电话	(010)65778403 65728372 65767462(传真)
本社网址	www.tepcb.com
E - mail	tepfx@163.com
印刷单位	北京嘉业印刷厂
经销单位	新华书店
开　　本	710 毫米×1000 毫米　1/16
印　　张	20.25
字　　数	297 千字
版　　次	2014 年 2 月第 1 版
印　　次	2014 年 2 月第 1 次印刷
定　　价	39.80 元

(图书如有装订差错请与发行部联系)